会计 出纳 成本 财务报表
真账实操全图解

会计真账实操训练营◎编著

U0649984

中国铁道出版社有限公司
CHINA RAILWAY PUBLISHING HOUSE CO., LTD.

图书在版编目(CIP)数据

会计、出纳、成本、财务报表真账实操全图解/会计真账实操训练营
编著.—2版.—北京:中国铁道出版社有限公司,2024.5
(会计岗位培训丛书)
ISBN 978-7-113-31076-9

Ⅰ.①会… Ⅱ.①会… Ⅲ.①会计-图解②出纳-图解③成本会计-图解
④会计报表-图解 Ⅳ.①F23-64

中国国家版本馆 CIP 数据核字(2024)第 044738 号

书　　名:	**会计、出纳、成本、财务报表真账实操全图解** KUAIJI CHUNA CHENGBEN CAIWU BAOBIAO ZHENZHANG SHICAO QUAN TUJIE
作　　者:	会计真账实操训练营

责任编辑:王淑艳　　　　编辑部电话:(010)51873022　　　电子邮箱:554890432@qq.com
封面设计:末末美书
责任校对:苗　丹
责任印制:赵星辰

出版发行:中国铁道出版社有限公司 (100054,北京市西城区右安门西街8号)
网　　址:http://www.tdpress.com
印　　刷:三河市宏盛印务有限公司
版　　次:2018年7月第1版　2024年5月第2版　2024年5月第1次印刷
开　　本:787 mm×1 092 mm　1/16　印张:24.25　字数:516千
书　　号:ISBN 978-7-113-31076-9
定　　价:98.00元

第2版前言

　　会计是一项实践性很强的工作。首先，从业人员需认真学习理论和专业知识，同时，将学习与实际工作相结合，不断提高职业判断能力和解决实际问题的能力；其次，要全面提升能力素质和专业水平，贯彻执行相关法律、法规和有关财务制度；最后，还要关注财政部、国家税务总局颁发的政策文件，将其运用于工作中，为企业服务。《会计人员继续教育专业科目指南》（2022 版）对提高会计从业人员的能力素质与专业水平制订了一系列的教育计划。

　　国家统一的会计制度是企业进行会计处理、生成会计信息的唯一标准，是规范会计行为和会计秩序的重要依据。本书第 1 版自 2018 年出版至今，已多次重印。近年来，因财税政策及相关法律法规发生了较大变化，本书在第 1 版总体框架保持不变的基础上进行修订，以适应形势的变化。

　　全书分为七篇 17 章，分别对以下章节进行修订。

　　第 1 章，保留整体框架的内容，根据《会计基础工作规范》，对"会计岗位职责"一节重新修订；根据《企业会计准则第 14 号——收入》（财会〔2017〕22 号）规定，增加部分会计科目。

　　第 2 章，按照《电子发票全流程电子化管理指南》的规定，增加"电子会计凭证整理与归档"一节内容，并对相关内容进行修订。

　　第 3 章，根据会计信息化工作的相关规定，增加"电子发票使用、存储与归档"一节内容，删去"手工登记账簿规则""错账更正的方法"两节内容。

　　第 4 章，由于全面数字化电子发票的推广，删除"识别虚假发票"（针对纸质发票）；根据《关于进一步深化税收征管改革的意见》文件精神和国家税务总局有关"以数治税"的新举措，增加电子发票命名、自查、验真与查重等内容。

　　第 5 章，根据相关规定，对"银行结算账户"一节进行修订；增加电子银行、电子支付等内容。

　　第 6 章，增加"合同资产""合同负债"两节内容；按照《人力资源社会保障部 财政部关于做好国有企业津贴补贴和福利管理工作的通知》（人社部发〔2023〕13 号）规定，增加福利费的内容，并对"应付职工薪酬"一节内容进行优化与修改。

第 8 章，根据《企业会计准则第 21 号——租赁》（财会〔2018〕35 号）规定，增加一节"租赁资产的核算"，以及与固定资产相关的税收优惠政策。

第 9 章，增加研发费用税前加计扣除税收优惠内容。

第 11 章，补充近年来财政部、国家税务总局颁布的与增值税相关政策的内容；根据案例需要，增加电子发票的应用。

第 12 章，修改利润结转相关案例。

第 15 章，根据相关文件，删除"增值税发票的种类"（针对纸质发票）一节，增加增值税电子发票开具与管理等内容；优化"进项税额管理"的内容；根据《国家税务总局关于增值税 消费税与附加税费申报表整合有关事项的公告》（国家税务总局公告 2021 年第 20 号），修改报表格式；根据《国家税务总局关于企业所得税年度纳税申报有关事项的公告》（国家税务总局公告 2022 年第 27 号），修改企业所得税年度纳税申报表部分表单内容与格式；根据《中华人民共和国个人所得税法》，对"个人所得税"一节内容进行修订，并增加相关优惠税收政策的内容；根据《中华人民共和国印花税法》，对印花税一节内容进行更新与补充。

第 16 章，根据《企业会计准则》的相关内容，增加部分报表项目的填列方法。

由于时间匆促，书中难免有错误和遗漏之处，恳请提出批评与指正。来信请发至邮箱 wcj19761010@126.com，欢迎交流。

第1版前言

刚刚入职的财务新手，面对一摞摞的原始单据，难免感觉眼前发黑。会计有一套成熟的准则与规范，《企业会计准则》与《会计基础工作规范》就是它的"纲"。会计科目是每个从业者上班第一天就要用到的，张口就来的。行业不同，会计科目设置也有所不同，但大部分会计科目是相同的，所以说《企业会计准则》是通用准则。之所以强调会计科目，是因为企业建账时这是首先要考虑的。会计科目的分类是按照会计要素划分的，会计要素按照企业核算分类，无非就是资产、负债、所有者权益、收入、费用、利润六大类。企业发生的业务，每一笔都要有单据，这就是会计原始凭证。直白地说，会计人员80％的时间就是在跟这些单据"较劲儿"：分门别类记录会计凭证，选择正确的会计科目，结记出金额。

不管是刚刚注册登记的企业还是百年名企，最终的关注点还是利润，有了利润，才能给员工发出工资，企业才能日复一日地成长。会计其实是在真实地记录企业发生的业务，还原企业真实的财务状况，只有财务数据是真实的，企业管理者才能根据这些数据，制订现在及未来企业发展计划；投资者才有信心投资。所以，会计部门其实是企业的心脏，它的重要性毋庸置疑。当然，会计人员不单纯是记录者，更应该是分析者，是参与管理的智囊团。因为现代会计不仅仅是财务会计，更应进阶为管理会计。对于会计人员来说，真是学海无涯。

本书采用新税率编写，从会计、出纳、成本、财报、纳税等角度，详尽解析会计岗位全流程业务处理，尽量以发生的业务单据为主，分清资产、负债、所有者权益、收入、费用、利润的划分标准，不用错会计科目，取得第一手的数据，为编制报表和分析财务状况打下基础。

本书分为七篇。第一篇会计入门，主要介绍会计机构设置及会计基础知识；第二篇出纳操作，从出纳应掌握的最基本技能入手，到日记账簿登记，印章的使用等，内容详细，实操性强；第三篇企业往来核算业务，包括企业应收应付及预收预付款项的核算；第四篇企业内部资产的核算，包括固定资产、无形资产、存货的核算等；第五篇企业成本核算，包括生产成本、制造费用的分配、在产品与产成本的分配与归集等；第六篇企业纳税核算，包括增值税、消费税、关税、城建税、教育费附加、印关税、企业所得税、个人所得税的核算与申报等；第七篇财务报表，包括"四表一注"的编制与分析等。

本书特色如下：

→ 编写立意

◆所用票据或单证采用全仿真形式；

◆按照业务的内容填制记账凭证，录入数据并登记会计账簿；

◆会计基础知识与实际操作并行讲解，更有利于读者操作技能的培养，达到实战演练的目的。

→ 编写区别

◆与纯实训类图书的区别

目前，实训类图书的一般编写方法是提供一套全流程的业务单据，直接做账，缺少会计理论支持。读者买了这类书，还须再买会计基础知识的书，才能看懂操作流程。

◆与会计基础类图书的区别

以往的会计基础类图书以码字为主，读者看得云山雾罩，原因是缺少实务操作。本书既有基础知识的详解，又有实物列示。

本书的作者是工作在财务战线的业务骨干，具有夯实的理论基础和丰富的实践经验。但由于时间有限，编书过程中难免存在着一些不足和遗憾，希望广大读者多提宝贵意见。本书适用于会计初学者、会计专业学生，开辟第二职业的好学者以及在职会计人员。

编　者

目 录

第一篇　会计入门

第 1 章　会计机构设置与具体要求

第 2 章　会计凭证

第 3 章 建　账

第二篇　出纳操作

第 4 章 出纳基本技能

第 5 章　日常收支的核算

第三篇　企业往来核算业务

第 6 章　单位往来债权债务的核算

第四篇　企业内部资产的核算

第 7 章　企业存货的核算

第 8 章　固定资产的核算

第 9 章　无形资产的核算

第 12 章　企业所有者权益的核算

第五篇　企业成本核算

第 13 章　一般纳税人产品成本核算

第七篇　财务报表

第 16 章　财务报表编制

第 17 章　财务报表分析

◀第一篇

会计入门

本章主要介绍会计岗位设置、会计凭证填写与会计账簿登记、账户格式与会计科目列表、建账流程等。

第1章 会计机构设置与具体要求

《会计基础工作规范》（2019 年修订）第二章第六条规定，"各单位应当根据会计业务的需要设置会计机构；不具备单独设置会计机构条件的，应当在有关机构中配备专职会计人员。

事业行政单位会计机构的设置和会计人员的配备，应当符合国家统一事业行政单位会计制度的规定。

设置会计机构，应当配备会计机构负责人；在有关机构中配备专职会计人员，应当在专职会计人员中指定会计主管人员。"

1.1 会计岗位职责

会计岗位是指从事会计工作、办理会计事项的具体职位，各单位应当根据会计业务需要设置会计工作岗位。会计工作岗位一般可分为：会计机构负责人或者会计主管人员、出纳、财产物资核算、工资核算、成本费用核算、财务成果核算、资金核算、往来结算、总账报表、稽核、档案管理等。开展会计电算化和管理会计的单位，可以根据需要设置相应工作岗位，也可以与其他工作岗位相结合。

《会计基础工作规范》（2019 年修订）第二章第十二条规定，"会计工作岗位，可以一人一岗、一人多岗或者一岗多人。但出纳人员不得兼管稽核、会计档案保管和收入、费用、债权债务账目的登记工作。"

第十三条规定，"会计人员的工作岗位应当有计划地进行轮换。"

1.1.1 会计岗位基本职责

下面介绍出纳、会计、会计主管及总会计师岗位的基本职责，因每家单位要求不同，以下仅供参考。

(1)出纳的基本职责，见表 1-1。

表 1-1 出纳的基本职责

出纳的基本职责	负责货币资金的收付结算业务，编制货币资金用途分析表、货物资金计划表和银行存款余额调节表
	出纳员收付款后，应在收付凭证上签章，并在原始单据上加盖"收讫、付讫"戳记
	根据各岗位提供的结算资料，及时编制各种结算凭证，并负责有效支票、发票、收据的保管及其付转、领用、注销等有关备查薄的登记工作
	负责填制合法合规的收据、发票，并保管收据、发票存根及有关印鉴
	负责保管现金和各种有价证券的安全，如有短缺应负责赔偿。保险柜钥匙不得任意转交他人，并应对保险柜密码保密
	负责登记现金日记账、银行存款日记账，并做到日清月结，及时与库存和银行对账单核对一致
	凡有损本单位经济利益且不合法、不合规定的原始凭证，出纳有权拒绝填制结算凭证和收据、发票等，并向主管领导反映情况，提出处理意见
	完成领导交办的其他工作

在实际工作中，出纳人员不得兼任稽核、会计档案保管和收入支出、费用、债权债务的登记工作。

（2）会计的基本职责，见表1-2。

表1-2　会计的基本职责

会计的基本职责	熟悉掌握财务制度、会计制度和有关法规。遵守各项收费制度、费用开支范围和开支标准，保证专款专用
	编制并严格执行部门预算，对执行中发现的问题，提出建议和措施
	审核记账凭证，做到凭证合法、内容真实、数据准确、手续完备；账目健全、及时记账、算账，按时结账；如期报账、定期对账（包括核对现金实有数）
	熟悉并正确使用国家规定的会计科目，制单记账时做到准确反映原始凭证内容，要素完备、金额准确。按时报送各种财务报表
	妥善保管会计凭证、会计账簿、财务报表和其他会计资料，负责会计档案的整理和移交
	及时清理往来款项，协助资产管理部门定期做好财产清查和核对工作，做到账实相符
	依照法律和有关规定对主管部门、审计、财政和税务等部门检查时，应如实提供会计凭证、会计账簿、财务报表和有关资料，不得拒绝、隐匿、谎报
	会计调离本岗位时，要将会计凭证、会计账簿、财务报表、预算资料、印章、票据、有关文件、会计档案、债权债务和未了事项，向接办人移交清楚，并编制移交清册，办妥交接手续

（3）会计主管的基本职责，见表1-3。

表1-3　会计主管的基本职责

会计主管的基本职责	按照国家财经法规和本单位财务制度，认真编制并严格执行财务计划、预算，遵守各项收入制度、费用开支范围和开支标准，分清资金渠道，合理使用资金
	按照《中华人民共和国会计法》及相关规定，审核各种收支凭证并做到手续完备、内容真实、数字准确、附件齐全
	按时申报纳税，及时处理税务异常事项，完成年度汇算清缴、工商年检及配合审计工作等。
	根据会计核算原则，定期检查、分析财务计划、预算执行情况
	保管好所有财务凭证和财务报表及相关财务资料，及时整理、装订、归档

（4）总会计师的基本职责，具体说明见表1-4。

表1-4　总会计师的基本职责

总会计师的基本职责	建立健全企业内部财务管理制度，负责企业的全面经营核算，监督资金管理、成本管理、利润管理和财产管理，组织企业的经营活动分析，为企业提供决策依据
	负责企业成本管理工作。进行成本预测、控制、核算、分析和考核，降低消耗、节约费用，提高监督水平，确保企业利润指标的完成
	参与企业基本建设投资、改造，经济利益的分配，经济合同的签订
	负责财会人员的业务培训
	控制资金使用，审核各部门的设备和物资采购计划和开支计划
	审核企业财务报告，按期上缴税费，协调企业与银行、税务等有关部门的关系
	负责日常行政管理工作

1.1.2　电算化会计岗位的要求

电算化会计岗位包括电算主管、软件操作、审核记账、电算维护、电算审查、数据分析等。

（1）电算主管：负责协调计算机及会计软件系统的运行工作，要求具备会计和计算机知识，以及相关的会计电算化组织管理的经验。电算化主管可由会计主管兼任，采用中小型计算机和计算机网络会计软件的单位，应设立此岗位。

（2）软件操作：负责输入记账凭证和原始凭证等会计数据，输出记账凭证、会计账簿、报表和进行部分会计数据处理工作，要求具备会计软件操作知识，达到会计电算化初级知识培训的水平；各单位应鼓励基本会计岗位的会计人员兼任软件操作岗位的工作。

（3）审核记账：负责对输入计算机的会计数据（记账凭证和原始凭证等）进行审核，操作会计软件登记机内账簿，对打印输出的账簿、报表进行确认；此岗要求具备会计和计算机知识，达到会计电算化初级知识培训的水平，可由会计主管兼任。

（4）电算维护：负责保证计算机硬件、软件的正常运行，管理计算机内会计数据。采用大型、小型计算机和计算机网络会计软件的单位，应设立此岗位。

（5）电算审查：负责监督计算机及会计软件系统的运行，防止利用计算机进行舞弊；要求具备会计和计算机知识，达到会计电算化中级知识培训的水平，此岗可由会计稽核人员兼任；采用大型、小型计算机和大型会计软件的单位，可设立此岗位。

（6）数据分析：负责对计算机内的会计数据进行分析，要求具备计算机和会计知识，达到会计电算化中级知识培训的水平；采用大型、小型计算机和计算机网络会计软件的单位，可设立此岗位，由主管会计兼任。

注意：软件操作岗位与审核记账、电算维护、电算审查岗位为不相容岗位。

1.2　会计工作流程

会计工作的基本流程是指在会计期间内，会计人员按照国家规定的会计制度，运用一定的会计方法，遵循一定的会计步骤对经济数据进行记录、计算、汇总、报告，从编制会计凭证、登记会计账簿到形成会计报表的过程。

1.2.1　手工记账下的会计工作流程

（1）建账。根据企业具体行业要求和将来可能发生的会计业务情况，购置所需要的账簿，然后根据企业日常发生的业务情况和会计处理程序登记账簿。建账环节一般在年初或企业开办时进行，日常一般不再进行。

（2）会计事项分析，包括经济业务分析、原始凭证审核等工作。

（3）编制记账凭证。对企业发生的经济业务进行确认和计量，并根据其结果，运用复式记账法编制会计分录，填写记账凭证。

（4）登记有关账簿。根据会计凭证分别登记有关的日记账、总分类账和明细分类账，并结出发生额和余额。如果企业的规模小，业务量不多，可以不设置明细分类账，直接登记总账。

(5)编制试算平衡表。 根据总分类账试算平衡表和明细分类试算平衡表,检查记账有无错误。

(6)期末调账和编制工作底稿。 期末结账前,按照权责发生制原则,确定本期收入和费用,并据以对账簿记录的有关账项作出必要调整,编制调账分录和试算平衡表,并结合分类账和日记账的会计数据,据以编制工作底稿,以方便下一步对账和结账工作,并为最后编制报表提供便利。

(7)对账和结账。 对账是为确保账簿记录的正确、完整真实,在有关经济业务入账以后,进行的对账工作,主要有账账核对、账证核对和账实核对。 结账即结清账目,在把一定时期所发生的经济业务全部登记入账后,结出本期发生额合计和期末余额,或将余额结转下期,以便编制会计报表。

(8)编制和报送财务报告。 根据账簿记录编制资产负债表、利润表、现金流量表等,报告企业财务状况和经营成果。

1.2.2 电算化记账下的会计工作流程

(1)初始化。 包括设置会计科目、设置凭证类别、设置结算方式及期初数据的录入。

(2)录入记账凭证。 制单员可以直接根据原始凭证作为依据输入凭证,也可以先编制手工记账凭证作为依据输入凭证。

(3)审核会计凭证。 为保证登记到账簿的每一笔经济业务的准确性和可靠性,制单员填制的每一笔凭证都必须经过审核员的审核。

(4)登记会计账簿。 由计算机按照预先设定的记账程序自动进行合法性检验、科目汇总、登记账簿的操作。

(5)对账与结账。 期末通过核对总账与明细账、总账与辅助账之间的账账核对后,将科目余额结转到下期,并进行结账处理。

(6)打印会计凭证及会计账簿。 记账凭证可在录入的同时打印出来,也可在记账后一起打印;账簿一般在结账后打印。

(7)编制会计报表。 可以根据设定直接生成会计报表。

1.3 会计要素

会计对象是指会计所要核算和监督的内容。 会计要素是指会计对象所作的基本分类,是会计核算对象的具体化。

我国《企业会计准则》明确规定了企业会计要素为:资产、负债、所有者权益、收入、费用和利润六大基本会计要素。

1.3.1 会计要素的特征与确认

资产、负债和所有者权益要素侧重于反映企业的财务状况(与资产负债表有关),收入、费用和利润要素侧重于反映企业的经营成果(与利润表有关)。 见表1-5。

表 1-5　企业的会计要素

会计要素	特　征	确认条件
资　产	(1)资产预期会给企业带来经济利益。 (2)资产应为企业拥有(有所有权)或者控制(没有所有权)的资源。 (3)资产是由企业过去的交易或事项形成的。企业预期在未来发生的交易或者事项不形成资产	(1)与该资源有关的经济利益很可能流入企业。 (2)该资源的成本或者价值能够可靠地计量
负　债	(1)负债是企业承担的现时义务。 (2)负债预期会导致经济利益流出企业。 (3)负债是由企业过去的交易或者事项形成的	(1)与该义务有关的经济利益很可能流出企业。 (2)未来流出的经济利益的金额能够可靠地计量
所有者权益	所有者权益是企业资产扣除负债后,由所有者享有的剩余权益。公司的所有者权益又称为股东权益。所有者权益通常由股本(或实收资本)、资本公积(含股本溢价或资本溢价、其他资本公积)、盈余公积和未分配利润等构成	所有者权益体现的是所有者在企业中的剩余权益,其确认主要依赖于其他会计要素,尤其是资产和负债的确认;其金额的确定也主要取决于资产和负债的计量
收　入	(1)客户必须拥有现时权利,能够主导该商品的使用并从中获得绝大部分经济利益; (2)客户有能力主导该商品的使用; (3)客户能够获得绝大部分经济利益	(1)合同各方已批准该合同并承诺将履行各自义务; (2)该合同明确了合同各方与商品转让相关的权利和义务; (3)该合同有明确的与转让商品相关的支付条款; (4)该合同具有商业实质; (5)企业因向客户转让商品而有权取得的对价很可能收回
费　用	(1)费用是企业在日常活动中形成的(营业外支出不确认为费用)。 (2)费用是与向所有者分配利润无关的经济利益的总流出。 (3)费用(本身)会导致所有者权益的减少	(1)与费用相关的经济利益应当很可能流出企业; (2)经济利益流出企业的结果会导致资产的减少或者负债的增加; (3)经济利益的流出额能够可靠计量
利　润	利润包括收入减去费用,直接计入当期利润的利得减去损失后的净额	主要依赖于收入和费用以及利得和损失的确认,其金额的确定也主要取决于收入、费用、利得和损失金额的计量

1.3.2　会计要素之间的等式关系

会计对象是指会计所要核算和监督的内容。会计要素是指会计对象所作的基本分类,是会计核算对象的具体化。

资产、负债、所有者权益(股东权益)、收入、利润和费用之间存在什么样的关系式呢,如图 1-1 所示。

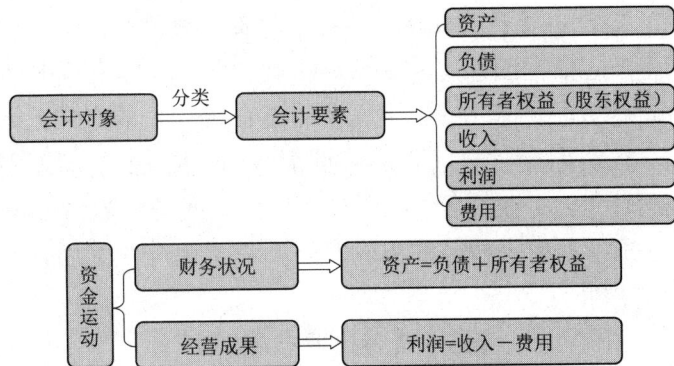

图 1-1 会计要素之间的等式关系

会计要素之间存在等式关系，即会计等式，也称会计平衡公式，或会计方程式，它是对各会计要素的内在经济关系利用数学公式所作的概括表达。即反映各会计要素数量关系的等式。它提示各会计要素之间的联系，是复式记账、试算平衡和编制会计报表的理论依据。

企业反映资产负债表要素之间的数量关系的等式是：

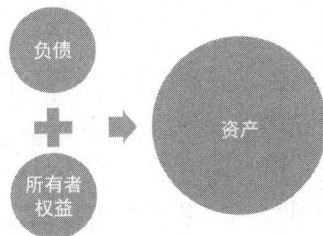

以上是会计恒等式，也是静态等式。资产负债表就是根据这个基本会计等式编制的。反映要素之间的数量关系的等式是：

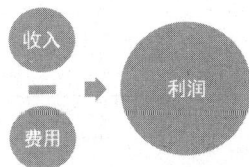

以上是动态等式，直观地反映企业当期发生的收入、费用。如果收入大于费用，即为盈利；反之则为亏损。利润表就是根据这个会计等式编制的。

1.3.3 第三会计等式

随着企业经营活动的开展，企业陆续取得收入并发生了相应的费用。收入一般表现为资产的增加或负债的减少。与收入相反，费用则一般表现为资产的减少或负债的增加。因此。在一定的会计期间内(期末结账之前)，会计等式可以表述为：

$$资产＝负债＋所有者权益＋（收入－费用）$$

到了会计期末，企业将收入与费用相配比，可以计算出本期实现的利润或发生的亏损。上述公式可以改成以下形式：

$$资产＝负债＋所有者权益＋利润$$

在会计期末，企业应根据国家有关法律、法规、企业章程或董事会决议等，按规定程序对实现的利润进行分配。其中：一部分利润应以所得税的方式上缴国家，一部分利润应分配给投资者，在实际支付之前它们分别形成了企业的应交税费和应付股利或利润，即这两部分利润转化为企业的负债；还有一部分利润是以盈余公积和未分配利润的方式留存在企业，构成了所有者权益的组成部分。在利润分配之后，上述会计等式又恢复为基本等式的形式，即：

$$资产＝负债＋所有者权益$$

经济业务的发生虽然会导致资产、负债和所有者权益增减变动，但无论怎么变动，都不会破坏资产与权益之间的平衡关系。

1.4 会计科目与会计账户

会计科目与账户都是对会计对象具体内容（会计要素）的科学分类，两者设置口径一致、性质相同。会计科目是账户的名称，也是设置账户的依据；账户是会计科目的具体运用。

1.4.1 会计科目

会计科目简称"科目"，是对会计要素的具体内容进行分类核算的项目。每一个会计科目都应当明确反映一定的经济内容，科目和科目之间在内容上不能相互交叉。企业在不违反会计准则中确认、计量和报告规定的前提下，可以根据本企业的实际情况自行增设、分拆、合并会计科目。会计科目名称及编号见表1-6。

表1-6 企业会计科目表

序号	编号	会计科目名称	序号	编号	会计科目名称
一、资产类			15	1403	原材料
1	1001	库存现金	16	1404	材料成本差异
2	1002	银行存款	17	1405	库存商品
3	1012	其他货币资金	18	1406	发出商品
4	1101	交易性金融资产	19	1408	委托加工物资
5	1121	应收票据	20	1411	周转材料
6	1122	应收账款	21	1461	融资租赁资产
7	1123	预付账款	22	1471	存货跌价准备
8	1131	应收股利	23	1501	债权投资
9	1132	应收利息	24	1502	债权投资减值准备
10	1221	其他应收款	25	1503	其他债权投资
11	＊＊＊	合同资产	26	1511	长期股权投资
12	1231	坏账准备	27	1512	长期股权投资减值准备
13	1401	材料采购	28	1521	投资性房地产
14	1402	在途物资	29	1531	长期应收款

续上表

序号	编号	会计科目名称	序号	编号	会计科目名称
30	＊＊＊	应收融资租赁款	三、所有者权益类		
31	1601	固定资产	66	4001	实收资本
32	1602	累计折旧	67	4002	资本公积
33	1603	固定资产减值准备	68	4004	其他综合收益
34	1604	在建工程	69	4101	盈余公积
35	1605	工程物资	70	4103	本年利润
36	1606	固定资产清理	71	4104	利润分配
37	1701	无形资产	72	4201	库存股
38	1702	累计摊销	四、成本类		
39	1703	无形资产减值准备	73	5001	生产成本
40	1711	商誉	74	5101	制造费用
41	1801	长期待摊费用	75	5201	劳务成本
42	＊＊＊	融资租赁资产	76	5301	研发支出
43	＊＊＊	使用权资产	77	＊＊＊	合同履约成本
44	＊＊＊	使用权资产累计折旧	78	5402	合同结算
45	＊＊＊	使用权资产减值准备	79	5403	机械作业
46	1811	递延所得税资产	五、损益类		
47	1901	待处理财产损溢	80	6001	主营业务收入
二、负债类			81	6011	利息收入
48	2001	短期借款	82	6021	手续费及佣金收入
49	2101	交易性金融负债	83	6031	保费收入
50	2201	应付票据	84	6051	其他业务收入
51	2202	应付账款	85	6101	公允价值变动损益
52	2203	预收账款	86	6111	投资收益
53	2211	应付职工薪酬	87	6117	其他收益
54	2221	应交税费	88	6301	营业外收入
55	2231	应付利息	89	＊＊＊	租赁收入
56	2232	应付股利	90	6401	主营业务成本
57	2241	其他应付款	91	6402	其他业务成本
58	＊＊＊	合同负债	92	6403	税金及附加
59	2401	递延收益	93	6601	销售费用
60	2501	长期借款	94	6602	管理费用
61	2502	应付债券	95	6603	财务费用
62	2701	长期应付款	96	6701	资产减值损失
63	2801	预计负债	97	6711	营业外支出
64	2901	递延所得税负债	98	6801	所得税费用
65	＊＊＊	租赁负债	99	6901	以前年度损益调整

注：＊＊＊为《企业会计准则第14号——收入》（财会〔2017〕22号）《企业会计准则第21号——租赁》应用指南中出现的新科目，财政部未给出编号，企业可自行设置编号。

1.4.2 会计账户

会计账户是根据会计科目设置的，具有一定格式和结构，用于分类反映会计要素增减变动情况及其结果的载体。

1. 会计账户的分类

(1)按照所提供信息的详细程度及统驭关系分为总分类账户和明细分类账户。

(2)账户按经济内容可分为资产类账户、负债类账户、所有者权益类账户、成本类账户和损益类账户等五类。

(3)账户按照用途和结构可以分为盘存类账户、结算类账户、跨期摊配类账户、资本类账户、调整类账户、集合分配类账户、成本计算类账户、集合配比类账户和财务成果类账户九类。

2. 账户的结构

账户的内容具体包括账户名称，记录经济业务的日期，所依据记账凭证的编号，经济业务摘要，增减金额和余额等，见表 1-7。

表 1-7　库存现金　　　　　　　　　　　　　　　　单位：元

2018 年		凭证号	摘要	借方	贷方	借或贷	余额
月	日		期初余额	—	—	借	1 000
1	3	付款 001	提取现金	5 000	—	借	6 000
1	5	付款 002	支付差旅费	—	2 500	借	3 500
1	9	付款 002	购买办公用品	—	800	借	2 700
1	11	收款 009	销售收入	900	—	借	3 600
1	31		本期发生额及期末余额	5 900	3 300	借	3 600

所有经济业务的发生所引起的企业资产、负债、所有者权益等的变动，从数量上看，不外乎"增加"和"减少"两种情况。因此，每个账户起码要划分出两个方位，左方(记账符号为"借")，右方(记账符号为"贷")两个方向，一方登记增加，另一方登记减少。资产、成本、费用类账户借方登记增加额，贷方登记减少额；负债、所有者权益、收入类账户借方登记减少额，贷方登记增加额。为了便于说明问题，可简化为左右两方，即"丁字形"账户，如图 1-2 所示。

库　存　现　金	
借	贷
期初余额　1 000	
5 000	2 500
900	800
本期发生额　5 900	3 300
期末余额　3 600	

图 1-2　库存现金丁字账户

3. 账户中的关系

账户中登记本期增加的金额，称为本期增加发生额；登记本期减少的金额，称为本期减少发生额；增减相抵后的差额，称为余额，余额按照时间不同，分为期初余额和期末余额。其基本关系如下：

$$期末余额＝期初余额＋本期增加发生额－本期减少发生额$$

上式中的四个部分也称为账户的四个金额要素，对于不同经济内容账户反映也不同。

(1)资产类账户。

资产类账户期末余额的计算公式如下：

$$期末借方余额＝期初借方余额＋本期借方发生额－本期贷方发生额$$

资产类账户结构，如图1-3所示。

资产类账户	
借方	贷方
期初余额	
本期资产增加额	本期资产减少额
本期借方发生额合计	本期贷方发生额合计
期末余额	

图 1-3 资产类账户结构

(2)负债类账户。

负债类账户期末余额的计算公式如下：

$$期末贷方余额＝期初贷方余额＋本期贷方发生额－本期借方发生额$$

负债类账户结构，如图1-4所示。

负债类账户	
借方	贷方
	期初余额
本期负债减少额	本期负债增加额
本期借方发生额合计	本期贷方发生额合计
	期末余额

图 1-4 负债类账户结构

(3)所有者权益类账户。

所有者权益类账户期末余额的计算公式如下：

$$期末贷方余额＝期初贷方余额＋本期贷方发生额－本期借方发生额$$

所有者类账户结构，如图1-5所示。

所有者权益类账户

借方	贷方
	期初余额
本期所有者权益减少额	本期所有者权益增加额
本期借方发生额合计	本期贷方发生额合计
	期末余额

图 1-5 所有者权益类账户结构

(4)收入类账户结构,如图 1-6 所示。

收入类账户

借方	贷方
收入减少或结转额	收入增加额
本期发生额(收入减少额合计)	本期发生额(收入增加额合计)

图 1-6 收入类账户结构

(5)费用类账户结构,如图 1-7 所示。

费用类账户

借方	贷方
费用增加额	费用减少额或结转额
本期发生额(费用增加额合计)	本期发生额(费用减少额合计)

图 1-7 费用类账户结构

(6)成本类账户。

成本类账户期末余额的计算公式如下:

$$期末借方余额 = 期初借方余额 + 本期借方发生额 - 本期贷方转销额$$

成本类账户结构,如图 1-8 所示。

成本类账户

借方	贷方
期初余额	
本期成本增加额	本期成本转销额
期末余额	

图 1-8 成本类账户结构

1.5 会计记账方法

会计记账方法,是根据单位所发生的经济业务,采用特定记账符号并运用一定的记账原理，在账簿中登记的方法。

1.5.1 借贷记账法

借贷记账法是以"借"和"贷"为记账符号的一种复式记账法。我国规定所有企业、事业单位一律采用借贷记账法。

1. 借贷记账法的依据

借贷记账法的理论依据会计恒等式：资产＝负债＋所有者权益

(1)以"借"和"贷"作为记账符号。

"借"和"贷"已经失去了原来的字面含义，成为专门的记账符号，其含义因账户性质而异。在借贷记账法下，"借"和"贷"的具体含义取决于账户反映的经济内容，一般以"借"表示资产和成本、费用的增加，负债、所有者权益和收入、利润的减少；以"贷"表示负债、所有者权益和收入、利润的增加，资产和成本、费用的减少。

(2)以"有借必有贷，借贷必相等"作为记账规则。

采用借贷记账法，对于每笔经济业务，都要在记入一个账户借方的同时，记入另一个或几个账户的贷方；或者在记入一个账户贷方的同时，记入另一个或者几个账户的借方。而且记入借方的金额必须等于记入贷方的金额。也就是说，任何一笔经济业务所引起的一个账户借方的变化应该等于另一个账户贷方的变化，任何情况都不例外。

账户中登记本期增加的金额，称为本期增加发生额；登记本期减少的金额，称为本期减少发生额；增减相抵后的差额，称为余额，余额按照时间不同，分为期初余额和期末余额。其基本关系如下：

期末余额＝期初余额＋本期增加发生额－本期减少发生额

本期借方发生额＝在本会计期间某会计账户借方发生额的合计数

本期贷方发生额＝在本会计期间某会计账户贷方发生额的合计数

本期期初余额＝上期期末余额

2. 试算平衡法

试算平衡是指利用"资产＝负债＋所有者权益"的平衡原理，按照记账规则的要求，通过汇总、计算和比较，来检查会计账户处理和账簿记录的正确性、完整性的一种方法，或者说通过账户余额或发生额合计数之间的平衡关系，检验记账工作正确与否的一种方法。

试算平衡有两种计算方法：一是账户发生额试算平衡法；二是账户余额试算平衡法。

(1)账户发生额试算平衡法。

在借贷记账法下，根据"有借必有贷，借贷必相等"的记账规则，所有账户的本期借方发生额合计与所有账户本期贷方发生额合计必然是相等的，可用公式表示如下：

全部账户的借方发生额合计＝全部账户的贷方发生额合计

(2)账户余额试算平衡法。

账户余额试算平衡法是根据本期所有账户借方余额合计与贷方余额合计的恒等关系,检验本期账户记录是否正确的方法。根据余额时间不同,又分为期初余额平衡与期末余额平衡两类。期初余额平衡是期初所有账户借方余额合计与贷方余额合计相等,期末余额平衡是期末所有账户借方余额合计与贷方余额合计相等。公式为:

全部账户的借方期初余额合计=全部账户的贷方期初余额合计

全部账户的借方期末余额合计=全部账户的贷方期末余额合计

实际工作中,余额试算平衡通过编制试算平衡表方式进行。

如果试算平衡表借方余额合计数和贷方余额合计数不相等,说明肯定存在错误,应当予以查明纠正。

【例1-1】 恒宇造纸有限公司 2024 年 1 月 31 日总账账户余额如图 1-9 所示。

借	资产	贷	借	负债及所有者权益	贷
库存现金	600		短期借款		35 000
银行存款	30 000		应付账款		5 000
应收账款	4 000		实收资本		1 558 000
其他应收款	400				
原材料	50 000				
生产成本	5 000				
库存商品	8 000				
固定资产	1 500 000				
合 计	1 598 000		合 计		1 598 000

图 1-9　总账账户余额的计算

1.5.2　会计分录

会计分录简称分录,是依据借贷记账规则,对每一项经济业务列示出应借、应贷账户的名称及其金额的一种书面记录,即一笔会计分录主要包括三个要素:记账符号、会计科目、变动金额。例如:

借:销售费用——工资　　　　　　　　　　　　　　　　　　78 900

　　贷:应付职工薪酬——销售中心　　　　　　　　　　　　　　　78 900

1. 会计分录的种类

会计分录包括简单分录和复合分录两种,其中简单分录即一借一贷的分录;复合分录则是一借多贷分录、多借一贷以及多借多贷分录。为了保持账户对应关系的清楚,一般不宜把不同经济业务合并在一起,编制多借多贷的会计分录。但在某些特殊情况下为了反映经济业务的全貌,也可以编制多借多贷的会计分录。

会计分录构成了记账凭证的基本内容,简单来说,会计分录的格式化就是记账凭证。在实际工作中,会计分录是通过填制记账凭证来完成的。以上述会计分录为例,见表1-8。

表 1-8　　记账凭证

2024 年 1 月 31 日　　　　　　　　　　　　记字第 1 号

摘　要	会 计 科 目		借方金额	贷方金额
	一级科目	二级科目		
计提销售人员工资	销售费用	工资	78 900	
	应付职工薪酬	销售中心		78 900
合　　计			78 900	78 900

会计主管：　　　记账：　　　出纳：　　　审核：　　　制单：

2. 会计分录编制步骤

在分析经济业务的基础上，按照会计分录的格式书写出会计分录，要按如下五个步骤：

(1)分析经济业务涉及的会计要求，进行确定使用哪些会计科目；

(2)确定金额增减；

(3)确定借贷方；

(4)检查应借应贷科目是否正确、借贷方及金额是否相等；

(5)编制会计分录。

3. 会计分录的书写格式

(1)先借后贷：借和贷要分行写，并且文字和金额的数字都应错开；在一借多贷或一贷多借的情况下，要求借方或贷方的文字和金额数字必须对齐。

(2)贷方账户、金额都要比借方退后一格，表明借方在左，贷方在右。

【例 1-2】2024 年 5 月 1 日，兰芬股份有限公司发生银行收款业务如下：从银行借入半年期限的借款 124 000 元；销售电子产品 50 000 元，销项增值税额 6 500 元，当即收到转账支票存入银行；收到银行存款利息 5 200 元。

借：银行存款　　　　　　　　　　　124 000
　　贷：短期借款　　　　　　　　　　　124 000
借：银行存款　　　　　　　　　　　56 500
　　贷：主营业务收入　　　　　　　　　50 000
　　　　应交税费——应交增值税(销项税额)　6 500
借：银行存款　　　　　　　　　　　5 200
　　贷：财务费用　　　　　　　　　　　5 200

第2章 会计凭证

会计凭证，简称凭证，是记录经济活动，明确经济责任的书面证明。

2.1 原始凭证

原始凭证亦称单据，是在经济业务发生时由经办人员直接取得或填制的，用以载明经济业务的具体内容，表明某项经济业务已经发生和完成，明确有关经济责任，具有法律效力的书面证明。

作为记录和证明经济业务的发生或完成情况、明确经办单位和人员的经济责任的原始证据，必须具备以下基本内容：

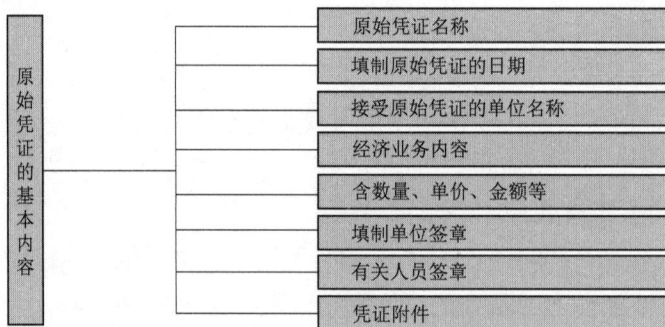

原始凭证必须记载的事项（以纸质增值税专用发票为例），如图 2-1 所示。

图 2-1 原始凭证的基本内容

2.1.1　原始凭证分类

原始凭证按取得的来源不同，可以分为外来原始凭证和自制原始凭证两类。因电子商务、电子政务的发展，电子会计凭证应运而生，电子会计凭证报销、入账、归档均有相关规定。

1. 外来原始凭证

外来原始凭证，是指在同外单位发生经济往来关系时，从外单位取得的凭证。外来原始凭证都是一次凭证。如企业购买材料、商品时，从供货单位取得的发货票，就是外来原始凭证。

2. 自制原始凭证

自制原始凭证是指在经济业务发生、执行或完成时，由本单位的经办人员自行填制的原始凭证，如收料单、领料单、产品入库单等。自制原始凭证按其填制手续不同，又可分为一次凭证、累计凭证、汇总原始凭证和记账编制凭证四种。

(1)一次凭证。一次凭证，是指只反映一项经济业务，或者同时反映若干项同类性质的经济业务，其填制手续是一次完成的会计凭证。如委外加工单、报销凭单等，都是一次凭证。表 2-1 为委外加工单。

表 2-1　委外加工单

No. 0008
日期：2024.1.18

厂　商	新雅毛巾厂	厂商编号	234987654	地址	广州市白云区红枫树街 12 号		
				电话	0755-67845329		
委制编号	品　名	数　量	需求日期	单　价	金　额		备　注
23264	小方巾	10 000	2024 年 5 月 10 日	1.05	10 500		
合　计		10 000			10 500		

(2)累计凭证。累计凭证是指在一定期间内，连续多次记载若干不断重复发生的同类经济业务，直到期末，凭证填制手续才算完成，以期末累计数作为记账依据的原始凭证，如企业常用的限额领料单等。使用累计凭证，可以简化核算手续；能对材料消耗、成本管理起事先控制作用，是企业进行计划管理的手段之一，图 2-2 为限额领料单。

限额领料单

领料部门：住宿部　　　　　　　　　　　　　　　　　　　　　　　第 012 号

用　途：　　　　　　　　　　　　2024 年 1 月 21 日

记账：×× 　　检验：×× 　　收料：×× 　　制单：××

材料编号	材料名称规格	计量单位	计划投产量	单位消耗定额	领用限额	数量	实发金额								
							百	十	万	千	百	十	元	角	分
床单	—	条	—	—	500				¥	4	6	0	0	0	0	0
日期	领　用				退　料				限额结余数量						
	数量	金额	领用人	发料人	数量	退料人	收料人								
1.5	140	14 000	王珏	艾平				360							
1.8	100	10 000	李强	艾平				260							
1.15	50	5 000	邱清	艾平				210							
1.21	170	17 000	陈辰	艾平				40							
合计	460	46 000													

图 2-2　累计原始凭证(限额领料单)

（3）汇总原始凭证。 汇总原始凭证是指在会计核算工作中，为简化记账凭证的编制工作，将一定时期内若干份记录同类经济业务的原始凭证按照一定的管理要求编制一张汇总凭证，用以集中反映某项经济业务总括发生情况的会计凭证，如"发料凭证汇总表""收料凭证汇总表""现金收入汇总表"等都是汇总原始凭证。 表 2-2 为工程材料费用分配表。

表 2-2　工程施工材料费用分配表　　　　　　单位：万元

工程成本计算对象	主要材料						结构件	其他材料	周转材料摊销	合　　计
	钢材	水泥	沙子	砾石	其他	合计				
主体工程	150	65	8	4.4	2	229.4	12	6.6	4	252
配套工程	140	34	5	2.8	1.5	183.3	7.7	3	1	195
合　计	290	99	13	7.2	3.5	412.70	19.7	9.6	5	447

（4）记账编制凭证。 记账编制凭证是根据账簿记录和经济业务的需要编制的一种自制原始凭证。 例如在计算产品成本时，编制的"制造费用分配表"就是根据制造费用明细账记录的数字按费用的用途填制的。 表 2-3 为产品成本计算表。

表 2-3　甲产品（半成品）成本计算单

2024 年 1 月　　　　　　　　　　　　　　　单位：元

项　　目	产量（件）	直接材料成本	直接人工成本	制造费用	合　　计
在产品成本（定额成本）		200 000	24 000	22 800	246 800
本月生产成本		350 000	52 000	50 000	452 000
合计		550 000	76 000	72 800	698 800
完工半成品转出	200	420 000	60 000	62 000	542 000
月末在产品定额成本		130 000	16 000	10 800	156 800

2.1.2　电子会计凭证整理与归档

电子会计凭证是指以电子形式生成、传输、存储的各类会计凭证，包括电子原始凭证、电子记账凭证。 电子发票属于电子会计原始凭证。

1. 电子会计凭证收集

会计核算系统、业务系统汇总整理属于归档范围的电子会计凭证［如记账凭证，含全面数字化电子发票（简称数电票）的原始凭证］及其元数据，并通过归档接口传输至电子会计档案管理信息系统。

2. 数电票收集、整理、归档（线下版）

采用线下方式报销入账的单位，记账凭证、原始凭证及数电票的打印件等一般采用纸质方式收集、整理、归档，数电票应按以下方法进行收集、整理、归档。

（1）建立文件夹。

根据纸质载体会计凭证卷（册）情况，在磁盘、U 盘等存储载体上建立相应文件夹。

一般一个月为一卷(册)建立一个文件夹。

(2)拷贝数电票。

将数电票按其关联的记账凭证所属卷(册)拷贝至相应文件夹。

(3)填写相关信息。

将相应纸质载体会计凭证的档号、保管期限等信息填入报销入账过程中形成的电子发票台账中,见表2-4。

表2-4　电子发票台账

序号	发票类型	发票代码	开票日期	销售方	货物或应税劳务、服务名称	价款	税额	价税合计	电子发票文件名称	报账单位	报销人	报销单号	报账日期	报账金额	档号	保管期限

(4)编写说明文件。

将数电票的会计期间、数量、移交人、其他需要说明的情况(如非通用格式文件说明)等编制成 txt 文件,如图2-3所示。

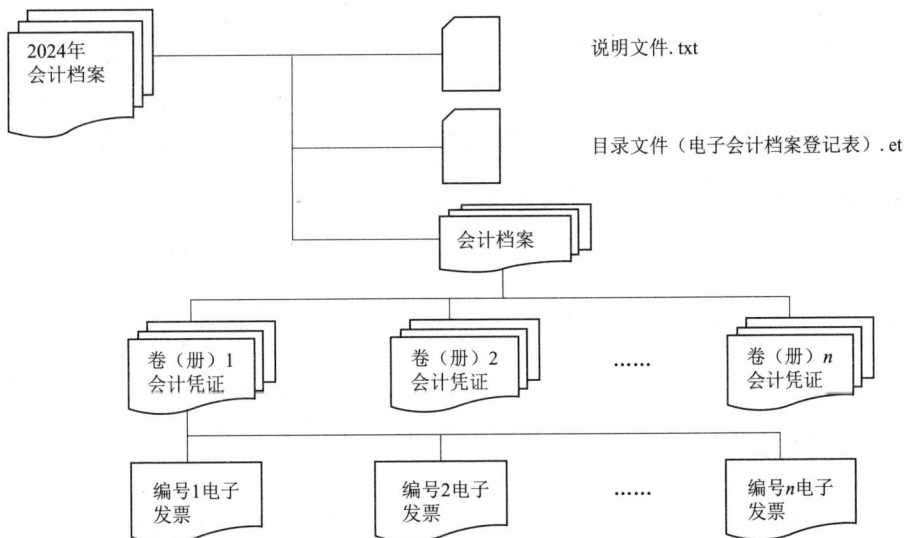

图2-3　电子会计档案保存信息图(资料来源:《电子发票全流程电子化管理指南》)

(5)移交档案。

将电子会计档案登记表及其纸质文件、数电票、说明文件和其他纸质档案在规定时限内移交档案人员。

3. 数电票收集、整理、归档(线上版)

(1)电子会计凭证收集。

会计核算系统、业务系统汇总整理属于归档范围的电子会计凭证(如记账凭证、含数电票的原始凭证)及其元数据,并通过归档接口传输至电子会计档案管理信息系统。

(2)电子会计凭证整理。

收集完成后,应及时对电子会计凭证进行分类、组件、组卷、编号等整理操作。

分类:推荐采用会计资料形式-会计年度-保管期限分类法,并划定"门类号"为会计类(KU)、"形式"为凭证(PZ)、保管期限为 30 年。

组件:按记账凭证号进行组件,以电子记账凭证为主件,电子记账凭证、电子报账单、电子发票、其他电子原始凭证等组成一件;件内按电子记账凭证、电子报账单、电子发票、其他电子原始凭证的顺序排列。

组卷:按适当的时间周期对已组件的电子会计凭证进行组卷,卷内按记账凭证号先后顺序排列;案卷按卷号先后顺序排列。实行凭证分类管理的单位,可按类型结合时间进行组卷,一般同类型的电子会计凭证组成一卷。

编号:推荐采用全宗号-门类号-形式-年度-案卷号-件号(卷内序号)的结构编制档号,案卷号和件号可由 4 位阿拉伯数字标识,不足 4 位的,前面用 0 补足。

(3)电子会计凭证归档。

经整理的电子会计凭证在会计年度终了后,可由单位会计管理机构临时保管 1 年,再移交单位档案管理机构保管。

注意:电子会计凭证档案应同时实施在线和离线存储。

2.1.3 纸质原始凭证整理与审核

原始凭证填制的依据和填制的人员有三种:以实际发生或完成的经济业务为依据,由经办业务人员直接填制,如"入库单""出库单"等;以账簿记录为依据、由会计人员加工整理计算填制,如各种记账编制凭证;以若干张反映同类经济业务的原始凭证为依据,定期汇总填制汇总原始凭证,填制人员可能是业务经办人,也可能是会计人员。

1. 原始凭证的整理

(1)原始凭证进行粘贴时,必须使用统一印制的单据粘贴单汇总相关单据。

(2)原始凭证应按照末级会计科目(如办公费、招待费等)进行分类整理,同类末级会计科目的原始凭证应粘贴在一起。

(3)同类原始凭证如果数量较多,大小不一,应按凭证规格的大小进行分类,同一张单据粘贴单上所粘贴的凭证尽量保持大小一致。每张单据粘贴单所粘贴的凭证不得过多。

(4)在单据粘贴单上粘贴凭证时,应由上而下、自左至右均匀排列粘贴,上下及右方不得超出粘贴线,两列之间不得重叠、留空或大量累压粘贴。

(5)对于规格较大、纸质较硬的原始凭证(如证明文件),要分张折叠,规格大小要与单据粘贴单的规格保持一致。

(6)原始凭证粘贴完毕,需将凭证张数、合计金额填列完整。

（7）出差报销凭证（如住宿费、过路过桥费、车船票等），均应使用差旅费报销汇总单做封面。

（8）原始凭证应使用优质胶水进行粘贴，以保证凭证的粘贴效果。粘贴凭证如果数量较多、厚度较高，应在粘贴线外加粘贴条，粘贴好后及时用重物压平，以防褶皱、膨松，确保凭证整体平整。

（9）过宽过长的附件，应进行纵向和横向的折叠。

2. 原始凭证的审核

原始凭证的审核包括以下内容：审核发票的票面、审核发票的单位名称、审核发票的抬头、审核发票的数字、审核发票所开出物品的价格、审核发票的编号、审核发票的开出时间、审核发票的印章、审核发票的备注、审核发票的背面、审核发票的印制日期、审核发票的报销手续。

原始凭证不得涂改、挖补。发现原始凭证有错误的，应当由开出单位重开或者更正，更正处应当加盖开出单位的公章。

2.2 记账凭证

记账凭证又称记账凭单，或分录凭单，是会计人员根据审核无误的原始凭证按照经济业务事项的内容加以归类，并据以确定会计分录后所填制的会计凭证。

2.2.1 记账凭证分类

记账凭证按其适用的经济业务，分为专用记账凭证和通用记账凭证两类。

1. 专用记账凭证

专用记账凭证用来专门记录某一类经济业务的记账凭证。专用凭证按其所记录的经济业务与现金和银行存款的收付有无关系，又分为收款凭证、付款凭证和转账凭证三种。

（1）收款凭证：用于记录库存现金和银行存款收款业务的会计凭证。它是根据有关现金和银行存款收入业务的原始凭证填制，是登记现金日记账、银行存款日记账以及有关明细账和总账等账簿的依据，也是出纳人员收讫款项的依据。收款凭证样式，见表 2-5。

表 2-5 **收款凭证**　　　　　　　　　　总号111

借方科目：库存现金　　　　　　　2024 年 1 月 21 日　　　　　　　收字第011 号

摘　　要	贷方科目		账页	金　　额								
	一级科目	二级或明细科目		百	十	万	千	百	十	元	角	分
收到张欣交来罚款 200 元	其他应收款	罚款收入						2	0	0	0	0
合　　计							¥	2	0	0	0	0

会计主管：××　　　记账：××　　　出纳：××　　　审核：××　　　填制：××

022

(2)付款凭证：用于记录库存现金和银行存款付款业务的会计凭证。它是根据有关现金和银行存款支付业务的原始凭证填制，是登记现金日记账、银行存款日记账以及有关明细账和总账等账簿的依据，也是出纳人员付讫款项的依据。付款凭证样式，见表2-6。

表2-6　付款凭证

贷方科目：库存现金　　　　　　2024 年 1 月 15 日　　　　　　附件：××张　现付字第××号

摘　要	借方科目		账页	金　额								
	一级科目	二级或明细科目		百	十	万	千	百	十	元	角	分
材料收入 1 340 元存入银行	银行存款						1	3	4	0	0	0
合　计						¥	1	3	4	0	0	0

会计主管：××　　记账：××　　出纳：××　　审核：××　　制单：××

(3)转账凭证：用于记录不涉及库存现金和银行存款业务的会计凭证。它是根据有关转账业务的原始凭证填制。转账凭证是登记总分类账及有关明细分类账的依据。转账凭证样式，见表2-7。

表2-7　转账凭证

　2024 年 1 月 30 日　　　附件：××张　转字第××号

摘要	一级科目	二级或明细科目	账页	借方金额									贷方金额								
				百	十	万	千	百	十	元	角	分	百	十	万	千	百	十	元	角	分
结转 TAE 专利权 845 000 元	无形资产	TAE			8	4	5	0	0	0	0	0									
	研发支出													8	4	5	0	0	0	0	0
合　计				¥	8	4	5	0	0	0	0	0	¥	8	4	5	0	0	0	0	0

会计主管：××　　记账：××　　出纳：××　　审核：××　　制单：××

2. 通用记账凭证

通用记账凭证用来记录各种经济业务的记账凭证。

在经济业务比较简单的经济单位，为了简化凭证可以使用通用记账凭证，记录所发生的各种经济业务，见表2-8。

表2-8　通用记账凭证

　2024 年 1 月 31 日　　　字第××号

摘要	会计科目	明细科目	√	借方金额									√	贷方金额								
				千	百	十	万	千	百	十	元	角	分		千	百	十	万	千	百	十	元	角	分
支付员工借款	其他应收款	张平					3	1	0	0	0	0	0											
	其他应收款	李良						8	0	0	0	0	0											
	库存现金																	3	9	0	0	0	0	0
合计						¥	3	9	0	0	0	0	0				¥	3	9	0	0	0	0	0

财务管理 胡雪　　记账 罗刚　　出纳 梁莹　　审核　　制单 邵平

附单据 2 张

记账凭证按其包括的会计科目是否单一，分为复式记账凭证和单式记账凭证两类。

(1)复式凭证：将每一笔经济业务事项所涉及的全部会计科目及其发生额均在同一张记账凭证中反映的一种凭证。

(2)单式凭证：每一张记账凭证只填列经济业务事项所涉及的一个会计科目及其金额的记账凭证。

优点：内容单一，便于汇总计算每一会计科目的发生额，便于分工记账。

缺点：制证工作量大，且不能在一张凭证上反映经济业务的全貌，内容分散，也不便于查账。

如果单位采用分类记账凭证，可将记账凭证分为"现收字第×号""现付字第×号""银收字第×号""银付字第×号""转字第×号"5种进行流水顺序编号，但出纳人员所涉及的凭证不包括转字。 如果单位采用通用记账凭证，则可以将所有的记账凭证统一编号，注明"总字第×号"。

记账凭证张数的计算一般以原始凭证的自然张数为准，经过汇总的原始凭证，每一张汇总表算一张。

涉及现金和银行存款的收付业务，只填制一张付款凭证。

2.2.2 记账凭证的要求

记账凭证应具备的基本内容如下：

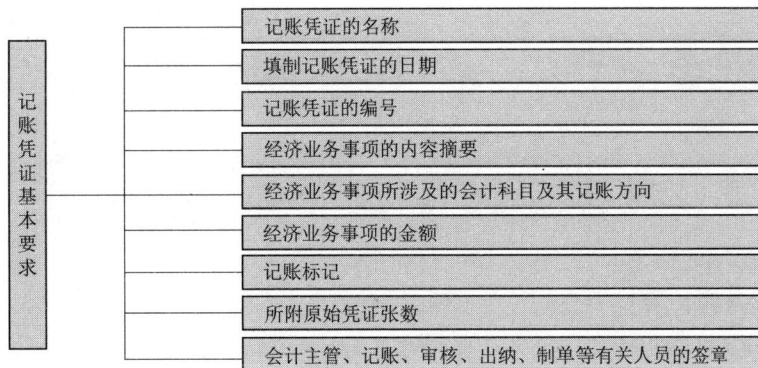

```
                          ┌─────────────────────────────────────┐
                          │ 记账凭证的名称                        │
                          ├─────────────────────────────────────┤
                          │ 填制记账凭证的日期                    │
          ┌───┐           ├─────────────────────────────────────┤
          │记 │           │ 记账凭证的编号                        │
          │账 │           ├─────────────────────────────────────┤
          │凭 │           │ 经济业务事项的内容摘要                │
          │证 │           ├─────────────────────────────────────┤
          │基 │───────────│ 经济业务事项所涉及的会计科目及其记账方向 │
          │本 │           ├─────────────────────────────────────┤
          │要 │           │ 经济业务事项的金额                    │
          │求 │           ├─────────────────────────────────────┤
          └───┘           │ 记账标记                              │
                          ├─────────────────────────────────────┤
                          │ 所附原始凭证张数                      │
                          ├─────────────────────────────────────┤
                          │ 会计主管、记账、审核、出纳、制单等有关人员的签章 │
                          └─────────────────────────────────────┘
```

2.2.3 记账凭证的审核

记账凭证是登记账簿的依据，为了保证账簿登记的正确性，所有填制好的记账凭证，都必须经过其他会计人员认真的审核。 在审核记账凭证的过程中，如发现记账凭证填制有误，应当按照规定的方法及时加以更正。 只有经过审核无误后的记账凭证，才能作为登记账簿的依据。

(1)填制凭证的日期是否正确：收款凭证和付款凭证的填制日期是否是货币资金的实际收入日期、实际付出日期；转账凭证的填制日期是否是收到原始凭证的日期或者是编制记账凭证的日期。

(2)凭证是否编号，编号是否正确。

(3)经济业务摘要是否正确地反映了经济业务的基本内容。

(4)会计科目的使用是否正确；总账科目和明细科目是否填列齐全。

(5)记账凭证所列金额计算是否准确，书写是否清楚、符合要求。

(6)所附原始凭证的张数与记账凭证上填写的所附原始凭证的张数是否相符。

(7)填制凭证人员、稽核人员、记账人员、会计机构负责人、会计主管人员的签名或盖章是否齐全。

实行会计电算化的单位，对于机制记账凭证，要认真审核，做到会计科目使用正确，数字准确无误。打印出的机制记账凭证要加盖制单人员、审核人员、记账人员及会计机构负责人、会计主管人员印章或者签字。

各单位会计凭证的传递程序应当科学、合理，具体办法由各单位根据会计业务需要自行规定。会计机构、会计人员要妥善保管会计凭证。

1. 记账凭证的附件

记账凭证的附件就是所附的原始凭证，填制记账凭证所依据的原始凭证必须附在相应的记账凭证后面，并在记账凭证上标明所附原始凭证的张数。

对附件应当区别不同情况进行处理：

(1)一张原始凭证只对应一张记账凭证的，将原始凭证直接附在记账凭证后面；

(2)结账的记账凭证、更正错误的记账凭证可以不附原始凭证；

(3)一张原始凭证涉及几张记账凭证的，有两种方法可以使用：

①将原始凭证附在一张主要的记账凭证后面，然后在其他记账凭证上注明附有该原始凭证的记账凭证的编号，便于查找；

②将原始凭证附在一张主要的记账凭证后面，然后在其他记账凭证后面附该原始凭证的复印件。

(4)一张原始凭证所列支的费用需要几个单位共同负担的，该原始凭证由本单位保留，附在本单位的有关记账凭证后面，给共同负担费用的其他单位开出原始凭证分割单，供其结算使用。

2. 附件张数的计算

原始凭证附件张数应区分以下几种情况，分别计算原始凭证的张数。

(1)对能全面反映每笔经济业务活动情况的原始凭证，应按自然张数计算。

(2)对不能全面反映每笔经济业务活动情况，需要附件进行补充和说明的，应在原始凭证上注明附件张数，并将其粘贴在一起，附件不计入原始凭证张数。

(3)对某类或某些原始凭证利用自制封面已进行汇总的，如差旅费报销单、支出汇总审批单等，其封面已对所反映的经济业务活动综合说明，对所附凭证张数也已注明，所以，它们应作为一张原始凭证计算。

根据《财政部关于印发〈企业会计信息化工作规范〉的通知》(财会〔2013〕20号)：

"第二条　本规范所称会计信息化，是指企业利用计算机、网络通信等现代信息技术手段开展会计核算，以及利用上述技术手段将会计核算与其他经营管理活动有机结合的过程。

本规范所称会计软件，是指企业使用的，专门用于会计核算、财务管理的计算机软件、软件系统或者其功能模块。会计软件具有以下功能：

（一）为会计核算、财务管理直接采集数据；

（二）生成会计凭证、账簿、报表等会计资料；

（三）对会计资料进行转换、输出、分析、利用。

…………

第四十条　企业内部生成的会计凭证、账簿和辅助性会计资料，同时满足下列条件的，可以不输出纸面资料：

（一）所记载的事项属于本企业重复发生的日常业务；

（二）由企业信息系统自动生成；

（三）可及时在企业信息系统中以人类可读形式查询和输出；

（四）企业信息系统具有防止相关数据被篡改的有效机制；

（五）企业对相关数据建立了电子备份制度，能有效防范自然灾害、意外事故和人为破坏的影响；

（六）企业对电子和纸面会计资料建立了完善的索引体系。

…………

第四十一条　企业获得的需要外部单位或者个人证明的原始凭证和其他会计资料，同时满足下列条件的，可以不输出纸面资料：

（一）会计资料附有外部单位或者个人的、符合《中华人民共和国电子签名法》的可靠的电子签名；

（二）电子签名经符合《中华人民共和国电子签名法》的第三方认证；

（三）满足第四十条第（一）项、第（三）项、第（五）项和第（六）项规定的条件。"

第3章 建 账

企业应当按照国家统一会计制度的规定和会计业务的需要设置会计账簿，即建账。实行会计电算化的单位，用计算机打印的会计账簿必须连续编号，经审核无误后装订成册，并由记账人员和会计机构负责人、会计主管人员签字或者盖章。

3.1 账簿的种类与格式

不同企业单位所需用的账簿是不尽相同的。但不管账簿的格式如何，从其所起的作用看，大致可分为序时账簿、分类账簿与备查账簿。

3.1.1 选择账簿

1. 序时账簿

序时账簿亦称日记账，是按经济业务发生时间的先后顺序，逐日逐笔登记的账簿。一般用于库存现金和银行存款账户，如图 3-1 所示。

现 金 日 记 账

2024年 月	日	凭证科目代码	摘 要	对方科目	借方	贷方	余额
1	1		期初余额				4000.00
1	5	略	提现支票0019#	银行存款	15000.00		15400.00
1	5	略	支付职工工资	应付职工薪酬		14500.00	9000.00
1	10	略	收到销售货款	应收账款	1890.00		10890.00
1	10	略	孙明预借差旅费	其他应收款		5000.00	5890.00
1	15	略	销售款存入银行	银行存款		1890.00	4000.00
1	20	略	以现金支付职工培训费	管理费用		2000.00	2000.00
1	25	略	购买办公用品	管理费用		1000.00	1000.00
1	31	略	收取田晓晓的赔偿款	其他应收款	850.00		1850.00
			本月合计		15274.00	15489.00	1850.00

图 3-1 现金日记账

2. 分类账簿

分类账簿包括总分类账簿和明细分类账簿。

（1）总分类账簿。

总分类账簿是根据总分类科目开设账户，用来登记全部经济业务，进行总分类核算，提供总括核算资料的分类账簿，又称"总分类账"，简称"总账"。总分类账的账页格式，一般采用"借方""贷方""余额"三栏式，如图 3-2 所示。

总分类账

会计科目：应收票据

2024年 月	日	凭证 种类	号数	摘要	√	借方	贷方	借或贷	余额
11	30			本年累计		18320000	7902000	借	10418000
12	30	汇	1	本月发生额			2105500	借	8312500
12	31	汇	2	本月发生额		3679000	1890000	借	10101500
				本月合计		3679000	3995500	借	10101500
				本年累计		21999000	11897500	借	10101500
				结转下年				借	10101500

图 3-2　总分类账

（2）明细分类账。

明细分类账簿也称明细分类账，简称明细账。根据二级会计科目或明细子目开设账页、明细登记某一类经济业务的账簿，明细分类账簿是根据企业单位经营管理的需要由企业单位自主设置。按其账页格式，明细账一般分为三栏式明细分类账簿、数量金额式明细分类账簿和多栏式明细分类账簿三种。

①三栏式明细账。三栏式明细分类账簿的格式与三栏式总分类账簿的格式基本相同，设有"借、贷、余"三个基本栏次，适用于只需要进行金额核算，不需要进行数量核算的结算类科目的明细分类核算。例如对"应收账款""应收票据""预收账款""应付账款""预付账款"等总账科目的明细分类核算，就可采用三栏式明细账进行，如图3-3所示。

三栏式明细账

会计科目：应收账款——方达有限公司

2024年 月	日	凭证 种类	号数	摘要	√	借方	贷方	借或贷	余额
5	1			月初余额				借	5230000
5	24	转	21	销售货款		2515500		借	7745500
5	30	收	12	收回货款			2515500	借	5230000
				本月合计		2515500	2515500	借	5230000

图 3-3　三栏式明细账

②数量金额式明细账。数量金额式明细分类账，一般在"收入、发出、结存"栏目下还分别设有"数量、单价、金额"等专栏，用来登记财产物资的收入、发出和结存的数量和金额。例如对"原材料""产成品""固定资产"等总账科目的明细分类核算，可采用数量金额式明细账，如图3-4所示。

③多栏式明细账。多栏式明细账适用于那些要求对金额进行分析的有关费用成本、收入成果类科目的明细分类核算，例如对"主营业务收入""管理费用""销售费用""生产成本"等总账科目的明细核算，可采用多栏式，如图3-5所示。

028

明细分类账（数量金额式）

会计科目：原材料——原料及主要材料——乙材料
存储地点：原材料 1 号库
计量单位：吨

2024年 月	日	凭证 种类	号数	摘要	√	收入（借方） 数量	单价	金额 千百十万千百十元角分	发出（贷方） 数量	单价	金额 千百十万千百十元角分	借或贷	结存 数量	单价	金额 千百十万千百十元角分
5	1			期初余额								借	3		6 1 8 0 0 0 0 0
5	24	材料入库单	11	购入		5	17 031	8 5 1 5 5 0 0				借	8		1 4 6 9 5 5 0 0
				本月合计		5		8 5 1 5 5 0 0				借	8		1 4 6 9 5 5 0 0

图 3-4 数量金额式明细账

生产成本明细账

科目名称＿＿＿＿
产品名称＿＿＿＿
计量单位＿＿＿＿

2024年 月	日	凭证字号	摘要	合计 (千百十万千百十元角分)										直接材料 (千百十万千百十元角分)										直接人工 (千百十万千百十元角分)										制造费用 (千百十万千百十元角分)									
1	31	记021	分配工资费用				1	9	3	6	0	0	0														1	9	3	6	0	0	0										
1	31	记028	领用原材料			2	9	0	3	2	0	5	0			2	9	0	3	2	0	5	0																			
1	31	记031	分配制造费用				1	9	3	4	0	0	0																								1	9	3	4	0	0	0
1	31		本月合计			6	7	7	3	2	0	5	0			2	9	0	3	2	0	5	0					1	9	3	6	0	0	0					1	9	3	4	0	0	0

成本项目

图 3-5　多栏式明细账

总分类账簿和明细分类账簿虽然各有其登记的特点，但就其在核算上的作用来说，它们是相互补充的。

3. 备查账簿

备查账簿亦称备查簿、备查登记簿或辅助账簿。备查账簿属于辅助性账簿，它可以为经营管理提供参考资料，如委托加工材料登记簿、租入固定资产登记簿等。

3.1.2 设立账簿

1. 启用账簿

在账簿的"账簿启用登记表"上，写明单位名称、账簿名称、册数、起止页数、启用日期以及记账人员和会计主管人员姓名，并加盖名章和单位公章。记账人员或会计主管人员在本年度调动工作时，应注明交接日期、接办人员和监交人员姓名，并由交接双方签名或盖章，以明确经济责任，如图3-6所示。

账簿启用登记表

单位名称							印鉴		
账簿名称									
册次及起讫页数	第 册 自 页 至 页								
启用起讫日期	自 年 月 日起至 年 月 日止								
会计机构负责人		记账人员			接收日期			交出日期	
姓名	盖章	职名	姓名	盖章	年	月	日	年	月	日

图 3-6 账簿启用登记表

2. 建立总账账簿

(1)按照会计科目表的顺序、名称，在总账账页上建立总账账户。所开账户应根据往年登记经济业务量的大小，保留足够数量用以登记经济业务的页码；

(2)各账户编列号码后，应填"账户目录"，将账户名称页次登入目录内；

(3)所开账户较多的单位，在所开各个账户首页的上面贴上"口取纸"，注明所开账户名称(会计科目)，便于使用者翻阅并粘贴索引纸(账户标签)，写明账户名称，以利检索。

3. 建立明细账账簿

根据总账账户明细核算的要求，在各个所属明细账户上建立二三级明细账户。

(1)使用订本式账簿，应从第一页起到最后一页止顺序编定号码，不得跳页、缺号；

(2)使用活页式账簿，应按账户顺序编制页次号码。

3.2 登记总账的方法

会计人员将各项经济业务编制会计分录以后，应记入有关账户，这个记账流程称为账簿登记，或称为"记账"。企业选择适合的账务核算程序，根据记账凭证、汇总记账凭证或科目汇总表，分别记入有关账户借方或贷方的工作。

在实务中，各单位可以根据实际情况，选择不同的方法和程序来登记总分类账。

目前，我国常用的账务处理程序包括：记账凭证账务处理程序、汇总记账凭证账务处理程序、科目汇总表账务处理程序三种账务处理程序。

3.2.1 记账凭证处理程序

1. 一般编制步骤

记账凭证处理程序是根据记账凭证逐笔登记总账，是会计核算中最基本的一种账务处理程序，它包含了各种账务处理程序的基本要素。记账凭证财务处理的一般编制步骤，如图3-7所示。

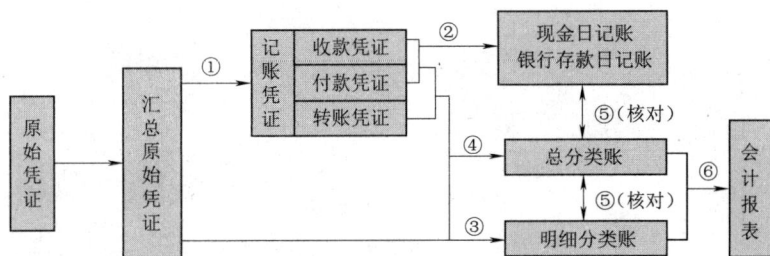

图 3-7 记账凭证处理程序

(1)根据审核无误的原始凭证或者原始凭证汇总表，编制记账凭证；

(2)根据收、付款凭证逐日逐笔登记现金日记账、银行存款日记账；

(3)根据原始凭证、原始凭证汇总表和记账凭证编制有关的明细分类账；

(4)根据记账凭证逐笔登记总分类账；

(5)月末，将现金日记账、银行存款日记账的余额以及各种明细账的余额合计数，分别与总账中有关账户的余额核对相符；

(6)月末，根据经核对无误的总账和有关明细账的记录，编制会计报表。

【例 3-1】 精石制造有限公司会计人员登记2024年3月库存现金总账，如图3-8所示。

总 账

会计科目：库存现金

编　　号：1001

2024年		凭证代码	摘要	借方										贷方										借或贷	余额									
月	日			千	百	十	万	千	百	十	元	角	分	千	百	十	万	千	百	十	元	角	分		千	百	十	万	千	百	十	元	角	分
3	1		结转上年																					借				3	1	0	0	0	0	0
	10	汇1	1-10日发生额			1	3	5	6	0	0	0	0			1	1	4	2	0	0	0	0	借				2	4	5	0	0	0	0
	20	汇2	11-20日发生额				3	5	7	8	0	0	0				2	6	3	8	0	0	0	借				3	3	9	0	0	0	0
	31	汇3	21-31日发生额					7	4	2	0	0	0					2	5	8	0	0	0	借				1	5	5	2	0	0	0
	31		本月合计			1	7	8	8	0	0	0	0			1	6	6	3	8	0	0	0	借				1	5	5	2	0	0	0

图 3-8 总账

2. 优缺点及适用范围

(1)优点：简单明了，易于理解和运用；总分类账比较详细，便于查账。

(2)缺点：登记总分类账的工作量较大。

(3)适用范围：一般适用于规模较小、业务量较少及记账凭证数量不多的企业。

3.2.2 科目汇总表账务处理程序

科目汇总表账务处理程序又称记账凭证汇总表账务处理程序，它是根据记账凭证定期编制科目汇总表，再根据科目汇总表登记总分类账的一种账务处理程序。

1. 一般编制步骤

科目汇总表账务处理的一般编制步骤，如图 3-9 所示。

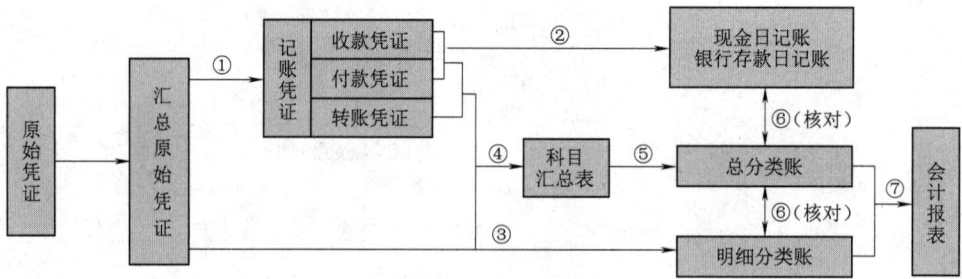

图 3-9　科目汇总表账务处理程序

(1)根据原始凭证或汇总原始凭证，编制记账凭证；

(2)根据收款凭证、付款凭证逐笔登记现金日记账和银行存款日记账；

(3)根据原始凭证、汇总原始凭证和记账凭证，登记各种明细分类账；

(4)根据各种记账凭证编制科目汇总表；

(5)根据科目汇总表登记总分类账；

(6)期末，现金日记账、银行存款日记账和明细分类账的余额同有关总分类账的余额核对相符；

(7)期末，根据总分类账和明细分类账的记录，编制会计报表。

当企业采用科目汇总表账务处理程序时，定期根据记账凭证编制科目汇总表，并据以登记总分类账。科目汇总表应定期编制，间隔天数可以根据单位业务量的多少而定，一般可按每星期、每旬或每月汇总编制一次。科目汇总表见表 3-1。

表 3-1　科目汇总表

2024 年 3 月 31 日　　　　　　　　　　　　　　　　第××号

借方金额										科目汇总表	贷方金额									
千	百	十	万	千	百	十	元	角	分		千	百	十	万	千	百	十	元	角	分
				3	4	5	0	0	0	库存现金						1	8	3	0	0	0
	8	9	4	0	0	0	0	0	0	银行存款			6	8	7	6	0	0	0	0
		3	2	8	7	0	0	0	0	应收账款				4	5	6	0	0	0	0
				9	3	2	0	0	0	应收利息										
		8	1	2	7	0	0	0	0	原材料										
			1	3	1	0	0	0	0	管理费用										

2. 优缺点及选用范围

(1)优点：减少工作量，并可做到试算平衡，简明易懂，方便易学。

(2)缺点：不能反映账户对应关系，不便于查对账目。

(3)适用范围：适用于经济业务较多的单位。

3.2.3 汇总记账凭证账务处理程序

汇总记账凭证账务处理程序是根据原始凭证或汇总原始凭证编制记账凭证，定期根据记账凭证分类编制汇总收款凭证、汇总付款凭证和汇总转账凭证，再根据汇总记账凭证登记总分类账的一种账务处理程序。

1. 一般编制步骤

一般编制步骤，如图 3-10 所示。

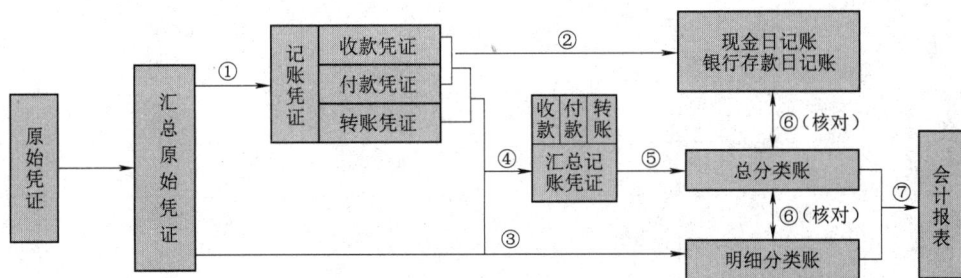

图 3-10　汇总记账凭证账务处理程序

(1)根据原始凭证或汇总原始凭证，编制收款凭证、付款凭证和转账凭证，也可采用通用的记账凭证；

(2)根据收款凭证、付款凭证逐笔登记现金日记账和银行存款日记账；

(3)根据原始凭证、汇总原始凭证和记账凭证，登记各种明细分类账；

(4)根据各种记账凭证编制有关汇总记账凭证；

(5)根据各种汇总记账凭证登记总分类账；

(6)期末，现金日记账、银行存款日记账和明细分类账的余额同有关总分类账的余额核对相符；

(7)期末，根据总分类账和明细分类账的记录，编制会计报表。

当企业采用汇总记账凭证账务处理程序时，定期根据记账凭证编制汇总记账凭证，并据以登记总分类账。汇总记账凭证应定期编制，间隔天数可以根据单位的业务量的多少而定，一般可按每星期、每旬或每月汇总编制一次。

在对汇总记账凭证审核无误后，即可据以登记总分类账。根据汇总收款凭证，应先按贷方金额合计数，记入总账中"银行存款"账户借方金额栏，并结计出余额，登记完毕后，在汇总收款凭证中记账栏做出记账标识"√"；然后按"应收账款"账户的贷方金额，记入总账中"应收账款"账户贷方金额栏，并结计出余额，登记完毕在汇总收款凭证中记账栏做出记账标识；再依此方法，直至将汇总记账凭证中所有贷方科目的发生额记入相应的总账账户。最后，由登记总账的会计人员在汇总收款凭证下方的"记账"处

034

签名或盖章。

汇总收款凭证样式，见表 3-2。

表 3-2 汇总收款凭证

借方账户：银行存款　　　　　　　　2024 年 1 月 31 日　　　　　　　　第 002 号

贷方科目	金　额				总账页次	
	1 日至 10 日收款凭证第 1 号至第 10 号	11 日至 20 日收款凭证第 11 号至第 20 号	21 日至 31 日收款凭证第 21 号至第 40 号	合计	借方	贷方
库存现金	1 800	5 600	2 390	9 790	2	2
银行存款	14 900	218 000	37 400	270 300	12	10
应收账款	326 500	342 700	87 650	756 850	14	14
应收票据	112 400	107 000	84 300	303 700	9	8
固定资产	4 689 000	0	0	4 689 000	1	
无形资产	432 800	0	0	432 800	4	4
短期借款	1 000 000	0	0	1 000 000	1	
长期借款	8 000 000			8 000 000	1	1
主营业务收入	3 896 500	754 300	326 500	4 977 300	22	2
合　计	18 473 900	1 427 600	538 240	20 439 740		

2. 优缺点与适用范围

（1）优点：简化了登记总分类账的工作量、总账账户对应关系明确。

（2）缺点：不利于会计核算的日常分工、转账凭证较多时，编制汇总转账凭证的工作量较大。

（3）适用范围：一般适用于规模较大，业务较多的企业。

3.2.4　电子发票使用、存储与归档

根据《关于规范电子会计凭证报销入账归档的通知》（财会〔2020〕6 号）规定：

"一、本通知所称电子会计凭证，是指单位从外部接收的电子形式的各类会计凭证，包括电子发票、财政电子票据、电子客票、电子行程单、电子海关专用缴款书、银行电子回单等电子会计凭证。

二、来源合法、真实的电子会计凭证与纸质会计凭证具有同等法律效力。

三、除法律和行政法规另有规定外，同时满足下列条件的，单位可以仅使用电子会计凭证进行报销入账归档：

（一）接收的电子会计凭证经查验合法、真实；

（二）电子会计凭证的传输、存储安全、可靠，对电子会计凭证的任何篡改能够及时被发现；

（三）使用的会计核算系统能够准确、完整、有效接收和读取电子会计凭证及其元数据，能够按照国家统一的会计制度完成会计核算业务，能够按照国家档案行政管理部门规定格式输出电子会计凭证及其元数据，设定了经办、审核、审批等必要的审签程序，且能有效防止电子会计凭证重复入账；

（四）电子会计凭证的归档及管理符合《会计档案管理办法》（财政部国家档案局令第79号）等要求。

四、单位以电子会计凭证的纸质打印件作为报销入账归档依据的，必须同时保存打印该纸质件的电子会计凭证。

五、符合档案管理要求的电子会计档案与纸质档案具有同等法律效力。除法律、行政法规另有规定外，电子会计档案可不再另以纸质形式保存。

六、单位和个人在电子会计凭证报销入账归档中存在违反本通知规定行为的，县级以上人民政府财政部门、档案行政管理部门应当依据《中华人民共和国会计法》《中华人民共和国档案法》等有关法律、行政法规处理处罚。

七、本通知由财政部、国家档案局负责解释，并自发布之日起施行。"

企业应按上述文件规定，管理电子发票使用、存储与归档。

3.3 对账与结账

对账是指对账簿记录所做的核对工作。对账工作是保证账账、账证、账实相符。结账是出纳人员将本期所发生的所有资金收付业务全部登记入账并核对无误后，应通过结账的方式，掌握本期货币资金的全部收付情况和期末结存情况。

3.3.1 对账

对账就是核对账目，企业应当定期将会计账簿记录的有关数字与库存实物、货币资金、有价证券往来单位或个人等进行相互核对，保证账证相符、账账相符、账实相符，对账工作每年至少进行一次。

对账是企业财务部门每年例行清查工作之一。

1. 账证核对

账证核对是指将各种账簿的记录与有关的会计凭证进行核对，保证账证相符。包括账簿与原始凭证核对；账簿与记账凭证进行核对。

账证核对的具体内容包括：

（1）核对总账与记账凭证汇总表是否相符。

（2）核对记账凭证汇总表与记账凭证是否相符。

（3）核对明细账与记账凭证所涉及的支票号码及其他结算票据种类等是否相符。

2. 账账核对

账账核对是指各账簿之间的相关数据要互相核对相符。

账账核对的具体内容包括：

(1)总分类账簿中各账户核对相符。

这一核对主要通过编制"总账科目试算平衡表"来完成。具体操作步骤如下：

①从总分类账簿中将各账户的期初余额、本期借方发生额、本期贷方发生额及期末余额逐个抄算在"总账科目试算平衡表"中，抄算中应注意不要出现遗漏，不要记错余额的借贷方向。

②计算总分类账户的期初借贷方余额合计数、本期借贷方发生额合计数和期末借贷方余额合计数。

③检查计算出的各总分类账户的期初借贷方余额合计数、本期借贷方发生额合计数和期末借贷方余额合计数是否相等，若相等，则说明总分类账簿的记录有可能是正确的，可以继续进行其他的账簿核对工作；若不相等，则说明在编制"试算平衡表"及登记总分类账簿的工作中一定存在错误，需要根据"试算平衡表"中提供的错误线索对相关账证资料进行检查，对查出的错误进行更正，直至总分类账户试算平衡为止。

(2)总分类账簿中各账户应与其所属的各明细分类账户核对相符。

①总分类账户与其所属的各个明细分类账户之间本期发生额的合计数应相等。

②总分类账户与其所属的各个明细分类账户之间的期初、期末余额应相等。

(3)现金、银行存款日记账余额应该同总分类账有关账户的余额定期核对相符。

(4)会计部门的总账、明细账与有关职能部门的账、卡之间是否相符。

①各种有关债权、债务明细账的余额应当经常或定期同有关的债务人、债权人核对相符。

②已缴国库的利润、税金以及其他预算缴款应该同征收机关按照规定的时间核对相符。

③会计部门的有关财产物资的明细分类账的余额应该同财产物资保管部门和使用部门经管的明细记录的余额定期核对相符。

3. 账实核对

账实核对是账簿记录与实物、款项实有数核对的简称。保证账实相符，是会计核算的基本要求。由于会计账簿记录是实物款项使用情况的价值量反映，实物款项的增减变化情况，必须在会计账簿记录上如实记录、登记。因此，通过会计账簿记录的正确性，发现财产物资和现金管理中存在的问题，有利于查明原因、明确责任，有利于改进管理、提高效益，有利于保证会计资料真实、完整。

账实核对的具体内容包括：

(1)现金日记账的账面余额与现金实际库存数额每日核对，并填写库存现金核对情况报告单作为记录。发生长、短款时，应即列作"待处理财产损溢"，待查明原因经批准后再进行处理。单位会计主管应经常检查此项工作。

(2)对库存现金进行清查核对时，出纳人员必须在场，不允许以借条、收据充抵现金。 要查明库存现金是否超过限额、是否存在坐支问题。

(3)银行存款日记账的账面余额与开户银行对账单核对。 每收到一张银行对账单，经管人员应在 3 日内核对完毕，每月编制一次银行存款余款调节表，会计主管人员每月至少检查一次，并写出书面检查意见。

(4)有价证券账户应与单位实存有价证券(如国库券、重点企业债券、股票或收款票据等)核对相符，每半年至少核对一次。

(5)商品、产品、原材料等明细账的账面余额，应定期与库存数相核对；对其他财产物资账户也要定期核对。 年终要进行一次全面的清查。

(6)各种债权、债务类明细账的账面余额要与债权、债务人账面记录核对、清理。对于核对、清理结果，要及时以书面形式向会计主管人员汇报，并报单位领导人。 对于存在的问题应采取措施，积极解决。

(7)出租、租入、出借、借入财产等账簿，除合同期满应进行清账外，至少每半年核对一次，以保证账实相符。

3.3.2 结账

结账是在将本期内所发生的经济业务全部登记入账并对账无误的基础上，按照规定的方法对该期内的账簿记录进行小结，结算出本期发生额合计数和余额，并将其余额结转下期或者转入新账。 为了正确反映一定时期内在账簿中记录的经济业务，总结有关经济业务活动和财务状况，各单位必须在每一个会计期末结账。 习惯上将每年 1~11 月的结账工作称为月结，将每年 12 月的结账工作称为年结。

结账时，应根据不同的会计期间和不同账户记录，分别采用不同的方法。 各类账户一般可按以下类别顺序归类进行结账。

1. 损益类账户结账方法

损益类账户一般无余额，期末结账主要对其发生额进行结计。 损益类无论是总分类账户，还是明细分类账户，也无论其采用何种账页格式，期末结账时均需结计本期发生额合计数和本年累计发生额合计数。

(1)在本月最后一笔业务记录行下画一条通栏单红线，若采用的是三栏式账页，则结计出借贷方发生额，若采用的是多栏式账页，则结计出各栏目实际发生额，记入下一行相应金额栏内，在摘要栏内注明"本月合计"字样，并在下面画一条通栏单红线。

(2)结计出自年初起至本月末止的累计发生额，记入下一行相应金额栏内，在摘要栏内注明"本年累计"字样，若是月结，在下面划通栏单红线；若为年结，则在下面画通栏双红线。

应注意的是，结账时在账簿中画红线的目的是突出有关数字，表示本期的会计记录已截止或结束，并将本期与下期的记录明显分开，因此必须画通栏红线，不能只在金额栏下画线。 结账时在不同账簿中可能会有一至多次画线，月结时应全部画通栏单红线，

038

表示本月记录结束，以下账页用以登记下一月份的相关经济业务。年结时除最后一次画线外，均画通栏单红线，最后一次画线为通栏双红线，表示本年度会计记录结束，一般应更换新账簿并将本账簿中的期末余额结转入新账簿。

另外，若账簿中本期记录较为简单，在账簿记录中有明显的本期发生额或本年累计发生额，则可将结计的"本月合计"或"本年累计"省略，直接画线即可。如某企业采用全月一次汇总的科目汇总表账务处理程序，1月份在总账"主营业务收入"账户中只有一条记录，其数据既是1月份的"本月合计"，也是1月份的"本年累计"，月结时则不必在账簿中再抄写相关内容，直接在该条记录下画通栏单红线即可。2月份在总账"主营业务收入"账户又只有一条记录，其数据是2月份的"本月合计"，但2月份的"本年累计"则需经过计算才能得出，月结时，不需抄写"本月合计"，只需结计"本年累计"记入账户。若某账户本期无发生额，不需进行月结，年结时只需在下面画通栏双红线。

2. 现金、银行存款日记账结账方法

为了加强对货币资金的管理，现金、银行存款日记账需按日结计本日发生额，按月结计本月发生额，但不需结计本年累计发生额。

(1)每日终了，先在本日最后一笔业务记录下画通栏单红线，结计出本日借贷方发生额，填在下一行的借贷方金额栏，在摘要栏内注明"本日合计"字样，并在下面画通栏单红线；

(2)每月终了在日结的基础上，结计出本月借贷方发生额，填在下一行的借贷方金额栏，在摘要栏内注明"本月合计"字样，并在下面画通栏单红线；

(3)年末结账时，在"本月合计"行下面要画通栏双红线，如图3-11所示。

14	付一004	李颖预借差旅费	其他应收款								4 0 0 0 0 0					9 3 0 0 0 0
			本日合计								4 0 0 0 0 0					9 3 0 0 0 0
			本月合计			1 5 4 0 0 0 0 0			1 4 8 0 0 0 0						9 5 0 0 0 0

图 3-11 账页截图

3. 多栏明细账结账方法

多栏明细账中损益类账户按损益类账户结账方法进行。其他账户只需结计本期发生额，不需结计本年累计发生额。

多栏账的结账应按以下两种情况分别进行：

(1)期末无余额或账页中设有余额栏的多栏明细分类账。

①在本月最后一笔业务记录下画一条通栏单红线，如图3-12所示。

31	略	收取江天煜的赔偿款	其他应收款		1 4 8 0 0 0					6 3 8 0 0 0
		本月合计		1 7 1 7 7 0 0 0		1 7 1 1 9 0 0 0				6 3 8 0 0 0

图 3-12　账页截图

②结计出本期各栏目的实际发生额，记入下一行相应栏目内。在摘要栏内注明"本月合计"字样，并在下面画通栏单红线。

③年末结账时，在"本月合计"行下要画通栏双红线。

(2)期末有余额且账页中未设余额栏的多栏明细分类账。

①在本月最后一笔业务记录下画一条通栏单红线，结计出本期各栏目的实际发生额，记入下一行相应栏目内，在摘要栏内注明"本月合计"字样，并在下面画通栏单红线。

②结计出期末余额，记入下一行各栏目内，在摘要栏内注明"期末余额"字样，其下账页用以继续登记下一月份的相关记录。

③如果是年结，应在"期末余额"行下面画通栏双红线。

【例 3-2】 按多栏明细账结账方法结记的 A 产品生产成本明细分类账如图 3-13 所示。

4. 总分类账户结账方法

总分类账户中的损益类账户，按损益类账户的结账方法进行结账。其他总分类账户月结时既不需要结计"本月合计"，也不需要结计"本年累计"，但在年结时为了总括地反映全年各项资金运动情况的全貌，核对账目，需结计全年发生额。因此，月结时，只需在账户的最后一条记录下画通栏单红线即可；年结时，先在该年最后一条记录下划通栏单红线，然后结计出借贷方本年发生额合计数，记入下行借贷方金额栏，并在摘要栏内注明"本年合计"字样，并在下面画通栏双红线。

以上账户外的其他账户，如各项应收应付款明细账和各项财产物资明细账等，结账时既不需结计"本月合计"，也不需结计"本年累计"。因此，结账时只需画线即可。月结时画通栏单红线，年结时画通栏双红线。

5. 年末余额的结转

一般来讲，总账、日记账和大多数明细分类账应每年更换一次。但有些财产物资明细账和债权债务明细账，由于材料品种、规格和往来单位较多，更换新账工作量较大，可以跨年度使用，不必每年都更换一次。各种备查簿也可以连续使用。

当更换新账时，对旧账中有年末余额的账户，应将其余额结转下年。结转的方法是：在旧账年结双红线下行摘要栏内注明"结转下年"字样，将账户余额直接记入新账第一行余额栏，并在摘要栏内注明"上年结转"字样。结转余额时不需编制记账凭证，也不需将余额再记入本年账户的借方或贷方，使本年有余额的账户的余额结平。

生产成本明细账

科目名称 _____　　　　　　　　　　　　　总第　页
产品名称 _____　　　　　　　　　　　　　分第　页
计量单位 _____

2024年 月	日	凭证字号	摘要	合计										成本项目 直接材料										直接人工										制造费用									
				千	百	十	万	千	百	十	元	角	分	千	百	十	万	千	百	十	元	角	分	千	百	十	万	千	百	十	元	角	分	千	百	十	万	千	百	十	元	角	分
1	31	记021	分配工资费用				1	9	3	6	0	0	0														1	9	3	6	0	0	0										
1	31	记028	领用原材料				2	9	0	3	2	0	5				2	9	0	3	2	0	5																				
1	31	记031	分配制造费用				1	9	3	4	0	0	0																								1	9	3	4	0	0	0
			本月合计				6	7	7	3	2	0	5				2	9	0	3	2	0	5				1	9	3	6	0	0	0				1	9	3	4	0	0	0
			期末余额				6	7	7	3	2	0	5				2	9	0	3	2	0	5				1	9	3	6	0	0	0				1	9	3	4	0	0	0

注意：月结时"期末余额"行下不用画线。

图 3-13　生产成本明细账

◀ 第二篇
出纳操作

广义的出纳是指从事出纳工作的人，负责各种票据以及货币资金和有价证券的收付、保管、核算；狭义的出纳是指按照有关规定和制度，完成本单位的现金收付、银行结算、保管库存现金、有价证券、财务印章及有关票据等各项工作。

第4章 出纳基本技能

出纳基本技能主要包括识别人民币真伪、辨别虚假发票、点钞与印章管理等日常工作。

4.1 识别真假人民币

出纳每日办理现金收付业务，需要掌握人民币真伪的鉴别方法。真币可在水印、安全线、油墨技术、雕刻凹版印刷等方面与假币进行甄别。

4.1.1 人民币鉴别真伪的方法

1. 水印

第五套人民币5种纸币都含有水印，真币水印有立体感，纸条清晰，而假币是用淡黄色油墨印刷在票面正、背面。100元和50元券的水印图案是立体感很强的毛泽东头像；20元券是一朵荷花；10元券是月季花和数字"10"两处水印图案；5元券是水仙花和数字"5"两处水印图案，如图4-1所示。

图4-1 第五套人民币水印

2. 安全线

第五套人民币的5种纸币均采用了安全线技术，100元和50元采用了磁性缩微文字安全线；20元券采用了带有磁性且明暗相间的安全线；10元券和5元均采用了全息磁性开窗式安全线，如图4-2所示。

3. 红、蓝彩色纤维

第五套人民币纸张中都含有不规则分布的红色或蓝色纤维丝，如图4-3所示。假币墨色平滑，票面主景线条粗糙，立体感差；票面线条由网点组成，呈点状结构；无红蓝彩色纤维。

4. 光变油墨技术

第五套人民币首次采用了光变油墨技术，用来印刷100元和50元券正面下方的面额数字，将垂直观察的票面倾斜到一定角度时，100元券的面额数字由绿色变为蓝色；而50元券的面额数字则由金黄色变为绿色，如图4-4所示。假币面额数字不变色，有些假币用铅笔涂抹来仿照变色效果。

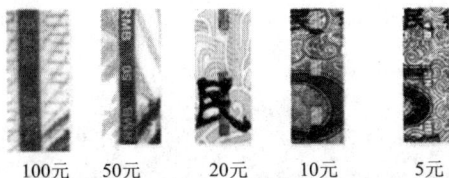

|100元|50元|20元|10元|5元|

图4-2　安全线的位置

图4-3　整张钞票均含有红蓝纤维

图4-4　光变油墨位置

5. 雕刻凹版印刷

雕刻凹版印刷技术广泛应用于人民币的毛泽东头像、中国人民银行行名、面额数字、盲文标记等处，特点是：图文线条精细、层次丰富、立体感很强，用手触摸有明显的凹凸感。假币整张钞票手感平滑，无凹凸感，如图4-5所示。

图4-5　凹版印刷的位置

6. 阴阳互补对印

阴阳互补对印的方法主要应用于 100 元、50 元和 10 元券正面左下方和背面右下方，印有一个圆形局部图案，迎光观察，两幅图案准确对接，组合成完整的古钱币图案。假币对印图案错位，或重叠，如图 4-6 所示。

阴阳互补对印　　　　　　　　　阴阳互补对印

图 4-6　阴阳互补对印

7. 隐形面额数字

第五套人民币的隐形面额数字印在钞票正面的右上方。面对光源，将钞票置于与眼睛接近平行的位置，做 45° 或 90° 旋转，便可以看到，如图 4-7 所示。假币没有隐形面额数字。

隐形面额数字位置

图 4-7　隐形面额数字位置

8. 胶印缩微文字

第五套人民币的 5 种纸币都含有胶印缩微文字，位于 100 元、50 元、10 元和 5 元券的正上方，20 元券的正面右侧和下方以及背面图案中，如图 4-8 所示。假币胶印缩微文字模糊不清。

胶印微缩文字　　　　　　　　胶印微缩文字

图 4-8　胶印缩微文字位置

9. 凹印缩微文字

第五套人民币的 5 种纸币都含有凹印缩微文字，必须借用放大镜才能分辨出来，他们分布于 100 元、50 元和 5 元券的背面主景下方和右下角的面额数字内；以及 20 元、10 元和 5 元券正面右上方的装饰图案中，如图 4-9 所示。假币凹印缩微文字模糊不清。

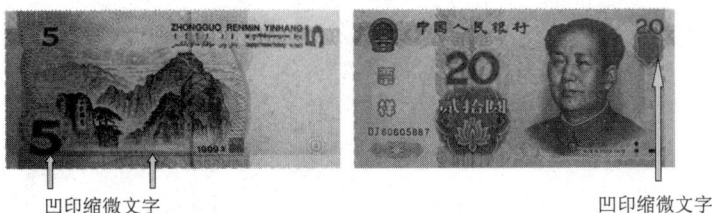

凹印缩微文字   凹印缩微文字

图 4-9 凹印缩微文字位置

10. 双色横号码及横竖双号码

第五套人民币的 100 元、50 元均采用了横竖双号码，100 元：横号码为黑色，竖号码为蓝色，20 元、10 元和 5 元券采用了双色横号码，号码的左侧部分为红色，右侧部分为黑色，如图 4-10 所示。真币黑色部分有磁性，假币无磁性。

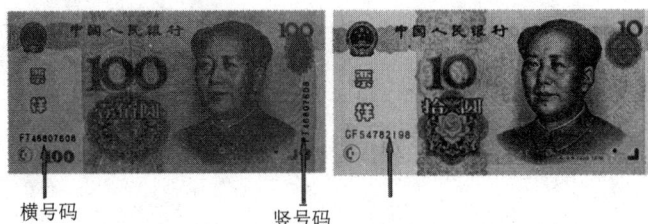

横号码   竖号码

图 4-10 双色横号码及横竖双号码

11. 有色荧光油墨印刷图案

第五套人民币 100 元背面正上方印制有色荧光油墨图案，在紫外线灯下呈金黄色。而假币图案在紫外线灯下图案色彩单一、较暗淡。颜色浓度及荧光强度较差，如图 4-11所示。

图 4-11 有色荧光油墨印刷图案

4.1.2 收到假币的处理

（1）出纳收款时发现假币，立刻要求交款人予以更换。如果交款人执意不换，那么应要求其共同前往附近银行进行鉴别；出纳付款时发现假币，也应立即送交附近的银行鉴别。

（2）出纳向银行缴存现金有假币时，银行会当场没收，并当面在假币上加盖假币戳记印章，同时开具统一格式的"假人民币没收收据"。银行会将所收假币登记造册，妥善保管，定期上缴中国人民银行当地分支行。

（3）出纳发现可疑币不能断定其真假时，不要随意做标记或没收，应向持币人说明情况，开具临时收据，连同可疑币及时报送附近银行进行鉴定。确属假币时，按发现假币后的处理方法处理，如果确定不是假币时，应及时将钞票退还持币人。

（4）如果出纳误收、误持假币，或者被银行没收了，那么按照行业惯例，出纳必须承担赔偿责任，因为出纳应当具备识别真假币的业务能力。

4.2 电子发票

根据国家税务总局、国家档案局、财政部、商务部四部门联合印发《电子发票全流程电子化管理指南》（以下简称《指南》）规定："电子发票包括增值税电子普通发票、增值税电子专用发票、全面数字化的电子发票等，其法律效力、基本用途等与纸质发票相同。单位利用纸质发票的扫描件等电子复制件进行报销、会计核算的，不属于本指南所述的范畴，仍参照纸质发票的有关规定归档管理。"

4.2.1 电子发票命名规范

企业批量下载电子发票时，应对电子发票文件规范命名，便于后续处理。对于电子发票接收存储的命名格式给出了具体的参考示例，具体见表4-1。

表4-1　电子发票命名

项　　目	增值税电子发票	全电数字化的电子发票
个人分散接收	电子邮箱、二维码、增值税发票查验平台等途径	电子邮件、二维码、电子文件导出等方式
单位批量下载接收	增值税发票综合服务平台	税务数字账户
命名格式	开票日期-发票代码-发票号码	Dzfp_全面数字化的电子发票号码_下载时间
命名示例	20220820-051002000311_06142522.pdf 20220821-051002000311_09457503.pdf 20220822-051002000411_24809986.pdf 20220822-051002000411_24843552.pdf	dzfp_22442000000922030206_20221104153434.pdf dzfp_22442000000922030207_20221104153422.ofd dzfp_22442000000922030209_20221104153403.pdf

4.2.2 发票自查、验真与查重

《指南》对电子发票的自查、验真与查重均给出了明确的规定。

(1)发票自查：一是票面内容与经济业务相符性自查；二是票面内容完整性自查。

(2)发票验真：企业应对接收的电子发票进行真实性查验，降低税收风险。可以通过国家税务总局全国增值税发票查验平台、电子发票服务平台税务数字账户、增值税电子发票版式文件阅读器对电子发票进行验真。

(3)发票查重：会计人员对电子发票进行验真后，还应对电子发票与已经登记并报销的电子发票进行查重，如发现收到的电子发票与已经报销过并在会计人员处登记过的电子发票重复，应拒绝报销并及时通知报销人。

(4)电子发票存档。《关于规范电子会计凭证报销入账归档的通知》(财会〔2020〕6号)中第四条规定："单位以电子会计凭证的纸质打印件作为报销入账归档依据的，必须同时保存打印该纸质件的电子会计凭证。"

①增值税电子发票档案保管。电子发票实行在线归档管理的单位，应为电子发票档案的安全存储配置适当的在线存储设备，档案人员应按附录F进行检测，发现问题尽快采取措施解决。电子发票实行线下归档管理的单位、档案人员应每两年对离线存储的电子发票档案进行一次可用性检测，方法见附录F。发现存在读取风险的应尽快采取措施解决。

②数电票的档案管理方式与增值税电子发票一致。

4.3 出纳写字规范

会计文字书写和会计数字书写构成了财经书写的主要内容。会计文字和数字书写规范是会计的基础工作标准，直接关系到会计工作质量的优劣和会计管理水平的高低。

4.3.1 文字书写规范

出纳经常要书写大量的数字和文字，进行规范的财经书写是出纳必须掌握的重要基本功之一。因此要求出纳必须掌握一定的书写技能，使书写的文字与数字正确、清晰、整洁，符合规范化的要求。

1. 会计文字书写规范

会计上的文字书写是指汉字书写。出纳每天都离不开书写，书写文字与书写数字二者相辅相成。

例如日常工作中，出纳常常会根据单位业务需要完成下列银行进账单的填写，如图4-12所示。

中国银行进账单(回单或收账通知)

进账日期：2024 年 2 月 25 日   第 0123 号

收款人	全　　称	金顶织造有限公司	付款人	全　　称	南方百货有限公司	此联给收款人的收账通知
	账　　号	2290001909234214576		账　　号	22028075320592727	
	开户银行	工商银行哈尔滨和兴支行		开户银行	工行沈阳护卫路支行	

人民币(大写)：⊗叁拾伍万捌仟叁佰元整		千	百	十	万	千	百	十	元	角	分
			¥	3	5	8	3	0	0	0	0

票据种类	商业汇票	工商银行哈尔滨和兴支行
票据张数	1	2024.2.25 收讫
主管　　会计　　复核　　记账		收款人开户银行盖章

图 4-12　进账单

会计文字书写的基本要求是：字体规范、字迹清晰、简明扼要、表达准确、字词正确、排列整齐、书写流利。

4.3.2　数字书写规范

会计数字书写规范包括小写金额书写规范与大写金额书写规范两方面内容。

1. 小写金额书写规范

小写金额数字的规范书写：0123456789

小写金额是用阿拉伯数字来书写的。具体书写要求如下：

(1)书写数字时，各数字从左至右，笔画顺序是自上而下、先左后右，每个数字要独立有形、大小匀称，不能连笔书写。

(2)每个数字要紧靠底线但不要顶满格(行)，一般每格(行)上方预留 1/3 或 1/2 空格位置，为更正错误数字留有余地。

(3)书写数字时字迹要工整，排列要整齐有序且有一定的倾斜度，一般要求上端向右顺斜 45° 到 60°。

(4)数字排列的空隙应保持一定且同等距离，不能在数字中间留有较大空隙形成空格。

(5)会计数字书写时，除"4"和"5"以外，其他数字必须一笔写成，具体书写要求如下。

一是"0"字不能写小，写时要闭合，以免改作 9，连写几个"0"时，不要写成连线；也不要把"0"和"6"书写混淆。

二是"1"字不能写得比其他数字短，以免篡改；也不要把"1"和"7"书写混淆。

三是"2"字不能写成"Z"，以免改作 3。

四是"3"字起笔处到转弯处距离要稍长，同时转弯处要光滑，避免被误认为 5；也不要把"3"和"8"书写混淆。

五是"4"字的"∠"要写成死折，使其不易被改作6。

六是"5"字的短横与"称钩"必须明显，以防与8混淆。

七是"6"字起笔略长，下圈要明显，使其不易被改作4或8。

八是"7"字上端一横要明显并且平直，折划不能圆滑，以便与1和9区别。

九是"8"字上下两圈儿要明显可见，且上圈比下圈略小。

十是"9"字上圈要闭合，并且收笔略长，使其不易与4混淆。

(6)写小写金额的整数部分，可以从小数点向左按照"三位一节"用"，"分开或加空格分开。如32,490,218或54 671 035。

(7)阿拉伯数字前面应当书写货币币种符号或者货币名称简写。币种符号与阿拉伯数字金额之间不得留有空白。凡阿拉伯数字前写有币种符号，数字后面不再写货币单位。例如人民币符号"￥"，它既代表了人民币的币制，又表示人民币"元"的单位，所以，当小写金额前填写人民币符号"￥"后，数字后面不再写"元"字。需要注意的是："￥"与阿拉伯数字要有明显区别。

(8)角分书写要求：所有以元为单位的阿拉伯数字，一般填写到角分；无角分的，角位和分位可写"00"；有角无分的，分位应当写"0"，不得用符号"-"代替。

2. 大写金额书写规范

大写金额数字的规范书写：零、壹、贰、叁、肆、伍、陆、柒、捌、玖、拾、佰、仟、万、亿、元、角、分、整(或正)

为了防止涂改，需要用上中文大写数字表示的金额。比如日常工作中的发票开具、银行结算凭证的填写等。

大写金额由数字和数位组成，用汉字大写书写为：零、壹、贰、叁、肆、伍、陆、柒、捌、玖、拾、佰、仟、万、亿等。具体书写要求如下。

(1)汉字大写数字一律用正楷或者行书体书写，不得用0(另)、一、二、三、四、五、六、七、八、九、十、千等简化字代替，不得任意自造简化字，比如"角"不能用"毛"代替。

(2)大写金额数字到元或者角为止的，在"元"或者"角"字之后应当写"整"或"正"字，例如"78.70元"写成"人民币柒拾捌元柒角整(或正)"；如果分位有金额，在"分"后不必写"整"或"正"字，例如"43.98元"写成"人民币肆拾叁元玖角捌分"，因其分位有金额，在"分"后不必写"整"或"正"字。

(3)中文大写金额数字前应标明"人民币"字样，大写金额数字应紧接"人民币"字样填写，不得留有空白。大写金额数字前未印"人民币"字样的，应加填"人民币"三字。

(4)如果金额数字中间有两个或两个以上"0"字时，可只写一个"零"字，比如"3 001.00"，应写成"人民币叁仟零壹元整"；阿拉伯金额数字元位是"0"，或者数字中间连续有几个"0"，元位也是"0"，但角位不是"0"时，汉字大写金额可以只写一个"零"字，也可不写"零"字，比如"5 700.30"，应写成"人民币伍仟柒佰元叁角正"，也可以写成"人民币伍仟柒佰元叁角正"。

总之，小写金额数字中有"0"时，中文大写应按照汉语语言规律、金额数字构成和防止涂改的要求进行书写。

(5)表示数字为拾几、拾几万时,大写文字前必须有数字"壹"字,因为"拾"字代表位数,而不是数字。

(6)票据的出票日期必须使用中文大写。 在填写月、日时,月为壹、贰和壹拾的,日为壹至玖和壹拾、贰拾和叁拾的,应在其前加"零";日为拾壹至拾玖的,应在其前面加"壹"。 如:2月12日,应写成零贰月壹拾贰日;10月20日,应写成零壹拾月零贰拾日。

(7)票据出票日期使用小写填写的,银行不予受理。 大写日期未按要求规范填写的,银行可予受理;但由此造成损失的,由出票人自行承担。

金额书写错误如下:

(1)在阿拉伯金额数字前面未写人民币符号;大写金额前未印有也未注明"人民币"字样,且在大写金额前留有空白处。

(2)阿拉伯数字书写潦草、大写字迹潦草,并自造简化字,难以辨认。

(3)有的小写金额应在角分位用"00"代替的而未填写。

(4)应在大写金额后写"整"字的没有写,而不应写的却写了。

(5)阿拉伯数字中"0"的大写金额的写法不规范。

4.4 如何熟练点钞

点钞,即票币整点,包括整点纸币和清点硬币。 它是会计人员必须具备的基本技能。

4.4.1 点钞的程序及要求

点钞的基本程序为:拆把 → 点数 → 扎把 → 盖章。 见表4-2。

表4-2 点钞的基本程序

拆 把	把待点的成把钞票的封条拆掉
点 数	手点钞,脑记数,点准一百张
扎 把	把点准的一百张钞票墩齐,用腰条扎紧
盖 章	在扎好的钞票的腰条上加盖经办人名章,以明确责任

点钞的基本要求如下:

平铺整齐,边角无折。 同券一起,不能混淆。

券面同向,不能颠倒。 验查真伪,去伪存真。

剔除残币,完残分放。 百张一把,十把一捆。

扎把捆紧,经办盖章。 清点结账,复核入库。

为达到上述具体要求,应做到以下几点:

(1)坐姿端正:直腰挺胸,双肘自然放在桌上,持票的左手腕部接触桌面,右手腕稍抬起,整点货币轻松持久,活动自如。

(2)操作定型,用品定位:钞票放在正前方,顺着拿钞的方向把钞票整齐地放在前方;水盒、笔和名章是常用物品,一般放在右边,便于使用。

(3)点数准确：点钞技术关键是一个"准"字，清点和记数的准确是点钞的基本要求。

(4)钞票墩齐：钞票点好后必须墩齐后(四条边水平，不露头，卷角拉平)才能扎把。

(5)扎把捆紧：扎小把，以提起把中第一张钞票不被抽出为准。捆扎的大捆，以用力推不变形，抽不出票把为准，如图 4-13 所示。

图 4-13   扎把盖章

(6)盖章清晰：腰条上的名章，是分清责任的标志，要清晰可辨。

(7)动作连贯：点钞过程的各个环节(拆把、清点、墩齐、扎把、盖章)必须密切配合，环环相扣，双手动作协调，注意减少不必要的小动作。

4.4.2   点钞方法

点钞方法很多，可以划分为手工点钞和机器点钞两大类。

手工点钞的方法很多，但常用的主要有如下几种，其中前两种是针对纸币的点钞。

1. 手持式点钞技术

手持式点钞技术可分为手持式单指单张点钞法、手持式单指多张点钞法、手持式四指拨动点钞法、手持式五指拨动点钞法、手按式单张点钞法、手按式双张点钞法等。最常用的有以下两种。

(1)手持式单指单张点钞法，如图 4-14 所示。

图 4-14   手持式单指单张点钞法

手持式单指单张点钞法是最常用的点钞方法之一。用一个手指一次点一张的方法叫单指单张点钞法。适用于收款、付款和整点各种新旧大小钞票。这种点钞方法由于持票面小，能看到票面的 3/4，容易发现假钞票及残破票，缺点是点一张记一个数，比较费力。 具体操作方法如下：

①持票。 左手横执钞票，下面朝向身体，左手拇指在钞票正面左端约 1/4 处，食指与中指在钞票背面与拇指同时捏住钞票，无名指与小指自然弯曲并伸向票前左下方，与中指夹紧钞票，食指伸直，拇指向上移动，按住钞票侧面，将钞票压成瓦形，左手将钞票从桌面上擦过，拇指顺势将钞票向上翻成微开的扇形，同时，右手拇指、食指作点钞准备，如图 4-15 所示。

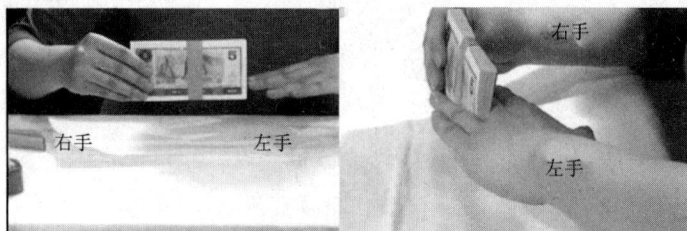

图 4-15　持票的姿势

②点钞。 左手持钞并形成瓦形后，右手食指托住钞票背面右上角，用拇指尖逐张向下捻动钞票右上角，捻动幅度要小，不要抬得过高。 要轻捻，食指在钞票背面的右端配合拇指捻动，左手拇指按捏钞票不要过紧，要配合右手起自然助推的作用。 右手的无名指将捻起的钞票向怀里弹，要注意轻点快弹，如图 4-16 所示。

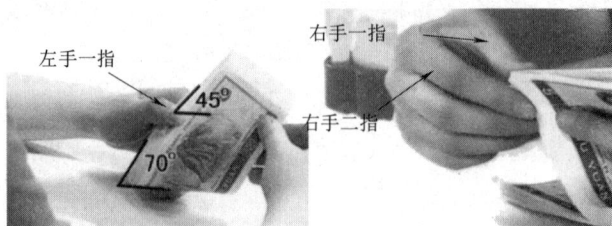

图 4-16　单指单张点钞

③记数。 与清点同时进行。 在点数速度快的情况下，往往由于记数迟缓而影响点钞的效率，因此记数应该采用分组记数法。 把 10 作 1 记，即 1、2、3、4、5、6、7、8、9、1(即 10)，1、2、3、4、5、6、7、8、9、2(即 20)，以此类推，数到 1、2、3、4、5、6、7、8、9、10(即 100)。 采用这种记数法记数既简单又快捷，省力又好记。 但记数时要默记，不要念出声，做到脑、眼、手密切配合，既准又快。

2. 手持式单指多张点钞法

在单指单张点钞法的基础上，可逐步熟练为单指多张的点钞技术，点钞时，一指同时点两张或两张以上的方法叫单指多张点钞法。 它适用于收款、付款和各种券别的整点工作。

这种点钞法除了记数和清点外，其他均与单指单张点钞法相同。

(1)清点。 清点时，右手食指放在钞票背面右上角，拇指肚放在正面右上角，拇指尖超出票面，用拇指肚先捻钞。 单指双张点钞法，拇指肚先捻第一张，拇指尖捻第二张。 单指多张点钞法，拇指用力要均衡，捻的幅度不要太大，食指、中指在票后面配合捻动，拇指捻张，无名指向怀里弹。 在右手拇指往下捻动的同时，左手拇指稍抬，使票面拱起，从侧边分层错开，便于看清张数，左手拇指往下拨钞票，右手拇指抬起让钞票下落，左手拇指在拨钞的同时下按其余钞票，左右两手拇指一起一落协调动作，如此循环，直至点完。

(2)记数。

采用分组记数法。 如：点双数，两张为一组记一个数，50 组就是 100 张。

3. 手持式多指多张点钞法

点钞时用中指、食指依次捻下一张钞票，一次清点二张钞票的方法，叫两指两张点钞法；点钞时用无名指、中指、食指依次捻下一张钞票，一次清点三张钞票的方法，叫三指三张点钞法；点钞时用小指、无名指、中指、食指依次捻下一张钞票，一次清点四张钞票的方法，叫四指四张点钞法；以上统称多指多张点钞法。 这种点钞法适用于收款、付款和整点工作，这种点钞方法效率高，能够逐张识别假钞票和挑剔残破钞票。

4. 扇面式点钞法

把钞票捻成扇面状进行清点的方法叫扇面式点钞法。 这种点钞方法速度快，是手工点钞中效率最高的一种。 但它只适合清点新票币，不适于清点新、旧、破混合钞票。

(1)持钞。

钞票竖拿，左手拇指在票前下部中间票面约 1/4 处。 食指、中指在票后同拇指一起捏住钞票，无名指和小指拳向手心。 右手拇指在左手拇指的上端，用虎口从右侧卡住钞票成瓦形，食指、中指、无名指、小指均横在钞票背面，做开扇准备。

(2)开扇。

以左手为轴，右手食指将钞票向胸前左下方压弯，然后再猛向右方闪动，同时右手拇指在票前向左上方推动钞票，食指、中指在票后面用力向右捻动，左手指在钞票原位置向逆时针方向画弧捻动，食指、中指在票后面用力向左上方捻动，右手手指逐步向下移动，至右下角时即可将钞票推成扇面形。 如有不均匀地方，可双手持钞抖动，使其均匀。

打扇面时，左右两手一定要配合协调，不要将钞票捏得过紧，如果点钞时采取一按十张的方法，扇面要开小些，便于清点。

(3)清点。

左手持扇面，右手中指、无名指、小指托住钞票背面，拇指在钞票右上角 1 cm 处，一次按下五张或十张；按下后用食指压住，拇指继续向前按第二次，以此类推，同时左手应随右手点数速度向内转动扇面，以迎合右手按动，直到点完 100 张为止。

(4)记数。

采用分组记数法。 一次按 5 张为一组，记满 20 组为 100 张；一次按 10 张为一组，记满 10 组为 100 张。

(5)合扇。

清点完毕合扇时，将左手向右倒，右手托住钞票右侧向左合拢，左右手指向中间一起用力，使钞票竖立在桌面上，两手松拢轻墩，把钞票墩齐，准备扎把，如图 4-17 所示。

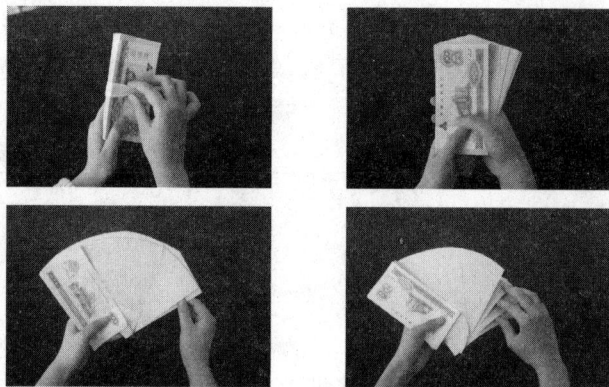

图 4-17　扇面式点钞

4.4.3　整点硬币的方法

在实际工作中整点硬币一般有两种方法：手工整点硬币和工具整点硬币。

手工整点硬币。一般常用在收款、收点硬币尾零款，以 100 枚为一卷，一次可清点 5 枚、12 枚、14 枚或 16 枚，最多的可一次清点 18 枚，主要是依个人技术熟练程度而定。其操作方法如下。

一是拆卷。右手持硬币卷的 1/3 部位，放在待清点完包装纸的中间，左手撕开硬币包装纸的一头，然后右手大拇指向下从左到右打开包装纸，把纸从卷上面压开后，左手食指平压硬币，右手抽出已压开的包装纸，这样即可准备清点。

二是点数。按币值由大到小的顺序进行清点，用左手持币，右手拇指食指分组清点。为保证准确，用右手中指从一组中间分开查看，如一次点 18 枚为一组，即从中间分开一边 9 枚；如一次点 10 枚为一组，一边为 5 枚。记数方法：分组记数，一组为一次，如点 10 组即记 10 次，其他以此类推。

三是包装。硬币清点完毕后，用双手的无名指分别顶住硬币的两头，用拇指、食指、中指捏住硬币的两端，将硬币取出放入已准备好的包装纸 1/2 处，再用双手拇指把里半部的包装纸向外掀起掖在硬币底部，再用右手掌心用力向外推卷，然后用双手的中指、食指、拇指分别将两头包装纸压下均贴至硬币，这样使硬币两头压三折，包装完毕。

工具整点硬币是指大批的硬币用整点工具——硬币清分机（如图 4-18 所示）——进行整点。具体操作按提示进行即可。

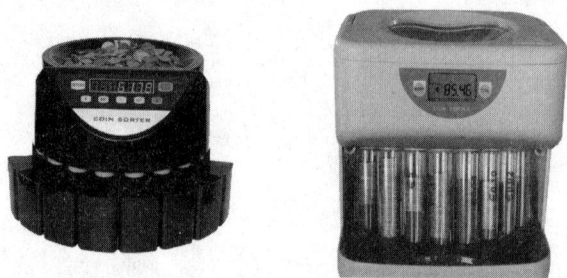

图 4-18　硬币清分机

4.4.4　残缺污损人民币兑换办法

1. 残缺、污损人民币能否继续使用

残缺、污损人民币是指票面撕裂、损缺，或因自然磨损、侵蚀，外观、质地受损，颜色变化，图案不清晰，防伪特征受损，不宜再继续流通使用的人民币。

凡办理人民币存取款业务的金融机构应无偿为公众兑换残缺、污损人民币，不得拒绝兑换。

2. 残缺、污损人民币兑换办法

残缺、污损人民币兑换分"全额""半额"两种情况。

(1)能辨别面额，票面剩余 3/4(含 3/4)以上，其图案、文字能按原样连接的残缺、污损人民币，金融机构应向持有人按原面额全额兑换。

(2)能辨别面额，票面剩余 1/2(含 1/2)至 3/4 以下，其图案、文字能按原样连接的残缺、污损人民币，金融机构应向持有人按原面额的 1/2 兑换。

(3)纸币呈正十字形缺少 1/4 的，按原面额的 1/2 兑换。

金融机构在办理残缺、污损人民币兑换业务时，应向残缺、污损人民币持有人说明认定的兑换结果。残缺、污损人民币持有人同意金融机构认定结果的，对兑换的残缺、污损人民币纸币，金融机构应当面将带有本行行名的"全额"或"半额"戳记加盖在票面上；对兑换的残缺、污损人民币硬币，金融机构应当面使用专用袋密封保管，并在袋外封签上加盖"兑换"戳记。不予兑换的残缺、污损人民币，应退回原持有人。

4.4.5　印章的管理

印章是公司经营管理活动中行使职权、明确公司各种权利义务关系的重要凭据和工具。单位的印章主要包括三种，分别是本企业的财务专用章、分管财务负责人的名章和出纳经办人员的名章。其用途见表 4-3。

表 4-3　印章的种类与用途

种　类	用　途
财务专用章	代表企业行使财权的公章
分管领导名章	标明企业领导人员之间的明确分工，一旦出现问题，可以追究分管领导的个人责任
出纳人员的名章	表明在会计人员中有明确的分工，坚持"谁经手、谁负责"的原则。如有工作出现变动，应随时更换印鉴，以分清责任

出纳人员应该熟悉表 4-4 中的公章。

表 4-4　出纳日常接触的公章

名　称	说　明
公章	刻有单位名称的章
合同章	签署合同时使用的公章
财务章	办理单位会计核算和银行结算业务时使用的专用章
法人私章	即法定代表人个人名章(该章是银行开户备案的印鉴章之一)

056

名　称	说　明
发票专用章	专用于开具发票上，代表单位对发票内容的确认
国税代码章	用于发票领购簿、税收缴款书等
现金收讫章	在现金收款凭证及其附件上盖章
现金付讫章	在现金付款凭证及其附件上盖章
银行收讫章	在银行收款凭证及其附件上盖章
银行付讫章	在银行付款凭证及其附件上盖章
承前页章	专用于账本翻页后
过次页章	专用于账本翻页前

第5章 日常收支的核算

出纳日常收支包括现金和银行存款的收付业务。

银行结算业务包括支票、银行汇票、商业汇票等。

5.1 企业现金管理制度

现金，是指随时可作为流通与支付手段的票证，不论是法定货币或信用票据，只要具有购买或支付能力，均可视为现金。现金从理论上讲有广义与狭义之分。狭义现金是指企业所拥有的硬币、纸币，即由企业出纳员保管作为零星业务开支的现金。广义的现金则应包括现金和视同现金的各种银行存款、流通证券等。

5.1.1 现金收入与支出的核算

现金管理就是对现金的收、付、存等各环节进行的管理。依据《中华人民共和国现金管理暂行条例》（2011 年修订），现金管理的基本原则是：

（1）开户单位库存现金一律实行限额管理；

（2）不准擅自坐支现金。坐支现金容易打乱现金收支渠道，不利于开户银行对企业的现金进行有效的监督和管理；

（3）企业收入的现金不准作为个人储蓄存款存储；

（4）收入现金应及时送存银行，企业的现金收入应于当天送存开户银行，确有困难的，应由开户银行确定送存时间；

（5）严格按照国家规定的开支范围使用现金，结算金额超过起点的，不得使用现金；

（6）不准编造用途套取现金。企业在国家规定的现金使用范围和限额内需要现金，应从开户银行提取，提取时应写明用途，不得编造用途套取现金；

（7）企业之间不得相互借用现金。

收入是指企业在日常活动中形成的、会导致所有者权益增加的、与所有者投入资本无关的经济利益的总流入。

(1)现金使用范围。

①职工工资、津贴；

②个人劳务报酬：根据国家规定颁发给个人的科学技术、文化艺术、体育等各种奖金；

③各种劳保、福利费用以及国家规定的对个人的其他支出；

④向个人收购农副产品和其他物资的价款；

⑤出差人员必须随身携带的差旅费；

⑥结算起点以下的零星支出；

⑦中国人民银行确定需要支付现金的其他支出(如抢险救灾)。

前款结算起点定为 1 000 元。结算起点的调整,由中国人民银行确定,报国务院备案。

(2)现金的限额。

一般按照单位 3~5 天日常零星开支所需确定。

库存现金限额的具体核定程序为:

开户单位与开户银行协商核定库存现金限额。

$$库存现金限额=每日零星支出额×核定天数$$

每日零星支出额=月(或季)平均现金支出额(不包括定期性的大额现金支出和不定期的大额现金支出)÷月(或季)平均天数

(3)现金收支。

①现金收入应于当日送存银行,如当日送存银行确有困难,由银行确定送存时间。

②企业可以在现金使用范围内支付现金或从银行提取现金。

③企业从银行提取现金时,应当注明具体用途,并由财会部门负责签字盖章后,交开户银行审核后方可支取。

企业不得坐支现金。

5.1.2 库存现金科目设置

库存现金的科目编码为1001,如果企业有外币业务,可设置二级科目或明细科目,二级科目代码长度一般分两级,如 100101、100102、100103 等。三级、四级直到十级,每一级都增设两位数字即可。企业可根据实际需要,设计级数,见表 5-1。

表 5-1 库存现金会计科目编码的设置

科目代码	总分类科目(一级科目)	明细分类科目	
		二级科目	三级科目
1001	库存现金		
100101	库存现金	人民币	
100102	库存现金	外币	
10010201	库存现金	外币	美元
10010202	库存现金	外币	日元

库存现金的账务处理,如图 5-1 所示。

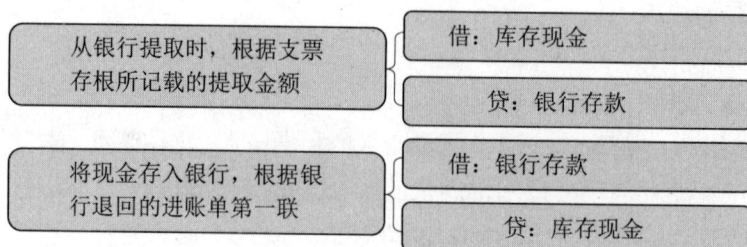

| 从银行提取时,根据支票存根所记载的提取金额 | 借:库存现金 |
| 贷:银行存款 |
| 将现金存入银行,根据银行退回的进账单第一联 | 借:银行存款 |
| 贷:库存现金 |

图 5-1 库存现金存取的账务处理

5.1.3 现金收入账务处理

现金收入主要包括：①单位或职工交回差旅费剩余款、赔偿款、备用金退回款；②收取不能转账的单位或个人的销售收入；③不足转账起点(起点为1 000元)的小额收入等。

【例5-1】2024年1月5日，金顶织造有限公司签发支票从银行提取现金135 900元，如图5-2所示，账务处理如下：

借：库存现金　　　　　　　　　　　　　　　　　　　　　135 900

　　贷：银行存款　　　　　　　　　　　　　　　　　　　　　135 900

```
         中国工商银行
         现金支票存根
         IV V0000213
      科　　目：
      对方科目：
   ┌─────────────────────────┐
   │ 收款人：金顶织造有限公司   │
   ├─────────────────────────┤
   │ 金　额：¥135 900         │
   ├─────────────────────────┤
   │ 用　途：工资             │
   └─────────────────────────┘
      出票日期 2024 年 1 月 5 日
   单位主管 黎军      会计 李诚
```

图5-2　现金支票存根

根据上述业务，编制记账凭证，见表5-2。

表5-2　收款凭证　　　　　　　　　　　　　　　　　　　　　附件：××张

借方科目：库存现金　　　　　　　　2024年1月5日　　　　　　　现收字第××号

摘要	贷方科目		账页	金　额								
	一级科目	二级或明细科目		百	十	万	千	百	十	元	角	分
签发支票从银行提取现金135 900元	银行存款				1	3	5	9	0	0	0	0
合　计				¥	1	3	5	9	0	0	0	0

会计主管：邵佳丽　　　记账：李诚　　　出纳：陈莲　　　审核：黄秀　　　制单：周逊

1月17日，收到员工艾兰芝交来的违规操作罚款1 500元，出纳开具收款收据，见表5-3。

表5-3　收　据

2024年1月17日　　　　　　　　　　　　　　　　　　　　　No：234

收到：陈东		金　额								
		千	百	十	万	千	百	十	元	角	分
摘要	违规操作罚款1 500元				¥	1	5	0	0	0	0
	现金收讫										
人民币金额(大写)⊗壹仟伍佰元整											
备注											

收款单位(印章)　　　　收款人：　　　　交款人：

根据上述业务，编制记账凭证，见表5-4。

借：库存现金　　　　　　　　　　　　　　　　　　　　　　　1 500

　　贷：营业外收入　　　　　　　　　　　　　　　　　　　　　　　1 500

表5-4　收款凭证　　　　　　　　　　　　　　　　附件：××张

借方科目：库存现金　　　　　　2024 年 1 月 17 日　　　　　现收字第××号

摘要	贷方科目		账页	金　额								
	一级科目	二级或明细科目		百	十	万	千	百	十	元	角	分
收到艾兰芝交来的违规操作款 1 500 元	营业外收入						1	5	0	0	0	0
合　　计						¥	1	5	0	0	0	0

会计主管：邵佳丽　　　记账：李诚　　　出纳：陈莲　　　审核：黄秀　　　制单：周逊

【例 5-2】 2024 年 1 月 19 日，收到乙公司零售货款现金 3 796.65 元，送存银行，企业应作如下账务处理。

借：库存现金　　　　　　　　　　　　　　　　　　　　　　　3 796.65

　　贷：主营业务收入——乙公司　　　　　　　　　　　　　　　　3 245.00

　　　　应交税费——应交增值税（销项税额）　　　　　　　　　　　551.65

根据上述业务，编制记账凭证，见表5-5。

表5-5　收款凭证　　　　　　　　　　　　　　　　附件：××张

借方科目：库存现金　　　　　　2024 年 1 月 19 日　　　　　现收字第××号

摘要	贷方科目		账页	金　额								
	一级科目	二级或明细科目		百	十	万	千	百	十	元	角	分
收到乙公司零星货款 3 796.65 元	主营业务收入						3	2	4	5	0	0
	应交税费/应交增值税/销项税额							5	5	1	6	5
合　　计						¥	3	7	9	6	6	5

会计主管：邵佳丽　　　记账：李诚　　　出纳：陈莲　　　审核：黄秀　　　制单：周逊

借：银行存款　　　　　　　　　　　　　　　　　　　　　　　3 796.65

　　贷：库存现金　　　　　　　　　　　　　　　　　　　　　　　3 796.65

根据上述业务，编制记账凭证，见表5-6。

表5-6　付款凭证　　　　　　　　　　　　　　　　附件：××张

贷方科目：库存现金　　　　　　　　　　2024年1月19日　　　　　　　　　现付字第××号

摘要	借方科目		账页	金　额								
	一级科目	二级或明细科目		百	十	万	千	百	十	元	角	分
现金3 796.65元存入银行	银行存款						3	7	9	6	6	5
合　计						￥	3	7	9	6	6	5

会计主管：邵佳丽　　　　记账：李诚　　　　出纳：陈莲　　　　审核：黄秀　　　　制单：周逊

5.1.4　现金支出账务处理

库存现金支出是指企业在其生产经营和非生产经营业务中向外支付的库存现金。库存现金支出的核算以库存现金支出原始凭证为依据，分为外来原始凭证和自制原始凭证两部分。常见的库存现金支出原始凭证包括借据、工资结算单、报销单、差旅费报销单、领款收据等。

现金付款业务流程如下：

填制付款审批单→负责人审批→付款审批单→提交原始单据→填制付款凭证→审核付款凭证 支付现金→登记现金日记账。

现金支出账务处理，如图5-3所示。

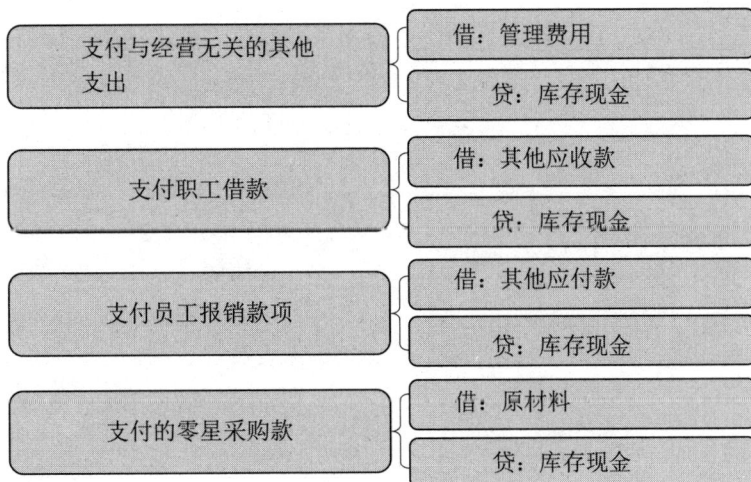

图5-3　现金支出账务处理

【例5-3】1月5日，用现金129 000元，支付工资。登记会计凭证，见表5-7。

借：应付职工薪酬——工资　　　　　　　　　　　　　129 000

　　贷：库存现金　　　　　　　　　　　　　　　　　　　　　129 000

表 5-7　付款凭证　　　　　　　　　　　　　　　　　　　　附件：××张

贷方科目：库存现金　　　　　　　　2024 年 1 月 5 日　　　　　　　　现付字第××号

摘要	借方科目		账页	金　额								
	一级科目	二级或明细科目		百	十	万	千	百	十	元	角	分
支付员工工资 129 000 元	应付职工薪酬	工资			1	2	9	0	0	0	0	0
合　计				¥	1	2	9	0	0	0	0	0

会计主管：邵佳丽　　　记账：李诚　　　出纳：陈莲　　　审核：黄秀　　　制单：周逊

21 日，收到员工徐漫彬因公出差预借差旅费 2 200 元，以现金支付，见表 5-8。

表 5-8　借款单

借款部门	销售部	职别	销售员	出差人姓名	徐漫彬
借款事由	销售产品			出差地点	杭州
预借款金额 人民币(大写)	⊗贰仟贰佰元整	现金付讫		¥ 2 200.00	
部门负责审批意见：李维			主管领导审批意见：谢谦		

根据上述业务，编制记账凭证，见表 5-9。

借：其他应收款　　　　　　　　　　　　　　　　　　　　　　　2 200

　　贷：库存现金　　　　　　　　　　　　　　　　　　　　　　　　2 200

表 5-9　付款凭证　　　　　　　　　　　　　　　　　　　　附件：××张

贷方科目：库存现金　　　　　　　　2024 年 1 月 21 日　　　　　　　现付字第××号

摘要	借方科目		账页	金　额								
	一级科目	二级或明细科目		百	十	万	千	百	十	元	角	分
支付徐漫彬借款 2 200 元	其他应收款/ 徐漫彬						2	2	0	0	0	0
合　计				¥			2	2	0	0	0	0

会计主管：邵佳丽　　　记账：李诚　　　出纳：陈莲　　　审核：黄秀　　　制单：周逊

26 日，出纳人员将收到的废品收入 9 120 元送缴银行，其中 100 元 60 张，50 元 40 张，20 元 31 张，10 元 50 张。现金交款单见表 5-10。

表 5-10　中国工商银行现金交款单

2024 年 1 月 26 日　　　　　　　　　　　　　　　　　　第××号

收款人	全　称	金顶织造有限公司																
	账　号	2290001909234214576			款项来源	废品收入												
	开户银行	工商银行哈尔滨和兴支行			交款人	赵春												

人民币(大写)：⊗玖仟壹佰贰拾元整	千	百	十	万	千	百	十	元	角	分
					¥	9	1	2	0	0	0

主币	券别	壹佰元	伍拾元	贰拾元	拾元	伍元	贰元	壹元	收款员：
	张数	60	40	31	50				
辅币	券别	伍角	贰角	壹角	伍分	贰分	壹分		复核员：
	张数								

根据上述业务，编制记账凭证，见表 5-11。

借：库存现金　　　　　　　　　　　　　　　　　　　　　　　　　9 120

　　贷：其他业务收入　　　　　　　　　　　　　　　　　　　　　　　9 120

借：银行存款　　　　　　　　　　　　　　　　　　　　　　　　　9 120

　　贷：库存现金　　　　　　　　　　　　　　　　　　　　　　　　　9 120

表 5-11　付款凭证　　　　　　　　　　　　　　　　　　　　附件：××张

贷方科目：库存现金　　　　　　　　2024 年 1 月 26 日　　　　　　现付字第××号

摘要	借方科目		账页	金　额								
	一级科目	二级或明细科目		百	十	万	千	百	十	元	角	分
废品收入 9 120 元存入银行	银行存款						9	1	2	0	0	0
合　计						¥	9	1	2	0	0	0

会计主管：邵佳丽　　　记账：李诚　　　出纳：陈莲　　　审核：黄秀　　　制单：周逊

1 月 27 日，以现金支付职工培训费 1 100 元。根据上述经济业务，企业应作如下账务处理。

借：管理费用　　　　　　　　　　　　　　　　　　　　　　　　　1 100

　　贷：库存现金　　　　　　　　　　　　　　　　　　　　　　　　　1 100

根据上述业务，登记会计凭证，见表 5-12。

1 月 28 日，用库存现金 1 840 元购买办公用品。

借：管理费用　　　　　　　　　　　　　　　　　　　　　　　　　1 840

　　贷：库存现金　　　　　　　　　　　　　　　　　　　　　　　　　1 840

根据上述业务，编制记账凭证，见表 5-13。

表 5-12　付款凭证　　　　　　　　　　　　　　　　　附件：××张

贷方科目：库存现金　　　　　2024 年 1 月 27 日　　　　　　现付字第××号

摘要	一级科目	二级或明细科目	账页	百	十	万	千	百	十	元	角	分
支付培训费 1 100 元	管理费用						1	1	0	0	0	0
合　计						¥	1	1	0	0	0	0

会计主管：邵佳丽　　　　记账：李诚　　　　出纳：陈莲　　　　审核：黄秀　　　　制单：周逊

表 5-13　付款凭证　　　　　　　　　　　　　　　　　附件：××张

贷方科目：库存现金　　　　　2024 年 1 月 28 日　　　　　　现付字第××号

摘要	一级科目	二级或明细科目	账页	百	十	万	千	百	十	元	角	分
用现金 1 840 元购买办公用品	管理费用						1	8	4	0	0	0
合　计						¥	1	8	4	0	0	0

会计主管：邵佳丽　　　　记账：李诚　　　　出纳：陈莲　　　　审核：黄秀　　　　制单：周逊

期末，登记现金日记账，见表 5-14。

表 5-14　现 金 日 记 账

月	日	凭证科目代码	摘要	对方科目	借方 千	百	十	万	千	百	十	元	角	分	贷方 千	百	十	万	千	百	十	元	角	分	余额 千	百	十	万	千	百	十	元	角	分
1	1		期初余额																										3	9	0	0	0	0
1	5	略	提现支 #0213	银行存款			1	3	5	9	0	0	0	0													1	3	9	8	0	0	0	0
1	5	略	支付职工工资	应付职工薪酬													1	2	9	0	0	0	0	0			1	0	8	0	0	0	0
1	17	略	收到艾兰芝罚款	营业外收入					1	5	0	0	0	0												1	2	3	0	0	0	0
1	19	略	收到销售款	应收账款					3	7	9	6	6	5												1	6	0	9	6	6	5
1	21	略	徐漫彬预借差旅费	其他应收款															2	2	0	0	0	0			1	3	8	9	6	6	5
1	26	略	废品收入	其他业务收入					9	1	2	0	0	0												2	3	0	1	6	6	5
1	26	略	废品收入送存银行	银行存款															9	1	2	0	0	0			1	3	8	9	6	6	5
1	27	略	以现金支付职工培训费	管理费用															1	1	0	0	0	0			1	2	7	9	6	6	5
1	28	略	购买办公用品	管理费用															1	8	4	0	0	0			1	0	9	5	6	6	5
			本月合计				1	5	0	3	1	6	6	5			1	4	3	2	6	0	0	0			1	0	9	5	6	6	5

5.1.5　现金盘点账务处理

企业在对库存现金进行盘点时，如发现账实不符，应及时进行账务处理。库存现金盘点短缺的账务处理，如图 5-4 所示。

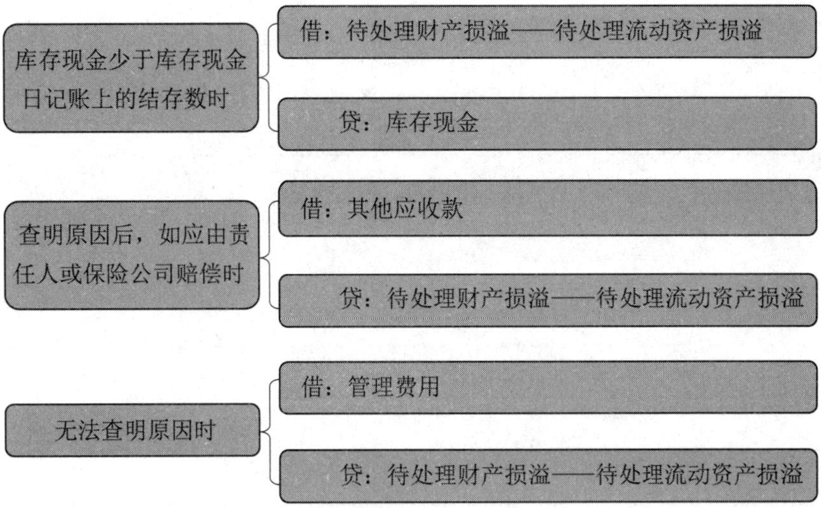

图 5-4　库存现金盘点短缺的账务处理

【例5-4】金顶织造有限公司 2024 年 1 月 31 日对库存现金盘点时，现金日记账账面余额为 3 700 元，实地盘点的库存现金金额为 3 500 元，造成库存现金短缺的原因有待进一步查明。

借：待处理财产损溢——待处理流动资产损溢　　　　　　　　　200
　　贷：库存现金　　　　　　　　　　　　　　　　　　　　　　　　200

根据上述业务，编制记账凭证，见表 5-15。

表 5-15　付款凭证　　　　　　　　　　　　　　　　附件：××张

贷方科目：库存现金　　　　　2024 年 1 月 31 日　　　　现付字第××号

摘要	借方科目		账页	金额								
	一级科目	二级或明细科目		百	十	万	千	百	十	元	角	分
月末清点现金缺少200元	待处理财产损溢	待处理流动资产损溢						2	0	0	0	0
合　　计							¥	2	0	0	0	0

会计主管：邵佳丽　　　记账：李诚　　　出纳：陈莲　　　审核：黄秀　　　制单：周逊

如经查明，库存现金短缺的原因是由于出纳员的工作不认真造成的，出纳员陈莲当即赔偿了短缺款。

借：库存现金   200

    贷：待处理财产损溢——待处理流动资产损溢   200

根据上述业务，编制记账凭证，见表 5-16。

表 5-16 收款凭证   附件：××张

借方科目：库存现金   2024 年 1 月 31 日   现收字第××号

摘要	贷方科目		账页	金额								
	一级科目	二级或明细科目		百	十	万	千	百	十	元	角	分
出纳员赔偿现金短缺 200 元	待处理财产损溢	待处理流动资产损溢						2	0	0	0	0
合　计							¥	2	0	0	0	0

会计主管：邵佳丽   记账：李诚   出纳：陈莲   审核：黄秀   制单：周逊

库存现金盘点溢余的账务处理，如图 5-5 所示。

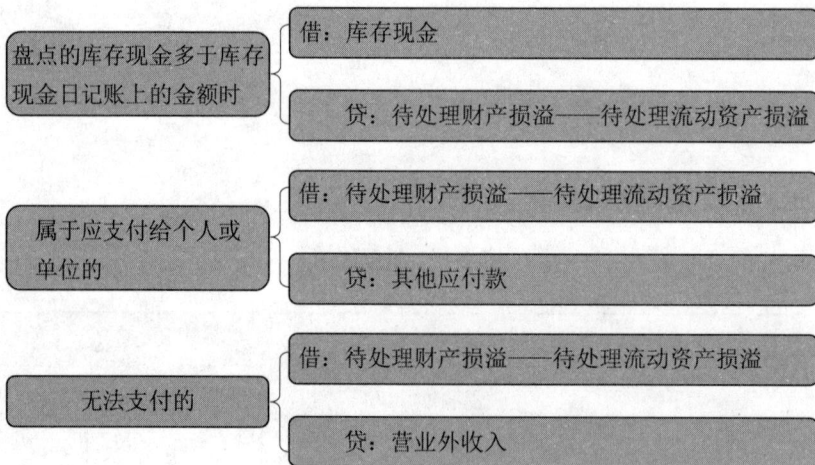

图 5-5 库存现金盘点溢余的账务处理

【例 5-5】 金顶织造有限公司 2024 年 1 月 31 日对库存现金盘点时，现金日记账账面余额为 2 500 元，实地盘点的库存现金金额为 2 900 元，造成库存现金比账上多出 400 元的原因有待进一步查明。

借：库存现金   400

    贷：待处理财产损溢——待处理流动资产损溢   400

根据上述业务，编制记账凭证，见表 5-17。

表 5-17　收款凭证　　　　　　　　　　附件：××张

借方科目：库存现金　　　　　　　　2024 年 1 月 31 日　　　　　　　　现收字第××号

摘要	贷方科目		账页	金　额								
	一级科目	二级或明细科目		百	十	万	千	百	十	元	角	分
现金多出 400 元	待处理财产损溢	待处理流动资产损溢						4	0	0	0	0
合　计							¥	4	0	0	0	0

会计主管：邵佳丽　　　记账：李诚　　　出纳：陈莲　　　审核：黄秀　　　制单：周逊

经核查后，没有发现造成库存现金溢余的原因，经批准，作为营业外收入处理。

　借：待处理财产损溢——待处理流动资产损溢　　　　　　　　　　400

　　贷：营业外收入　　　　　　　　　　　　　　　　　　　　　　400

根据上述业务，编制记账凭证，见表 5-18。

表 5-18　转账凭证　　　　　　　　　　附件：××张

2024 年 1 月 31 日　　　　　　　　转字第××号

摘　要	一级科目	二级或明细科目	账页	借方金额									贷方金额								
				百	十	万	千	百	十	元	角	分	百	十	万	千	百	十	元	角	分
现金溢余 400 元作为营业外收入	待处理财产损溢	待处理流动资产损溢						4	0	0	0	0									
	营业外收入																4	0	0	0	0
合　计							¥	4	0	0	0	0				¥	4	0	0	0	0

会计主管：邵佳丽　　　记账：李诚　　　出纳：陈莲　　　审核：黄秀　　　制单：周逊

5.2　银行存款

根据我国现金管理制度的规定，每一家企业都必须在中国人民银行或专业银行开立存款账户，办理存款、取款和转账结算。

5.2.1　银行结算账户

存款人以单位名称开立的银行结算账户为单位银行结算账户。单位银行结算账户按用途分为基本存款账户、一般存款账户、专用存款账户、临时存款账户。

个体工商户凭营业执照以字号或经营者姓名开立的银行结算账户纳入单位银行结算账户管理。

单位银行结算账户的存款人只能在银行开立一个基本存款账户。存款人申请开立单位银行结算账户时，可由法定代表人或单位负责人直接办理，也可授权他人办理。

由法定代表人或单位负责人直接办理的，除出具相应的证明文件外，还应出具法定代表人或单位负责人的身份证件；授权他人办理的，除出具相应的证明文件外，还应出具其法定代表人或单位负责人的授权书及其身份证件，以及被授权人的身份证件。

存款人申请开立银行结算账户时，应填制开户申请书。开户申请书按照中国人民银行的规定记载有关事项。

《中国人民银行关于取消企业银行账户许可有关事宜的决定》（中国人民银行令〔2019〕第1号）规定，中华人民共和国境内依法设立的企业法人、非法人企业、个体工商户在取消企业银行账户许可地区的银行业金融机构办理基本存款账户、临时存款账户，由核准制改为备案制。

1. 基本存款账户

根据《人民币银行结算账户管理办法》（中国人民银行令〔2003〕第5号）（以下简称《人民币银行结算账户管理办法》）：

"第十一条　基本存款账户是存款人因办理日常转账结算和现金收付需要开立的银行结算账户。下列存款人，可以申请开立基本存款账户：

（一）企业法人。

（二）非法人企业。

（三）机关、事业单位。

（四）团级（含）以上军队、武警部队及分散执勤的支（分）队。

（五）社会团体。

（六）民办非企业组织。

（七）异地常设机构。

（八）外国驻华机构。

（九）个体工商户。

（十）居民委员会、村民委员会、社区委员会。

（十一）单位设立的独立核算的附属机构。

（十二）其他组织。

第十二条　一般存款账户是存款人因借款或其他结算需要，在基本存款账户开户银行以外的银行营业机构开立的银行结算账户。"

银行为存款人开立一般存款账户、专用存款账户和临时存款账户的，应自开户之日起3个工作日内书面通知基本存款账户开户银行。

银行应根据审慎性原则并针对不同客户，在电子支付类型、单笔支付金额和每日累计支付金额等方面做出合理限制。

银行通过互联网为个人客户办理电子支付业务，除采用数字证书、电子签名等安全认证方式外，单笔金额不应超过1 000元人民币，每日累计金额不应超过5 000元人民币。

银行为客户办理电子支付业务，单位客户从其银行结算账户支付给个人银行结算账户的款项，其单笔金额不得超过5万元人民币，但银行与客户通过协议约定，能够事先提供有效付款依据的除外。

银行应在客户的信用卡授信额度内，设定用于网上支付交易的额度供客户选择，但该额度不得超过信用卡的预借现金额度。

银行结算账户开立的一般程序如下：

(1)填写开户申请书，如图5-6所示。

(2)银行对开户申请书进行真实性、完整性、合法性的审查。符合开立条件的，银行应于开户之日起5个工作日内向中国人民银行当地分行备案。

存款人		电话	
地址		邮编	
存款人类别		组织机构代码	
法定代表人( ) 单位负责人( )	姓名		
	证件种类		
行业分类	A( )B( )C( )D( )E( )F( )G( )H( )I( )J( ) K( )L( )M( )N( )O( )P( )Q( )R( )S( )T( )		
注册资金		地区代码	
经营范围			
证明文件种类		证明文件编号	
税务登记证编号 (国税或地税)			
关联企业	关联企业信息填列在"关联企业登记表"上		
账户性质	基本( )一般( )专用( )临时( )		
资金性质		有效日期至	年 月 日

以下为存款人上级法人或主管单位信息：

上级法人或主管单位名称			
基本存款账户开户许可证核准号		组织机构代码	
法定代表人( ) 单位负责人( )	姓名		
	证件种类		
	证件号码		

以下栏目由开户银行审核后填写：

图 5-6

开户银行名称			开户银行机构代码	
账户名称			账号	
基本存款账户开户许可证核准号			开户日期	
本存款人申请开立单位银行结算账户,并承诺所提供的开户资料真实、有效。 存款人(公章) 年 月 日		开户银行审核意见: 经办人(签章) 存款人(签章) 年 月 日		人民银行审核意见: 经办人(签章) 人民银行(签章) 年 月 日

图 5-6　开立单位银行结算账户申请书

（3）银行与存款人签订银行结算账户管理协议,明确双方的权利与义务。

（4）银行建立存款人预留签章卡片,并将签章式样和有关证明文件的原件或复印件留存归档。预留银行印鉴卡,如图 5-7 所示。

企业名称	金项织造有限公司
社会统一代码	13567089976532234456978H
预留银行印鉴	金项织造有限公司 财务专用章　　黎军之印

[提示]印鉴卡是单位与银行事先约定的一种具有法律效力的付款依据,银行在为单位办理结算业务时,凭开户单位在印鉴卡片上预留的印鉴审核支付凭证的真伪。如果支付凭证上加盖的印章与预留的印鉴不符,银行就可以拒绝办理付款业务,以保障开户单位款项的安全。

图 5-7　存款人预留签章

存款人开立单位银行结算账户,自正式开立之日起 3 个工作日后,方可使用该账户办理付款业务。但是,注册验资的临时存款账户转为基本存款账户和因借款转存开立的一般存款账户除外。

2. 一般存款账户

一般存款账户是指存款人因借款或其他结算需要,在基本存款账户开户银行以外的银行营业机构开立的银行结算账户。

一般存款账户主要用于办理存款人借款转存、借款归还和其他结算的资金收付。一般存款账户可以办理现金缴存,但不得办理现金支取。

3. 临时存款账户

临时存款账户是指存款人因临时需要并在规定期限内使用而开立的银行结算账户。

临时存款账户用于办理临时机构以及存款人临时经营活动发生的资金收付。

注册验资的临时存款账户在验资期间只收不付，注册验资资金的汇缴人应与出资人的名称一致。

4. 专用存款账户

专用存款账户是指存款人按照法律、行政法规和规章，对有特定用途资金进行专项管理和使用而开立的银行结算账户。

专用存款账户适用于基本建设资金，更新改造资金，财政预算外资金，粮、棉、油收购资金，证券交易结算资金，期货交易保证金，信托基金，住房基金，社会保障基金，收入汇缴资金，业务支出资金等专项管理和使用的资金。

存款人开立单位银行结算账户，自正式开立之日起 3 个工作日后，方可办理付款业务。但注册验资的临时存款账户转为基本存款账户和因借款转存开立的一般存款账户除外。

5.2.2 银行结算账户的变更与撤销

1. 变更

存款人更改名称，但不改变开户银行及账号的，应于 5 个工作日内向开户银行提出银行结算账户的变更申请，并出具有关部门的证明文件。

单位法定代表人或主要负责人、住址，以及其他开户资料发生变更时，应于 5 个工作日内书面通知开户银行并提供有关证明。银行接到存款人的变更通知后，应及时办理变更手续，并于 2 个工作日内向中国人民银行报告。

2. 撤销

根据《人民币银行结算账户管理办法》第四十九条：

"有下列情形之一的，存款人应向开户银行提出撤销银行结算账户的申请：

(一)被撤并、解散、宣告破产或关闭的。

(二)注销、被吊销营业执照的。

(三)因迁址需要变更开户银行的。

(四)其他原因需要撤销银行结算账户的。

存款人有本条第一、二项情形的，应于 5 个工作日内向开户银行提出撤销银行结算账户的申请。"

需要注意的是，存款人尚未清偿其开户银行债务的，不得申请撤销该账户。存款人撤销银行结算账户，必须与开户银行核对银行结算账户存款余额，交回各种重要空白票据及结算凭证和开户登记证，银行核对无误后方可办理销户手续。存款人未按规定交回各种重要空白票据及结算凭证的，应出具有关证明，造成损失的，由企业自行承担。

5.2.3 支付结算

1. 办理支付结算的原则

(1)恪守信用，履约付款原则。

（2）谁的钱进谁的账，由谁支配原则。

（3）银行不垫款原则。

2. 办理支付结算的基本要求

（1）银行结算票据、凭证，必须使用按中国人民银行规定的统一票据、凭证。

（2）单位、个人和银行应当按照《人民币银行结算账户管理办法》的规定开立、使用账户。

（3）票据和结算凭证上的签章和其他记载事项应当真实，不得伪造、变造。

注意：签章的变造属于伪造。伪造、变造票据属于欺诈行为，应追究刑事责任。

（4）填写票据和结算凭证应当规范，做到要素齐全、数字正确、字迹清晰、不错。

5.2.4　支票

支票是出票人签发的、委托办理支票存款业务的银行在见票时无条件支付确定的金额给收款人或者持票人的票据。

在实践中，我国一直采用的是现金支票和转账支票，没有普通支票。现金支票如图 5-8 所示。

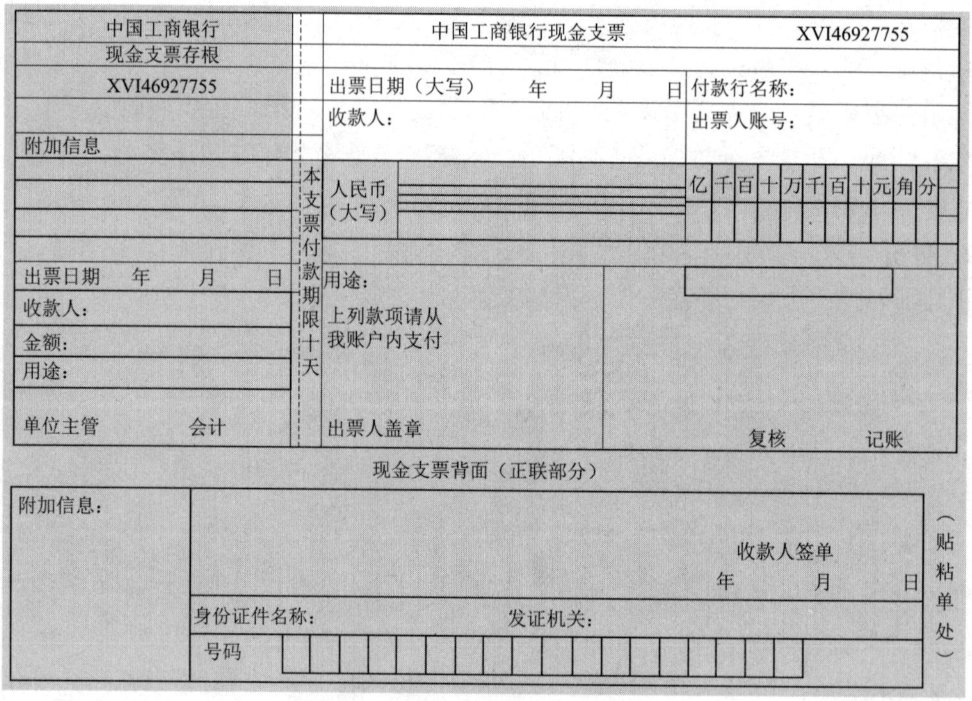

图 5-8　现金支票的正面与背面

转账支票的正面与背面票样，如图 5-9 所示。

1. 支票的使用范围

单位和个人在同一票据交换区域的各种款项结算，均可以使用支票。

转账支票在同一票据交换区域内可以背书转让，现金支票不得背书转让。

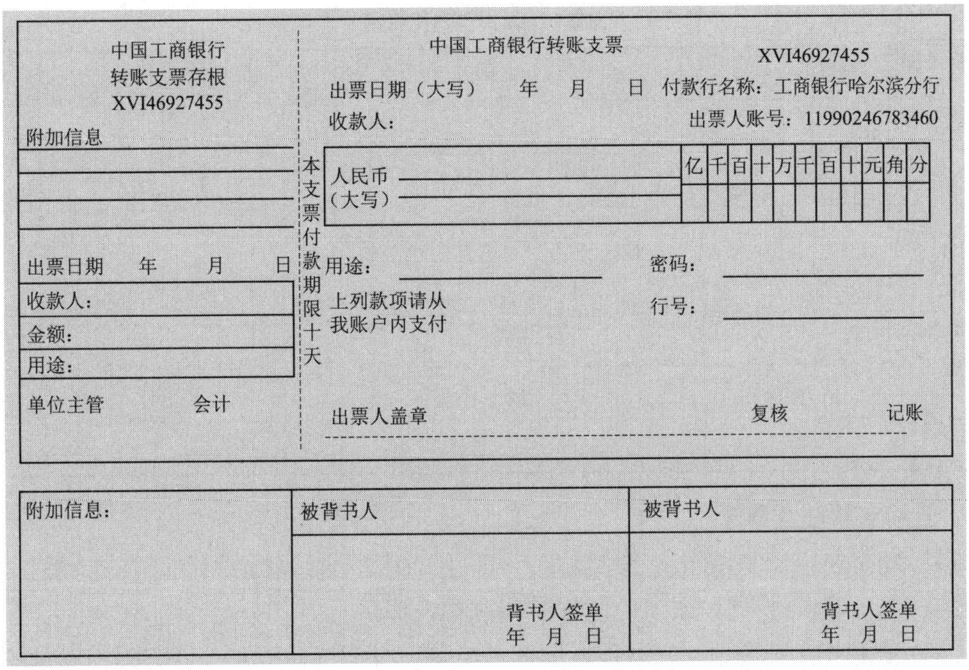
中国工商银行
转账支票存根
XVI46927455
附加信息
出票日期 年 月 日
收款人：
金额：
用途：
单位主管 会计

中国工商银行转账支票
XVI46927455
出票日期（大写） 年 月 日 付款行名称：工商银行哈尔滨分行
收款人： 出票人账号：11990246783460
本支票付款期限十天
人民币（大写）
亿 千 百 十 万 千 百 十 元 角 分
用途： 密码：
上列款项请从我账户内支付 行号：
出票人盖章 复核 记账

附加信息：
被背书人
背书人签单 年 月 日
被背书人
背书人签单 年 月 日

图 5-9 转账支票正面与背面

2. 支票记载事项

签发支票必须记载下列事项：表明“支票”的字样；无条件支付的委托；确定的金额；付款人名称；出票日期；出票人签章。

支票上未记载上述规定之一的，支票无效。 支票的金额、收款人名称，可由出票人授权补记，未补记前不得背书转让和提示付款。

3. 支票结算的注意事项

①支票一律记名；②支票限于见票即付，不得另行记载付款日期。 支票提示付款期限自出票日起 10 天。 超过提示付款期限提示付款的，持票人开户银行不予受理，付款人不予付款；③支票的办理程序等应符合有关规定。

存款人领购支票，必须填写“票据和结算凭证领用单”并签章，签章应与预留银行的签章相符。 存款账户结清时，必须将全部剩余空白支票交回银行注销。

4. 支票的领购

在银行存款额度内，开户单位均可向开户银行领购支票。 出纳在领购支票时，须携带购买支票专用证、财务章、人名章、身份证。 去开户银行对公办理窗口，填写支票购买单，填好后加盖财务章和法人章，交付柜台办理。 一般一本支票为 25 元，共 25 张，不过每个银行收费标准略有不同。 购买支票时的费用由银行从公司账户扣除。 银行工作人员办好后，交付支票和支票密码单。

支票领用登记簿。 单位要设立领用登记簿，开出支票时，出纳登记支票领用登记簿，见表 5-19。 出纳要与支票存根进行核对销号，支票使用时要按顺序号使用。

表 5-19　支票(现金、转账)使用销号登记簿

年		支票顺序号	金额	收款单位	用　途	经手人签字	报销日期
月	日						

5. 使用支票注意事项

(1)签发支票应当使用碳素墨水或墨汁填写,中国人民银行另有规定的除外。 现在开支票有专门的设备打印,很多单位都使用这种机器。

(2)签发现金支票和用于支取现金的普通支票,必须符合国家现金管理的规定。

(3)支票的出票人预留银行签章是银行审核支票付款的依据。 出票人不得签发与其预留银行签章不符的支票;使用支付密码的,出票人不得签发支付密码错误的支票。

(4)支票的出票人签发支票的金额不得超过付款时在付款人处实有的存款金额。 禁止签发空头支票。

(5)支票的提示付款期限自出票日起 10 日,但中国人民银行另有规定的除外。 超过提示付款期限提示付款的,持票人开户银行不予受理,付款人不予付款。

5.2.5　银行汇票

银行汇票是出票银行签发的,由其在见票时按照实际结算金额无条件支付给收款人或者持票人的票据。

银行汇票的出票人,为经中国人民银行批准办理银行汇票业务的银行。 银行汇票的出票人为银行汇票的付款人。

银行汇票申请书,如图 5-10 所示。

1. 银行汇票的使用范围

银行汇票一般由汇款人将款项交存当地银行,由银行签发给汇款人持往异地办理转账结算或支取现金。 单位和个人在异地、同城或统一票据交换区域的各种款项结算,均可使用银行汇票。 银行汇票可以用于转账,填明"现金"字样的银行汇票也可以用于支取现金。

2. 银行汇票的记载事项

(1)银行汇票有绝对记载事项。 欠缺记载下列事项之一的,银行汇票无效。

一是表明"银行汇票"的字样。 二是无条件支付的承诺。

中 国 工 商 银 行

银行汇票申请书(存根) 1

申请日期： 年 月 日 　　　　NO. 00000001

银行打印											
业务类型	电汇□信汇□ 汇票申请书□其他		汇款方式		□普通 □加急						

申请人	全 称			收款人	全 称							
	账号或地址				账号或地址							
	开户行名称				开户行名称							
	开户银行				开户银行							

金额(大写) 人民币		千	百	十	万	千	百	十	元	角	分

支付密码		上列款项及相关费用请从我账户内支付
加急汇款签字		
用途		
附加信息及用途		申请人签章

此联申请人留存

会计主管： 　　　复核： 　　　记账：

图 5-10 　银行汇票申请书

　　三是出票金额。 汇票上记载的金额必须是确定的金额，如果汇票上记载的金额不确定，汇票无效。 在实践中，银行汇票记载的金额有汇票金额和实际结算金额。 汇票金额是出票时应该记载的确定金额。 实际结算金额，是另外记载的具体结算的金额，实际结算金额只能小于或等于汇票金额。

　　四是收款人名称。 指出票人出票时在汇票上记载的受领汇票金额的最初票据权利人。

　　五是出票日期。 出票人在汇票上记载的签发汇票的日期。

　　六是出票人签章。 出票人应当按照有关规定进行签章。

　　七是付款人名称。 付款人是指出票人在汇票上的委托支付汇票金额的人。 汇票上未记载付款人的，汇票无效。

　　(2)银行汇票的相对记载事项。

　　银行汇票的相对记载事项未在汇票上记载的，不影响汇票本身的效力，汇票仍然有效。 未记载的事项可以通过法律的直接规定来补充确定。

相对记载事项：一是付款日期，如果没有记载，为见票即付；二是付款地；三是出票地。

银行汇票票样，如图 5-11 所示。

图 5-11　银行汇票

（3）银行汇票的非法定记载事项。如签发票据的用途或原因、该票据项下交易的合同号码等。这些事项与票据本身关系不大。

3. 银行汇票的提示付款期限

银行汇票的提示付款期限自出票日起 1 个月。持票人超过付款期限提示付款的，代理付款人不予以付款。

银行汇票办理的一般程序，如图 5-12 所示。

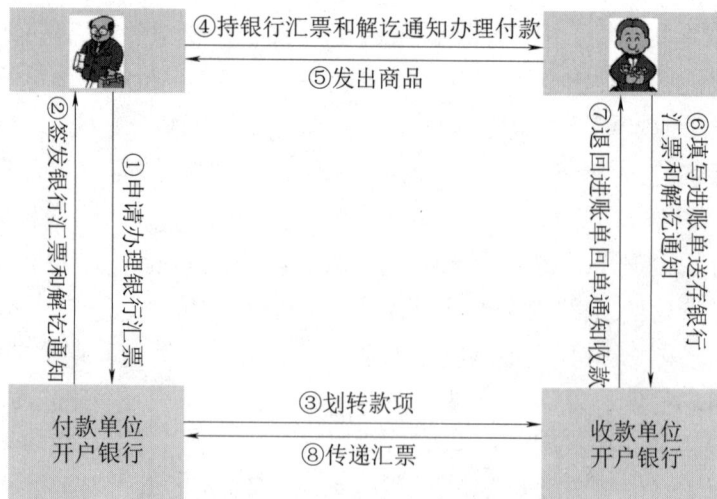

图 5-12　银行汇票办理的一般程序

4. 银行汇票兑付的基本要求

(1)收款人受理银行汇票时，应审查下列事项：一是银行汇票和解讫通知是否齐全、汇票号码和记载的内容是否一致；二是收款人是否确为本单位或本人；三是银行汇票是否在提示付款期限内；四是必须记载的事项是否齐全；五是出票人签章是否符合规定，是否有压数机压印的出票金额，并与大写出票金额一致；六是出票金额、出票日期、收款人名称是否更改，更改的其他记载事项是否由原记载人签章证明。

(2)收款人对申请人交付的银行汇票审查无误后，应在出票金额以内，根据实际需要的款项办理结算，并将实际结算金额和多余金额准确、清晰地填入银行汇票和解讫通知的有关栏内。 未填明实际结算金额和多余金额或实际结算金额超过出票金额的，银行不予受理。

(3)银行汇票的实际结算金额不得更改，更改实际结算金额的银行汇票无效。

(4)收款人可以将银行汇票背书给被背书人。 银行汇票的背书转让以不超过出票金额的实际结算金额为准。 未填明实际结算金额或实际结算金额超过出票金额的银行汇票不得背书转让。

(5)被背书人受理银行汇票时，除审查上述收款人应审查的事项外，还应审查银行汇票是否记载实际结算金额，有无更改，其金额是否超过出票金额；背书是否连续，背书人签章是否符合规定，背书使用粘单的是否按规定签章；背书人为个人的，应验证其个人身份证件。

(6)持票人向银行提示付款时，必须同时提交银行汇票和解讫通知，缺少任何一联，银行不予受理。

(7)在银行开立存款账户的持票人向开户银行提示付款时，应在汇票背面"持票人向银行提示付款签章"处签章，签章须与预留银行签章相同，并将银行汇票和解讫通知、进账单送交开户银行。 银行审查无误后办理转账。

(8)银行汇票的实际结算金额低于出票金额，其多余金额由出票银行退还申请人。

(9)银行汇票丧失后，失票人可以凭人民法院出具的其享有票据权利的证明，向出票银行请求付款或退款。

5.2.6 银行本票

银行本票是由银行签发的，承诺自己在见票时无条件支付确定的金额给收款人或者持票人的票据。

银行本票分为定额本票和不定额本票两种。 定额银行本票面额为1 000元、5 000元、1万元和5万元。

1. 银行本票的使用范围

单位和个人在同一票据交换区域需要支付各种款项，均可以使用银行本票。 银行本票可以用于转账，注明"现金"字样的银行本票可以用于支取现金。

2. 银行本票的记载事项

(1)本票的绝对应记载事项：标明"银行本票"字样；无条件支付的承诺；确定的

金额；收款人名称；出票日期；出票人签章。欠缺上述六项内容之一的，银行本票无效。

（2）本票的相对应记载事项：付款地，本票上未记载付款地的，出票人的营业场所为付款地；出票地，本票上未记载出票地的，出票人的营业场所为出票地。

3. 银行本票的提示付款期限

银行本票的提示付款期限自出票日起最长不得超过 2 个月。持票人超过付款期限提示付款的，代理付款人不予受理。

银行本票结算的一般程序，如图 5-13 所示。

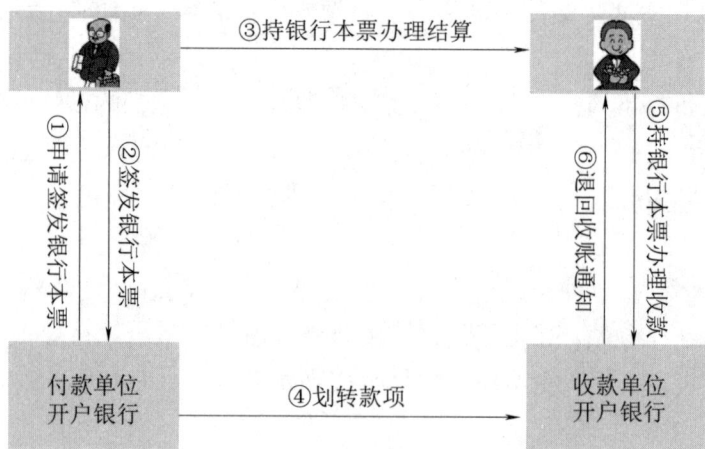

图 5-13　银行本票结算的一般程序

5.2.7　商业汇票

商业汇票是出票人签发的，委托付款人在指定日期无条件支付确定金额给收款人或持票人的票据。

商业汇票按承兑人不同，分为商业承兑汇票和银行承兑汇票。商业承兑汇票由银行以外的付款人承兑，银行承兑汇票由银行承兑。

1. 商业汇票的使用范围

商业汇票适用于在银行开立存款账户的法人以及其他组织之间具有真实交易关系或债权债务关系的款项结算。

2. 商业汇票的记载事项

签发商业汇票必须记载以下事项：标明"商业承兑汇票"或"银行承兑汇票"的字样；无条件支付的委托；确定的金额；付款人名称；收款人名称；出票日期；出票人签章。欠缺记载上述事项之一的，商业汇票无效。

3. 商业汇票的付款期限和提示付款期限

商业汇票的付款期限，最长不得超过 6 个月。商业汇票的提示付款期限，自汇票到期日期 10 日。持票人超过提示付款期限提示付款的，持票人开户银行不予受理。

商业承兑汇票，如图 5-14 所示。

商业承兑汇票（卡片）　　1

出票日期(大写)：　年　月　日　　汇票号码：26854364

付款人	全　称		收款人	全　称	
	账　号			账　号	
	开户银行			开户银行	

出票金额	人民币 （大写）			亿	千	百	十	万	千	百	十	元	角	分

汇票到期日 （大写）	年　月　日		付款人 开户行	行号	
交易合同号				地址	

本汇票已经承兑，到期无条件支付票款。　　　　本汇票请予以承兑到期日付款。

承兑人签章

承兑日期　年　月　日　　　　　　　　　　出票人签章

（右侧竖排文字：行作借方凭证附件　此联持票人开户行随托收凭证寄付款人开户）

图 5-14　商业承兑汇票

5.2.8　其他几种结算方式

除了支票、银行本票、银行汇票、商业汇票外，还有其他几种结算方式，如汇兑、托收承付、委托收款、信用证、信用卡、电子支付等。

1. 汇兑

汇兑，是汇款人委托银行将其款项支付给收款人的结算方式。

汇兑分为信汇、电汇两种。信汇是以邮寄方式将汇款凭证转给外地收款人指定的汇入行；电汇是以电报方式将汇款凭证转给收款人指定的汇入行。

（1）汇兑的使用范围

单位和个人的各种款项的结算，都可以使用汇兑结算方式。

（2）汇兑结算凭证的记载事项

签发汇兑凭证必须记载下列事项：标明"信汇"或"电汇"的字样；无条件支付的委托；确定的金额；收款人名称；汇款人名称；汇入地点、汇入行名称；汇出地点、汇出行名称；委托日期；汇款人签章。汇兑凭证上欠缺上列记载事项之一的，银行不予受理。

中国工商银行电汇、信汇凭证票样，如图 5-15、图 5-16 所示。

2. 托收承付

托收承付是指根据购销合同由收款人发货后委托银行向异地付款人收取款项，由付款人向银行承认付款的结算方式。

（1）托收承付的使用范围。

使用托收承付结算方式的收款单位和付款单位，必须是国有企业、供销合作社以及经营管理较好，并经开户银行审查同意的城乡集体所有制企业。

中国工商银行　电汇凭证(回单)　1

□普通　□加急		委托日期：　　年　月　日													
汇款人	全　称			收款人	全　称										
	账　号				账　号										
	汇出地点	省　　市/县			汇入地点	省　　市/县										
汇入行名称				汇入行名称											
金额	人民币(大写)					亿	千	百	十	万	千	百	十	元	角	分
				支付密码											
				附加信息及用途：											
		汇出行签章			复核　　记账										

此联汇出行给汇款人的回单

图 5-15　电汇凭证

中国工商银行　信汇凭证(回单)　1

委托日期：　　年　月　日

汇款人	全　称			收款人	全　称										
	账　号				账　号										
	汇出地点				汇入地点										
汇入行名称				汇入行名称											
金额	人民币(大写)					亿	千	百	十	万	千	百	十	元	角	分
				支付密码											
				附加信息及用途：											
		汇出行签章			复核　　记账										

此联汇出行给汇款人的回单

图 5-16　信汇凭证

办理托收承付结算的款项，必须是商品交易，以及因商品交易而产生的劳务供应的款项。

注意：代销、寄销、赊销商品的款项，不得办理托收承付结算。

(2)托收承付结算凭证的记载事项。

签发托收承付凭证必须记载下列事项：①标明"托收承付"的字样；②确定的金额；③付款人的名称和账号；④收款人的名称和账号；⑤付款人的开户银行名称；⑥收款人的开户银行名称；⑦托收附寄单证张数或册数；⑧合同名称、号码；⑨委托日期；⑩收款人签章。欠缺上述任一事项，银行不予受理。

(3)托收承付结算中的注意事项。

①付款人开户银行收到托收凭证及其附件后，应当及时通知付款人。验单付款的承

付期为 3 天，从付款人开户银行发出承付通知的次日算起（承付期内遇法定休假日顺延）；验货付款的承付期为 10 天，从运输部门向付款人发出提货通知的次日算起。付款人在承付期内，未向银行表示拒绝付款，银行即视作承付，并在承付期满的次日（法定节假日顺延）上午银行开始营业时，将款项主动从付款人的账户付出，按照收款人指定的划款方式，划给收款人。

②付款人在承付期满日银行营业终了时，如无足够资金支付，其不足部分，即为逾期未付款项，按逾期付款处理。

③付款人在承付期内，对不符合规定条件的款项，可以向银行提出全部或部分拒绝付款。

④收款人对被无理拒绝付款的托收款项，在收到退回的结算凭证及其所附单证后，可以委托银行重办托收。

托收凭证样式，如图 5-17 所示。

图 5-17　托收凭证

3. 委托收款

委托收款结算，是收款人向银行提供收款依据，委托银行向付款人收取款项的一种结算方式。

委托收款结算款项的划回方式，分邮寄和电报两种，由收款人选择使用。

（1）委托收款的使用范围。单位和个人凭已承兑商业汇票、债券、存单等付款人债务证明办理款项的结算，均可以使用委托收款结算方式，委托收款在同城、异地均可以使用。

（2）委托收款凭证的记载事项。

签发委托收款凭证必须记载下列事项：①表明"委托收款"的字样；②确定的金

额；③付款人的名称；④收款人的名称；⑤委托收款凭据名称及附寄单证张数；⑥委托日期；⑦收款人签章。

欠缺记载上列事项之一的，银行不予受理。委托收款人以银行以外的单位为付款人的，委托收款凭证必须记载付款人银行名称。

4. 信用证

信用证，是指开证银行依照申请人的申请开出的，凭符合信用证条款的单据支付的付款承诺。

信用证的使用范围：我国信用证为不可撤销、不可转让的跟单信用证。它只适用于国内企业之间商品交易产生的货款结算。信用证限于转账结算，不能支取现金。

5. 信用卡

信用卡，是指商业银行向单位和个人发行的，凭以向特约单位购物、消费和向银行存取现金，且具有消费信用的特制载体卡片。

信用卡按使用对象分为单位卡和个人卡；按信誉等级分为金卡和普通卡。

信用卡的使用范围：凡在中国境内金融机构开立基本存款账户的单位可以申领单位卡。单位卡可以申领若干张，持卡人资格由申领单位法定代表人或其委托代理人书面指定和注销。

注意：单位卡的账户资金一律从其基本存款账户转入，不得缴存现金，不得将销货收入的款项存入其账户；单位卡不得用于 10 万元以上的商品交易、劳务供应款项的结算，并一律不得支取现金。

6. 电子支付

随着数字支付的兴起，第三方支付平台在促进经济发展和便捷支付方面发挥着重要作用。根据《中华人民共和国电子商务法》：

"第五十三条　电子商务当事人可以约定采用电子支付方式支付价款。

电子支付服务提供者为电子商务提供电子支付服务，应当遵守国家规定，告知用户电子支付服务的功能、使用方法、注意事项、相关风险和收费标准等事项，不得附加不合理交易条件。电子支付服务提供者应当确保电子支付指令的完整性、一致性、可跟踪稽核和不可篡改。

电子支付服务提供者应当向用户免费提供对账服务以及最近三年的交易记录。

第五十四条　电子支付服务提供者提供电子支付服务不符合国家有关支付安全管理要求，造成用户损失的，应当承担赔偿责任。

第五十五条　用户在发出支付指令前，应当核对支付指令所包含的金额、收款人等完整信息。

支付指令发生错误的，电子支付服务提供者应当及时查找原因，并采取相关措施予以纠正。造成用户损失的，电子支付服务提供者应当承担赔偿责任，但能够证明支付错误非自身原因造成的除外。

第五十六条　电子支付服务提供者完成电子支付后，应当及时准确地向用户提供符合约定方式的确认支付的信息。

第五十七条 用户应当妥善保管交易密码、电子签名数据等安全工具。用户发现安全工具遗失、被盗用或者未经授权的支付的，应当及时通知电子支付服务提供者。

未经授权的支付造成的损失，由电子支付服务提供者承担；电子支付服务提供者能够证明未经授权的支付是因用户的过错造成的，不承担责任。

电子支付服务提供者发现支付指令未经授权，或者收到用户支付指令未经授权的通知时，应当立即采取措施防止损失扩大。电子支付服务提供者未及时采取措施导致损失扩大的，对损失扩大部分承担责任。"

5.2.9 银行存款账户的具体运用

1. 银行存款账户的设置

企业可根据实际业务的需要，设置明细科目。见表5-20。

表5-20 银行存款会计科目编码的设置

科目代码	总分类科目（一级科目）	明细分类科目	
		二级科目	三级科目
1002	银行存款		
100201	银行存款	人民币	
10020101	银行存款	人民币	××银行
10020102	银行存款	人民币	××银行
10020103	银行存款	人民币	××银行
100202	银行存款	外币	
10020201	银行存款	外币	美元
10020202	银行存款	外币	欧元
10020203	银行存款	外币	日元

企业应当设置银行存款总账和银行存款日记账，分别进行银行存款的总分类核算和明细分类核算。企业可按开户银行和其他金融机构存款种类等设置"银行存款日记账"，根据收付款凭证，按照业务的发生顺序逐笔登记。每日终了，应结出余额，并对银行存款收支业务及时进行账务处理。为了反映和监督企业银行存款的收入、支出和结存情况，企业应当设置"银行存款"科目，借方登记企业银行存款的增加，贷方登记企业银行存款的减少，期末借方余额反映企业实际持有的银行存款的金额。

2. 支付的原则与要求

（1）主要支付工具。

我国目前使用的人民币非现金支付工具主要包括"三票一卡"的结算方式。三票是指：汇票、本票和支票，一卡是指银行卡。

（2）办理支付结算的原则。

办理支付结算的原则如下：

①恪守信用，履约付款原则。

②谁的钱进谁的账、由谁支配原则。银行在办理结算时，必须按照存款人的委托，将款项支付给其指定的收款人；对存款人的资金，除国家法律另有规定外，必须由其自由支配。

③银行不垫款原则。 即银行在办理结算过程中，只负责办理结算当事人之间的款项划拨，不承担垫付任何款项的责任。

3. 银行存款的序时核算

企业应当设置"银行存款日记账"，根据收款凭证、付款凭证，按照业务发生顺序逐笔登记。 每日终了，应当计算当日的银行存款收入合计额、支出合计额和结余额。月份终了，"银行存款日记账"的余额必须与"银行存款"总账的余额核对相符。

4. 银行存款的清查

月份终了，除了"银行存款日记账"的余额必须与"银行存款"总账的余额核对相符外，还必须将单位银行存款日记账与银行对账单核对，确定账实是否相符。

5. 银行存款的核对

"银行存款日记账"应与开户行的"银行对账单"进行逐笔明细核对和余额核对，每月至少核对一次。 企业银行存款账面余额与银行对账单余额之间如有差异，企业应通过编制"银行存款余额调节表"调节相符。 如没有记账错误，调节后的双方余额应相等。

银行存款余额调节表只是为了核对账目，不能作为调整银行存款账面余额的记账依据。

企业银行存款账面余额与银行对账单余额之间如果有差异，企业会计人员应当核对产生差异的具体原因，双方余额调平后方可结账。 双方余额之间不一致的原因，是因为存在未达事项造成的。

发生未达事项的原因有以下四种：

(1)企业已收款入账，银行尚未收款入账；即企业已收，银行未收。（企业银行存款日记账大于银行对账单余额）。

(2)企业已付款入账，银行尚未付款入账；即企业已付，银行未付。（企业银行存款日记账小于银行对账单余额）。

(3)银行已收款入账，企业尚未收款入账；即银行已收，企业未收。（企业银行存款日记账小于银行对账单余额）。

(4)银行已付款入账，企业尚未付款入账；即银行已付，企业未付。（企业银行存款日记账大于银行对账单余额）。

【例5-6】金顶织造有限公司1月31日，银行存款日记账余额1 570 000元，银行对账单余额1 586 660元，经核对，发现以下未达账项：

(1)银行代企业支付本月电费6 240元，银行已记账，但企业因未收到银行付款通知而未记账；

(2)企业委托银行代收货款42 000元，银行已收到并登记入账，但企业因未收到银行通知收款通知而未记账；

(3)企业开出转账支票支付修理费48 830元，并已记账，但持票人尚未到银行办理转账手续，银行未记账；

(4)企业收到转账支票一张，货款67 930元，并已记账，但银行尚未入账。

计算结果见表 5-21。

表 5-21　银行存款余额调节表　　　　　　　　单位：元

企业银行存款日记账	金额（元）	银行对账单	金额（元）
银行存款日记账余额	1 570 000	银行对账单余额	1 586 660
加：银行已收，企业未收	42 000	加：企业已收，银行未收	67 930
减：银行已付，企业未付	6 240	减：企业已付，银行未付	48 830
调节后的存款余额	1 605 760	调节后的存款余额	1 605 760

6. 电子银行业务

电子银行业务，是指商业银行等银行业金融机构利用面向社会公众开放的通讯通道或开放型公众网络，以及银行为特定自助服务设施或客户建立的专用网络，向客户提供的银行服务。

电子银行业务包括利用计算机和互联网开展的银行业务（以下简称网上银行业务），利用电话等声讯设备和电信网络开展的银行业务（以下简称电话银行业务），利用移动电话和无线网络开展的银行业务（以下简称手机银行业务），以及其他利用电子服务设备和网络，由客户通过自助服务方式完成金融交易的银行业务。

银行应根据审慎性原则并针对不同客户，在电子支付类型、单笔支付金额和每日累计支付金额等方面做出合理限制。

以工商银行为例，根据功能、介质和服务对象的不同，企业网上银行可分为普及版、标准版和中小企业版，如图 5-18 所示。

图 5-18　中国工商银行企业网上银行界面

5.2.10　银行存款收入的账务处理

收款企业收到支票时，应填制进账单，连同收到的支票到银行办理收款手续后，以银行签章退回的进账单回单联及其他相关凭证，编制收款凭证，借记"银行存款"账户，贷记有关账户。

【例 5-7】2024 年 5 月 7 日，收到海浪公司前欠货款 34 900 元，银行进账单如图 5-19 所示。

中国工商银行进账单(回单或收账通知)

进账日期:2024年5月7日　第3356号

收款人	全　称	金顶织造有限公司	付款人	全　称	海浪公司	此联给收款人的收账通知
	账　号	2290001909234214576		账　号	236456970987653432	
	开户银行	工商银行哈尔滨和兴支行		开户银行	工商银行哈尔滨和兴支行	

人民币(大写):⊗叁万肆仟玖佰元整

	千	百	十	万	千	百	拾	元	角	分
			¥	3	4	9	0	0	0	0

票据种类	转账支票
票据张数	1

收款人开户银行盖章

工商银行哈尔滨
和兴支行
2024.5.7
收讫

主管　　会计　　复核　　记账

图 5-19　进账单

借;银行存款　　　　　　　　　　　　　　　　　　　　34 900

　　贷:应收账款——海浪公司　　　　　　　　　　　　　　　　34 900

根据上述业务,编制记账凭证,见表 5-22。

表 5-22　收款凭证　　　　　　　附件:××张

借方科目:银行存款　　　　　　2024 年 5 月 7 日　　　　　　银收字第××号

摘要	贷方科目		账页	金　额								
	一级科目	二级或明细科目		百	十	万	千	百	十	元	角	分
收到海浪公司货款 34 900 元	应收账款	海浪公司			3	4	9	0	0	0	0	0
合　计					¥	3	4	9	0	0	0	0

会计主管:邵佳丽　　　记账:李诚　　　出纳:陈莲　　　审核:黄秀　　　制单:周逊

【例 5-8】2024 年 5 月 9 日,开出现金支票提取备用金 5 300 元,现金存根联如图 5-20 所示。

中国工商银行

中国工商银行
现金支票存根
Ⅳ V005433
科　目:
对方科目:

收款人:	金顶织造有限公司
金　额:	¥ 5 300
用　途:	备用金

出票日期 2024 年 5 月 9 日

单位主管 黎军　　　　会计 李诚

图 5-20　支票存根

借：库存现金 5 300

贷：银行存款 5 300

根据上述业务，编制记账凭证，见表5-23。

表 5-23 付款凭证

附件：××张

贷方科目：银行存款　　　　　　　　2024年5月9日　　　　　　　　银付字第××号

摘要	借方科目		账页	金额								
	一级科目	二级或明细科目		百	十	万	千	百	十	元	角	分
提取备用金5 300元	库存现金	备用金					5	3	0	0	0	0
合　计						¥	5	3	0	0	0	0

会计主管：邵佳丽　　　记账：李诚　　　出纳：陈莲　　　审核：黄秀　　　制单：周逊

【例5-9】 2024年5月10日，向开户行申请开具一张银行汇票，票面金额39 400元，采购物资，收款人为西安颐城有限公司，银行汇票申请书存根如图5-21所示。

借：其他货币资金——银行汇票 39 400

贷：银行存款 39 400

中国工商银行

银行汇票申请书（存根） 1

申请日期：2024年5月10日　　　　　　　　　　　　　　　NO.00000021

银行打印						
申请人	业务类型	□电汇□信汇☑汇票申请书□本票申请书 □其他	汇款方式		普通☑ 加急□	
	全　称	金顶织造有限公司	收款人	全　称	西安颐城有限公司	
	账号或地址	2290001909234214576		账号或地址	865456789758980	
	开户行名称	工商银行哈尔滨和兴支行		开户行名称	中国银行西安雁西路支行	
	开户银行			开户银行		

金额(大写)人民币	⊗叁万玖仟肆佰元整	千	百	十	万	千	百	十	元	角	分
				¥	3	9	4	0	0	0	0

支付密码		上列款项及相关费用请从我账户内支付
加急汇款签字		
用　途	货款	申请人签章
附加信息及用途		

图 5-21 银行汇票申请书

088

根据上述业务，编制记账凭证，见表 5-24。

表 5-24　付款凭证　　　　　　　　　　　　　　　附件：××张

贷方科目：银行存款　　　　　　　2024 年 5 月 10 日　　　　　　　　银付字第××号

摘要	借方科目		账页	金　额								
	一级科目	二级或明细科目		百	十	万	千	百	十	元	角	分
申请银行汇票 39 400 元	其他货币资金	银行汇票				3	9	4	0	0	0	0
合　计				¥	3	9	4	0	0	0	0

会计主管：邵佳丽　　　记账：李诚　　　出纳：陈莲　　　审核：黄秀　　　制单：周逊

【例 5-10】2024 年 5 月 14 日，支付已到期的银行承兑汇票，金额为 129 000 元，银行承兑汇票存根如图 5-22 所示。

银行承兑汇票

签发日期：2024 年 5 月 4 日　　　　　　　第××号

承兑申请人	全　称	金顶织造有限公司	收款人	全　称	天阳有限公司										
	账　号	2290001909234214576		账　号	89764860231546657687										
	开户银行	工商银行　行号　12		开户银行	建设银行广州白云支行　行号　45										
汇票金额		人民币(大写)⊗壹拾贰万玖仟元整			千	百	十	万	千	百	十	元	角	分	
						¥	1	2	9	0	0	0	0	0
汇票到期日	2024 年 5 月 14 日													
备注：	承兑协议编号		交易合同号码											
负责：			经办：											

图 5-22　银行承兑汇票

借：应付票据　　　　　　　　　　　　　　　　　　129 000
　　贷：银行存款　　　　　　　　　　　　　　　　　　129 000

根据上述业务，编制记账凭证，见表 5-25。

表 5-25　付款凭证　　　　　　　　　　　　　　　附件：××张

贷方科目：银行存款　　　　　　　2024 年 5 月 14 日　　　　　　　　银付字第××号

摘要	借方科目		账页	金　额								
	一级科目	二级或明细科目		百	十	万	千	百	十	元	角	分
支付银行汇票 129 000 元	应付票据	银行承兑汇票			1	2	9	0	0	0	0	0
合　计				¥	1	2	9	0	0	0	0	0

会计主管：邵佳丽　　　记账：李诚　　　出纳：陈莲　　　审核：黄秀　　　制单：周逊

【例 5-11】金顶织造有限公司 2024 年 5 月 20 日，从矿山设备制造厂购入一台机器设备，价款共计 52 206 元，采用加急电汇结算方式支付全部款项，电汇凭证回单如图 5-23 所示。

中国工商银行电汇凭证

普通☑　加急☐　　　　　　委托日期：2024 年 5 月 20 日

汇款人	全称	金顶织造有限公司			收款人	全称	矿山设备制造厂											
	账号或住址	2290001909234214576				账号或住址	23208275384769431											
	汇出地点	哈尔滨市县	汇出行名称	工商银行哈尔滨和兴支行		汇入地点	广州市县	汇入行名称		建设银行广州蓝宇支行								
								千	百	十	万	千	百	十	元	角	分
金额	人民币（大写）	⊗伍万贰仟贰佰零陆元整							¥	5	2	2	0	6	0	0
支付密码					客户签章												
附加信息及用途：					录入		复核										

图 5-23　电汇凭证

借：固定资产　　　　　　　　　　　　　　　　　　　　　　　46 200
　　应交税费——应交增值税（进项税额）　　　　　　　　　　6 006
　　　贷：银行存款　　　　　　　　　　　　　　　　　　　　　　52 206

根据上述业务，编制记账凭证，见表 5-26。

附件：××张

表 5-26　付款凭证

贷方科目：银行存款　　　　　　　　　2024 年 5 月 20 日　　　　　　　银付字第××号

摘要	借方科目		账页	金额								
	一级科目	二级或明细科目		百	十	万	千	百	十	元	角	分
购买固定资产，价款 52 206 元	固定资产				4	6	2	0	0	0	0	
支付增值税	应交税费	应交增值税/进项税额				6	0	0	6	0	0	
合　　计					¥	5	2	2	0	6	0	0

会计主管：邵佳丽　　　记账：李诚　　　出纳：陈莲　　　审核：黄秀　　　制单：周逊

【例 5-12】金顶织造有限公司为增值税一般纳税人，销售一批产品给精致公司，收到转账支票。增值税专用发票上注明的售价为 35 900 元，增值税额为 4 667 元。已填制进账单，办妥有关收款手续，如图 5-24 所示。

借：银行存款　　　　　　　　　　　　　　　　　　　　　　40 567
　　贷：主营业务收入　　　　　　　　　　　　　　　　　　　　35 900
　　　　应交税费——应交增值税（销项税额）　　　　　　　　　4 667

230114740　　　　　深圳增值税专用发票　　　　　No: **01092723**

记账联

开票日期：2024 年 5 月 29 日

| 购货单位 | 名称：精致公司
统一社会信用代码：321234134977123H
地址、电话：复兴北路 12 号 025—87651200
开户行及账号：中行复兴北路分理处 234180360019801 | | | | 密码区 | 略 | | |

货物或应税劳务名称	规格型号	单位	数量	单价	金额	税率(%)	税额
轴承	型号	台	1	35 900	35 900	13%	4 667
合计					¥ 35 900		¥ 4 667

| 价税合计(大写) | ⊗肆万零伍佰陆拾柒元整 | (小写)¥ 40 567 |

| 销货单位 | 名称：金顶织造有限公司
统一社会信用代码：234101400357893L
地址、电话：哈尔滨市南岗区 234 号 63426794
开户行及账号：工商银行哈尔滨和兴支行 2290001909234214576 | 备注 | 金顶制造有限公司
234101400357893L
发票专用章 |

收款人：吴天　　　复核：袁娜　　　开票人：李博众　　　销货单位：

图 5-24　发票

根据上述业务，编制记账凭证，见表 5-27。

表 5-27　收款凭证

借方科目：银行存款　　　　2024 年 5 月 29 日　　　　　附件：××张　　银收字第××号

摘要	贷方科目		账页	金　额								
	一级科目	二级或明细科目		百	十	万	千	百	十	元	角	分
向精致公司销售一批产品，价款为 40 567 元	主营业务收入					3	5	9	0	0	0	0
	应交税费	应交增值税/销项税额					4	6	6	7	0	0
合　　计					¥	4	0	5	6	7	0	0

会计主管：邵佳丽　　记账：李诚　　出纳：陈莲　　审核：黄秀　　制单：周逊

5.2.11　银行存款支出的账务处理

付款企业开出支票时，根据支票存根和有关原始凭证(如收款人开出的收据或发票等)，及时编制付款凭证，应借记有关账户，贷记"银行存款"账户。

【例5-13】金顶织造有限公司为增值税一般纳税人，存货采用实际成本计价。该公司从恒升公司购入原材料一批，增值税专用发票上注明的售价为65 700元，增值税额为8 541元，款项已用转账支票付讫，材料已验收入库。转账支票存根如图5-25所示。

中国工商银行
转账支票存根
Ⅳ V002321
科　目：
对方科目：

| 收款人：恒升公司 |
| 金　额：¥ 74 241 |
| 用　途：购货款 |

出票日期 2024 年 5 月 30 日
单位主管　陈芝　　　会计　张彩

图 5-25　转账支票存根

借：原材料——甲材料(恒升公司)　　　　　　　　　　　　　　65 700
　　应交税费——应交增值税(进项税额)　　　　　　　　　　　 8 541
　　贷：银行存款　　　　　　　　　　　　　　　　　　　　　　　74 241

根据上述业务，登记收款凭证，见表5-28。

表 5-28　付款凭证　　　　　　　　　　　　　　　　　　　附件：××张

贷方科目：银行存款　　　　　　　　2024 年 5 月 30 日　　　　　　　银付字第××号

摘要	借方科目		账页	金　额								
	一级科目	二级或明细科目		百	十	万	千	百	十	元	角	分
从恒升公司购入原材料，价款为74 241元	原材料	甲材料(恒升公司)				6	5	7	0	0	0	0
	应交税费	应交增值税/进项税额					8	5	4	1	0	0
合　计						¥	7	4	2	4	1	0	0

会计主管：邵佳丽　　　记账：李诚　　　出纳：陈莲　　　审核：黄秀　　　制单：周逊

期末，登记银行存款日记账实例，见表5-29。

表 5-29　银行存款日记账

2024年		凭证科目代码	摘要	对方科目	借方										√	贷方										√	余额									
月	日				千	百	十	万	千	百	十	元	角	分		千	百	十	万	千	百	十	元	角	分		千	百	十	万	千	百	十	元	角	分
5	1		期初余额																										4	1	8	0	0	0	0	0
5	7	银收001	收到海浪公司前欠货款34 900				3	4	9	0	0	0	0	0														4	5	2	9	0	0	0	0
5	9	银付001	开出现金支票提取备用金5 300元																	5	3	0	0	0	0				4	4	7	6	0	0	0	0
5	10	银付002	开出一张银行汇票																3	9	4	0	0	0	0				4	0	8	2	0	0	0	0
5	14	银付003	支付已到期的银行承兑汇票，金额为129 000元																1	2	9	0	0	0	0	0			2	7	9	2	0	0	0	0
5	20	银付004	购入一台机器设备																5	2	2	0	6	0	0				2	2	6	9	9	4	0	0
5	29	银收002	销售一批产品					4	0	5	6	7	0	0															2	6	7	5	6	1	0	0
5	30	银付005	购入原材料																7	4	2	4	1	0	0				1	9	3	3	2	0	0	0
			本月合计					7	5	4	6	7	0	0				3	0	0	1	4	7	0	0				1	9	3	3	2	0	0	0

5.3　其他货币资金

其他货币资金是指企业除库存现金、银行存款以外的各种货币资金，主要包括银行汇票存款、银行本票存款、信用卡存款、信用证保证金存款、存出投资款和外埠存款等。企业通过微信、支付宝收到的资金，也可在此科目核算。

企业应按其他货币资金和种类设置明细账户，并按照外埠存款的开户银行，银行汇票或本票的收款单位等设置明细账，进行明细分类核算，见表5-30。

表 5-30　其他货币资金会计科目编码的设置

科目代码	总分类科目(一级科目)	明细分类科目	
		二级科目	三级科目
1012	其他货币资金		
101201	其他货币资金	外埠存款	××银行
101202	其他货币资金	银行本票	××银行
101203	其他货币资金	银行汇票	××银行
101204	其他货币资金	信用卡存款	××银行
101205	其他货币资金	信用证	××银行
101206	其他货币资金	存出投资款	××银行

5.3.1　银行汇票账务处理

为了反映和监督其他货币资金的收支和结存情况，企业应当设置"其他货币资金"科目，借方登记其他货币资金的增加数，贷方登记其他货币资金的减少数，期末余额在借方，反映企业实际持有的其他货币资金。本科目应按其他货币资金的种类设置明细科目进行核算。

(1)银行汇票存款账务处理，如图 5-26 所示。

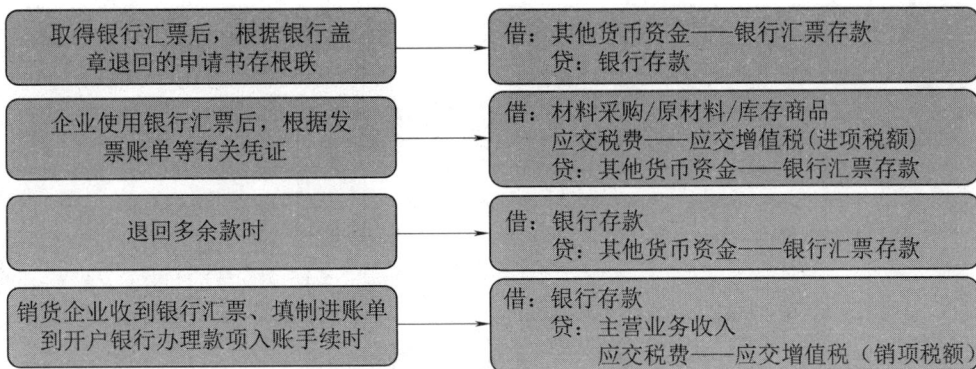

图 5-26　银行汇票的账务处理

【例 5-14】金顶织造有限公司为取得向乙工厂购货的银行汇票，将款项 46 000 元从银行账户转作银行汇票存款。购入材料已经验收入库，价款 38 000 元、增值税额 4 940 元用银行汇票办理结算。银行汇票多余款 3 060 元由签发银行退交企业。银行汇票申请书如图 5-27 所示。

①取得银行汇票后，根据银行盖章退回的申请书存根联时编制会计分录，登记会计凭证，见表 5-31。

借：其他货币资金——银行汇票　　　　　　　　　　　　　　46 000
　　贷：银行存款　　　　　　　　　　　　　　　　　　　　　　　　　46 000

中国工商银行

银行汇票申请书（存根） 1

申请日期：2024 年 5 月 9 日　　　　　　　　　　　　　　No. 000000××

银行打印					
	业务类型	□电汇□信汇□汇票申请书□本票申请书 □其他	汇款方式	普通□ 加急□	
申请人	全　称	金顶织造有限公司	收款人	全　称	乙工厂
	账号或地址	2290001909234214576		账号或地址	0200001909235467432
	开户行名称	工商银行哈尔滨和兴支行		开户行名称	上海汇丰银行南京路支行
	开户银行			开户银行	汇丰银行

金额（大写）人民币　⊗肆万陆仟元整

千	百	十	万	千	百	十	元	角	分
			¥ 4	6	0	0	0	0	0

支付密码　××××

加急汇款签字

用　途　购货款　　　上列款项及相关费用请从我账户内支付

附加信息及用途　　　申请人签章　张杰

（盖章：金顶织造有限公司 财务专用章 ★）

图 5-27　汇票申请书

表 5-31　付款凭证　　　　　　　　　　　　　　　　　　　附件：××张

贷方科目：银行存款　　　　　　2024 年 5 月 12 日　　　　　　　银付字第××号

摘要	借方科目		账页	金　额								
	一级科目	二级或明细科目		百	十	万	千	百	十	元	角	分
签发银行汇票 46 000 元备用	其他货币资金	银行汇票				4	6	0	0	0	0	0
合　计					¥ 4	6	0	0	0	0	0	

会计主管：邵佳丽　　　记账：李诚　　　出纳：陈莲　　　审核：黄秀　　　制单：周逊

②企业使用银行汇票后，根据发票账单等有关凭证编制会计分录，登记会计凭证，见表 5-32。

借：原材料　　　　　　　　　　　　　　　　　　　　38 000
　应交税费——应交增值税（进项税额）　　　　　　 4 940
　　贷：其他货币资金——银行汇票　　　　　　　　　　 42 940

表 5-32　记账凭证

2024 年 5 月 12 日

字第××号

摘要	会计科目	借方金额										贷方金额										记账
		千	百	十	万	千	百	十	元	角	分	千	百	十	万	千	百	十	元	角	分	
从乙工厂购入原材料,价款 42 940 元,以银行汇票结算	原材料			3	8	0	0	0	0	0	0											
	应交税费——应交增值税(进项税额)				4	9	4	0	0	0	0											
	其他货币资金——银行汇票													4	2	9	4	0	0	0		
合计		¥	4	2	9	4	0	0	0	0		¥	4	2	9	4	0	0	0	0		

会计主管:张兰　　　记账:李尘春　　　审核:程风　　　制单:刘温怡

③收回多余款时,编制会计分录,登记会计凭证,见表 5-33。

借:银行存款　　　　　　　　　　　　　　　　　　　3 060

　　贷:其他货币资金——银行汇票　　　　　　　　　　　3 060

表 5-33　收款凭证

附件:××张

借方科目:银行存款　　　　　　2024 年 5 月 12 日　　　　　　银收字第××号

摘要	贷方科目		账页	金　额								
	一级科目	二级或明细科目		百	十	万	千	百	十	元	角	分
收回多余 3 060 元	其他货币资金	银行汇票					3	0	6	0	0	0
合　　计						¥	3	0	6	0	0	0

会计主管:邵佳丽　　　记账:李诚　　　出纳:陈莲　　　审核:黄秀　　　制单:周逊

5.3.2　银行本票账务处理

银行本票分为不定额本票和定额本票两种。定额本票面额为 1 000 元、5 000 元、10 000 元和 50 000 元。

申请人使用银行本票,应向银行填写"银行本票申请书"。申请人或收款人为单位的,不得申请签发现金银行本票。出票银行受理银行本票申请书,收妥款项后签发银行本票,在本票上签章后交给申请人。应根据银行签章退回的"银行本票申请书"存根联编制付款凭证。申请人应将银行本票交付给本票上记明的收款人。

收款人可以将银行本票背书转让给被背书人。银行本票的提示付款期限自出票日起最长不得超过两个月。在有效付款期内,银行见票付款。持票人超过付款期限提示付款的,银行不予受理。账务处理如图 5-28 所示。

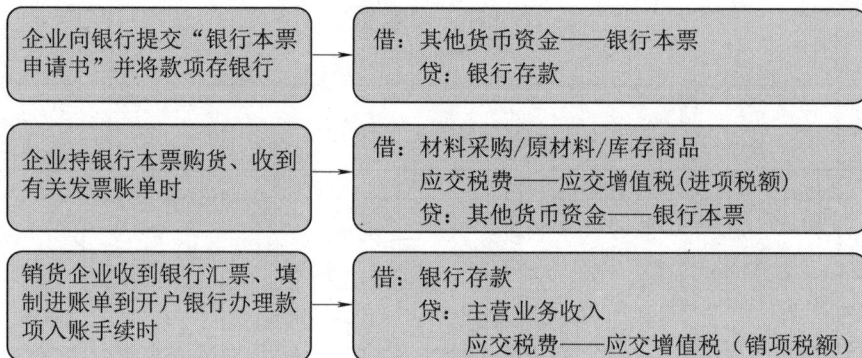

图 5-28　银行本票存款账务处理

5.3.3　信用卡账务处理

信用卡账务处理，如图 5-29 所示。

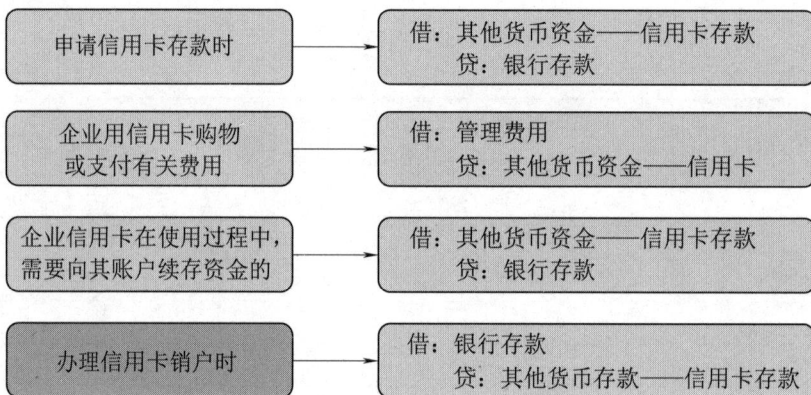

图 5-29　信用卡账务处理

【例 5-15】金顶织造有限公司向浦发银行申请领用信用卡，按要求于 3 月 5 日向银行交存备用金 53 000 元。3 月 10 日使用信用卡支付 2 月份水电费 19 000 元。编制会计分录为：

借：其他货币资金——信用卡存款　　　　　　　　　　　　　53 000

　　贷：银行存款　　　　　　　　　　　　　　　　　　　　53 000

根据上述业务，登记会计凭证，见表 5-34。

表 5-34　付款凭证　　　　　　　　　　　附件：××张

贷方科目：银行存款　　　　　2024 年 3 月 5 日　　　　　银付字第××号

摘要	借方科目		账页	金额								
	一级科目	二级或明细科目		百	十	万	千	百	十	元	角	分
申请领用信用卡 53 000 元	其他货币资金	信用卡存款				5	3	0	0	0	0	0

续上表

摘要	借方科目		账页	金　　额								
	一级科目	二级或明细科目		百	十	万	千	百	十	元	角	分
合　　计				￥	5	3	0	0	0	0	0	0

会计主管：邵佳丽　　　记账：李诚　　　出纳：陈莲　　　审核：黄秀　　　制单：周逊

借：管理费用　　　　　　　　　　　　　　　　　　　　19 000

　　贷：其他货币资金——信用卡存款　　　　　　　　　　　　　　19 000

5.3.4 存出投资款账务处理

存出投资款账务处理，如图 5-30 所示。

图 5-30　存出投资款账务处理

【例 5-16】金顶织造有限公司委托某证券公司从上海证券交易所购入工商银行的股票，开立证券资金账户并存入资金 770 000 元。

借：其他货币资金——存出投资款　　　　　　　　　　770 000

　　贷：银行存款　　　　　　　　　　　　　　　　　　　　770 000

根据上述业务，登记会计凭证，见表 5-35。

表 5-35　付款凭证　　　　　　　　　　　　　　　　　　　　附件：××张

贷方科目：银行存款　　　　　　　　2024 年 1 月 12 日　　　　　　　　银付字第××号

摘要	借方科目		账页	金　　额								
	一级科目	二级或明细科目		百	十	万	千	百	十	元	角	分
开立证券资金账户并存入资金 770 000 元	其他货币资金	存出投资款			7	7	0	0	0	0	0	0
合　　计				￥	7	7	0	0	0	0	0	0

会计主管：邵佳丽　　　记账：李诚　　　出纳：陈莲　　　审核：黄秀　　　制单：周逊

购入工商银行股票 50 000 股（假设价值为 250 000 元），并将其划分为交易性金融资产。

借：交易性金融资产   250 000

 贷：其他货币资金——存出投资款   250 000

根据上述业务，登记会计凭证，见表 5-36。

表 5-36 转账凭证   总号××

2024 年 1 月 15 日   转字第××号

摘要	一级科目	二级或明细科目	账页	借方金额										贷方金额									
				百	十	万	千	百	十	元	角	分	百	十	万	千	百	十	元	角	分
购入工商银行股票 50 000 股，共计 250 000 元	交易性金融资产	工商银行			2	5	0	0	0	0	0	0									
	其他货币资金	存出投资款												2	5	0	0	0	0	0	0
合 计				¥	2	5	0	0	0	0	0	0	¥	2	5	0	0	0	0	0	0

会计主管：邵佳丽 记账：李诚 出纳：陈莲 审核：黄秀 制单：周逊

5.4 外币业务

外币业务，是指企业以非记账本位币的其他货币进行款项支付、往来结算和计价的经济业务。

5.4.1 外币业务账户设置

外币业务的账务处理有外币统账制和外币分账制两种方法。

(1)外币统账制又称为本币记账法，是指企业发生外币业务时，必须及时折算为记账本位币记账，并以此编制会计报表的制度。一般建筑施工企业发生外币业务笔数不多时，可以采用外汇统账制。

(2)外币分账制又称原币记账法，是指企业对外币业务在日常核算时按照外币原币进行记账，分别不同的外币币种核算其所实现的损益，编制各种货币币种的会计报表，在资产负债表日一次性地将外币会计报表折算为记账本位币表示的会计报表，并与记账本位币业务编制的会计报表汇总编制整个企业一定会计期间的会计报表的制度。

为了进行外币核算，应设置外汇货币性项目的核算账户，见表 5-37。

表 5-37 外币账户的设置

账户种类	具体设置
外汇货币资金账户	库存现金——外币现金、银行存款——外汇存款
外汇结算的债权账户	应收账款——应收外汇账款、应收票据——应收外汇票据、预付账款——预付外汇账款
外汇结算的债务账户	长(短)期借款——长(短)期外汇借款、应付账款——应付外汇账款、应付票据——应付外汇票据、预收账款——预收外汇账款

5.4.2 外币业务核算

1. 外币兑换交易

【例5-17】2024年8月1日，金顶织造有限公司从银行购入30万美元，当日银行卖出价为1美元=6.93元人民币，账务处理如下。相关单据如图5-31、图5-32所示。

借：银行存款——美元(300 000×6.93)　　　　　　　　2 079 000

　　贷：银行存款——人民币(实际支付金额)　　　　　　　　2 079 000

购买外汇申请书

工商银行深圳北安支行　　　银行分/支行：

我司现按国家外汇管理局有关规定向贵行提出购汇申请，并随附有关凭证，请审核并按当日牌价办理售汇。

单位名称	金顶织造有限公司	人民币账户		2290001909234214576
		外汇账户		9062256843053457869
购汇金额美元（大小写）	美元叁拾万元整 ＄300 000	当日汇率	1：6.93	折合人民币（大小写） 2 079 000
购汇支付方式	☑支票　□银行汇票　□银行本票　□扣账　□其他			
购汇用途	☑进口商品　□从属费用　□索赔退款　□还贷　□其他			
对外结算方式	☑信用证　□代收　□汇款　(□货到付款　□预付货款)			

业务参考	商品名称	略	数量	略
	合同号	略	发票号	略
	合同金额	略	发票金额	略
	核销单号	略	信用证号	略

进口商品类型：☑一般进口商品　□控制，批文随附如下：□进口证明　□许可证　□登记证明　□其他批文　批文号码：　批文有效期：

申请人栏	银行专用栏
申请单位：金顶织造有限公司（盖章）	银行审批意见：同意
（金顶制造有限公司 财务专用章）联系人：邵佳丽 电话：87641054 2024年8月1日	经办：万丽　复核：冯绮凤　审批：卜敏　2024年8月1日

图5-31　购汇申请书

外汇会计账簿（结售汇、套汇）

机构号码：091076535　　　　　　　　日期：2024 年 8 月 1 日

业务编号	—		业务类型		售汇	起息日		—
借方或付款单位	名　称	金顶织造有限公司		贷方或收款单位	名　称	汇出汇款		
	账　号	02322568741			账　号	×××		
	币种与金额	CNY，2 079 000			币种与金额	USD，300 000		
	汇率/利率	6.93	开户行		汇率/利率	6.93		
收汇金额			发票号		挂销单号	工商银行哈尔滨和兴支行		
交易摘要	购汇 USD300 000					2024.8.1 业务清讫		

交易代码　　　　授权　　　　复核　夏睿　　　　经办　郭桐旭

图 5-32　售汇、套汇凭证

根据上述业务，登记会计凭证，见表 5-38。

表 5-38　记账凭证

2024 年 8 月 1 日　　　　　　　　　　　　　　　　　　　　　字第××号

摘要	会计科目	美元金额										汇率	借方人民币金额											贷方人民币金额											记账
		千	百	十	万	千	百	十	元	角	分		千	百	十	万	千	百	十	元	角	分	千	百	十	万	千	百	十	元	角	分	
从银行入外汇30万美元	银行存款/美元户			3	0	0	0	0	0	0	0	6.93		2	0	7	9	0	0	0	0	0											
	银行存款/人民币																							2	0	7	9	0	0	0	0	0	
	合计												￥	2	0	7	9	0	0	0	0	0	￥	2	0	7	9	0	0	0	0	0	

会计主管：邵佳丽　　　记账：李诚　　　出纳：陈莲　　　审核：黄秀　　　制单：周逊

◀ 第三篇

企业往来核算业务

单位往来核算业务涉及的主要账户有：应收账款、应收票据、预付账款、其他应收款、坏账准备、应付票据、预收账款、应付职工薪酬、应付账款，等等。

第6章 单位往来债权债务的核算

应收及预付账款，是指因对外销售产品、材料、供应劳务及其他原因，应向购货单位或接受劳务的单位收取的款项，包括应收销售款、其他应收款、应收票据等，是企业因销售商品、产品或提供劳务而形成的债权。

应付及预收款项的核算包括应付票据、应付账款、预收账款、应付职工薪酬、应交税费、应付利息、应付股利、其他应付款等属于流动负债，流动负债是指在一年或超过一年的一个营业周期内，需要用流动资产归还或者以新的融资所获得的资金来抵偿的各种债务。

6.1 应收账款

应收账款主要包括应向购货单位收取的购买商品、材料等账款；代垫的包装物、运杂费；已冲减坏账准备而又收回的坏账损失；已贴现的承兑汇票，因承兑企业无力支付的票款；已转销而又收回的坏账损失等。但不包括应收职工欠款、应收债务人利息等的其他应收款；购买长期债券等的长期债权；投标保证金和租入包装物等各类存出保证金。

6.1.1 应收账款科目的具体运用

应收账款科目的具体运用，见表 6-1。

表 6-1 应收账款会计科目编码的设置

科目代码	总分类科目（一级科目）	明细分类科目		是否辅助核算	辅助核算类别
		二级科目	三级科目		
1122	应收账款				
112201	应收账款	××公司			
11220101	应收账款	××公司	应收商品款	是	客户/债务人
11220102	应收账款	××公司	应收工程款	是	客户/债务人
11220103	应收账款	××公司	应收质保金	是	客户/债务人

应收账款通常按实际发生额计价入账。计价时还要考虑商业折扣、现金折扣及债务重组等因素。

6.1.2 应收账款的一般账务处理

工商企业发生应收账款，按应收金额，借记本科目，按确认的营业收入，贷记"主营业务收入"；保险公司贷记"手续费及佣金收入""保费收入"等科目。收回应收账款时，借记"银行存款"等科目，贷记本科目。涉及增值税销项税额的，还应进行相应的处理。代购货单位垫付的包装费、运杂费，借记本科目，贷记"银行存款"等科目。收回代垫费用时，借记"银行存款"科目，贷记本科目。本科目可按债务人进行明细核算。

正常的应收账款是以商业信用为基础，以购销合同、商品出库单、发票和发运单等书面文件为依据而确认的，按照历史成本计价原则，应收账款应当按照实际发生的交易价格入账，主要包括发票销售价格、增值税和代垫运杂费等。一般应收账款的账务处理，如图6-1所示。

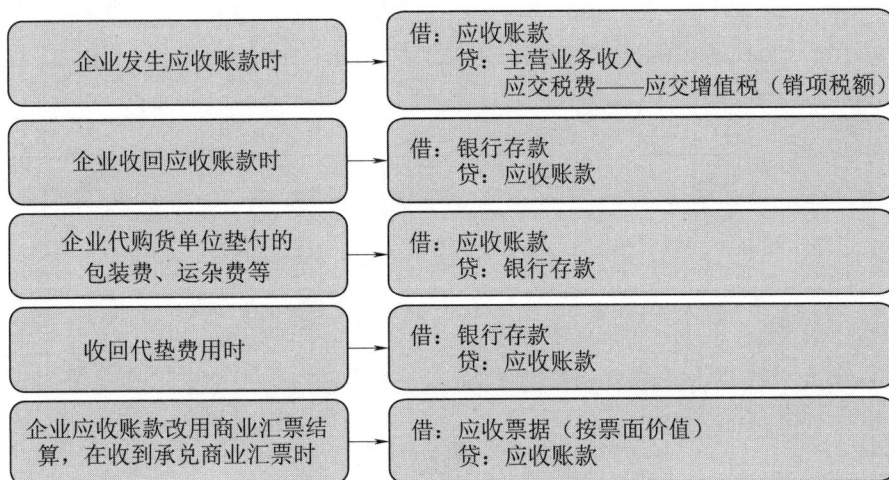

图6-1 应收账款的账务处理

【例6-1】 2024年8月12日，企业向乙公司销售商品一批，货款392 000元，增值税税率13%，增值税款50 960元，已办理了委托银行收款手续。

借：应收账款——乙公司 442 960
　　贷：主营业务收入 392 000
　　　　应交税费——应交增值税（销项税额） 50 960

根据以上业务，登记会计凭证，见表6-2。

表6-2 转账凭证

附件：××张
2024年8月12日
转字第××号

摘要	一级科目	二级或明细科目	账页	借方金额									贷方金额								
				百	十	万	千	百	十	元	角	分	百	十	万	千	百	十	元	角	分
向乙公司销售产品，价款442 960元	应收账款	乙公司			4	4	2	9	6	0	0	0									
	主营业务收入													3	9	2	0	0	0	0	0
	应交税费	应交增值税（销项税额）													5	0	9	6	0	0	0
合计				¥	4	4	2	9	6	0	0	0	¥	4	4	2	9	6	0	0	0

会计主管：邵佳丽　　记账：李诚　　出纳：陈莲　　审核：黄秀　　制单：周逊

2024 年 8 月 20 日，企业收到乙公司的货款 442 960 元时。

借：银行存款 442 960

贷：应收账款——乙公司 442 960

根据上述业务，编制记账凭证，见表 6-3。

表 6-3 收款凭证

附件：××张

借方科目：银行存款　　　　2024 年 8 月 20 日　　　　银收字第××号

摘要	贷方科目		账页	金额								
	一级科目	二级或明细科目		百	十	万	千	百	十	元	角	分
2019 年 8 月 20 日，企业收到乙公司的货款	应收账款	乙公司			4	4	2	9	6	0	0	0
合计				¥	4	4	2	9	6	0	0	0

会计主管：邵佳丽　　　记账：李诚　　　出纳：陈莲　　　审核：黄秀　　　制单：周逊

根据以上会计凭证，登记应收账款明细账，见表 6-4。

表 6-4 明细分类账

会计科目：应收账款——乙公司

2024年		凭证		摘要	√	借方										贷方										借或贷	余额									
月	日	种类	号数			千	百	十	万	千	百	十	元	角	分	千	百	十	万	千	百	十	元	角	分		千	百	十	万	千	百	十	元	角	分
8	1			月初余额																									1	9	3	2	0	0	0	0
8	12	转	12	销售货款					4	4	2	9	6	0	0	0													6	3	6	1	6	0	0	0
8	20	收	31	收回货款																4	4	2	9	6	0	0	0			1	9	3	2	0	0	0	0
8	31			本月合计					4	4	2	9	6	0	0	0				4	4	2	9	6	0	0	0			1	9	3	2	0	0	0	0

6.1.3 有商业折扣的应收账款的会计处理

商业折扣，是指企业根据市场供需情况，或针对不同的客户，在商品标价上给予的扣除。商业折扣是企业最常用的促销手段。企业为了扩大销售、占领市场，对于批发商往往给予商业折扣，采用销量越多、价格越低的促销策略，即通常所说的"薄利多销"。

商业折扣一般在交易发生时即已确定，它仅仅是确定实际销售价格的一种手段，不需在买卖双方任何一方的账上反映，所以商业折扣对应收账款的入账价值没有什么实质性的影响。因此，在存在商业折扣的情况下，企业应收账款入账金额应按扣除商业折扣以后的实际售价确认。

【例 6-2】 金顶织造有限公司于 2024 年 8 月 21 日向朝阳百货公司销售一批纯棉布料，该批商品的价格为 72 000 元，由于是成批销售，销货方给购货方 5% 的商业折扣，金额为 3 600 元，适用的增值税税率为 13%。 编制会计分录如下：

① 销售方应当确认的收入金额为 72 000×(1−5%)=68 400(元)。

借：应收账款——朝阳百货有限公司　　　　　　　　　　　　　　77 292

贷：主营业务收入　　　　　　　　　　　　　　　　　　68 400

应交税费——应交增值税（销项税额）　　　　　　　　8 892

根据以上业务，登记会计凭证，见表 6-5。

表 6-5　转账凭证　　　　　　　　　　　　　附件：××张

2024 年 8 月 21 日　　　　　　　　　　　　转字第××号

摘要	一级科目	二级或明细科目	账页	借方金额									贷方金额								
				百	十	万	千	百	十	元	角	分	百	十	万	千	百	十	元	角	分
向朝阳百货有限公司销售纯棉布料，价款 77 292 元	应收账款	朝阳百货有限公司			7	7	2	9	2	0	0										
	主营业务收入													6	8	4	0	0	0	0
	应交税费	应交增值税（销项税额）													8	8	9	2	0	0
合　计				¥	7	7	2	9	2	0	0		¥	7	7	2	9	2	0	0

会计主管：邵佳丽　　　记账：李诚　　　出纳：陈莲　　　审核：黄秀　　　制单：周逊

② 2024 年 8 月 22 日，实际收到货款时。

借：银行存款　　　　　　　　　　　　　　　　　　　　　　77 292

贷：应收账款　　　　　　　　　　　　　　　　　　　77 292

根据上述业务，编制记账凭证，见表 6-6。

表 6-6　收款凭证　　　　　　　　　　　　　附件：××张

借方科目：银行存款　　　　2024 年 8 月 22 日　　　　银收字第××号

摘要	贷方科目		账页	金额								
	一级科目	二级或明细科目		百	十	万	千	百	十	元	角	分
收到朝阳百货公司的货款	应收账款	朝阳百货有限公司				7	7	2	9	2	0	0
合　计						¥	7	7	2	9	2	0	0

会计主管：邵佳丽　　　记账：李诚　　　出纳：陈莲　　　审核：黄秀　　　制单：周逊

根据以上会计凭证，登记应收账款明细账，见表 6-7。

表 6-7　明细分类账

会计科目：应收账款——朝阳百货有限公司

2024年		凭证		摘要	√	借方									贷方									借或贷	余额								
月	日	种类	号数			千	百	十	万	千	百	十	元	角	分	千	百	十	万	千	百	十	元	角	分		千	百	十	万	千	百	十	元	角	分
8	1			月初余额																										7	0	6	0	0	0	0
8	21	转	12	销售货款				7	7	2	9	2	0	0															1	4	7	8	9	2	0	0
8	22	收	31	收回货款														7	7	2	9	2	0	0					7	0	6	0	0	0	0
8	31			本月合计				7	7	2	9	2	0	0				7	7	2	9	2	0	0					7	0	6	0	0	0	0

6.1.4　返利的会计处理

现金折扣，是指债权人为鼓励债务人在规定的期限内付款，而向债务人提供的债务扣除。现金折扣通常发生在以赊销方式销售商品及提供劳务的交易中。

企业为了鼓励客户提前偿付货款，通常与债务人达成协议，债务人在不同期限内付款可享受不同比例的折扣。现金折扣一般用符号"折扣/付款期限"表示。例如，买方在 10 天内付款可按售价给予 2% 的折扣，用符号"2/10"表示；在 20 天内付款按售价给予 1% 的折扣，用符号"1/20"表示；在 30 天内付款，则不给折扣优惠，用符号"$n/30$"表示。

存在现金折扣的情况下，我国的会计实务中通常采用总价法确认应收账款入账金额，即将未减去现金折扣前的金额作为实际售价，记作应收账款的入账价值。现金折扣只有客户在折扣期内支付货款时，才予以确认。在这种方法下，企业把给予客户的现金折扣视为融资的理财费用，会计上作为财务费用处理。

【例 6-3】2024 年 8 月 24 日，金顶织造有限公司向大同布匹批发市场销售一批高级蚕丝布料 1 000 米，价格为 127 600 元，规定的现金折扣条件为 2/10, $n/30$，适用的增值税税率为 13%，产品交付并办妥托收手续。编制会计分录如下：

借：应收账款　144 188
　贷：主营业务收入　127 600
　　　应交税费——应交增值税（销项税额）　16 588

根据以上业务，登记会计凭证，见表 6-8。

8 月 30 日，收到货款时，金顶织造有限公司采用总价法入账，编制会计分录如下：

借：银行存款　141 304.24
　财务费用（144 188×2%）　2 883.76
　贷：应收账款　144 188

根据上述业务，编制记账凭证，见表6-9至表6-10。

表6-8　转账凭证

附件：××张

2024 年 8 月 4 日

转字第××号

摘要	一级科目	二级或明细科目	账页	借方金额									贷方金额								
				百	十	万	千	百	十	元	角	分	百	十	万	千	百	十	元	角	分
向大同布匹批发市场销售高级蚕丝料，价款144 188元	应收账款	百姓大药房		1	4	4	1	8	8	0	0										
	主营业务收入												1	2	7	6	0	0	0	0	0
	应交税费	应交增值税（销项税额）												1	6	5	8	8	0	0	
合计				1	4	4	1	8	8	0	0		1	4	4	1	8	8	0	0	

会计主管：邵佳丽　　　记账：李诚　　　出纳：陈莲　　　审核：黄秀　　　制单：周逊

表6-9　收款凭证

附件：××张

借方科目：银行收款

2024 年 8 月 30 日

银收第××号

摘要	一级科目	二级或明细科目	账页	金额								
				百	十	万	千	百	十	元	角	分
收到大同布匹批发市场货款141 304.24元	应收账款	大同布匹批发市场			1	4	1	3	0	4	2	4
合计				¥	1	4	1	3	0	4	2	4

会计主管：邵佳丽　　　记账：李诚　　　出纳：陈莲　　　审核：黄秀　　　制单：周逊

表6-10　转账凭证

2024 年 8 月 30 日

转字第××号

摘要	一级科目	二级或明细科目	借方金额										贷方金额										记账
			千	百	十	万	千	百	十	元	角	分	千	百	十	万	千	百	十	元	角	分	
现金折扣2 883.76元	财务费用						2	8	8	3	7	6											
	应收账款																2	8	8	3	7	6	
合计						¥	2	8	8	3	7	6				¥	2	8	8	3	7	6	

会计主管：单春明　　　记账：陈熠　　　审核：张燕　　　制单：王晓

根据以上会计凭证，登记应收账款明细账，见表6-11。

表6-11 明细分类账

会计科目：应收账款——乙公司

2024年 月	日	凭证 种类	号数	摘要	√	借方 千百十万千百十元角分	贷方 千百十万千百十元角分	借或贷	余额 千百十万千百十元角分
8	1			月初余额				借	4 9 4 0 0 0 0
8	24	转	13	销售货款		1 4 4 1 8 8 0 0		借	1 9 3 5 8 8 0 0
8	30	收	14	收款			1 4 4 1 8 8 0 0	借	4 9 4 0 0 0 0
8	31			本月合计		1 4 4 1 8 8 0 0	1 4 4 1 8 8 0 0	借	4 9 4 0 0 0 0

6.2 应收票据

应收票据是企业因销售商品、提供劳务等而收到的商业汇票。商业汇票是一种由出票人签发的，委托付款人在指定日期无条件支付确定金额给收款人或者持票人的票据。商业汇票的付款期限，最长不得超过6个月。根据承兑人不同，商业汇票分为商业承兑汇票和银行承兑汇票两种。

6.2.1 应收票据的具体运用

企业应当按照开出、承兑商业汇票的单位进行明细核算，见表6-12。

表6-12 应收票据会计科目编码的设置

科目代码	总分类科目 （一级科目）	明细分类科目	
		二级科目	三级科目
1121	应收票据		
112101	应收票据	银行承兑汇票	××公司
112102	应收票据	商业承兑汇票	××公司

6.2.2 应收票据取得的会计处理

为了反映和监督应收票据的取得、票款收回等经济业务，企业应当设置"应收票据"科目。该账户借方登记应收票据收到时的面值；贷方登记到期应收票据的收回金额，或承兑人到期无力支付而被退回的商业承兑汇票金额，或未到期票据的贴现或转让情况；余额在借方，表示已收尚未到期或未贴现的应收票据的面额总数。

应收票据取得的原因不同，其会计处理亦有所区别。 其具体处理如图 6-2 所示。

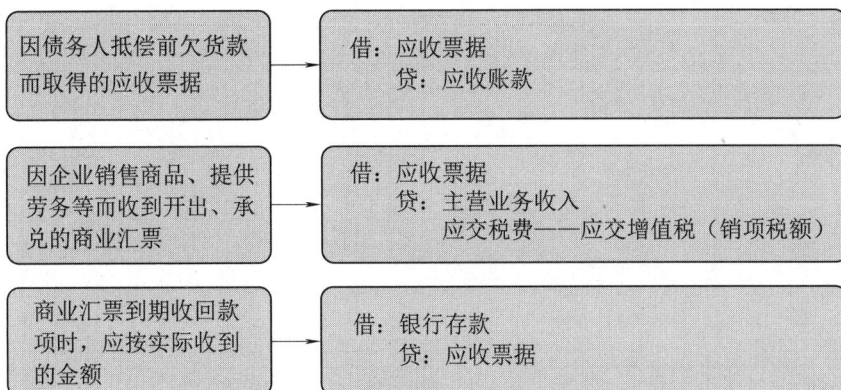

图 6-2　应收票据取得的会计处理

【例 6-4】 精石制造有限公司 2024 年 5 月 10 日销售商品一批，开具的增值税专用发票注明价款为 21 500 元，税款为 2 795 元。 方达有限公司开出为期 3 个月的商业汇票抵付货款。

(1)精石制造有限公司收到票据时，如图 6-3 所示。

借：应收票据　　　　　　　　　　　　　　　　　　24 295
　　贷：主营业务收入　　　　　　　　　　　　　　　　21 500
　　　　应交税费——应交增值税(销项税额)　　　　　　2 795

图 6-3　商业承兑汇票

根据以上业务，登记会计凭证，见表 6-13。

表 6-13　转账凭证　　　　　　　　　　　　　　　　　　　　　　附件：××张

2024 年 5 月 10 日　　　　　　　　　　　　　　　　　　　　　　　　转字第××号

摘要	一级科目	二级或明细科目	账页	借方金额										贷方金额										√
				百	十	万	千	百	十	元	角	分	百	十	万	千	百	十	元	角	分	
向方达有限公司销售一批商品	应收票据	方达有限公司				2	4	2	9	5	0	0										
	主营业务收入														2	1	5	0	0	0	0	
	应交税费	应交增值税（销项税额）														2	7	9	5	0	0	
合计				¥	2	4	2	9	5	0	0		¥	2	4	2	9	5	0	0		

会计主管：邵佳丽　　　　记账：李诚　　　　出纳：陈莲　　　　审核：黄秀　　　　制单：周逊

（2）票据到期，对方付款时。

借：银行存款　　　　　　　　　　　　　　　　　　　　　　　　24 295

　　贷：应收票据　　　　　　　　　　　　　　　　　　　　　　　24 295

根据上述业务，编制记账凭证，见表 6-14。

表 6-14　收款凭证　　　　　　　　　　　　　　　　　　　　　　附件：××张

借方科目：银行存款　　　　　　　2024 年 8 月 9 日　　　　　　　银收字第××号

摘要	贷方科目		账页	金额							
	一级科目	二级或明细科目		百	十	万	千	百	十	元	角	分
收到方达有限公司货款 24 295 元	应收票据	方达有限公司				2	4	2	9	5	0	0
合计				¥	2	4	2	9	5	0	0

会计主管：邵佳丽　　　　记账：李诚　　　　出纳：陈莲　　　　审核：黄秀　　　　制单：周逊

根据会计凭证，登记会计账簿，见表 6-15。

表 6-15　明细分类账

会计科目：应收账款——方达有限公司

2024 年		凭证		摘要	√	借方									贷方									借或贷	余额								
月	日	种类	号数			千	百	十	万	千	百	十	元	角	分	千	百	十	万	千	百	十	元	角	分		千	百	十	万	千	百	十	元	角	分
5	1			月初余额																						借			5	2	3	0	0	0	0
5	10	转	21	销售货款				2	4	2	9	5	0	0											借			7	6	5	9	5	0	0
8	9	收	12	收回货款														2	4	2	9	5	0	0	借			5	2	3	0	0	0	0
8	31			本月合计				2	4	2	9	5	0	0			2	4	2	9	5	0	0	借			5	2	3	0	0	0	0

【例6-5】精石制造有限公司将一张带息的银行承兑汇票于到期日到银行办理收款，票面金额为180 000元，年利率为10%，期限为90天。

到期值为：180 000×(1+10%×90÷360)＝184 500(元)

借：银行存款　　　　　　　　　　　　　　　　　　　　　　184 500

　　贷：应收票据　　　　　　　　　　　　　　　　　　　　　　180 000

　　　　财务费用　　　　　　　　　　　　　　　　　　　　　　　4 500

6.2.3　应收票据贴现的会计处理

"贴现"，就是指票据持有人将未到期的票据在背书后送交银行，银行受理后从票据到期值中扣除按银行贴现率计算确定的贴现息，然后将余额付给持票人，作为银行对企业的短期贷款。

对于应收票据贴现的核算，首先要计算贴现息和贴现净额(或称贴现所得额)，其计算公式如下：

贴现息＝票据到期价值×贴现率×贴现期

贴现净额＝票据到期价值－贴现息

贴现期是指从票据贴现日到票据到期前一日的时间间隔。应收票据的银行贴现率由银行统一规定，一般用年利率来表示。如图6-4所示。

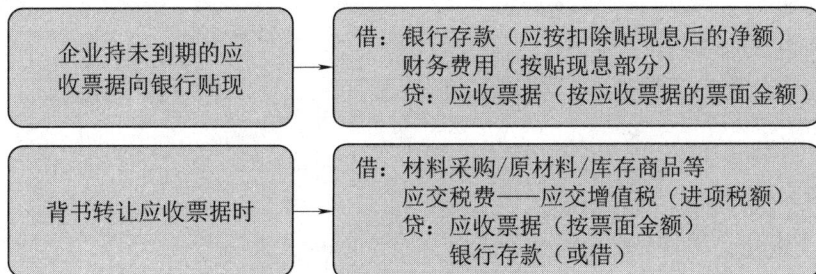

图6-4　应收票据的账务处理

【例6-6】精石制造有限公司因急需资金，将一张面值为180 000元，3个月期的无息票据提前两个月向银行办理贴现，出票日为8月1日，到期日为11月1日，假设银行贴现利率为7%，该票据的到期值、贴现息和贴现净额计算为：

票据到期价值＝票据面值＝180 000(元)

贴现息＝180 000×7%×2÷12＝2 100(元)

贴现净额＝180 000－2 100＝177 900(元)

借：银行存款　　　　　　　　　　　　　　　　　　　　　　177 900

　　财务费用——票据贴现　　　　　　　　　　　　　　　　　　2 100

　　贷：应收票据　　　　　　　　　　　　　　　　　　　　　　180 000

将带息应收票据向银行贴现时，票据到期的本息之和扣除贴现息的余额，就是贴现所得额。

【例6-7】精石制造有限公司持一张6个月期限，面值为126 000元的带息银行承兑汇票向银行贴现，该汇票年息为5%，出票日为6月1日，到期日为11月30日，公司于8月1日向银行贴现，贴现率为8%。相关单据如图6-5所示。

应收票据到期利息＝126 000×5‰×6÷12＝3 150（元）

应收票据到期本息＝126 000＋3 150＝129 150（元）

贴现息＝129 150×8‰×4÷12＝3 444（元）

贴现净额＝129 150－3 444＝125 706（元）

借：银行存款　　　　　　　　　　　　　　　　　　125 706

　　财务费用　　　　　　　　　　　　　　　　　　　　3 444

　　贷：应收票据　　　　　　　　　　　　　　　　　　　　129 150

贴现凭证（收账通知）4

填写日期：2024 年 8 月 1 日　　　　　　　　　　　第××号

贴现汇票	种类	商业承兑汇票		号码	324	申请人	全　称	春风材料厂										
	发票日	2024 年 6 月 1 日					账　号	6224001909234212234										
	到期日	2024 年 11 月 30 日					开户银行	工商银行哈尔滨和兴支行										
汇票承兑人（或银行）		名称	精石制造有限公司			账号	2290001909234214576		开户银行	工商银行深圳北安支行								
汇票金额（即贴现金额）		人民币（大写）⊗壹拾贰万玖仟壹佰伍拾元整							千	百	十	万	千	百	十	元	角	分
										¥	1	2	9	1	5	0	0	0
贴现率	8%	贴现利息	千	百	十	万	千	百	十	元	角	分	实付贴现金额	千	百	十	万	千	百	十	元	角	分
						¥	3	4	4	4	0	0				¥	1	2	5	7	0	6	0	0
上述款项已入你单位账户。　此致　　　　银行盖章（略）　　2024 年 8 月 1 日							备注										

图 6-5　贴现凭证

6.3　合同资产

合同资产，是指企业已向客户转让商品而有权收取对价的权利，且该权利取决于时间流逝之外的其他因素。

6.3.1　合同资产科目的具体运用

合同资产科目核算企业已向客户转让商品而有权收取对价的权利。仅取决于时间流逝因素的权利不在本科目核算。合同资产科目应按合同进行明细核算，见表 6-16。

表 6-16　合同资产会计科目编码的设置

科目代码	总分类科目（一级科目）	明细分类科目		是否辅助核算	辅助核算类别
		二级明细科目	三级明细科目		
＊＊	合同资产	预付商品款		是	客户往来
＊＊	合同资产	预付其他与销售相关的款项		是	客户往来

注：因财政部未给出科目代码，企业可自行设置。下同。

6.3.2 合同资产的账务处理

合同资产的主要账务处理，如图 6-6 所示。

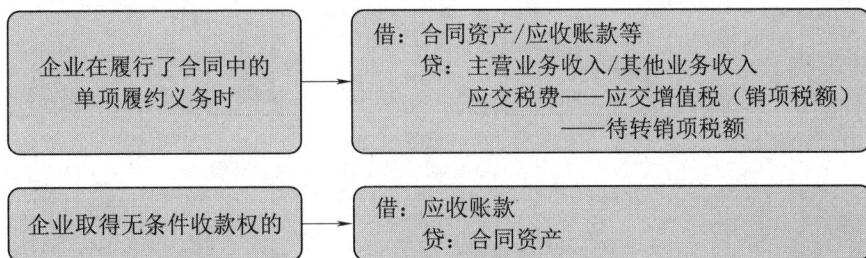

图 6-6 合同资产的主要账务处理

【例 6-8】2024 年 3 月 1 日，精石制造有限公司与甲客户签订合同，向其销售 A、B 两项商品，合同价款为 90 400 元。合同约定，A 商品于合同开始日交付，B 商品在一个月之后交付，只有当 A、B 两项商品全部交付之后，甲公司才有权收取 90 400 元的合同对价。假定 A 商品和 B 商品构成两项履约义务，其控制权在交付时转移给客户，分摊至 A 商品和 B 商品的交易价格（含税）分别为 18 080 元和 72 320 元。

（1）交付 A 商品时。

借：合同资产   18 080
  贷：主营业务收入   16 000
    应交税费——应交增值税（销项税额） 2 080

（2）交付 B 商品时。

借：应收账款   90 400
  贷：合同资产   18 080
    主营业务收入   64 000
    应交税费——应交增值税（销项税额） 8 320

6.4 预付账款

预付账款是指企业按照合同规定预付的款项。企业应当设置"预付账款"科目。预付款项情况不多的企业，可以不设置"预付账款"科目，而直接通过"应付账款"科目核算。

为了核算企业的预付款项，应设置"预付账款"科目。本科目的借方登记预付的款项，贷方反映收到所购物资的金额或应支付的款项。期末借方余额表示预付款项的余额。本科目应按供应单位设置明细账户。预付款项不多的企业，可将发生的预付账款直接记入"应付账款"科目的借方，不设本科目。

6.4.1 预付账款科目的具体运用

预付账款科目核算企业按照合同规定预付的款项。企业预付款项不多的，也可以不设置此科目，将预付的款项直接记入"应付账款"科目。企业进行在建工程预付的工程价款，也在本科目核算。企业（保险）从事保险业务预先支付的赔付款，可将本科目改为"1123 预付赔付款"科目，并按照保险人或受益人进行明细核算。本科目可按供货单位进行明细核算。预付账款科目设置，见表 6-17。

表 6-17 预付账款会计科目编码的设置

总分类科目 (一级科目)	明细分类科目		是否辅助核算	辅助核算类别
	二级科目	三级科目		
预付账款				
预付账款	××公司	××项目	是	单位名称
预付账款	××公司	××项目	是	单位名称
预付账款	××公司	××项目	是	单位名称
预付账款	××公司	××项目	是	单位名称

6.4.2 预付账款的账务处理

预付账款的主要账务处理，如图 6-7 所示。

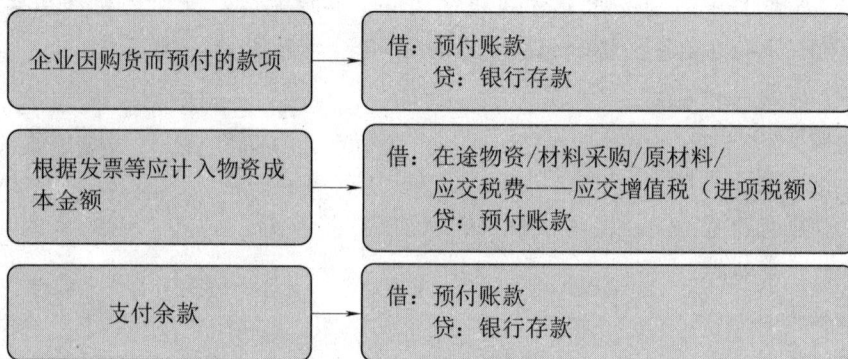

企业因购货而预付的款项	→	借：预付账款 　贷：银行存款
根据发票等应计入物资成本金额	→	借：在途物资/材料采购/原材料/ 　应交税费——应交增值税（进项税额） 　贷：预付账款
支付余款	→	借：预付账款 　贷：银行存款

图 6-7 预付账款的账务处理

【例 6-9】2024 年 5 月 11 日，精石制造有限公司预付给甲供货方的材料款共计 34 000 元。

借：预付账款——甲供货方　　　　　　　　　　　　　　34 000
　　贷：银行存款　　　　　　　　　　　　　　　　　　　　　34 000

5 月 20 日，收到材料和专用发票时，全部货款为 78 000 元，税金为 10 140 元，应补付 54 140 元。

借：材料采购——甲供货方　　　　　　　　　　　　　　78 000
　　应交税费——应交增值税（进项税额）　　　　　　　10 140
　　贷：预付账款——甲供货方　　　　　　　　　　　　　　88 140
借：预付账款　　　　　　　　　　　　　　　　　　　　54 140
　　银行存款　　　　　　　　　　　　　　　　　　　　　　54 140

6.5 其他应收款

其他应收款是指除应收票据、应收账款和预付账款以外的其他各种应收、暂付款项。 主要包括应收的各种赔款、罚款；经营租赁的各种租金；存出的保证金；备用金预付账款转入；其他各种应收、暂付款项。

6.5.1 其他应收款的核算范围

其他应收款主要内容如下。

（1）应收的各种赔款。 如因企业财产等遭受意外损失而应向有关保险公司收取的赔款等。

（2）应收的各种罚款。 如因员工失职给企业造成一定损失而应向该员工收取的罚款。

（3）存出保证金，如租入包装物支付的押金，预付账款转入及其他应收、暂付款项。

（4）备用金（向企业各职能科室、车间等拨付的备用金）。

（5）应向职工收取的各种垫付的款项，如为职工垫付的水电费，应由职工负担的医药费、房租等。

6.5.2 其他应收款科目的具体运用

其他应收款科目用于核算企业除应收票据、应收账款、预付账款等以外的其他各种应收、暂付款项。 在"其他应收款"账户下，应按其他应收款的项目分类，并按不同的债务人设置明细账。 具体设置见表 6-18。

表 6-18 其他应收款科目的设置

科目代码	总分类科目（一级科目）	明细分类科目	
		二级科目	三级科目
1221	其他应收款		
122101	其他应收款	备用金	按借款人设置
122102	其他应收款	应收个人款项	按借款人设置
122103	其他应收款	应收单位款项	按单位名称设置
122104	其他应收款	内部往来款项	按单位名称设置
122105	其他应收款	其他款项	按业务内容设置

企业发生其他各种应收、暂付款项时，账务处理如图 6-8 所示。

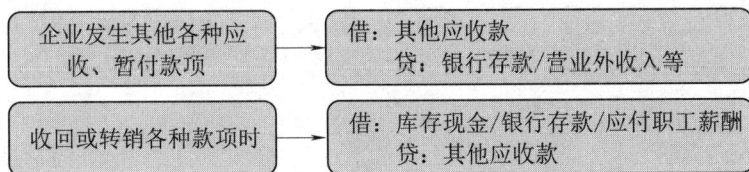

图 6-8 其他应收款账务处理

【例 6-10】2024 年 3 月，甲公司租入包装物一批，以银行存款向出租方支付押金 23 000 元。 2024 年 5 月租入包装物如数退回，甲公司收到出租方退还的押金 23 000 元，已存入银行。

①2024 年 3 月，支付押金时。

借：其他应收款——存出保证金   23 000

    贷：银行存款   23 000

②2024 年 5 月，收回押金时。

借：银行存款   23 000

    贷：其他应收款——存出保证金   23 000

6.6 应收款项减值

企业的各种应收款项，可能会因购货人拒付、破产、死亡等原因而无法收回。这类无法收回的应收款项就是坏账。因坏账而遭受的损失为坏账损失。企业应当在资产负债表日对应收款项的账面价值进行检查，有客观证据表明应收款项发生减值的，应当将该应收款项的账面价值减记至预计未来现金流量现值，减记的金额确认减值损失，计提坏账准备。执行《企业会计准则》的企业，根据《企业会计准则》及公司会计制度的规定，对当年预计将发生的应收款或预付款坏账，计提坏账准备。而执行《小企业会计准则》的企业，则不计提减值准备。

执行新收入准则，预付账款科目的使用是不受影响的。

6.6.1 坏账准备科目的具体运用

坏账准备可按以下公式计算：

当期应计提的坏账准备＝当期按应收款项计算应提坏账准备金额－（或＋）"坏账准备"科目的贷方（或借方）余额。

(1)发生坏账损失时，账务处理如图 6-9 所示。

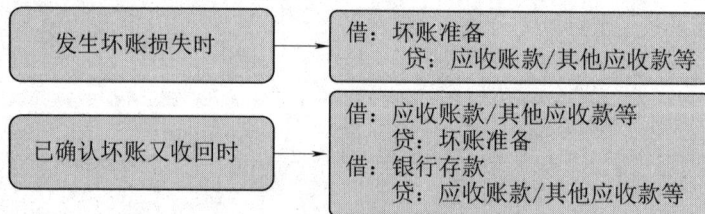

图 6-9　发生坏账损失时账务处理

(2)补提与冲销坏账时，账务处理如图 6-10 所示。

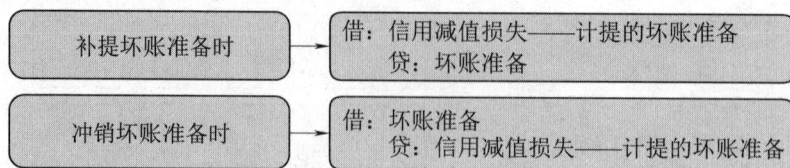

图 6-10　计提与冲销坏账准备账务处理

坏账准备科目是资产类科目中的备抵科目，核算企业应收款项的坏账准备。坏账准备科目可按应收款项的类别进行明细核算。本科目期末贷方余额，反映企业已计提但尚未转销的坏账准备。坏账准备科目代码是 1231，具体设置见表 6-19。

表 6-19　坏账准备会计科目编码的设置

科目代码	总分类科目（一级科目）	明细分类科目		是否辅助核算	辅助核算类别
		二级科目	三级科目		
1231	坏账准备				
123101	坏账准备	应收账款坏账准备	××公司	是	单位名称
123102	坏账准备	其他应收款坏账准备	××公司	是	单位名称
123103	坏账准备	应收票据坏账准备	××公司	是	单位名称
123104	坏账准备	预付账款坏账准备	××公司	是	单位名称
123105	坏账准备	长期应收款坏账准备	××公司	是	单位名称
123106	坏账准备	其他坏账准备	××公司	是	单位名称

估计坏账损失有四种方法，即余额百分比法、账龄分析法、销货百分比法和个别认定法。

6.6.2　余额百分比法

余额百分比法是根据会计期末应收账款的余额乘以估计的坏账准备率，即为当期应估计的坏账损失，据此提取坏账准备。估计坏账率可以按照以往的数据资料加以确定，也可以根据规定的百分比确定。在会计期末，企业应计提的坏账准备大于其账面余额的，按其差额冲回坏账准备。

余额百分比法计算公式

当期应提取的坏账准备数额＝当期期末应收款项余额×估计坏账率

以后各期提取坏账准备时，可按下列公式计算：

当期应提取的坏账准备数额＝当期期末应收款项余额×估计坏账率－"坏账准备"账户贷方余额（或＋"坏账准备"账户借方余额）

【例 6-11】精石制造有限公司 2021 年年末应收账款的余额为 2 200 000 元，提取坏账准备的比率为 5‰；2022 年发生坏账损失 8 500 元，其中 A 单位 2 900 元，B 单位 5 600元，期末应收账款余额为 2 600 000 元；2023 年，已冲销的上年 B 单位应收账款又收回，期末应收账款余额为 3 210 000 元。

(1)2021 年提取坏账准备。

借：信用减值损失——计提的坏账准备(2 200 000×5‰)　　　　11 000
　　贷：坏账准备　　　　　　　　　　　　　　　　　　　　　　　11 000

(2)2022 年发生坏账时。

借：坏账准备　　　　　　　　　　　　　　　　　　　　　　　8 500
　　贷：应收账款——A 单位　　　　　　　　　　　　　　　　　2 900
　　　　　　　　——B 单位　　　　　　　　　　　　　　　　　5 600

2022 年年末按应收账款的余额计算提取坏账准备。

"坏账准备"科目余额＝11 000－8 500＝2 500(元)

当年应提的坏账准备＝2 600 000×5‰－2 500＝10 500(元)

借：信用减值损失——计提的坏账准备 10 500
  贷：坏账准备 10 500

(3)2023年，收回上年已冲销的B单位账款5 600元。

借：应收账款——B单位 5 600
  贷：坏账准备 5 600

借：银行存款 5 600
  贷：应收账款——B单位 5 600

(4)2023年年末计算提取坏账准备。

"坏账准备"科目余额＝2 500＋10 500＋5 600＝18 600(元)

当年应冲减的坏账准备＝3 210 000×5‰－18 600＝－2 550(元)

借：坏账准备 2 550
  贷：信用减值损失——计提的坏账准备 2 550

注意：一般情况下，坏账准备的提取比例为3‰～5‰。

6.6.3 账龄分析法

账龄分析法是根据应收账款入账时间的长短来估计坏账损失的方法。虽然应收账款能否收回不一定完全取决于时间的长短，但一般来说，账款拖欠时间越长，发生坏账的可能就越大。

【例6-12】2023年12月31日，精石制造有限公司应收账款账龄及估计坏账损失，见表6-20。

表6-20 应收账款账龄及估计坏账损失表

应收账款账龄	应收账款金额(元)	估计损失(%)	估计损失金额(元)
未到期	49 000	0.5	245
过期3个月以下	21 000	1	210
过期3~6个月	34 000	2	680
过期6~12个月	51 000	3	1 530
过期1年以上	19 000	5	950
合计	174 000		3 615

假设调整前"坏账准备"的账面余额为贷方2 090元，则调整金额为3 615－2 090＝1 525(元)。

借：信用减值损失——计提的坏账准备 1 525
  贷：坏账准备 1 525

假设调整前"坏账准备"的账面余额为借方1 200元，则调整金额为3 615＋1 200＝4 815(元)。

借：信用减值损失——计提的坏账准备 4 815
  贷：坏账准备 4 815

6.6.4 销货百分比法

销货百分比法是根据赊销金额的一定比例估计坏账损失的方法。采用销货百分比法时，可能由于企业的经营状况不断地变化而不相适应，因此应当按照企业的实际情况及时地调节百分比。

【例6-13】假设精石制造有限公司2023年全年赊销金额为5 320 000元，根据以往资料和经验，估计坏账准备损失率为2%，假设本年末提取坏账准备余额为0元。

年末估计坏账损失为：5 320 000×2%＝106 400（元）

借：信用减值损失——计提的坏账准备　　　　　　　　　　106 400
　　贷：坏账准备　　　　　　　　　　　　　　　　　　　　　106 400

6.6.5　个别认定法

个别认定法是指根据单笔应收款项的可回收性估计坏账准备的方法，如果某项应收款项的可回收性和其他各项应收款项有明显差别（如债务单位所处的特定地区等），导致该项应收账款如果按照其他各项应收账款同样的方法计提坏账准备，将无法准确反映其可回收金额，则可对该项应收款项采用个别认定法计提坏账准备。

6.7　应付票据

应付票据是由出票人出票，委托付款人在指定日期无条件支付特定的金额给收款人或者持票人的票据，包括商业承兑汇票和银行承兑汇票。应付票据按是否带息分为不带息应付票据和带息应付票据两种。

企业应通过"应付票据"科目核算应付票据的发生、偿付等情况。

6.7.1　应付票据科目的具体应用

企业应设置"应付票据"科目，按照债权人进行明细核算。应付票据按是否带息分为带息应付票据和不带息应付票据两种。

企业应设置"应付票据备查簿"，详细登记每一笔应付票据的种类、号码、出票日期、到期日、票面金额、交易合同号、收款单位名称等详细资料。应付票据到期付清时，应在备查簿内逐笔注销。企业支付的银行承兑汇票手续费应计入当期财务费用。具体科目设置，见表6-21。

表6-21　应收票据会计科目编码的设置

科目代码	总分类科目（一级科目）	明细分类科目		是否辅助核算	辅助核算类别
		二级科目	三级科目		
2201	应付票据				
220101	应付票据	银行承兑汇票	种类	是	客户往来
220102	应付票据	商业承兑汇票	种类	是	客户往来

应付票据的核算主要包括开出并承兑商业汇票、期末计提票据利息、到期支付票款。企业因购买材料、商品和接受劳务供应等而开出、承兑的商业汇票，应当按其票面金额作为应付票据的入账金额。企业开出、承兑的带息票据，通常应在期末对尚未支付的应付票据计提利息，计入当期财务费用。

应付票据的主要账务处理如图 6-11 所示。

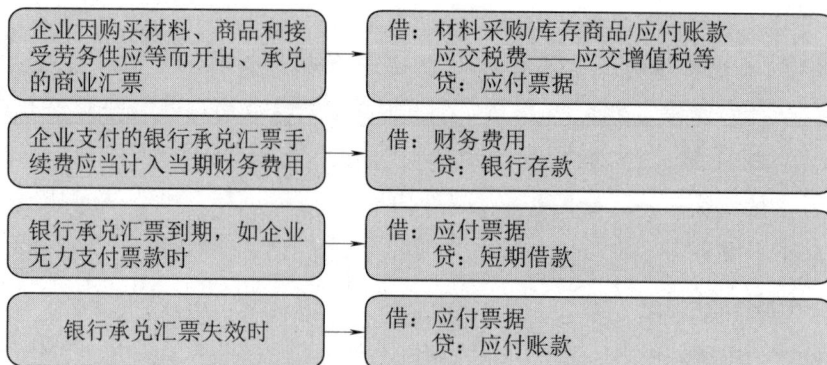

图 6-11　应付票据的账务处理

6.7.2　不带息应付票据的会计处理

不带息票据是指债务人到期还款时，只偿还面值金额，即票据到期值等于面值，应按其面额记账，借记"材料采购""库存商品""应交税费"等账户，贷记"应付票据"账户。

【例 6-14】2024 年 5 月 16 日，精石制造有限公司开出期限为 3 个月、票面金额为 101 361 元的不带息商业承兑汇票支付和讯公司货款，增值税专用发票上列明价款89 700 元，增值税额 11 661 元，商品验收入库，相关单据如图 6-12 所示。

图 6-12　商业承兑汇票

2024 年 5 月 16 日开出不带息商业汇票时。

借：库存商品 89 700

应交税费——应交增值税（进项税额） 11 661

贷：应付票据——商业承兑汇票——和讯公司　　　　101 361

2024 年 8 月 15 日，支付票款时。

借：应付票据——商业承兑汇票——和讯公司　　　　101 361

　贷：银行存款　　　　101 361

6.7.3 带息应付票据的会计处理

带息票据是指债务人到期还款时，除了偿还面值金额外，同时要偿还票据利息，即票据到期值等于面值加利息。利息为债务人由于延期支付款项所付出的代价，记入“财务费用”账户。

【例 6-15】 精石制造有限公司 2024 年 5 月 1 日从乙公司购进一批原材料，不含税价格 895 000元，增值税率 13%，开出一张期限 4 个月等值的带息商业汇票，年利率为 8%。

(1)2024 年 5 月 1 日，开出商业汇票时，如图 6-13、图 6-14 所示。

银行承兑协议　　1

出票人全称	精石制造有限公司	收款人全称	乙公司
开户银行	工商银行哈尔滨和兴支行	开户银行	沈阳和平区圣婴路支行
账号	2290001909234214576	账号	234567809765463213534
汇票号码	12		
出票日期	2024 年 5 月 1 日至 2024 年 9 月 1 日		

以上汇票经银行承兑，出票人愿遵守《支付结算办法》的规定及下列条款：

一、出票人于汇票到期日前将应付票据足额交付承兑银行。

二、承兑手续费按票面金额千分之一计算，在银行承兑时一次付清。

三、出票人与持票人如发生任何交易纠纷，均有双方自行处理，票款于到期前仍按第一条办理不误。

四、承兑汇票到期日，承兑银行凭票无条件支付票款。如到期日之前出票人不能足额交付票款时，承兑银行对不足支付部分的票款转作出票申请人逾期贷款，并按照有关规定计收罚息。

五、承兑汇票付清后，本协议自动失效。

承兑银行签章(略)　　出票人签章(略)

订立承担协议日期：2024 年 5 月 1 日

图 6-13　银行承兑协议

中国工商银行　　特种转账付出传票

出票日期(大写)：贰零贰肆年零伍月零壹日　　汇票号码

付款人	全　称	精石制造有限公司	收款人	全　称	乙公司
	账　号	2290001909234214576		账　号	234567809765463213534
	开户银行	工商银行哈尔滨和兴支行　行号 123		开户银行	沈阳和平区圣婴路支行　行号 234
出票金额	人民币(大写)⊗壹佰零壹万壹仟叁佰伍拾元		千 百 十 万 千 百 十 元 角 分		¥ 1 0 1 1 3 5 0 0 0
汇票到期日(大写)	贰零贰肆年零玖月零壹日		付款人开户行	行号	123
交易合同号码				地址	沈阳和平区圣婴路 35 号
本汇票已经承兑，到期无条件支付票款。承兑人签章 白东　承兑日期 2024 年 9 月 1 日			本汇票予以承兑，于到期日付款。出票人签章 俞风		

图 6-14　传票

借：原材料   895 000

  应交税费——应交增值税(进项税额)   116 350

   贷：应付票据——商业承兑汇票——乙公司   1 011 350

(2)2024 年 7 月 1 日，计提 2 个月应计利息。

应计利息＝1 011 350×2×8%÷12＝13 484.67(元)

借：财务费用   13 484.67

  贷：应付票据——商业承兑汇票——乙公司   13 484.67

(3)2024 年 9 月 1 日到期付款时。

借：应付票据——商业承兑汇票——乙公司   1 024 834.67

  财务费用   13 484.67

  贷：银行存款   1 038 319.34

6.8 合同负债

"合同负债"科目核算企业已收或应收客户对价而应向客户转让商品的义务。企业在进行会计核算时就需要通过"合同负债"核算，进行相应的会计处理。根据新收入准则，符合新收入准则的预收账款，使用"合同负债"科目，不再使用预收账款核算，其他不符合新收入准则的先收款后履约的，仍然通过预收账款核算。

6.8.1 合同负债科目的具体运用

"合同负债"科目应按合同进行明细核算，见表 6-22。

表 6-22 合同资产会计科目编码的设置

科目代码	总分类科目 (一级科目)	明细分类科目		是否辅助核算	辅助核算类别
		二级明细科目	三级明细科目		
＊＊	合同负债	预收商品款	甲合同	是	客户往来
＊＊	合同负债	预收其他与 销售相关的款项	乙合同	是	客户往来
……	……	……	……	……	……

6.8.2 合同负债的主要账务处理

企业在向客户转让商品之前，客户已经支付了合同对价或企业已经取得了无条件收取合同对价权利的，企业应当在客户实际支付款项与到期应支付款项孰早时点，按照该已收或应收的金额，进行会计处理，如图 6-15 所示。

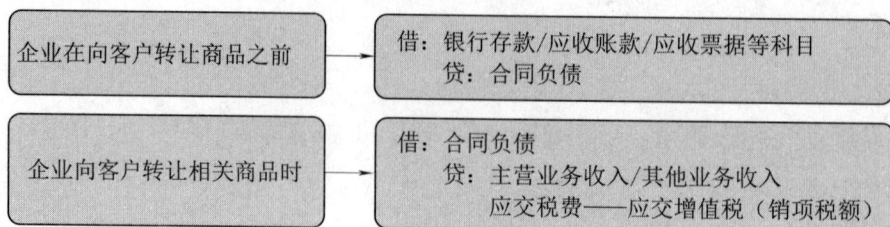

图 6-15 合同负债主要账务处理

《企业会计准则第 14 号——收入》应用指南明确,企业因转让商品收到的预收款适用本准则进行会计处理时,不再使用"预收账款"科目及"递延收益"科目。

6.9 预收账款

预收账款科目核算内容不适用于新收入准则,而适用于投资、金融工具、租赁、保险及部分非货币性资产交换合同。

6.9.1 预收账款科目的具体运用

预收账款科目应按购货单位进行明细核算。 见表 6-23。

表 6-23 预收账款会计科目编码的设置

总分类科目 (一级科目)	明细分类科目		是否辅助核算	辅助核算类别
	二级科目	三级科目		
预收账款				
预收账款	投资款		是	单位名称
预收账款	预收的定金		是	单位名称
预收账款	预收租赁款		是	单位名称
预收账款	预收保险		是	单位名称

6.9.2 预收账款的核算

预收账款的主要账务处理,具体如图 6-16 所示。

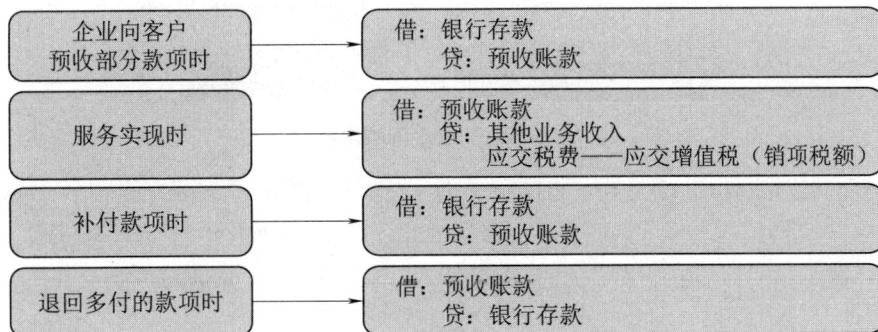

图 6-16 预收账款的账务处理

【例 6-16】2024 年 1 月 10 日,某公司出租一批设备,客户先支付 20 000 元,账务处理如下。

借:银行存款   20 000
  贷:预收账款   20 000

3 月 30 日,收到余下租赁款 43 280 元。

借:预收账款   20 000
  银行存款   43 280

　　贷：其他业务收入　　　　　　　　　　　　　　　　　　　56 000
　　　　应交税费——应交增值税（销项税额）　　　　　　　7 280
预收账款往往是商品和交货期等已经确定。而合同负债是商品和交货期等还不确定。

6.10　应付职工薪酬

职工薪酬，是指企业为获得职工提供的服务或解除劳动关系而给予的各种形式的报酬或补偿。职工薪酬包括短期薪酬、离职后福利、辞退福利和其他长期职工福利。企业提供给职工配偶、子女、受赡养人、已故员工遗属及其他受益人等的福利，也属于职工薪酬。

6.10.1　应付职工薪酬的具体运用

职工薪酬的内容如图 6-17 所示。

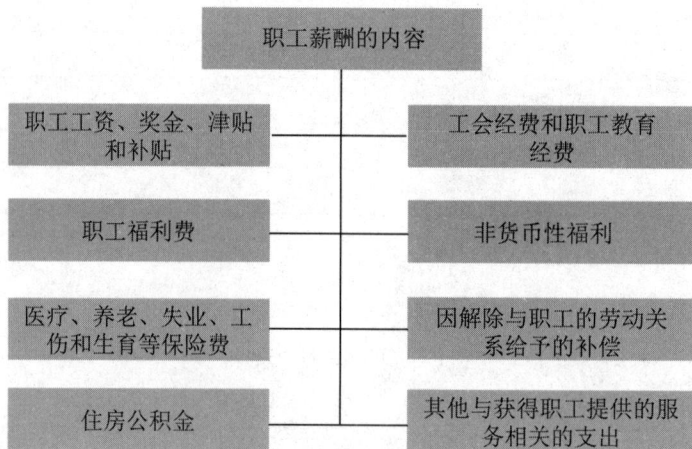

图 6-17　职工薪酬的内容

为了核算应付给职工的各种薪酬，企业应设置"应付职工薪酬"科目。本科目应当按照"工资""职工福利""社会保险费""非货币性福利""住房公积金""工会经费""职工教育经费""解除职工劳动关系补偿"等应付职工薪酬项目进行明细核算，见表 6-24。

表 6-24　应付职工薪酬会计科目编码的设置

科目代码	总分类科目（一级科目）	明细分类科目		是否辅助核算	辅助核算类别
		二级科目	三级科目		
2211	应付职工薪酬				
221101	应付职工薪酬	工资、奖金、津贴、补贴	项目	是	部门
221102	应付职工薪酬	职工福利	项目	是	部门
221103	应付职工薪酬	社会保险费	项目	是	部门
221104	应付职工薪酬	非货币性福利	项目	是	部门

续上表

科目代码	总分类科目（一级科目）	明细分类科目		是否辅助核算	辅助核算类别
		二级科目	三级科目		
221105	应付职工薪酬	住房公积金	项目	是	部门
221106	应付职工薪酬	工会经费	项目	是	部门
221107	应付职工薪酬	职工教育经费	项目	是	部门
221108	应付职工薪酬	解除职工劳动关系补偿	项目	是	部门
221109	应付职工薪酬	其他	项目	是	部门

《关于做好国有企业津贴补贴和福利管理工作的通知》（人社部发〔2023〕13号）第二条规定：

"……企业应按照国家规定并结合实际制定完善福利制度，明确福利项目名称、适用范围、确定程序、发放标准、监督办法等。国家规定的福利项目主要包括：

（一）丧葬补助费、抚恤金、独生子女费、职工异地安家费、探亲假路费、防暑降温费、离退休人员统筹外费用等对职工出现特定情形的补偿性福利。

（二）救济困难职工的基金支出或者发放的困难职工补助等对出现特定生活困难职工的救助性福利。

（三）工作服装（非劳动保护性质工服）、体检、职工疗养、自办食堂或无食堂统一供餐等集体福利。

（四）国家规定的其他福利。

除上述四项情形外，企业不得自行设置其他福利项目。

国家对福利项目水平有明确规定的，按照规定执行；国家没有明确规定的，根据市场水平、企业承受力等因素合理确定。企业经济效益下降或亏损的，除国家另有规定外，原则上不得增加福利项目或提高水平，必要时应缩减项目或适当降低水平。

企业不得将本企业产品和服务免费或低价提供职工使用，确实需要的，应按市场价格公平交易。推进货币化福利改革，将取暖费等按人按标准定期发放的货币化福利纳入工资总额管理。除国家另有规定或企业在工资总额内设置津贴补贴外，企业不得以福利或其他名义承担职工个人支出。福利项目支出列入职工福利费管理，其中集体福利设备设施管理经费列入职工福利费管理，但与企业建立劳动关系的集体福利部门职工的工资性收入纳入工资总额管理。工会福利、职工教育经费、社会保险及住房公积金有关费用列支按照国家相关规定管理。"

6.10.2 工资分配账务处理

"应付职工薪酬——工资"科目月末有余额，贷方余额为累计应付未付工资，借方余额为累计多付工资。在企业各月工资总额相差不多的情况下，按照重要性要求，也可以按照当月实际支付的工资额进行分配，采用这种方法，"应付职工薪酬——工资"科目月末没有余额。账务处理如图6-18所示。

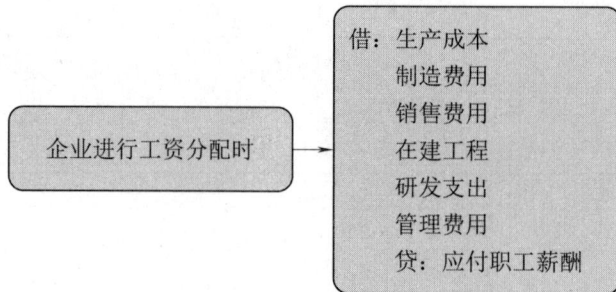

图 6-18　分配工资时的账务处理

【例 6-17】精石制造有限公司 2024 年 5 月工资结算表，见表 6-25。

表 6-25　工资结算汇总表

2024 年 5 月　　　　　　　　　　　　　　　　　　　单位：元

人员类别	计时工资	计件工资	奖金	津贴和补贴	加班加点工资	其他工资	合计
生产工人	430 000	56 000	9 200	8 200	7 700	2 800	513 900
销售人员	220 000	—	10 400	2 700	—	—	233 100
管理人员	124 000	—	7 900	16 500	—	—	148 400
合计	774 000	56 000	27 500	27 400	7 700	2 800	895 400

【例 6-18】进行本月工资分配。

借：生产成本　　　　　　　　　　　　　　　　　　　513 900

　　销售费用　　　　　　　　　　　　　　　　　　　233 100

　　管理费用　　　　　　　　　　　　　　　　　　　148 400

　　　贷：应付职工薪酬——工资　　　　　　　　　　　　　895 400

6.10.3　应付社会保险费和住房公积金账务处理

根据国务院办公厅印发的《降低社会保险费率综合方案》规定，城镇职工基本养老保险单位缴费比例，高于 16％的省份，可降至 16％。继续阶段性降低失业保险和工伤保险费率，现行的阶段性降费率政策到期后再延长一年至 2020 年 4 月 30 日。账务处理如图 6-19 所示。

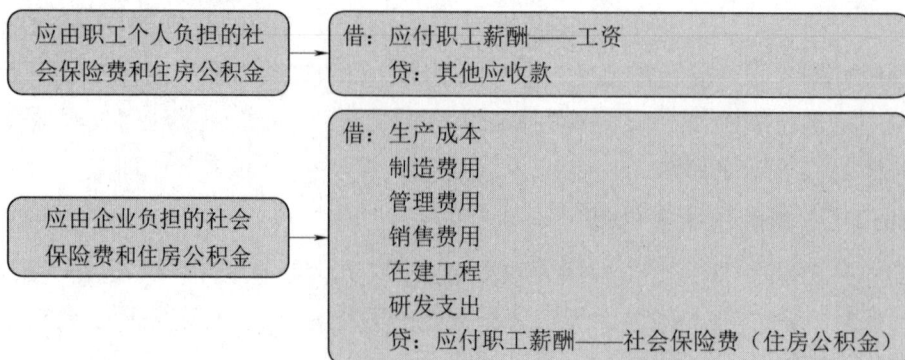

图 6-19　应付社会保险费和住房公积金的账务处理

127

【例 6-19】2024 年 3 月，精石制造有限公司本月向社会保险经办机构缴纳职工医疗保险费等费用共计 198 778.80 元，其中生产人员的金额为 126 018.80 元，销售人员的金额为 44 800 元，企业管理人员的金额为 27 960 元。企业缴费 365 323.20 元，共计 564 102 元，见表 6-26。

表 6-26　社会保险金、住房公积金计算表

2024 年 3 月　　　　　　　　　　　　　　　　　　　　　　　　　　单位：元

项目	养老保险		医疗保险		失业保险		工伤保险		生育保险		住房公积金		合计
	比例	金额	比例	金额	比例	金额	比例	金额	比例	金额	比例	金额	
计算基数		895 400		895 400		895 400		895 400		895 400		895 400	
企业负担	16%	143 264	10%	89 540	1%	8 954	1%	8 954	0.8%	7 163.2	12%	107 448	365 323.20
个人负担	8%	71 632	2%	17 908	0.2%	1 790.80	0	0	0	0	12%	107 448	198 778.80

借：管理费用　　　　　　　　　　　　　　　　　　　　365 323.20
　　其他应收款　　　　　　　　　　　　　　　　　　　198 778.80
　　贷：应付职工薪酬——社会保险费（医疗保险费等费用）　　564 102

6.10.4　应付工会经费和职工教育经费的计算与使用

工会经费是按照国家规定由企业负担的用于工会活动方面的经费（2%），职工教育经费是按国家规定由企业负担的用于职工教育方面的经费（8%）。

为了反映工会经费和职工教育经费的提取和使用情况，应在"应付职工薪酬"科目下设"工会经费"和"职工教育经费"明细科目。账务处理如图 6-20 所示。

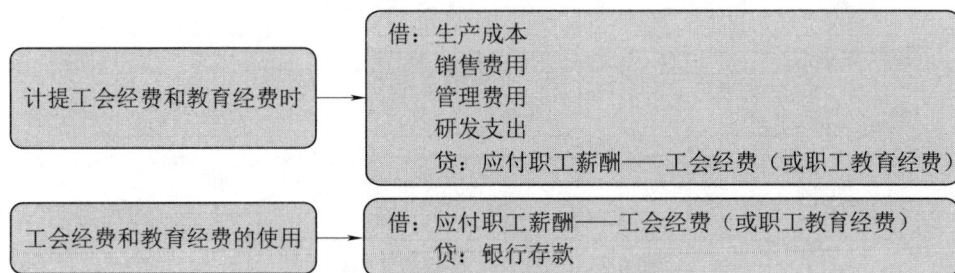

图 6-20　应付工会经费和职工教育经费的账务处理

【例 6-20】承上例，计算本月工会经费、职工教育经费，见表 6-27。

表 6-27　工会经费、职工教育经费计算表

2024 年 3 月

项目	工会经费		职工教育经费		合计
	比例	金额	比例	金额	
计算基数		895 400		895 400	
应付职工薪酬	2%	17 908	8%	71 632	31 339

借：管理费用　　　　　　　　　　　　　　　　　　　　　89 540
　　贷：应付职工薪酬——工会经费　　　　　　　　　　　　17 908
　　　　　　　　　　——职工教育经费　　　　　　　　　　71 632

缴纳时。

借：应付职工薪酬——工会经费　　　　　　　　　　　　　17 908
　　　　　　　　　——职工教育经费　　　　　　　　　　　71 632
　　贷：银行存款　　　　　　　　　　　　　　　　　　　　89 540

6.10.5　发放工资的核算

企业应当通过"应付职工薪酬"科目，核算应付职工薪酬的提取、结算、使用等情况。企业发放工资、办理工资结算时通过编制"工资核算表"。在工资结算表中，要根据工资卡、考勤记录、产量记录及代扣款项等资料按人名填列"应付工资""代扣款项""实发金额"三大部分。一般情况下，工资结算表一般应编制一式三份：一份由劳动工资部门存查；一份裁成"工资条"，连同工资一起发给职工；一份在发放工资时由职工签章后交财会部门作为工资核算的凭证，并用以代替工资的明细核算。由于工资结算表是按各个车间、部门分别编制的，因此，只能反映各个车间、部门工资结算和支付的情况。

企业工资的账务处理，如图 6-21 所示。

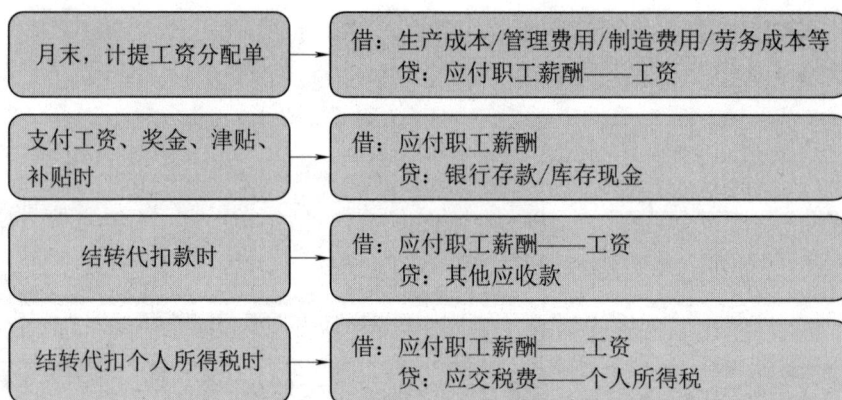

图 6-21　应付职工薪酬的账务处理

【例 6-21】精石制造有限公司 2024 年 5 月工资结算表，见表 6-28。

表 6-28　工资结算汇总表

2024 年 5 月　　　　　　　　　　　　　　　　　　　　单位：元

人员类别	计时工资	计件工资	奖金	津贴和补贴	加班加点工资	其他工资	合计	代扣款项	代扣个人所得税	实发工资
生产工人	430 000	56 000	9 200	8 200	7 700	2 800	513 900	11 900	32 000	470 000
销售人员	220 000		10 400	2 700			233 100	990	2 100	230 010
管理人员	124 000		7 900	16 500			148 400	1 900	13 100	133 400
合计	774 000	56 000	27 500	27 400	7 700	2 800	895 400	14 790	47 200	833 410

根据工资结算业务，作会计分录如下：

(1)通过银行转账方式，实际发放工资 833 410。

借：应付职工薪酬——工资   833 410

    贷：银行存款   833 410

(2)结转并上交代扣款 14 790 元。

借：应付职工薪酬——工资   14 790

    贷：其他应收款   14 790

借：其他应收款   14 790

    贷：银行存款   14 790

(3)结转并上缴代扣个人所得税 47 200 元。

借：应付职工薪酬——工资   47 200

    贷：应交税费——应交个人所得税   47 200

借：应交税费——应交个人所得税   47 200

    贷：银行存款   47 200

6.10.6　非货币性职工薪酬的核算

非货币性职工薪酬是指企业以非货币性资产支付给职工的薪酬，主要包括企业以自产产品发放给职工作为福利、将企业拥有的资产无偿提供给职工使用、为职工无偿提供医疗保健服务等。

(1)企业以其自产产品作为非货币性福利发放给职工的，应当根据受益对象，按照该产品的公允价值，计入相关资产成本或当期损益，同时确认应付职工薪酬。会计分录如图 6-22 所示。

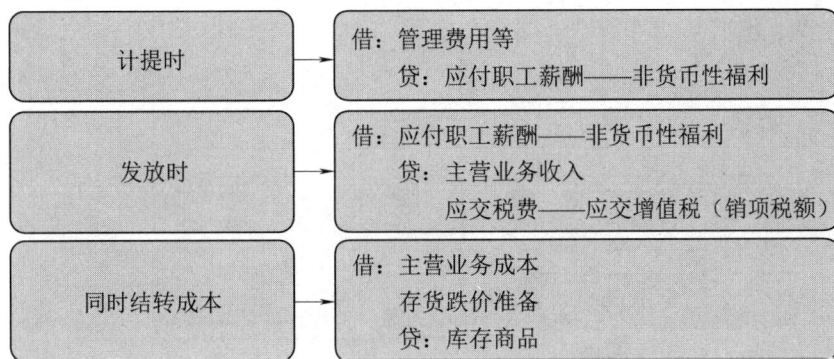

图 6-22　非货币性职工薪酬的账务处理

(2)企业将拥有的房屋等资产无偿提供给职工使用的，应当根据受益对象，将该住房每期应计提的折旧计入相关资产成本或当期损益，同时确认应付职工薪酬。租赁住房等资产供职工无偿使用的，应当根据受益对象，将每期应付的租金计入相关资产成本或当期损益，并确认应付职工薪酬。基本账务处理如图 6-23 所示。

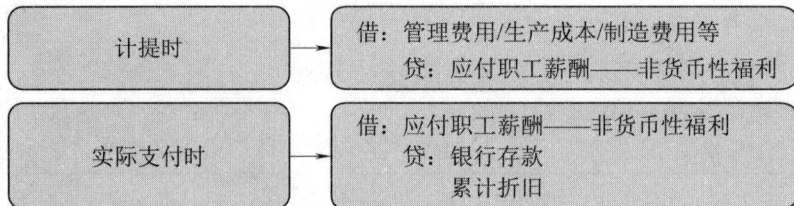

图 6-23　非货币性福利费的账务处理

【例 6-22】 精石制造有限公司采购 30 台电风扇，每台不含税价 240 元，增值税额 40.80 元。 这批电风扇为建筑现场职工使用，以银行存款支付。

①确认非货币性福利(240＋40.80)×30＝8 424(元)

借：在建工程　　　　　　　　　　　　　　　　　　　　　　　8 424

　　贷：应付职工薪酬——非货币性福利　　　　　　　　　　　　　　　　8 424

②支付货款时。

借：应付职工薪酬——非货币性福利　　　　　　　　　　　　　8 424

　　贷：银行存款　　　　　　　　　　　　　　　　　　　　　　　　　8 424

(3)企业在职工劳动合同到期之前解除与职工的劳动关系，或者为鼓励职工自愿接受裁减而提出给予补偿的建议，同时满足下列条件的，应当确认因解除与职工的劳动关系给予补偿而产生的应付职工薪酬，同时计入当期损益。

(4)企业已制定正式的解除劳动关系计划或提出自愿裁减建议，并即将实施。 该计划或建议应当包括拟解除劳动关系或裁减的职工所在部门、职位及数量；根据有关规定按工作类别或职位确定的解除劳动关系或裁减补偿金额；拟解除劳动关系或裁减的时间。

(5)企业不能单方面撤回解除劳动关系计划或裁减建议。 为了反映解除劳动关系补偿的提取和支付情况，应在"应付职工薪酬"科目下设置"辞退福利"明细科目。

由于被辞退职工不能再给企业带来任何经济利益，辞退福利应当计入当期费用而不是资产成本。 借记"管理费用"科目，贷记"应付职工薪酬——辞退福利"科目。 账务处理如图 6-24 所示。

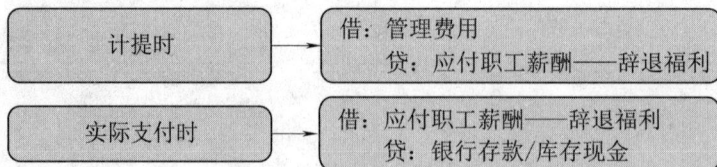

图 6-24　因解除与职工劳动关系给予的补偿账务处理

6.11　应付账款核算

应付账款是指一般纳税人企业因购买材料、商品或接受劳务供应等业务应支付给供应者的账款。 应付账款是由于在购销活动中买卖双方取得物资与支付货款在时间上的不一致而产生的负债。 企业的其他应付账款，如应付赔偿款、应付租金、存入保证金等，不属于应付账款的核算内容。 其具体账户结构如图 6-25 所示。

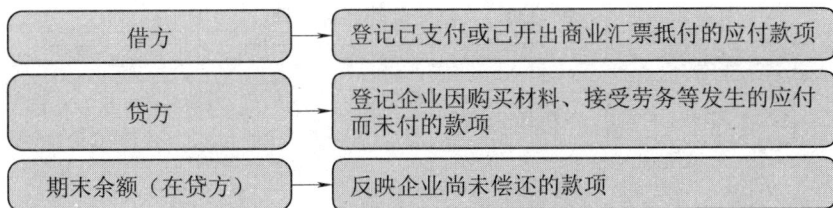

图 6-25　应付账款账户结构

6.11.1　应付账款科目设置

应付账款的入账时间,应以购买物资的所有权的风险和报酬已经转移或劳务已接受为标志。 在现行企业会计制度对应付账款的入账时间做了以下两种情况的规定。

(1)在货物与发票账单同时到达的情况下,应付账款一般待货物验收入库后,才按发票账单所记载的实际价款入账。 这样,确认所购货物的质量、品种及数量是否与合同条款相符,可以避免因先入账再行调账的情况。

(2)在货物与发票账单非同时到达,且两者间隔较长时间的情况下,应付账款的入账时间以收到发票账单为准。 对于货到未付款的情况,由于该笔负债已经成立,月末编制资产负债表时,企业应将所购货物及应付债务暂估价入账,以使在月末编报的资产负债表中客观地反映企业所拥有的资产和应承担的债务。

6.11.2　应付账款的核算

应付账款的入账金额通常按发票账单等凭证上记载的实际发生额登记入账;当购货附有现金折扣条件时,应付账款的入账金额一般采用总价法核算。 在总价法下,应付账款发生时,直接按发票上的应付金额的总额记账。 如果在折扣期内付款,所取得的现金折扣收入作为理财收益处理。

为了核算企业因购买材料、接受劳务等而应向供应方支付的款项,企业应当设置"应付账款"账户。 "应付账款"属于负债类账户,一般按供应单位设置明细账进行明细核算。

应付账款科目应按购货单位进行明细核算,见表 6-29。

表 6-29　应付账款会计科目编码的设置

科目代码	总分类科目 (一级科目)	明细分类科目		是否辅助核算	辅助核算类别
		二级科目	三级科目		
2202	应付账款				
220201	应付账款	应付的账款	商品、劳务类别	是	购货单位名称
220202	应付账款	应付的定金	商品、劳务类别	是	购货单位名称
220203	应付账款	应付原料款	商品、劳务类别	是	购货单位名称
220204	应付账款	应付工程款	商品、劳务类别	是	购货单位名称

企业应付账款的发生有两种情况,应分别根据不同情形给予不同的会计处理。 具体见表 6-30。

表6-30　应付账款的账务处理

业务情景		账务处理
采购的材料已入库,但货款尚未支付,则根据发票所记载已到的收料凭证入账		借:原材料、在途物资、库存商品(按实际应付金额) 　　应交税费——应交增值税(进项税额) 　　贷:应付账款
接受供应单位提供劳务而发生的应付未付款项		借:生产成本 　　管理费用 　　贷:应付账款
所购材料已到,但月终发票单据未到,货款尚未支付	月终暂估计所购材料的成本和增值税	借:材料采购(按暂估价) 　　应交税费——应交增值税(进项税额) 　　贷:应付账款
	下月初用红字予以冲销,待发票单据到达后再付款	借:材料采购(按实际支付额) 　　应交税费——应交增值税(进项税额) 　　贷:银行存款
应付账款偿还时		借:应付账款 　　贷:银行存款/应付票据等
应付账款转销时		借:应付账款 　　贷:营业外收入

【例6-23】2024年,某企业发生的应付账款业务如下。

(1)6月1日,从莲花城乡合作社购入一批材料,货款为549 000元,增值税为71 370元。材料已运达企业并已验收入库(公司材料采用实际成本计价核算),款项尚未支付。

①应付账款发生时。

借:原材料　　　　　　　　　　　　　　　　　　　549 000
　　应交税费——应交增值税(进项税额)　　　　　　　71 370
　　　贷:应付账款——莲花城乡合作社　　　　　　　　　　620 370

②支付应付账款时。

借:应付账款　　　　　　　　　　　　　　　　　　620 370
　　贷:银行存款　　　　　　　　　　　　　　　　　　　620 370

(2)6月30日,根据用电部门通知,该企业本月应支付的电费为52 300元。其中生产车间电费39 000元,管理部门电费13 300元,款项尚未支付。

①应付账款发生时。

借:制造费用　　　　　　　　　　　　　　　　　　39 000
　　管理费用　　　　　　　　　　　　　　　　　　13 300
　　　贷:应付账款 ——供电公司　　　　　　　　　　　　52 300

②7月1日,通过银行存款支付应付账款款项时。

借:应付账款　　　　　　　　　　　　　　　　　　52 300
　　贷:银行存款　　　　　　　　　　　　　　　　　　　52 300

(3)12月31日,经企业调查取证,原欠B公司的应付账款27 630元,因B公司的注销无法支付,予以转销。

借:应付账款——B公司　　　　　　　　　　　　　27 630
　　贷:营业外收入　　　　　　　　　　　　　　　　　　27 630

◀第四篇
企业内部资产的核算

企业内部资产核算主要有存货、固定资产、无形资产、投资与融资、收入、成本等。

第7章 企业存货的核算

存货涉及具体的会计科目一般包括：原材料、物资采购、在途物资、周转材料、材料成本差异、库存商品、存货跌价准备等。本章主要介绍存货的计量与减值准备，原材料科目设置及按计划成本与实际成本的核算，库存商品的设置与核算，委托加工物资、周转材料科目设置及核算。

7.1 存货概述

存货是指企业在日常活动中持有以备出售的产成品或商品，处在生产过程中的在产品，在生产过程或提供劳务过程中耗用的材料、物料等。

存货区别于固定资产等非流动资产的最基本特征是，企业持有存货的最终目的是出售，包括可供直接出售的产成品、商品以及需进一步加工后出售的原材料等。

7.1.1 存货的确认和计量

存货包括各类原材料、在产品、半成品、商品以及包装物、低值易耗品、委托代销商品等。

存货的账面余额＝账户余额

存货的账面价值＝账户余额－存货跌价准备余额

1. 存货的确认条件

存货同时满足下列条件的，才能予以确认。

(1)与该存货有关的经济利益很可能流入企业。

①企业在确认存货时，需要判断与该项存货相关的经济利益是否很可能流入企业。在实务中，主要通过判断与该项存货所有权相关的风险和报酬是否转移到了企业来确定。其中，与存货所有权相关的风险，是指由于经营情况发生变化造成的相关收益的变动，以及由于存货滞销、毁损等原因造成的损失；与存货所有权相关的报酬，是指在初步取得该项存货或其经过进一步加工取得的其他存货时获得的收入，以及处置该项存货实现的利润等。

②通常情况下，是否取得存货的所有权是存货相关的经济利益很可能流入本企业的一个重要标志。

(2)该存货的成本能可靠地计量。

作为企业资产的组成部分，要确认存货，企业必须能够对其成本进行可靠计量。存货的成本能够可靠地计量必须以取得确凿、可靠的证据为依据，并且具有可验证性。如果存货成本不能可靠地计量，则不能确认为一项存货。例如，企业承诺的订货合同，由于并未实际发生，不能可靠确定其成本，因此就不能确认为购买企业的存货。又如，企业预计发生的制造费用，由于并未实际发生，不能可靠地确定其成本，因此不能计入产品成本。

2. 存货的初始计量

存货应当按照成本进行初始计量。存货成本包括采购成本、加工成本和其他成本。

不同存货的成本构成内容不同。原材料、商品、低值易耗品等通过购买而取得的存货的初始成本由采购成本构成；产成品、在产品、半成品、委托加工物资等通过进一步加工而取得的存货的初始成本由采购成本、加工成本以及使存货达到目前场所和状态所发生的其他成本构成。

存货成本的构成，见表 7-1。

表 7-1 存货成本的构成

采购成本	购买价款、进口关税及相关税费、运输费、装卸费、保险费以及其他可归属于存货采购成本的费用
加工成本	直接人工以及按照一定方法分配的制造费用
其他成本	指除采购成本、加工成本以外的，使存货达到目前场所和状态所发生的其他支出

7.1.2 存货计价方法

企业在确定发出存货的成本时，可以采用先进先出法、移动加权平均法、月末一次加权平均法和个别计价法等方法。企业不得采用后进先出法确定发出存货的成本。

1. 先进先出法

先进先出法是以先购入的存货应先发出（销售或耗用）这样一种存货实物流转假设为前提，对发出存货进行计价。采用这种方法，先购入的存货成本在后购入存货成本之前转出，据此确定发出存货和期末存货的成本。

2. 月末一次加权平均法

月末一次加权平均法，是指以当月全部进货数量加上月初存货数量作为权数，去除当月全部进货成本加上月初存货成本，计算出存货的加权平均单位成本，以此为基础计算当月发出存货的成本和期末存货成本的一种方法。

存货加权平均单价＝（期初库存存货的实际成本＋本期进货的实际成本）÷期初库存存货数量＋本期进货数量

本月发出存货成本＝本月发货数量×加权平均单价

期末结存存货成本＝期末结存存货数量×加权平均单价

本期发出存货成本＝期初结存存货成本＋本期收入存货成本－期末结存存货成本

3. 移动加权平均法

移动加权平均法，是指以每次进货的成本加上原有库存存货的成本，除以每次进货数量与原有库存存货的数量之和，据以计算加权平均单位成本，作为在下次进货前计算各次发出存货成本的依据。计算公式如下：

存货移动平均单价＝（原有库存存货的实际成本＋本次进货的实际成本）÷原有库存存货数量＋本次进货数量

本次发出存货成本＝本次发货数量×存货移动平均单价

以【例7-1】的资料，分别介绍以上三种方式的核算方法。

【例7-1】精石制造有限公司2024年9月原材料购入、发出情况见表7-2。

表7-2　原材料收发明细账　　　　　　　　　单位：（元/千克）

2024年		摘要	收　入			发　出			结　存		
月	日		数量	单价	金额	数量	单价	金额	数量	单价	金额
		期初余额	—	—	—	—	—	—	1 800	8	14 400
9	1	购入	1 500	7	10 500	—	—	—	3 300	—	24 900
9	4	购入	1 000	9	9 000	—	—	—	4 300	—	33 900
9	6	领用	—	—	—	2 500			1 800		
9	15	购入	800	8	6 400	—	—	—	2 600		
9	28	领用	—	—	—	1 000			1 600		

1. 先进先出法

发出材料成本＝1 800×8＋700×7＋800×7＋200×9

　　　　　　＝14 400＋4 900＋5 600＋1 800

　　　　　　＝26 700（元）

2. 月末一次加权平均法

材料单位成本＝（14 400＋10 500＋9 000＋6 400）÷（1 800＋1 500＋1 000＋800）

　　　　　　＝40 300÷5 100

　　　　　　＝7.90（元/千克）

发出材料成本＝（2 500＋1 000）×7.90＝27 650（元）

3. 移动加权平均法

9月1日，购入材料单位成本＝（14 400＋10 500）÷（1 800＋1 500）

　　　　　　　　　　　　＝7.55（元）

9月4日，购入材料单位成本＝（24 900＋9 000）÷4 300

　　　　　　　　　　　　＝7.88（元/千克）

9月6日，发出材料单位成本＝7.88×2 500＝19 700（元）

9月6日，结存材料成本＝1 800×7.88＝14 184（元）

9月15日，购入材料单位成本＝（14 184＋6 400）÷（1 800＋800）＝7.92（元/千克）

9月28日，发出材料单位成本＝1 000×7.92＝7 920（元）

9月28日，结存材料成本＝1 600×7.92＝12 672（元）

本月发出材料成本总计＝19 700＋7 920＝27 620（元）

7.2　原材料

原材料是指企业在生产过程中经加工改变其形态或性质并构成主要实体的各类原料及主要材料、辅助材料、外购半成品（外购件）、修理用备件（备品备件），包装材料、燃料等。

为建造固定资产等各项工程而储备的各种材料,虽然同属于材料,但是由于用于建造固定资产各项工程,不符合存货的定义,因此不能作为企业存货核算。

7.2.1 原材料的分类与核算

1. 原材料的分类与科目设置

原材料按其在特定企业的主要用途可分为:原材料及主要材料、辅助材料、外购半成品、修理用备件、包装材料、燃料。

原材料按其存放地点可分三类:在途物资、库存材料、委托加工物资。

原材料科目核算企业库存的各种材料,包括原料及主要材料、辅助材料、外购半成品(外购件)、修理用备件(备品备件)、包装材料、燃料等的计划成本或实际成本。收到来料加工装配业务的原料、零件等,应当设置备查簿进行登记。本科目可按材料的保管地点(仓库)、材料的类别、品种和规格等进行明细核算,见表7-3。

表7-3 原材料会计科目编码的设置

科目代码	总分类科目 (一级科目)	明细分类科目		是否辅助核算	辅助核算类别
		二级科目	三级科目		
1403	原材料				
140301	原材料	原料及主要材料	品种和规格	是	按存放地点
140302	原材料	辅助材料	品种和规格	是	按存放地点
140303	原材料	外购半成品	品种和规格	是	按存放地点
140304	原材料	包装材料	品种和规格	是	按存放地点
140305	原材料	备件	品种和规格	是	按存放地点
140306	原材料	燃料	品种和规格	是	按存放地点

2. 原材料的核算方法

原材料在日常收发与结存过程中,其核算方法可以选择下列两者之一:实际成本法核算与计划成本法核算。而对于材料收发业务较多且计划成本资料较为健全、准确的企业,一般都采用计划成本进行材料收发核算。

原材料按实际成本计价的核算是指每种材料的日常收、发、存核算都采用实际成本计价。核算时,重点要掌握支出材料的成本计价。该方法一般只适用于材料收发业务比较小的中小型企业。购进材料时,如图7-1所示。

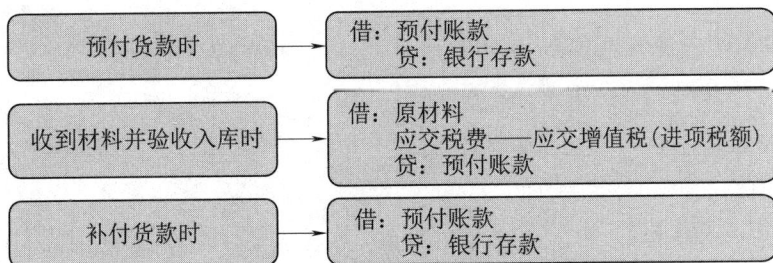

图7-1 购进材料预付款账务处理

企业购入原材料时,由于采购地点和采用的结算方式等因素的影响,经常会出现原材料入库付款时间不一致的情况,其账务处理方法也不一致。

发出材料和出售时如图 7-2 所示。

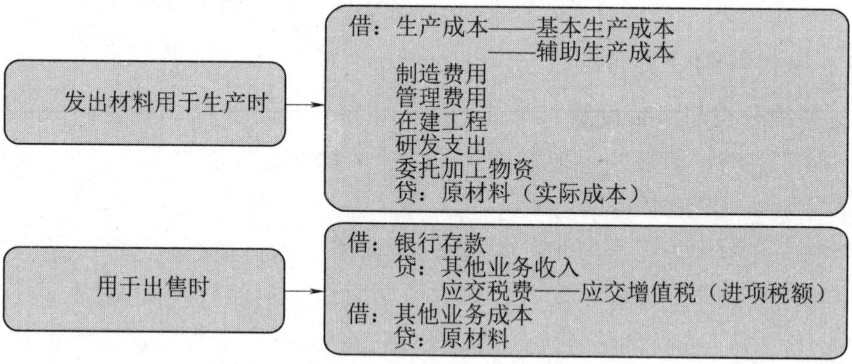

图 7-2 发出材料和出售时的账务处理

7.2.2 采用实际成本法核算的账务处理

材料按实际成本法核算时，材料的收发与结存，均按实际成本计价。应设置"原材料""在途物资"会计科目。

"原材料"科目的借方用于核算已办验收入库材料的实际成本；贷方用于核算发出材料的实际成本；期末借方余额为库存原材料的实际成本。

"在途物资"科目的借方用于核算在途物资的实际成本；贷方用于核算验收入库材料的实际成本；期末借方余额为期末在途物资的实际成本。

1. 单货同到

单货同到是指发票已到，材料验收入库。

【例 7-2】2024 年 5 月 18 日，精石制造有限公司从恒升公司购入 60 吨材料，增值税专用发票注明原料价款 54 000 元，增值税 7 020 元。精石制造有限公司收到物资并验收入库，由于银行存款不足而暂未支付货款(假设不考虑运费的税费)。增值税专用发票如图 7-3 所示。

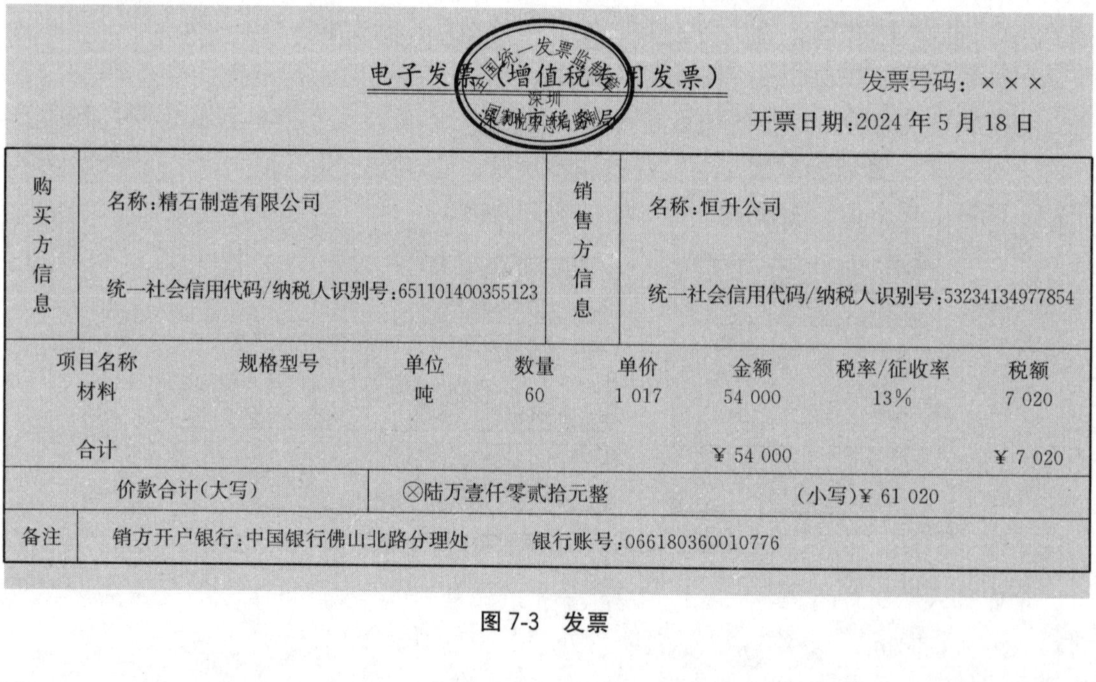

电子发票（增值税专用发票）　　　　发票号码：×××

开票日期：2024 年 5 月 18 日

购买方信息	名称：精石制造有限公司			销售方信息	名称：恒升公司		
	统一社会信用代码/纳税人识别号:651101400355123				统一社会信用代码/纳税人识别号:53234134977854		

项目名称	规格型号	单位	数量	单价	金额	税率/征收率	税额
材料		吨	60	1 017	54 000	13%	7 020
合计					¥ 54 000		¥ 7 020

价款合计(大写)		⊗陆万壹仟零贰拾元整	(小写)¥ 61 020	
备注	销方开户银行:中国银行佛山北路分理处	银行账号:066180360010776		

图 7-3 发票

借：原材料　　　　　　　　　　　　　　　　　　　　　　54 000

　　应交税费——应交增值税（进项税额）　　　　　　　　 7 020

　　贷：应付账款　　　　　　　　　　　　　　　　　　　　　　 61 020

2. 单到货未到

单到货未到指发票已到，材料未验收入库。如货款已经支付，借方记入"在途物资""应交税费"等账户，贷方记入"银行存款"账户；如货款尚未支付，则暂不需处理，待支付货款或收到材料时进行处理。

【例7-3】 承上例，企业通过银行进行结算，但到月末尚未收到材料。转账支票存根如图7-4所示。

借：在途物资　　　　　　　　　　　　　　　　　　　　　54 000

　　应交税费——应交增值税（进项税额）　　　　　　　　 7 020

　　贷：银行存款　　　　　　　　　　　　　　　　　　　　　　 61 020

若2024年5月26日，上述材料到达验收入库，见表7-4，编制会计分录。

借：原材料　　　　　　　　　　　　　　　　　　　　　　54 000

　　贷：在途物资　　　　　　　　　　　　　　　　　　　　　　 54 000

```
转账支票存根(哈)
IV V001235
科　目：
对方科目：
出票日期：2024 年 5 月 18 日
────────────────────
收款人：恒升公司
────────────────────
金　额：￥61 020
────────────────────
用　途：购买原材料
────────────────────

单位主管　陈茹　会计　贾洁
```

图7-4　转账支票存根

表7-4　材料入库单

供应单位：恒升公司									
发票号码：01092781				2024 年 5 月 26 日				第 001 号	
月	日	材料名称	规格型号	数　量		单位	单价	金额（元）	备注
				交库	实收				
5	18	材料		60	60	吨	900	54 000	
	合　计			60	60		900	54 000	

3. 货到单未到

货到单未到是指发票未到,材料已验收入库。在月份内,一般暂不进行处理,待有关发票到达、支付货款时,再按正常程序进行处理。如果到月末发票还未到达,为了使账实相符,应按材料的暂估价款入账,下月初用红字冲回,以便下个月收到发票时按正常处理。

【例 7-4】 2024 年 5 月 26 日,福龙有限公司收到从乙公司购入材料一批,但因发票未到没有支付货款。月末,暂估该批物资价值 32 000 元。

2024 年 5 月末,材料暂估入账时编制会计分录。

借:原材料   32 000
  贷:应付账款——暂估应付账款   32 000

2024 年 6 月初,编制红字冲回分录。

借:原材料   (32 000)
  贷:应付账款——暂估应付账款   (32 000)

假设 2024 年 6 月 3 日收到发票,增值税专用发票注明原料价款 24 000 元,增值税 3 120 元,乙公司代垫运费 300 元。

借:原材料   24 300
  应交税费——应交增值税(进项税额)   3 120
  贷:银行存款   27 420

7.2.3 采用计划成本法核算的账务处理

材料按计划成本法核算时,材料的收发与结存,均按计划成本计价。应设置"材料采购""材料成本差异"会计科目。

1. "材料采购"科目的设置

"材料采购"科目,属资产类科目,核算企业采用计划成本进行材料日常核算而购入材料的采购成本。企业从国内采购或国外进口的各种商品,不论是否进入本企业仓库,凡是通过本企业结算货款的,都在本科目进行核算。

材料采购科目应当按照供应单位和物资品种进行明细核算。按照供货单位、商品类别等设置明细账,企业经营进、出口商品的,可根据需要分别按进口材料采购和出口材料采购进行明细核算,见表 7-5。

表 7-5 材料采购会计科目编码的设置

科目代码	总分类科目 (一级科目)	明细分类科目		是否辅助核算	辅助核算类别
		二级科目	三级科目		
1401	材料采购				
140101	材料采购	材料品种	材料名称	是	部门
140102	材料采购	材料品种	材料名称	是	部门
140103	材料采购	材料品种	材料名称	是	部门
140104	材料采购	材料品种	材料名称	是	部门

2. "材料成本差异"科目的设置

"材料成本差异"科目的明细分类核算，可按材料类别进行，也可按全部材料合并进行。按材料类别进行明细分类核算，可使成本中材料费的计算比较精确，但要相应多设材料成本差异明细分类账，增加核算工作量。如果将全部材料合并一起核算，虽可简化核算工作，但会影响成本计算的正确性。因此在决定材料成本差异的明细分类核算时，既要考虑到成本计算的正确性，又要考虑核算时人力上的可能性。材料成本差异的分配，根据发出耗用材料的计划价格成本和材料成本差异分配率进行计算。企业也可以在"原材料""周转材料"等科目设置"材料成本差异"明细科目。按照类别或品种进行明细核算。材料成本差异科目设置，见表7-6。

表7-6 材料成本差异会计科目编码的设置

科目代码	总分类科目 （一级科目）	明细分类科目		是否辅助核算	辅助核算类别
		二级科目	三级科目		
1404	材料成本差异				
140401	材料成本差异	原材料	材料类别	是	部门
140402	材料成本差异	周转材料	材料类别	是	部门
140403	材料成本差异	其他	材料类别	是	部门

3. 采用计划成本法核算的账务处理

购入材料时，按实际成本通过"材料采购"科目核算，材料的实际成本与计划成本的差异，通过"材料成本差异"科目核算。月末，计算本月发出材料应负担的成本差异并进行分摊。根据领用材料的用途计入相关资产的成本或当期损益，从而将发出材料的计划成本调整为实际成本，如图7-5所示。

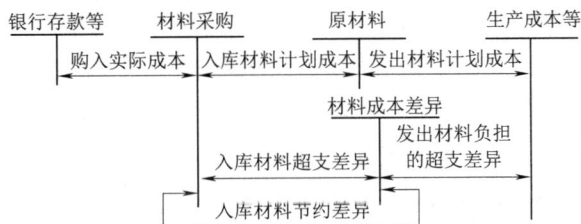

图7-5 计划成本示意图

采用计划成本核算时的账务处理，如图7-6所示。

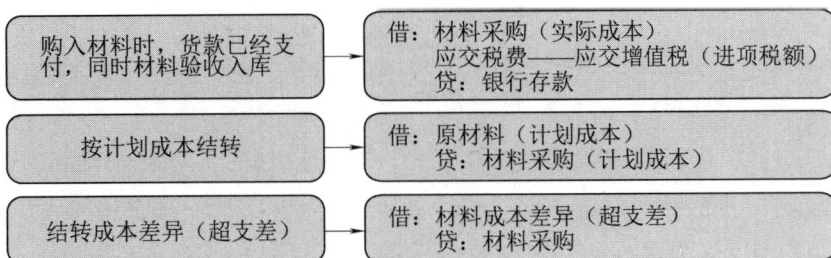

图7-6 采用计划成本核算时的账务处理

142

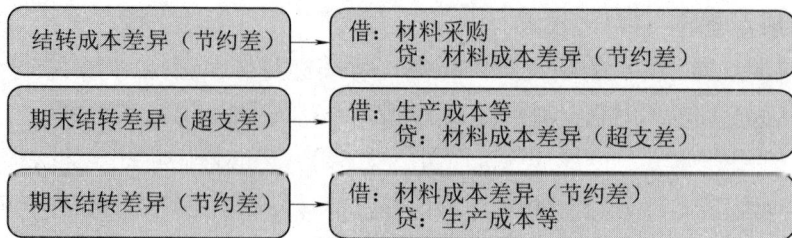

图 7-6　采用计划成本核算时的账务处理(续)

计划成本法下的购入核算，主要包括三个方面：一是反映物资采购成本的发生；二是按计划成本反映材料验收入库；三是结转入库材料成本差异。

【例 7-5】汇通制造有限公司从乙公司购入一批材料，增值税专用发票注明价款 36 000 元，增值税 4 680 元，丙公司代垫运费 200 元。企业收到物资并验收入库。计划成本 34 000 元，货款通过银行进行结算。

(1)支付货款时，根据发票、银行结算单据编制分录。

借：材料采购　　　　　　　　　　　　　　　　　　36 200
　　应交税费——应交增值税(进项税额)　　　　　　4 680
　　　贷：银行存款　　　　　　　　　　　　　　　　　40 680

(2)材料入库时，根据收料单编制分录。

借：原材料　　　　　　　　　　　　　　　　　　　34 000
　　材料成本差异　　　　　　　　　　　　　　　　 2 200
　　　贷：材料采购　　　　　　　　　　　　　　　　　36 200

计划成本法下，相关的计算公式如下：

本期材料成本差异率＝(期初材料成本差异＋本期入库材料成本差异)÷(期初原材料计划成本＋本期入库材料计划成本)×100%

本月发出材料应负担的成本差异＝本月发出材料的计划成本×材料成本差异率

本月发出材料的实际成本＝本月发出材料的计划成本＋本月发出材料应负担的成本差异

本月结存材料的实际成本＝本月结存材料的计划成本＋本月结存材料应负担的成本差异

本月结存材料的实际成本＝(月初结存材料的计划成本＋本月增加材料的计划成本－本月发出材料的计划成本)×(1＋材料成本差异率)

说明：结存材料的计划成本＝期初计划成本＋本期入库计划成本－发出材料计划成本

①对于购入的材料只有在实际成本、计划成本已定并已验收入库的条件下计算购入材料的成本差异，材料成本差异的结转可在入库时结转，也可以在月末汇总时结转。

②材料成本差异率的计算中超支或借方余额用"正号"表示，节约或贷方余额用"负号"表示；发出材料承担的成本差异，始终计入材料成本差异的贷方，只不过超支差异用蓝字表示，节约用红字表示，最终计入成本费用的材料还是实际成本。

【例 7-6】月末，精石制造有限公司财务部门根据领用材料的计划成本和应分摊的材料成本差异，合并编制"发料凭证汇总表"进行账务处理，见表 7-7。

表 7-7　发料凭证汇总表　　　　　　　　　　　　　　单位:元

材料类别受益对象	主要材料		结构件		机械配件		其他材料		合计	
	计划成本	差异率1%	计划成本	差异率2%	计划成本	差异率1.2%	计划成本	差异率1.5%	计划成本	差异额
生产成本（车间）	488 000	4 880	25 500	510	—	—	—	—	513 500	5 390
第一车间	450 000	4 500	18 000	360	—	—	—	—	468 000	4 860
第二车间	38 000	380	7 500	150	—	—	—	—	45 500	530
制造费用	—	—	—	—	8 400	100.80	4 400	66	12 800	166.80
销售费用	15 600	156	—	—	—	—	—	—	15 600	156
管理费用	—	—	—	—	—	—	9 650	144.75	9 650	144.75
合计	503 600	5 036	25 500	510	8 400	100.80	14 050	210.75	551 550	5 857.55

根据表中的计划成本，编制会计分录。

借：生产成本——第一车间　　　　　　　　　　　　　　468 000

　　　　　　　——第二车间　　　　　　　　　　　　　　45 500

　　制造费用　　　　　　　　　　　　　　　　　　　　12 800

　　销售费用　　　　　　　　　　　　　　　　　　　　15 600

　　管理费用　　　　　　　　　　　　　　　　　　　　 9 650

　　贷：原材料——主要材料　　　　　　　　　　　　　　503 600

　　　　　　——结构件　　　　　　　　　　　　　　　　25 500

　　　　　　——机械配件　　　　　　　　　　　　　　　 8 400

　　　　　　——其他材料　　　　　　　　　　　　　　　14 050

结转发出材料应负担的材料成本差异，编制会计分录如下：

借：生产成本——第一车间　　　　　　　　　　　　　　 4 860

　　　　　　　——第二车间　　　　　　　　　　　　　　　530

　　制造费用　　　　　　　　　　　　　　　　　　　　166.80

　　销售费用　　　　　　　　　　　　　　　　　　　　　156

　　管理费用　　　　　　　　　　　　　　　　　　　　144.75

　　贷：材料成本差异——主要材料　　　　　　　　　　　 5 036

　　　　　　　　——结构件　　　　　　　　　　　　　　　510

　　　　　　　　——机械配件　　　　　　　　　　　　　100.80

　　　　　　　　——其他材料　　　　　　　　　　　　　210.75

7.2.4　原材料支出的汇总核算

企业由于材料的日常领发业务频繁，一般只登记材料明细分类账，反映各种材料的收发和结存金额。月末根据实际发料记录等，依照材料和受益对象，并按实际成本计价，汇总编制"发料凭证汇总表"，填制记账凭证。

根据不同用途，对发出的原材料借记不同的账户，贷记"原材料"账户。

【例 7-7】精石制造有限公司 2024 年 10 月末根据领发料凭证，汇总编制"领发料单汇总表"，见表 7-8。

表 7-8 领发料单汇总表

2024 年 10 月 单位：元

成本分配	材料类别				
	芯片	主板	USB 接口	显示器	合计
生产成本——GJ 型计算机	11 420	7 800	2 120	9 470	30 810
生产成本——AW 计算机	60 240	43 690	2 630	6 340	112 900
管理部门				3 450	3 450
合　计	71 660	51 490	4 750	19 260	147 160

借：生产成本——GJ 型计算机 　　　　30 810
　　　　　——AW 计算机 　　　　112 900
　　管理费用 　　　　3 450
　贷：原材料——芯片 　　　　71 660
　　　　——主板 　　　　51 490
　　　　——USB 接口 　　　　4 750
　　　　——显示器 　　　　19 260

根据上述业务，登记会计凭证，见表 7-9。

表 7-9 记账凭证

2024 年 10 月 31 日 字第××号

摘要	会计科目	借方金额										贷方金额										记账
		千	百	十	万	千	百	十	元	角	分	千	百	十	万	千	百	十	元	角	分	
月末，归集生产成本	生产成本——GJ 型计算机				3	0	8	1	0	0	0											
	生产成本——AW 型计算机			1	1	2	9	0	0	0	0											
	管理费用					3	4	5	0	0	0											
	原材料——芯片													7	1	6	6	0	0	0		
	原材料——主板													5	1	4	9	0	0	0		
	原材料——USB 接口														4	7	5	0	0	0		
	原材料——显示器													1	9	2	6	0	0	0		
合计		¥	1	4	7	1	6	0	0	0		¥	1	4	7	1	6	0	0	0		

会计主管：邵佳丽　　　记账：李诚　　　出纳：陈莲　　　审核：黄秀　　　制单：周逊

7.3　一般纳税人库存商品的核算

库存商品是指企业已完成全部生产过程并已验收入库，合乎标准规格和技术条件，可以按照合同规定的条件送交订货单位，或可以作为商品对外销售的产品以及外购或委托加工完成验收入库用于销售的各种商品。

从事工业生产的一般纳税人企业，其库存商品主要指产成品。产成品是指已经完成全部生产过程并已验收入库达到质量标准，可以作为商品对外销售的产品。

为了反映和监督库存商品的收发和结存情况，企业应设置"库存商品"账户，并按库存商品的种类、品种和规格设置明细账户进行明细核算。具体账户结构如图 7-7 所示。

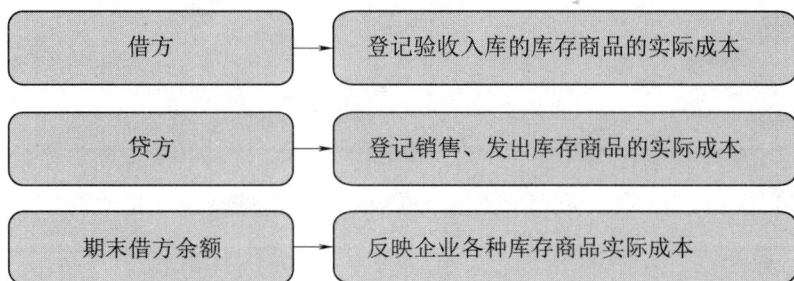

图 7-7 "库存商品"账户结构

库存商品科目可按库存商品的种类、品种和规格等进行明细核算。见表 7-10。

企业接受外来原材料加工制造的代制品和为外单位加工修理的代修品，制造和修理完成验收入库后，视同本企业的产成品，所发生的支出，也在本科目核算。委托外单位加工的商品及委托其他单位代销的商品，不作为库存商品核算。

表 7-10 库存商品会计科目编码的设置

科目代码	总分类科目（一级科目）	明细分类科目		是否辅助核算	辅助核算类别
		二级科目	三级科目		
1405	库存商品				
140501	库存商品	产成品	按库存商品的种类、品种和规格	是	按存放地点
140502	库存商品	外购商品	按库存商品的种类、品种和规格	是	按存放地点
140503	库存商品	接受来料加工的代制品和为外单位加工修理的代修品	按库存商品的种类、品种和规格	是	按存放地点
140504	库存商品	发出展览的商品以及寄存在外的商品	按库存商品的种类、品种和规格	是	按存放地点
140505	库存商品	备件	按库存商品的种类、品种和规格	是	按存放地点
140506	库存商品	燃料	按库存商品的种类、品种和规格	是	按存放地点

企业的产成品一般应按实际成本进行核算。在这种情况下，产成品的收入、发出和销售，平时只记数量不记金额。月度终了，计算入库产成品的实际成本。库存商品的具体账务处理，见表7-11。

表 7-11　企业库存商品的账务处理

财务情景	账务处理
生产完成验收入库的产成品	借：库存商品(按实际成本) 　　贷：生产成本
对外销售产成品	借：银行存款/应收账款/应交票据等 　　贷：主营业务收入 　　　　应交税费——应交增值税(销项税额) 借：主营业务成本 　　贷：库存商品

【例7-8】2024年1月，某企业发生的库存商品经济业务及所做的相应的会计处理如下：

(1)验收入库甲产品1 100件，实际单位成本560元，计616 000元；乙产品1 500件，实际单位成本340元，共计510 000元。

借：库存商品——甲产品　　　　　　　　　　　　　　616 000

　　　　　　——乙产品　　　　　　　　　　　　　　510 000

　　贷：生产成本——甲产品　　　　　　　　　　　　　　616 000

　　　　　　　　——乙产品　　　　　　　　　　　　　　510 000

(2)销售甲产品700件，销售乙产品690件。

借：主营业务成本　　　　　　　　　　　　　　626 600

　　贷：库存商品——甲产品(700×560)　　　　　　　　392 000

　　　　　　　　——乙产品(690×340)　　　　　　　　234 600

对发出和销售的产成品，可以采用先进先出法、加权平均法、移动平均法或者个别计价法等方法确定其实际成本。核算方法一经确定，不得随意变更。如需变更，应在会计报表附注中予以说明，如图7-8所示。

精石制造有限公司
2024年度财务会计报表附注

……

9.存货

(1)本单位的存货主要分为计算机、低值易耗品、包装物以及未完工的代办工作支出等。

(2)存货采用计划成本法核算，发出或领用时按计划成本结转，月末结转成本差异，将计划成本调整为实际成本。低值易耗品和包装物采用一次摊销法进行摊销。

(3)存货的盘存制度：采用永续盘存制。

……

图 7-8　会计报表附注

7.4　周转材料

周转材料主要包括企业能够多次使用，逐渐转移其价值但仍保持原有形态不确认为固定资产的包装物和低值易耗品等，以及建筑承包企业的钢模板、木模板、脚手架和其他周转使用的材料等。

7.4.1　周转材料科目的具体运用

企业周转材料采用计划成本或实际成本核算的，包括包装物、低值易耗品等，可按照周转材料的种类，分别以"在库""在用"和"摊销"进行明细核算。企业的包装物、低值易耗品，也可以单独设置"包装物""低值易耗品"科目。具体设置见表 7-12。

表 7-12　周转材料会计科目编码的设置

科目代码	总分类科目（一级科目）	明细分类科目		是否辅助核算	辅助核算类别
		二级科目	三级科目		
1411	周转材料				
141101	周转材料	包装物		是	部门
14110101	周转材料	包装物	在库	是	部门
14110102	周转材料	包装物	在用	是	部门
14110103	周转材料	包装物	摊销	是	部门
141102	周转材料	低值易耗品		是	部门
14110201	周转材料	低值易耗品	在库	是	部门
14110202	周转材料	低值易耗品	在用	是	部门
14110203	周转材料	低值易耗品	摊销	是	部门
141103	周转材料	钢模板、木模板、脚手架等		是	部门
14110301	周转材料	钢模板、木模板、脚手架等	在库	是	部门
14110302	周转材料	钢模板、木模板、脚手架等	在用	是	部门
14110303	周转材料	钢模板、木模板、脚手架等	摊销	是	部门

7.4.2　周转材料的账务处理

周转材料可以采用一次转销法、五五摊销法、分次摊销法进行摊销，计入相关资产的成本或当期损益。但在实际操作中，由于周转材料价值较小，一般企业均采用一次转销法进行摊销。账务处理如图 7-9 所示。

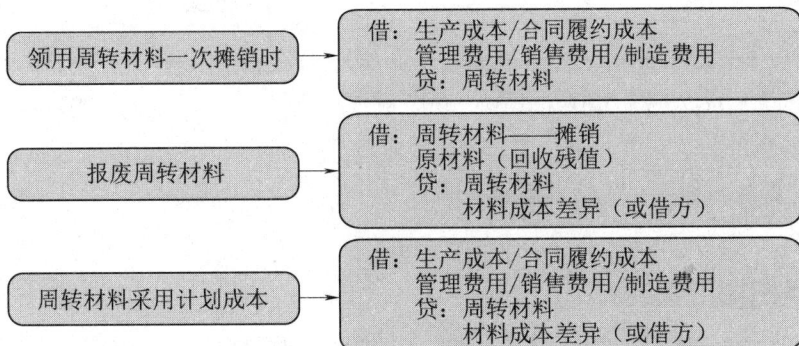

图 7-9　周转材料的账务处理

（1）购入低值易耗品时，借记"周转材料——低值易耗品"账户，贷记"银行存款""应付账款"等账户。

【例 7-9】 精石制造有限公司本月购进工具一批，增值税发票注明价款 11 200 元，增值税 1 456 元，开出转账支票支付。转账支票存根如图 7-10 所示。

中国工商银行
转账支票存根(哈)
IV V001689
科　目：
对方科目：
出票日期：2024 年 5 月 18 日

收款人：新兴模具有限公司

金　额：￥12 656

用　途：购买工具

会计主管　邵佳丽　会计　李诚

图 7-10　存根

借：周转材料——低值易耗品　　　　　　　　　　　　　　　　11 200
　　应交税费——应交增值税（进项税额）　　　　　　　　　　　 1 456
　　　贷：银行存款　　　　　　　　　　　　　　　　　　　　　　　12 656

（2）领用低值易耗品时。借记"合同履约成本""管理费用"等账户，贷记"周转材料——低值易耗品"。

【例 7-10】 2024 年 5 月 4 日，精石制造有限公司生产车间领用工具一套，实际成本 24 600 元，管理部门领用办公用具 5 600 元。采用一次摊销法，见表 7-13。

表 7-13　材料出库单　　　　　　　　　　　　　　　　　2024 年 5 月 4 日

用途	材料		
	生产工具(元)	办公用具(元)	合计（元）
工程施工	24 600		24 600
管理费用		5 600	5 600
合　计	24 600	5 600	30 200

借：合同履约成本——工程施工——合同成本　　　　　　　　　 24 600
　　管理费用　　　　　　　　　　　　　　　　　　　　　　　 5 600
　　　贷：周转材料——低值易耗品　　　　　　　　　　　　　　　 30 200

7.5　委托加工物资

委托加工物资是指企业委托外单位加工成新的材料或包装物、低值易耗品、商品等物资。

7.5.1 委托加工物资的成本与税务处理

对于发生委托加工物资的一方为委托方，收到委托加工物资并按委托方的要求进一步加工的一方为受托方。

1. 委托加工物资的成本确定

委托加工物资的成本应当包括：①加工中实际耗用物资的成本；②支付的加工费用；③支付的税金（根据委托加工物资的具体情况，可能涉及增值税和消费税）；④委托加工物资的往返运杂费、保险费等。

2. 委托加工物资的税务处理

（1）增值税的处理。

①对于一般纳税人收回委托加工物资时，对于支付的受托方的增值税，如果取得了增值税专用发票，应计入"应交税费——应交增值税（进项税额）"科目，不计入委托加工物资的成本。如果未取得增值税专用发票，则将支付增值税的部分，同样计入委托加工物资的成本。

②对于小规模纳税人，即使取得增值税专用发票，也不得抵扣增值税进项税额，对于支付增值税的部分，计入委托加工物资的成本。

③关于凡属于加工物资用于非纳增值税项目、免征增值税项目、未取得增值税专用发票的一般及小规模纳税企业的加工物资，应将这部分增值税计入加工物资成本。

（2）消费税的处理。

①对于委托方收回委托加工物资，如果委托加工物资收回后直接销售的，对于支付给受托方的消费税部分，直接计入委托加工物资的成本。

②对于委托方收回委托加工物资，如果委托加工物资收回后连续加工成应税消费品再出售的，对于支付给受托方的消费税部分，直接计入"应交税费——应交消费税"科目的借方，不计入委托加工物资的成本。

如果采用计划成本法核算，在发出委托加工物资时，应同时结转发出材料应负担的材料成本差异。收回委托加工物资时，应视同材料购入应结转采购形成的材料成本差异。

7.5.2 委托加工物资科目的具体运用

1. 委托加工物资科目的设置

委托加工物资科目核算企业委托外单位加工的各种物资的实际成本。该科目应按加工合同和委托加工单位设置明细科目，反映加工单位名称、加工合同号数、发出加工物资的名称、数量、发生的加工费用和运杂费、退回剩余物资的数量、实际成本，以及加工完成物资的实际成本等资料。

"委托加工物资"借方登记：领用加工物资的实际成本；支付的加工费用应负担的运杂费、保险费以及支付的税金（包括应负担的增值税）。

"委托加工物资"贷方登记：加工完成验收入库的物资的实际成本。

"委托加工物资"科目的期末借方余额，反映企业尚未完成委托加工物资的实际成本。见表7-14。

科目代码	总分类科目(一级科目)	明细分类科目		是否辅助核算	辅助核算类别
		二级科目	三级科目		
1408	委托加工物资				
140801	委托加工物资	加工物资的品种	物资明细	是	按加工合同、受托加工单位设置
140802	委托加工物资	加工物资的品种	物资明细	是	按加工合同、受托加工单位设置

2. 委托加工物资的账务处理

为了反映和监督委托加工物资的增减变动及其结存情况，企业应设置"委托加工物资"科目。委托加工物资可以采用计划成本或售价进行核算，账务处理如图7-11所示。

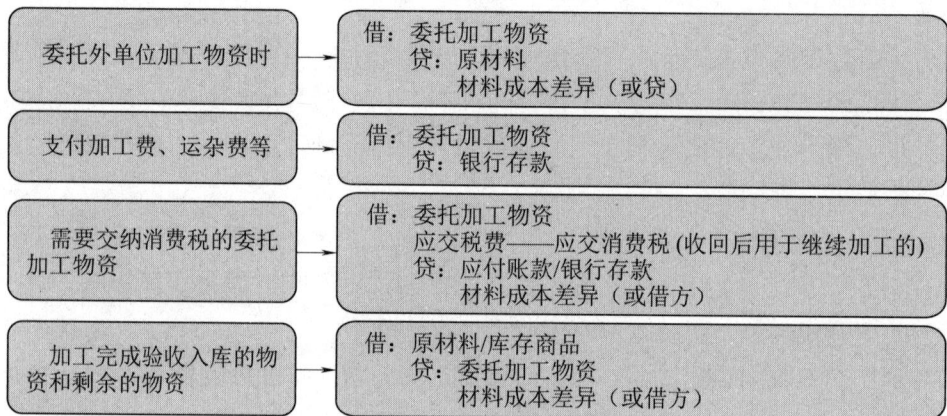

图 7-11　委托加工物资的账务处理

【例 7-11】甲企业委托乙企业加工一批甲材料(属于应税消费品)，成本为 220 000 元，支付加工费为 26 000 元(不含增值税)，消费税税率为 10%。加工完毕验收入库，加工费用等尚未支付。双方适用的增值税税率均为 13%。

甲企业的有关会计处理如下：

(1)发出委托加工材料，见表 7-15。

表 7-15　材料出库单

用途：委托加工　　　　　　　　　　2024 年 6 月 10 日　　　　　　　　　　凭证编号：009

产品名称	计量单位	数量	总成本(元)
甲材料	千克	1 000	220 000
合计			220 000

借：委托加工物资　　　　　　　　　　　　　　　　　　　　　　　220 000

　　贷：原材料——甲材料　　　　　　　　　　　　　　　　　　　　　　220 000

（2）支付加工费用。

消费税组成计税价格＝（220 000＋26 000）÷（1－10％）＝273 333.33（元）

（受托方）代收代缴的消费税：273 333.33×10％＝27 333.33（元）

（3）应纳增值税＝26 000×13％＝3 380（元）

根据计算结果，甲企业编制会计分录如下。

（4）甲企业收回加工后的材料用于继续生产应税消费品。

借：委托加工物资	26 000
应交税费——应交增值税（进项税额）	3 380
——应交消费税	27 333.33
贷：应付账款——乙企业	56 713.33

结转甲企业收回加工的材料成本。

借：原材料——甲材料	（220 000＋26 000）246 000
贷：委托加工物资	246 000

（5）若甲企业收回加工后的材料直接用于销售时，结转成本。

借：原材料——甲材料	（220 000＋26 000＋27 333.33）273 333.33
贷：委托加工物资	273 333.33

第8章 固定资产的核算

本章主要介绍固定资产科目设置、初始计量、折旧方法、后续支出、期末计量及处置的账务处理。

8.1 固定资产初始计量

1. 固定资产的定义

固定资产是企业生产经营过程中的重要生产资料。固定资产，是指同时具有下列特征的有形资产。

（1）为生产商品，提供劳务，出租或经营管理而持有的。

（2）使用寿命超过一个会计年度。

（3）固定资产为有形资产。

2. 固定资产科目的设置

为了对固定资产进行会计核算，企业一般需要设置"固定资产""累计折旧""工程物资""在建工程""固定资产清理"等科目，核算固定资产取得、计提折旧、处置等情况。

固定资产科目借方登记企业增加的固定资产原价，贷方登记企业减少的固定资产原价，期末借方余额，反映企业期末固定资产的账面原价。"固定资产"科目一般分为三级，企业除了应设置"固定资产"总账科目，还应设置"固定资产登记簿"和"固定资产卡片"，按固定资产类别、使用部门和每项固定资产进行明细核算，见表 8-1。

表 8-1 固定资产会计科目编码的设置

科目代码	总分类科目（一级科目）	明细分类科目		是否辅助核算	辅助核算类别
		二级科目	三级科目		
1601	固定资产				
160101	固定资产	房屋及建筑物	项目	是	部门
160102	固定资产	机器设备	项目	是	部门
160103	固定资产	运输设备	项目	是	部门
160104	固定资产	办公设备	项目	是	部门
160105	固定资产	电子设备	项目	是	部门
160106	固定资产	融资租入固定资产	项目	是	部门

8.1.1 外购固定资产的账务处理

对于特定行业的特定固定资产(如核工业反应堆)，确定其初始入账成本时还应考虑弃置费用。

企业外购固定资产的成本,包括购买价款、相关税费和使固定资产达到预定可使用状态前所发生的可归属于该项资产的运输费、装卸费、安装费和专业人员服务费(不含可抵扣的增值税进项税额)等。

固定资产入账成本＝买价＋装卸费＋运输费＋安装费＋专业人员服务费等

提示:一般纳税人购入固定资产支付的增值税,可以作为进项税抵扣。 小规模纳税人购入固定资产支付的增值税不可以抵扣,直接计入固定资产的成本。 账务处理如图 8-1 所示。

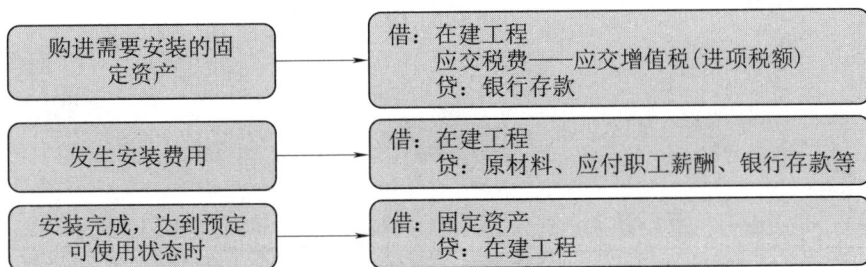

图 8-1　外购固定资产账务处理

【例 8-1】2024 年 6 月 1 日,精石制造有限公司从鑫诚机械厂购入一台需要安装的甲设备,设备买价 558 000 元,增值税 72 540 元,运杂费 1 090 元(运输公司增值税率为9%)。 按合同约定,设备由供货方安装,安装费 8 200 元。 全部款项中买价和增值税尚未支付,其余用银行存款付讫,设备安装并交付使用,见表 8-2。

表 8-2　精石制造有限公司固定资产(设备)验收交付使用交接单

编号: NO.00433　　　　　　2024 年 6 月 26 日　　　　　　单位:元

供货商	精石制造有限公司	合同科目代码	GT098	发票科目代码	略	收货日期	2024 年 6 月 26 日
资金来源	银行存款	用　途	车间使用				
序号	固定资产(设备)名称	设备类别	设备科目代码	规格型号	单位	数量	单价	安装费	运费	总计
1	ZX 冷藏车				台	1	558 000	8 200	1 000	567 200
2										
3										
4										
5										
合计										

部　门	部门负责人	经办人	部　门	经办人
采购部门	采购部		使用部门	建筑一队
验收部门	质检部		财务部门	

(1)购入设备时,采购成本＝558 000＋1 090÷(1＋9%)＝559 000(元)
运费的进项增值税额＝1 000×9%＝90(元)。

借：在建工程　　　　　　　　　　　　　　　　　　559 000

　　应交税费——应交增值税（进项税额）(72 540＋90)　72 630

　　　贷：应付账款　　　　　　　　　　　　　　　630 540

　　　　银行存款　　　　　　　　　　　　　　　　1 090

(2)支付安装费用时。

借：在建工程　　　　　　　　　　　　　　　　　　8 200

　　　贷：银行存款　　　　　　　　　　　　　　　8 200

(3)2019 年 6 月 26 日，设备安装完毕并交付使用时。

借：固定资产　　　　　　　　　　　　　　　　　　567 200

　　　贷：在建工程　　　　　　　　　　　　　　　567 200

《关于设备、器具扣除有关企业所得税政策的公告》（财政部 税务总局公告 2023 年第 37 号）规定：

"一、企业在 2024 年 1 月 1 日至 2027 年 12 月 31 日期间新购进的设备、器具，单位价值不超过 500 万元的，允许一次性计入当期成本费用在计算应纳税所得额时扣除，不再分年度计算折旧；单位价值超过 500 万元的，仍按企业所得税法实施条例、《财政部 国家税务总局关于完善固定资产加速折旧企业所得税政策的通知》（财税〔2014〕75 号）、《财政部 国家税务总局关于进一步完善固定资产加速折旧企业所得税政策的通知》（财税〔2015〕106 号）等相关规定执行。

二、本公告所称设备、器具，是指除房屋、建筑物以外的固定资产。"

需要注意的是，"单位价值"是一个、一台、一辆、一套等的价值，小于等于 500 万元。 外购的固定资产，以购买价款和支付的相关税费以及直接归属于使该资产达到预定用途发生的其他支出为计税基础；因此，购入设备的设备基础工程款、安装费、运输费等也要计入原值后一次性扣除。 自行建造的固定资产，以竣工结算前发生的支出为计税基础。

8.1.2　固定资产后续支出

固定资产后续支出，是指固定资产在使用过程中发生的更新改造支出、修理费用等。 基本账务处理如图 8-2 所示。

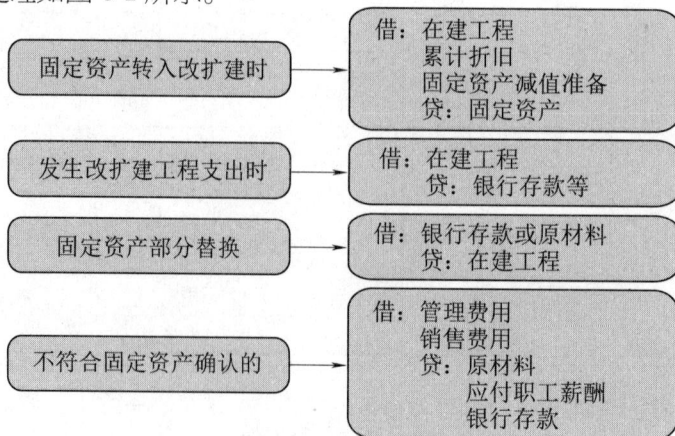

图 8-2　固定资产的后续支出账务处理

【例8-2】精石制造有限公司对某项固定资产进行改扩建，会计资料如下：

2024年1月3日，该公司自行建成一条生产线，成本1 682 000元，预计使用10年，预计净残值率为4%，累计折旧645 000元，未发生减值。

2024年4月30日，完成了改扩建工程。共发生支出437 000元，全部以银行存款支付。改建中废弃的原有部件变卖收入94 200元已存入银行。

该生产线达到预定使用状态后，预计使用年限延长4年，残值率仍为4%，折旧方法仍使用年限平均法。

(1)2024年1月3日，结转生产线原账面价值。

借：在建工程——生产线改造　　　　　　　　　　　1 037 000

　　累计折旧　　　　　　　　　　　　　　　　　　645 000

　　贷：固定资产　　　　　　　　　　　　　　　　　　1 682 000

(2)2024年4月5日，支付工程款。

借：在建工程——生产线改造　　　　　　　　　　　437 000

　　贷：银行存款　　　　　　　　　　　　　　　　　　437 000

(3)2024年4月5日，改建中被废弃部件的变价收入。

借：银行存款　　　　　　　　　　　　　　　　　　94 200

　　贷：在建工程——生产线改造　　　　　　　　　　　94 200

(4)2024年4月30日，工程完工交付使用，改造后的固定资产账面价值＝
1 037 000＋437 000－94 200＝1 379 800(元)。

借：固定资产　　　　　　　　　　　　　　　　　　1 379 800

　　贷：在建工程——生产线改造　　　　　　　　　　　1 379 800

为了保证固定资产的正常运转和使用，充分发挥其使用效能，企业需要对固定资产进行必要的维护修理。固定资产维护修理所发生的支出，通常不能满足固定资产的确认条件，应在发生时确认为费用，直接记入当期损益。其中，企业生产车间(部门)和行政管理部门等发生的，记入"管理费用"账户，企业专设销售机构发生的，记入"销售费用"账户。

8.1.3　自行建造固定资产的账务处理

自行建造固定资产的成本，由建造该项资产达到预定可使用状态前所发生的必要支出构成，包括直接材料、直接人工、直接机械施工费等。在建造时，通过"在建工程"科目进行归集，自行建造固定资产完工时，借记"固定资产"科目，贷记"在建工程"科目。自行建造固定资产分为：自营方式建造固定资产，出包方式建造固定资产。账务处理如图8-3的所示。

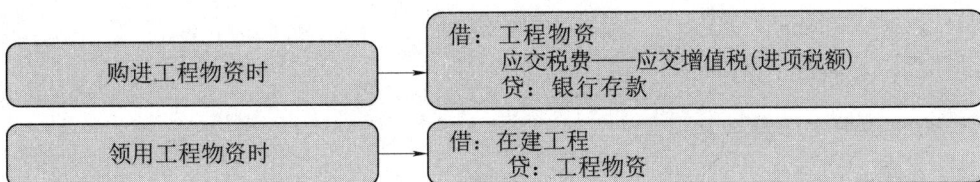

图8-3　自行建造固定资产

支付其他工程费用时	→	借：在建工程 　贷：银行存款
支付工程人员工资及福利时	→	借：在建工程 　贷：应付职工薪酬
领用本企业产品时（不动产）	→	借：在建工程 　贷：库存商品 　　应交税费——应交增值税（销项税额）
领用本企业外购材料时（不动产）	→	借：在建工程 　贷：原材料 　　应交税费——应交增值税（进项税额转出）
领用本企业产品时（动产）	→	借：在建工程 　贷：库存商品
领用本企业外购材料时（动产）	→	借：在建工程 　贷：原材料
工程完工时	→	借：固定资产 　贷：在建工程

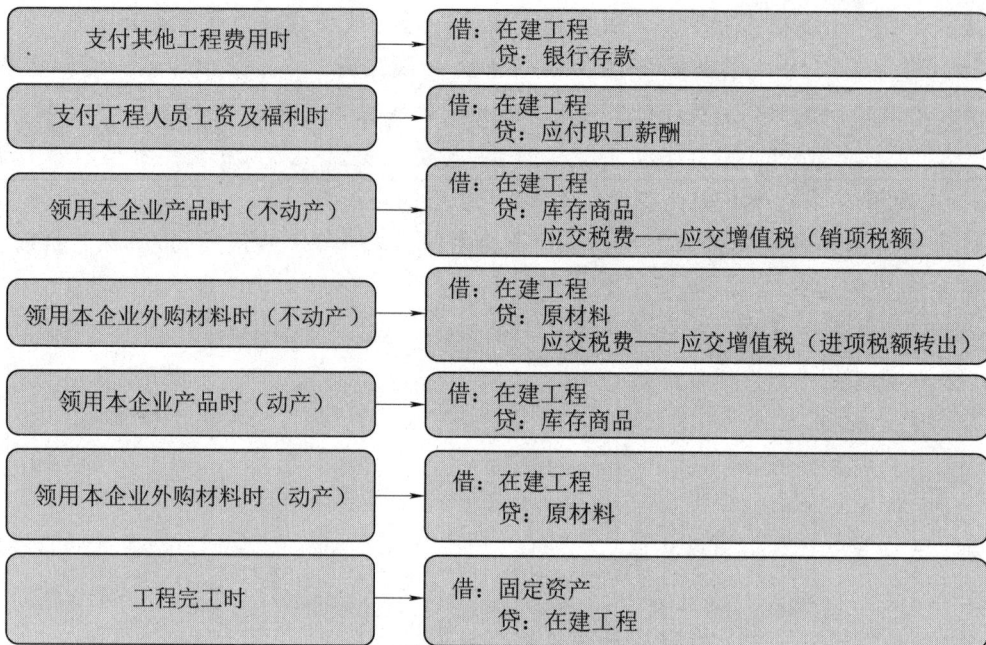

图 8-3　自行建造固定资产(续)

【例 8-3】2024 年 4 月 3 日，威虎电子有限公司采用自营方式建造厂房一座，发生如下有关业务：以银行存款 1 722 120 元购入工程专用物资一批，增值税专用发票上注明的买价为 1 524 000 元，增值税税额为 198 120 元。所购入物资全部投入工程建设，分配工程建设人员的职工薪酬 34 900 元。以银行存款支付工程管理费用 11 130 元，应由工程成本负担的分期制长期借款利息 77 000 元(假定按合同利率当利息计算)。工程完工，经验收交付使用。

(1)购入工程物资时。

借：工程物资　　　　　　　　　　　　　　　　　　　　1 524 000
　　应交税费——应交增值税(进项税额)　　　　　　　　　 198 120
　　贷：银行存款　　　　　　　　　　　　　　　　　　　　　1 722 120

(2)领用工程物资时。

借：在建工程——厂房　　　　　　　　　　　　　　　　1 524 000
　　贷：工程物资　　　　　　　　　　　　　　　　　　　　　1 524 000

(3)分配工程建设人员的职工薪酬时。

借：在建工程——厂房　　　　　　　　　　　　　　　　　34 900
　　贷：应付职工薪酬　　　　　　　　　　　　　　　　　　　　34 900

(4)支付工程管理费时。

借：在建工程——厂房　　　　　　　　　　　　　　　　　11 130
　　贷：银行存款　　　　　　　　　　　　　　　　　　　　　　11 130

（5）计算应由工程成本负担的借款利息时。

借：在建工程——厂房   77 000

  贷：应付利息   77 000

（6）工程完工使用时。

借：固定资产   1 647 030

  贷：在建工程——厂房   1 647 030

8.1.4　出包方式建造固定资产的账务处理

在出包方式下，工程项目在建造中所发生的具体支出由承包单位核算，企业（发包单位）只需按照工程价款对工程项目进行计价，作为固定资产的入账价值，如图 8-4 所示。

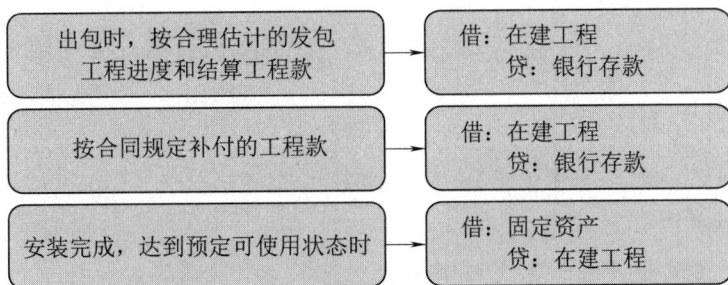

图 8-4　出包方式建造固定资产账务处理

【例 8-4】广银有限公司采用出包方式建造厂房一座。按合同规定，工程造价 1 893 000元，工程开始时，预付工程款的 40%，其余 60% 在工程完工时根据工程决算予以补付。工程完工，经验收交付使用。

（1）预付工程价款时。

借：预付账款   757 200

  贷：银行存款   757 200

（2）按合同规定结算工程价款时。

借：在建工程——厂房   1 893 000

  贷：预付账款   757 200

    银行存款   1 135 800

（3）工程完工交付使用时。

借：固定资产   1 893 000

  贷：在建工程——厂房   1 893 000

8.2　固定资产折旧方法

财政部、国家税务总局联合发布了《关于扩大固定资产加速折旧优惠政策适用范围的公告》（财政部 税务总局公告 2019 年第 66 号，以下简称《公告》），将适用固定资产加速折旧优惠的行业范围扩大至全部制造业领域。

原固定资产加速折旧政策的适用范围为生物药品制造业，专用设备制造业，铁路、船舶、航空航天和其他运输设备制造业，计算机、通信和其他电子设备制造业，仪器仪表制造业，信息传输、软件和信息技术服务业六大行业和轻工、纺织、机械、汽车四个领域重点行业。除信息传输、软件和信息技术服务业以外，其他行业均属于制造业的范畴。因此，将固定资产加速折旧优惠政策适用范围扩大至全部制造业领域后，可以适用固定资产加速折旧优惠政策的行业，包括全部制造业以及信息传输、软件和信息技术服务业。

固定资产折旧方法可以采用年限平均法、工作量法、双倍余额递减法、年数总和法等。固定资产折旧方法一经确定，不得随意变更。

8.2.1 年限平均法

年限平均法又称直线法，是将固定资产的应计折旧额在固定资产使用寿命内平均分摊到各期的一种方法。采用这种方法各期计算的折旧额相等。年限平均法的计算公式如下：

年折旧率＝（1－预计净残值率）÷预计使用年限

月折旧率＝年折旧率÷12

月折旧额＝固定资产原价×月折旧率

8.2.2 工作量法

工作量法是将固定资产的应计提折旧额，在固定资产的使用寿命内按各期完成的工作量进行分摊的一种方法。工作量法的计算公式如下：

单位工作量折旧额＝固定资产原价×（1－预计净残值率）÷预计总工作量

某项固定资产月折旧额＝该项固定资产当月工作量×单位工作量折旧额

【例8-5】精石制造有限公司购入一辆汽车，原值940 000元，预计总行驶500 000千米，预计净残值率为5%。该汽车本月实际行驶11 000千米，本月折旧计算如下：

每公里折旧率＝940 000×（1－5%）÷500 000＝1.786（元/千米）

本月折旧额＝11 000×1.786＝19 646（元）

8.2.3 双倍余额递减法

双倍余额递减法是指在不考虑固定资产预计净残值的情况下，根据每期期初固定资产原价减去累计折旧后的金额和双倍的直线法折旧率计算固定资产折旧的一种方法。计算公式如下：

年折旧率＝2÷预计使用年限×100%

月折旧率＝年折旧率÷12

月折旧额＝每月月初固定资产账面净值×月折旧率

【例8-6】精石制造有限公司的生产设备固定资产原值为600 000元，预计使用年限为5年，预计净残值8 000元，采用双倍余额递减法计提折旧。

年折旧率＝2÷5×100%＝40%

第一年折旧额＝600 000×40%＝240 000（元）

第二年折旧额＝(600 000－240 000)×40％＝144 000(元)

第三年折旧额＝(600 000－240 000－144 000)×40％＝86 400(元)

第四年折旧额＝(600 000－240 000－144 000－86 400－8 000)÷2＝60 800(元)

第五年折旧额＝(600 000－240 000－144 000－86 400－8000)÷2＝60 800(元)

注意：为简化计算，每年各月折旧额可根据年折旧额除以12个月计算。

8.2.4 年数总和法

年数总和法又称年限合计法，是指将固定资产的原值减去预计净残值后的余额，乘以一个以固定资产尚可使用寿命为分子、以预计使用寿命逐年数字之和为分母的逐年递减的分数计算每年的折旧额。计算公式如下：

年折旧率＝尚可使用年限÷预计使用寿命的年数总和×100％

月折旧率＝年折旧率÷12

月折旧额＝(固定资产原价－预计净残值)×月折旧率

【例8-7】精石制造有限公司的一项机器设备原值为360 000元，预计使用年限为4年，预计净残值3 000元，采用年数总和法计提折旧。

第一年折旧额＝(360 000－3 000)×4÷10＝142 800(元)

第二年折旧额＝(360 000－3 000)×3÷10＝107 100(元)

第三年折旧额＝(360 000－3 000)×2÷10＝71 400(元)

第四年折旧额＝(360 000－3 000)×1÷10＝35 700(元)

8.2.5 固定资产折旧的核算

固定资产按月计提折旧，企业通过编制"固定资产折旧计算表"作为固定资产折旧账务处理的依据，每月计提折旧时，可以在上月计提的折旧额的基础上，根据上月固定资产的增减变动情况调整计算出当月应计提的折旧额，计算方法如下：

当月应计提折旧额＝上月计提的折旧额＋上月增加固定资产应计提的折旧额－上月减少固定资产应计提的折旧额

每月计提的折旧额应按固定资产用途计入相关资产的成本或者当期损益费用。

【例8-8】2024年2月28日，精石制造有限公司编制的固定资产折旧计算表，见表8-3。

借：制造费用——第一生产车间　　　　　　　　　　122 640

　　　　　　——第二生产车间　　　　　　　　　　 81 240

　　管理费用　　　　　　　　　　　　　　　　　　 32 620

　　其他业务成本　　　　　　　　　　　　　　　　 18 260

　　贷：累计折旧　　　　　　　　　　　　　　　　254 760

表8-3　固定资产折旧计算表　　　　　　　　　　　　　单位：元

使用部门	上月折旧额	上月增加固定资产应提折旧额	上月减少固定资产应提折旧额	本月折旧额
第一生产车间	124 000	5 140	6 500	122 640

使用部门	上月折旧额	上月增加固定资产应提折旧额	上月减少固定资产应提折旧额	本月折旧额
第二生产车间	132 000	4 540	55 300	81 240
行政管理部门	35 000	2 960	5 340	32 620
经营性租出	18 260	—	—	18 260
合计	309 260	12 640	67 140	254 760

8.3 固定资产减值与处置的核算

《企业会计准则》对固定资产减值与处置均作出具体规定，本节详细介绍。

8.3.1 固定资产减值

资产负债表日，固定资产可收回金额低于其账面价值的，企业应将该固定资产的账面价值减记至可收回金额，同时确认为资产减值损失，计提固定资产减值准备。固定资产减值损失一经确认，在以后会计期间不得转回。账务处理如图 8-5 所示。

账面净值＝固定资产的折余价值＝固定资产原价－计提的累计折旧

账面价值＝固定资产的账面原价－计提的累计折旧－计提的减值准备

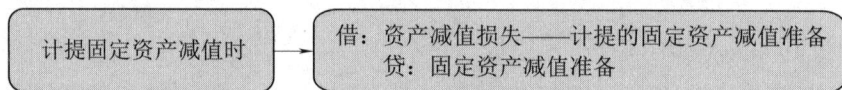

计提固定资产减值时 → 借：资产减值损失——计提的固定资产减值准备
　　　　　　　　　　　　贷：固定资产减值准备

图 8-5　固定资产减值的账务处理

【例 8-9】甲公司 2021 年 12 月购入设备价值 854 000 元，预计使用 5 年，预计净残值 2 800 元，采用年限平均法计提折旧。2023 年年末清查时发现，该设备市价大幅度下跌且近期内无望恢复。经计算该设备可回收金额为 410 000 元，此前未计提过减值准备。

已计提折旧额＝(854 000－2 800)÷5×2＝340 480(元)

2023 年末应计提固定资产减值准备＝(854 000－340 480)－410 000＝103 520(元)

借：资产减值损失——固定资产减值损失　　　　　　　　　103 520

　　贷：固定资产减值准备　　　　　　　　　　　　　　　　103 520

自 2024 年起，每年计提折旧额应调整为(410 000－2 800)÷3＝135 733.33(元)。

8.3.2 固定资产处置

固定资产处置的条件如下。

(1)固定资产的处置及其终止确认。

所谓固定资产处置，通常就是指企业固定资产的出售和对报废、毁损固定资产的处理。此外，企业因对外投资、非货币性资产交换、债务重组等原因转出固定资产，也属于固定资产处置。

(2)固定资产出售、报废或毁损的核算。

企业报废或毁损的固定资产,应设置"固定资产清理"账户进行核算。报废和毁损固定资产所得净收益,应计入营业外收入("非流动资产处置利得"项目),如为净损失应计入营业外支出(属于正常的处理损失,计入"非流动资产处置损失"项目)。如果企业在筹建期间发生出售、报废和毁损固定资产处置业务,其净损益应计入或冲减管理费用。企业出售固定资产,应在"资产处置损益"科目核算。

(3)企业因对外投资、非货币性资产交换、债务重组等原因转出的固定资产,一般也通过"固定资产清理"账户进行核算,具体处理应按有关会计准则的规定进行处理。

【例 8-10】 精石制造有限公司报废一台生产设备,原价 2 942 000 元,已提折旧 1 280 000元,未计提减值准备,报废资产的残料变价 32 000 元已存入银行,支付清理费用 9 900 元,设备清理完毕。

(1)结转固定资产账面价值。

借:固定资产清理   1 662 000

    累计折旧   1 280 000

      贷:固定资产   2 942 000

(2)支付清理费用。

借:固定资产清理   9 900

      贷:银行存款   9 900

(3)残料变价收入存入银行。

借:银行存款   32 000

      贷:固定资产清理   32 000

(4)结转固定资产清理。

借:营业外支出——非流动资产处置损失   1 639 900

      贷:固定资产清理   1 639 900

8.4 不动产的核算

2019 年 3 月 21 日,财政部、国家税务总局、海关总署公布《关于深化增值税改革有关政策的公告》(财政部 税务总局 海关总署公告 2019 年第 39 号),从 2019 年 4 月 1 日起,纳税人取得不动产支付的进项税由分两年抵扣改为一次性全额抵扣,增加纳税人当期可抵扣进项税。

(1)已抵扣进项税额的不动产,发生非正常损失,或者改变用途,专用于简易计税方法计税项目、免征增值税项目、集体福利或者个人消费的,按照下列公式计算不得抵扣的进项税额,并从当期进项税额中扣减:

$$不得抵扣的进项税额=已抵扣进项税额×不动产净值率$$

$$不动产净值率=(不动产净值÷不动产原值)×100\%$$

(2)按照规定不得抵扣进项税额的不动产,发生用途改变,用于允许抵扣进项税额项目的,按照下列公式在改变用途的次月计算可抵扣进项税额。

可抵扣进项税额＝增值税扣税凭证注明或计算的进项税额×不动产净值率

8.4.1 不动产抵扣的含义

"不动产"，是指不能移动或者移动后会引起性质、形状改变的财产，包括建筑物、构筑物等。建筑物，包括住宅、商业营业用房、办公楼等可供居住、工作或者进行其他活动的建造物；构筑物，包括道路、桥梁、隧道、水坝等建造物。

"取得"，是指包括以直接购买、接受捐赠、接受投资入股以及抵债等各种形式取得的不动产，并在会计制度上按固定资产核算的不动产，注意这里不包括"自建"。

不得抵扣的进项税额小于或等于该不动产已抵扣进项税额的，应于该不动产改变用途的当期，将不得抵扣的进项税额从进项税额中扣减。

8.4.2 不动产抵扣的会计处理

不动产抵扣的会计处理比较复杂，涉及固定资产台账的建立以及抵扣项目的判别等内容。

1. 不动产抵扣账务处理

(1)购入资产抵扣的会计处理，如图 8-6 所示。

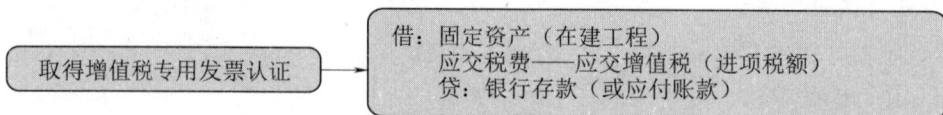

图 8-6 购入资产抵扣的会计处理

(2)购进时已全额抵扣进项税额的货物和服务，转用于不动产在建工程的会计处理，如图 8-7 所示。

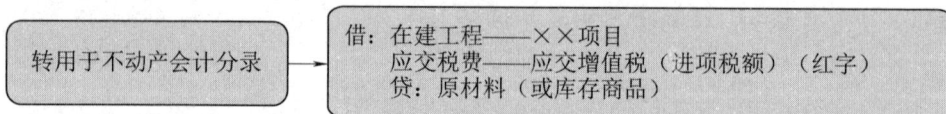

图 8-7 转用于不动产在建工程的会计处理

(3)已抵扣进项税额的不动产，发生非正常损失，或者改变用途的会计处理，如图 8-8所示。

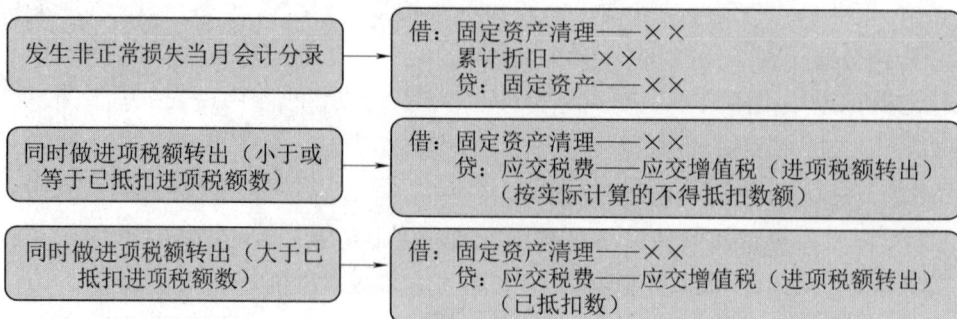

图 8-8 发生非正常损失，或者改变用途的会计处理

(4)不动产在建工程发生非正常损失的会计处理如下。

借：待处理财产损溢——待处理××

　　贷：在建工程——××项目

　　　　应交税费——应交增值税（进项税额转出）

注：实务中根据实际情况，有直接计入营业外收支的。

【例8-11】 2024年8月1日，甲企业（一般纳税人）以银行存款购进建筑物，该大楼拟用于公司办公经营，以固定资产管理，并于次月开始计提折旧。 8月20日，该纳税人取得该大楼增值税专用发票并认证相符，专用发票注明不含税金额24 000万元。 税率9%，则会计处理如下：

注：本题属于购进不动产情况，购进不动产在建工程账务处理类似。

借：固定资产　　　　　　　　　　　　　　　　　　　　　240 000 000

　　应交税费——应交增值税（进项税额）(240 000 000×9%)31 200 000

　　贷：银行存款　　　　　　　　　　　　　　　　　　　　261 600 000

【例8-12】 接【例8-11】，假如2024年5月1日，由于经营需要，甲企业决定改变该建筑物用途，即由办公楼改为专用于员工食堂，该食堂采用直线法折旧，预计使用年限为5年，不考虑其他因素，有关增值税的会计处理如下：

注意：本题属于不动产转变用途，由生产经营用转为集体福利专用的情况。

截至2024年5月，该办公楼共计折旧8个月，折旧金额为3 200万元，房产净值为20 800万元；

不动产净值率＝（不动产净值÷不动产原值）×100%

　　　　　　＝20 800÷24 000＝86.67%。

不得抵扣的进项税额＝（已抵扣进项税额＋待抵扣进项税额）×不动产净值率

　　　　　　　　　　＝3 120×86.67%

　　　　　　　　　　＝2 704.104（万元）

不得抵扣的进项税额2 704.104万元小于已经抵扣进项税额3 120万元，需要全额转出，在6月的申报期内填报。 相关增值税分录为：

借：固定资产　　　　　　　　　　　　　　　　　　　　　27 041 040

　　贷：应交税费——应交增值税（进项税额转出）　　　　　 27 041 040

8.5　租赁资产的核算

《企业会计准则第21号——租赁》（财会〔2018〕35号）规定，租赁是指在一定期间内，出租人将资产的使用权让与承租人以获取对价的合同。 在此准则下，承租人不再将租赁区分为经营租赁或融资租赁，而是采用统一的会计处理模型，对短期租赁和低价值资产租赁以外的其他所有租赁，均要求确认使用权资产和租赁负债，并分别计提折旧和利息费用。

8.5.1　承租人的会计处理

承租人使用的相关会计科目包括使用权资产、使用权资产累计折旧、使用权资产减值、租赁负债等。

使用权资产是指承租人可在租赁期内使用租赁资产的权利。在租赁期开始日，承租人应当按照成本对使用权资产进行初始计量。

该成本包括下列以下四项：

（1）租赁负债的初始计量金额。

（2）在租赁期开始日或之前支付的租赁付款额（扣除已享受的租赁激励）

（3）承租人发生的初始直接费用。

（4）承租人为拆卸及移除租赁资产、复原租赁资产所在场地或将租赁资产恢复至租赁条款约定状态预计将发生的成本。

1. 初始计量

租赁资产初始计量会计分录如下。

借：使用权资产(尚未支付的租赁付款额的现值等)

　　租赁负债——未确认融资费用(差额)

　　贷：租赁负债——租赁付款额(尚未支付的租赁付款额)

　　　　预付账款(租赁期开始日之前支付的租赁付款额，扣除已享受的租赁激励)

　　　　银行存款(初始直接费用)

　　　　预计负债(预计将发生的为拆卸及移除租赁资产、复原租赁资产所在场地或将租赁资产恢复至租赁条款约定状态等成本的现值)

2. 后续计量

（1）确认租赁负债的利息时：

借：财务费用——利息费用/在建工程等

　　贷：租赁负债——未确认融资费用(增加租赁负债的账面金额)

（2）支付租赁付款额时：

借：租赁负债——租赁付款额(减少租赁负债的账面金额)

　　贷：银行存款等

（3）因重估或租赁变更等原因导致租赁付款额发生变动时，重新计量租赁负债的账面价值。

【例8-13】嘉兴建筑公司从乙公司租入10部大型挖掘机，签订了为期5年的租赁协议，并拥有4年续租选择权。相关资料如下：

(1)初始租赁期内不含税租金为1 000 000元/年，续租期为14 000元/年，所有款项应于每年年初支付；

(2)为获得此项租赁，嘉兴建筑公司发生初始直接费用为8 000元；

(3)在租赁期开始日，嘉兴建筑有限公司认为，不能合理确定将行使续租选择权，因此将租赁期确定为5年；

(4)嘉兴建筑有限公司无法确定租赁内含利率，其增量借款年利率为4%。

为简化处理，本题不考虑相关税费的影响。

嘉兴建筑有限公司会计处理如下。

第一步，计算租赁期开始日租赁付款额的现值，并确认租赁负债和使用权资产。租赁期开始日，嘉兴建筑有限公司支付第一年租金 1 000 000 元，剩余 4 年租赁付款额＝100 000×4＝400 000（元）

租赁负债＝100 000×（P/A，4％，4）＝100 000×3.629 9＝362 990（元）

未确认融资费用＝剩余 4 年租赁付款额－剩余 4 年租赁付款额＝400 000－362 990＝37 010（元）

借：使用权资产	462 990	
租赁负债——未确认融资费用	37 010	
贷：租赁负债——租赁付款额		400 000
银行存款（第 1 年的租赁付款额）		100 000

第二步，将初始直接费用计入使用权资产的初始成本。

借：使用权资产	8 000	
贷：银行存款		8 000

嘉兴建筑有限公司使用权资产的初始成本为：462 990＋8 000＝470 990（元）

后续利息费用计算：400 000×4％＝16 000（元）

借：财务费用	16 000	
贷：租赁负债——未确认融资费用		16 000

8.5.2　出租人的会计处理

出租人应当在租赁开始日将租赁分为融资租赁和经营租赁。一项租赁属于融资租赁还是经营租赁取决于交易的实质，而不是合同的形式。如果一项租赁实质上转移了与租赁资产所有权有关的几乎全部风险和报酬，出租人应当将该项租赁分类为融资租赁。出租人应当将除融资租赁以外的其他租赁分类为经营租赁。

1. 初始计量

初始计量会计分录如下。

借：应收融资租赁款——租赁收款额（尚未收到的租赁收款额）
　　应收融资租赁款——未担保余值（预计租赁期结束时的未担保余值）
　　银行存款（已经收取的租赁款）
　　贷：融资租赁资产（账面价值）（业务不多，也可通过固定资产核算）
　　　　资产处置损益（公允价值——账面价值）（或借）
　　　　银行存款（发生的初始直接费用）
　　　　应收融资租赁款——未实现融资收益

2. 后续计量

后续计量会计分录如下。

借：银行存款
　　贷：应收融资租赁款——租赁收款额

借：应收融资租赁款——未实现融资收益

　　贷：租赁收入/其他业务收入

【例8-14】2023年12月1日，向阳机械厂与永晖设备厂签订一份租赁合同，从永晖设备厂租入全新切割机，使用寿命为5年。租赁合同主要条款如下：

(1)租赁开始日：2024年1月1日。

(2)租赁期为4年。

(3)固定租金支付：自2024年1月1日，每年年末支付租金100 000元。

(4)租赁开始日租赁资产的公允价值：该设备在2023年12月31日的公允价值为380 000元，账面价值300 000元。

(5)初始直接费用：签订租赁合同过程中永晖设备公司发生可归属于租赁项目的费用为8 000元。

(6)承租人的购买选择权：租赁期满时，向阳机械厂享有优惠购买该机器的选择权，购买价为10 000元，估计该日租赁资产的公允价值为50 000元。

(7)担保余值和未担保余值均为0。

(8)合同约定内含利率为2.4%。

解析：①本项租赁为融资租赁。租赁收款额包括租金、承租人购买选择权的行权价格10 000元。

租赁收款额＝100 000×4＋10 000＝410 000(元)

本例中租赁投资总额＝100 000×4＋10 000＋0＝410 000(元)

②确认租赁投资净额的金额和未实现融资收益。

租赁投资净额在金额上等于租赁资产在租赁期开始日公允价值380 000元加上出租人发生的租赁初始费用8 000元，即388 000元。

未实现融资收益＝租赁投资总额－租赁投资净额＝410 000－388 000＝22 000(元)

③2024年1月1日，永晖设备厂编制会计分录如下。

借：应收融资租赁款——租赁收款额　　　　　　　　　410 000

　　贷：融资租赁资产　　　　　　　　　　　　　　　　300 000

　　　　资产处置损益(资产公允价值与账面价值差额)　　80 000

　　　　银行存款(初始费用)　　　　　　　　　　　　　8 000

　　　　应收融资租赁款——未实现融资收益　　　　　　22 000

④计算租赁期内各期利息收入，见表8-4。

表8-4　租赁期内各期利息收入

日期	租金A	利息收入 B=C×2.4%	租赁投资净额余额 C=C－A+B
2024年1月1日	—	—	388 000

续上表

日期	租金 A	利息收入 B＝C×2.4%	租赁投资净额余额 C＝C－A+B
2024 年 12 月 31 日	100 000	9 312	297 312
2025 年 12 月 31 日	100 000	7 135.49	204 447.49
2026 年 12 月 31 日	100 000	4 906.74	109 354.23
2027 年 12 月 31 日	100 000	645.77 *	10 000
2027 年 12 月 31 日	10 000		
合计	410 000		

注：* 尾数调整 645.77＝100 000＋10 000－109 354.23

⑤2024 年 12 月 31 日收到第一期租金时。

借：银行存款　　　　　　　　　　　　　　　　100 000
　　贷：应收融资租赁款——租赁收款额　　　　　　　100 000
借：应收融资租赁款——未实现融资收益　　　　　9 312
　　贷：租赁收入　　　　　　　　　　　　　　　　　9 312

其他年份照此进行会计处理。

第9章 无形资产的核算

本章主要介绍无形资产科目的设置、自制与外购无形资产的入账价值的核算，持有期间无形资产的摊销，出售时无形资产的结转。

9.1 无形资产科目的具体运用

无形资产，是指企业为生产商品或者提供劳务、出租给他人，或为管理目的而持有的、没有实物形态的非货币性长期资产。企业设置无形资产科目以核算企业持有的无形资产成本，包括专利权、非专利技术、商标权、著作权、土地使用权等。本科目可按无形资产项目进行明细核算，期末借方余额，反映企业无形资产的成本。

9.1.1 会计科目设置与初始账务处理

无形资产同时满足下列条件的，才能予以确认。

(1)与该无形资产有关的经济利益很可能流入企业。

(2)该无形资产的成本能够可靠地计量。

无形资产科目的设置，见表 9-1。

表 9-1　无形资产会计科目编码的设置

科目代码	总分类科目（一级科目）	明细分类科目		是否辅助核算	辅助核算类别
		二级科目	三级科目		
1701	无形资产				
170101	无形资产	土地使用权	项目	是	部门
170102	无形资产	著作权	项目	是	部门
170103	无形资产	商标权	项目	是	部门
170104	无形资产	非专利技术	项目	是	部门
170105	无形资产	特许使用权	项目	是	部门
170106	无形资产	其他	项目	是	部门

无形资产初始计量账务处理，如图 9-1 所示。

【例 9-1】 2024 年 1 月 1 日，精石制造有限公司开始自行研究开发一项新技术，截至当年年末该项目研究各项工作已经完成，共发生 346 400 元（假定均以银行存款支付）。2024 年 7 月进入开发阶段，共发生 745 000 元，并符合开发支出予以资本化的条件，其中材料费用 380 000 元、研发人员薪酬 309 000 元、管理费用 56 000 元。2018 年 12 月末，研发的新技术达到预定使用用途，形成一项非专利技术，确认为企业的无形资产。

(1)2024 年 1 月 3 日，项目研发阶段发生的支出。

借：研发支出——费用化支出　　　　　　　　　　　　346 400

　　贷：银行存款　　　　　　　　　　　　　　　　　　　346 400

图 9-1 无形资产初始计量账务处理

表 9-2 付款凭证

附件：××张

贷方科目：银行存款　　　　　　　　2024 年 1 月 3 日　　　　　　　　银付字第××号

摘　要	借方科目		账页	金额								
	一级科目	二级或明细科目		百	十	万	千	百	十	元	角	分
ZFF 专利权研发支出	研发支出	费用化支出			3	4	6	4	0	0	0	0
合计				¥	3	4	6	4	0	0	0	0

会计主管：邵佳丽　　　记账：李诚　　　出纳：陈莲　　　审核：黄秀　　　制单：周逊

(2)2024 年 6 月 30 日，结转项目费用化支出。

借：管理费用　　　　　　　　　　　　　　　　　　346 400

　　贷：研发支出——费用化支出　　　　　　　　　　　　346 400

根据以上业务，登记会计凭证，见表 9-3。

表 9-3 转账凭证

附件：××张

2024 年 6 月 30 日　　　　　　　　转字第××号

摘　要	一级科目	二级或明细科目	账页	借方金额									贷方金额								
				百	十	万	千	百	十	元	角	分	百	十	万	千	百	十	元	角	分
结转 ZFF 专利权费用化支出	管理费用				3	4	6	4	0	0	0	0									
	研发支出	费用化支出												3	4	6	4	0	0	0	0
合计				¥	3	4	6	4	0	0	0	0	¥	3	4	6	4	0	0	0	0

会计主管：邵佳丽　　　记账：李诚　　　出纳：陈莲　　　审核：黄秀　　　制单：周逊

(3)2024 年 12 月 30 日，项目开发阶段发生的、符合资本化条件的支出。

借：研发支出——资本化支出　　　　　　　　　　　　745 000

　　贷：原材料　　　　　　　　　　　　　　　　　　380 000

　　　　应付职工薪酬　　　　　　　　　　　　　　　309 000

　　　　银行存款　　　　　　　　　　　　　　　　　56 000

根据以上业务，登记会计凭证，见表9-4。

表 9-4　转账凭证

2024 年 12 月 30 日　　　　　　　　　　　　　　　附件：××张　　转字第××号

摘　要	一级科目	二级或明细科目	账页	借方金额									贷方金额								
				百	十	万	千	百	十	元	角	分	百	十	万	千	百	十	元	角	分
结转 ZFF 专利权费用化支出	研发支出	资本化支出			7	4	5	0	0	0	0	0									
	原材料	乙材料												3	8	0	0	0	0	0	0
	应付职工薪酬													3	0	9	0	0	0	0	0
		银行存款													5	6	0	0	0	0	0
合　计				¥	7	4	5	0	0	0	0	0	¥	7	4	5	0	0	0	0	0

会计主管：邵佳丽　　记账：李诚　　出纳：陈莲　　审核：黄秀　　制单：周逊

(4)2024 年 12 月末，研究开发的新技术达到预定用途。无形资产验收单见表9-5。

表 9-5　无形资产验收单

名　称	单　位	数　量	单　价	已摊销价值（元）	账面价值（元）	评估确认价值（元）	备　注
ZFF 专利权	项	1	745 000		745 000	745 000	自行研发

借：无形资产——ZFF 专利权　　　　　　　　　　　745 000

　　贷：研发支出——资本化支出　　　　　　　　　　745 000

根据以上业务，登记会计凭证，见表 9-6。

表 9-6　转账凭证

2024 年 12 月 30 日　　　　　　　　　　　　　　　附件：××张　　转字第××号

摘　要	一级科目	二级或明细科目	账页	借方金额									贷方金额								
				百	十	万	千	百	十	元	角	分	百	十	万	千	百	十	元	角	分
结转 ZFF 专利权	无形资产	ZFF 专利权			7	4	5	0	0	0	0	0									
	研发支出													7	4	5	0	0	0	0	0
合　计				¥	7	4	5	0	0	0	0	0	¥	7	4	5	0	0	0	0	0

会计主管：邵佳丽　　记账：李诚　　出纳：陈莲　　审核：黄秀　　制单：周逊

9.1.2 无形资产的摊销

企业应当按月对无形资产进行摊销。无形资产的摊销额一般应当计入当期损益。企业自用的无形资产，其摊销金额计入管理费用，出租的无形资产，其摊销金额计入其他业务成本，某项无形资产包含的经济利益通过所生产的产品或其他资产实现的，其摊销金额应当计入相关资产成本，如图9-2所示。

$$账面净值＝账面余额－累计摊销$$

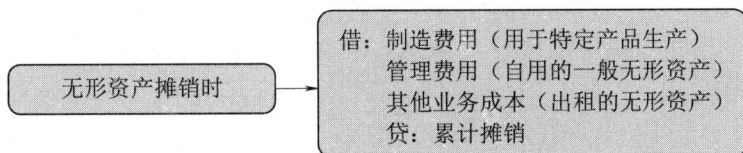

图 9-2 无形资产摊销的账务处理

【例9-2】承上例，2024年1月1日，精石制造有限公司ZFF专利使用寿命为10年。假定这项无形资产的净残值均为零，并按直线法摊销。

假定按年进行摊销时：

借：管理费用——ZFF专利权摊销　　　　　　　　　　　　74 500
　　贷：累计摊销　　　　　　　　　　　　　　　　　　　　　74 500

登记会计凭证，见表9-7。

表 9-7 转账凭证　　　　　　附件：××张
2024 年 12 月 30 日　　　　转字第××号

摘要	一级科目	二级或明细科目	账页	借方金额 百	十	万	千	百	十	元	角	分	贷方金额 百	十	万	千	百	十	元	角	分
摊销ZFF专利权	管理费用	ZFF专利权摊销				7	4	5	0	0	0	0									
	累计摊销														7	4	5	0	0	0	0
合计				¥	7	4	5	0	0	0	0		¥	7	4	5	0	0	0	0	

一般情况下，无形资产摊销不低于10年。特殊情况：①对经过主管税务机关核准的软件类无形资产，最短可为2年；②有法律规定或合同约定使用年限的，按规定或约定年限进行摊销。企业享受优惠事项的，应当在完成年度汇算清缴后，将留存备查资料归集齐全并整理完成，以备税务机关核查。

9.2 无形资产的处置与政策规定

9.2.1 无形资产的处置

企业出售无形资产，应将所得价款与该项无形资产的账面价值之间的差额，计入当期损益(营业外收入或营业外支出)，如图9-3所示。

172

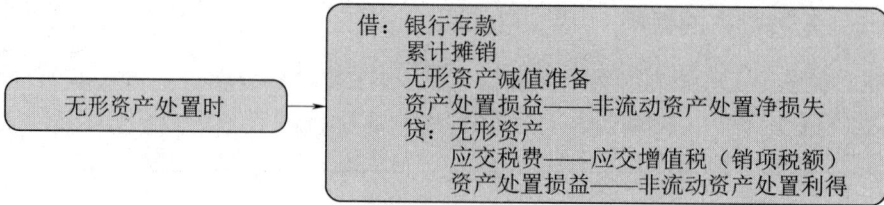

无形资产处置时

借：银行存款
　　累计摊销
　　无形资产减值准备
　　资产处置损益——非流动资产处置净损失
　贷：无形资产
　　　应交税费——应交增值税（销项税额）
　　　资产处置损益——非流动资产处置利得

图 9-3　无形资产的处置账务处理

【例 9-3】 承上例，2024 年 1 月 30 日，精石制造有限公司将 ZFF 专利权出售，取得收入 890 400 元，其中增值税额 50 400 元。

借：银行存款　　　　　　　　　　　　　　　　890 400
　　累计摊销　　　　　　　　　　　　　　　　 74 500
　　贷：无形资产　　　　　　　　　　　　　　　745 000
　　　　应交税费——应交增值税（销项税额）　　 50 400
　　　　资产处置损益——非流动资产处置利得　　169 500

登记会计凭证，见表 9-8。

表 9-8　转账凭证

附件：××张

2024 年 1 月 30 日

转字第××号

摘要	一级科目	二级或明细科目	账页	借方金额										贷方金额								
				百	十	万	千	百	十	元	角	分	百	十	万	千	百	十	元	角	分
出售 ZFF 专利权	银行存款				8	9	0	4	0	0	0	0									
	累计摊销					7	4	5	0	0	0	0									
	无形资产	ZFF 专利权												7	4	5	0	0	0	0	0
	应交税费	应交增值税（销项税额）													5	0	4	0	0	0	0
	资产处置损益	非流动资产处置利得												1	6	9	5	0	0	0	0
合计				¥	9	6	4	9	0	0	0	0	¥	9	6	4	9	0	0	0	0

会计主管：邵佳丽　　记账：李诚　　出纳：陈莲　　审核：黄秀　　制单：周逊

9.2.2　与无形资产相关的税收政策

1. 与研发相关的优惠政策

《关于进一步完善研发费用税前加计扣除政策的公告》（财政部 税务总局公告 2023 年第 7 号）规定

"为进一步激励企业加大研发投入，更好地支持科技创新，现就企业研发费用税前加计扣除政策有关问题公告如下：

一、企业开展研发活动中实际发生的研发费用，未形成无形资产计入当期损益的，在按规定据实扣除的基础上，自 2023 年 1 月 1 日起，再按照实际发生额的 100% 在税前加计扣除；形成无形资产的，自 2023 年 1 月 1 日起，按照无形资产成本的 200% 在税前摊销。

二、企业享受研发费用加计扣除政策的其他政策口径和管理要求，按照《财政部 国家税务总局 科技部关于完善研究开发费用税前加计扣除政策的通知》（财税〔2015〕119 号）、《财政部 税务总局 科技部关于企业委托境外研究开发费用税前加计扣除有关政策问题的通知》（财税〔2018〕64 号）等文件相关规定执行。

三、本公告自 2023 年 1 月 1 日起执行，《财政部 税务总局关于进一步完善研发费用税前加计扣除政策的公告》（财政部 税务总局公告 2021 年第 13 号）、《财政部 税务总局 科技部关于进一步提高科技型中小企业研发费用税前加计扣除比例的公告》（财政部 税务总局 科技部公告 2022 年第 16 号）、《财政部 税务总局 科技部关于加大支持科技创新税前扣除力度的公告》（财政部 税务总局 科技部公告 2022 年第 28 号）同时废止。"

2. 与采购相关的优惠政策

《关于研发机构采购设备增值税政策的公告》（财政部 商务部 税务总局公告 2023 年第 41 号）规定：

"为鼓励科学研究和技术开发，促进科技进步，继续对内资研发机构和外资研发中心采购国产设备全额退还增值税。现将有关事项公告如下：

一、适用采购国产设备全额退还增值税政策的内资研发机构和外资研发中心包括：

（一）科技部会同财政部、海关总署和税务总局核定的科技体制改革过程中转制为企业和进入企业的主要从事科学研究和技术开发工作的机构；

（二）国家发展改革委会同财政部、海关总署和税务总局核定的国家工程研究中心；

（三）国家发展改革委会同财政部、海关总署、税务总局和科技部核定的企业技术中心；

（四）科技部会同财政部、海关总署和税务总局核定的国家重点实验室（含企业国家重点实验室）和国家工程技术研究中心；

（五）科技部核定的国务院部委、直属机构所属从事科学研究工作的各类科研院所，以及各省、自治区、直辖市、计划单列市科技主管部门核定的本级政府所属从事科学研究工作的各类科研院所；

（六）科技部会同民政部核定或者各省、自治区、直辖市、计划单列市及新疆生产建设兵团科技主管部门会同同级民政部门核定的科技类民办非企业单位；

（七）工业和信息化部会同财政部、海关总署、税务总局核定的国家中小企业公共服务示范平台（技术类）；

（八）国家承认学历的实施专科及以上高等学历教育的高等学校（以教育部门户网站公布名单为准）；

（九）符合本公告第二条规定的外资研发中心；

（十）财政部会同国务院有关部门核定的其他科学研究机构、技术开发机构和学校。

二、外资研发中心应同时满足下列条件：

（一）研发费用标准：作为独立法人的，其投资总额不低于800万美元；作为公司内设部门或分公司的非独立法人的，其研发总投入不低于800万美元。

（二）专职研究与试验发展人员不低于80人。

（三）设立以来累计购置的设备原值不低于2 000万元。

外资研发中心须经商务主管部门会同有关部门按照上述条件进行资格审核认定。具体审核认定办法见附件1。

三、经核定的内资研发机构、外资研发中心，发生重大涉税违法失信行为的，不得享受退税政策。具体退税管理办法由税务总局会同财政部另行制定。相关研发机构的牵头核定部门应及时将内资研发机构、外资研发中心的新设、变更及撤销名单函告同级税务部门，并注明相关资质起止时间。

…………

五、本公告执行至2027年12月31日，具体从内资研发机构和外资研发中心取得退税资格的次月1日起执行。"

第10章 企业投资与融资业务核算

本章主要介绍企业投资业务和融资业务的核算：长期股权投资的初始计量、持有期间按成本法或权益法核算的账务处理、减值及处置的会计处理等；交易性金融资产科目的设置及账务处理；持有至到期投资科目的设置及账务处理；可供出售金融资产科目的设置及账务处理。

融资业务包括长期借款、长期应付款、应付债券的科目设置及账务处理。

10.1 长期股权投资

长期股权投资是指企业持有的对其子公司、合营企业及联营企业的权益性投资。企业持有的对被投资单位不具有控制、共同控制或重大影响，并且在活跃市场中没有报价、公允价值不能可靠计量的权益性投资，在新准则下，确认为金融资产。

为了反映和监督企业长期股权投资的取得、持有和处置等情况，企业应当设置"长期股权投资""投资收益""其他综合收益"等科目。

长期股权投资科目具体设置，见表 10-1。

表 10-1 长期股权投资会计科目编码的设置

科目代码	总分类科目（一级科目）	明细分类科目		明细分类科目	辅助核算类别
		二级科目	三级科目		
1511	长期股权投资				
151101	长期股权投资	股票投资		是	按投资单位
15110101	长期股权投资	股票投资	成本	是	按投资单位
15110102	长期股权投资	股票投资	损益调整	是	按投资单位
15110103	长期股权投资	股票投资	其他权益变动	是	按投资单位
151102	长期股权投资	其他股权投资		是	按投资单位
15110201	长期股权投资	其他股权投资	成本	是	按投资单位
15110202	长期股权投资	其他股权投资	损益调整	是	按投资单位
15110203	长期股权投资	其他股权投资	其他权益变动	是	按投资单位

10.1.1 成本法的账务处理

对长期股权投资采用成本法核算时，应设置"长期股权投资""应收股利""投资收益"等科目。企业采用成本法对长期股权投资进行核算的，可按被投资单位进行明细核算。

采用成本法核算的账务处理，如图 10-1 所示。

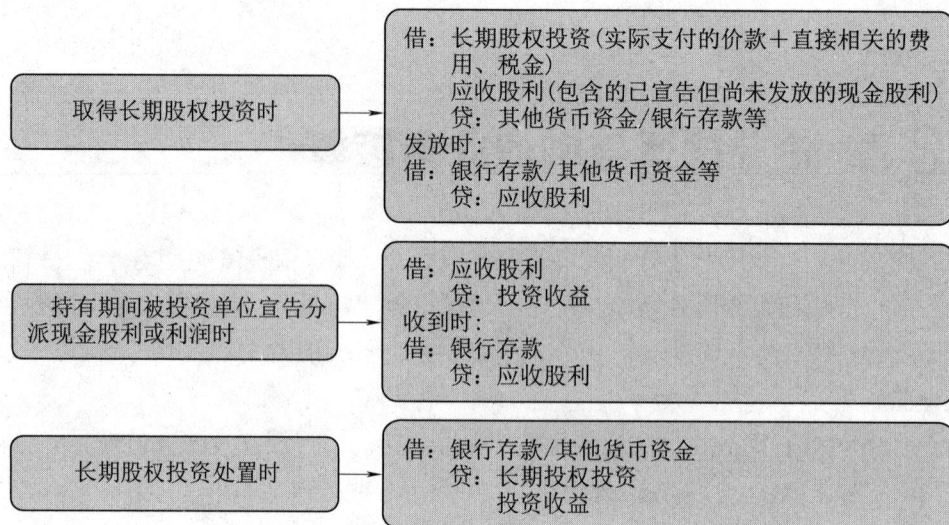

图 10-1 采用成本法核算的账务处理

【例 10-1】2023 年 1 月 1 日，精石制造有限公司以每股 8 元购入长江股份面值 1 元的普通股 30 万股作为长期股权投资，取得 A 公司 5% 具有表决权的股份，并支付相关税费11 800元。 长江股份有限公司可辨认净资产的公允价值69 340 000 元。 2023 年 12 月 31 日，长江公司实现净利润500 万元，2024 年 1 月 5 日，长江公司宣告分派现金股利 1 500 000元，该公司按持股比例可分得75 000 元。 成交过户交割单见表10-2。

表 10-2　成交过户交割单

2023 年 1 月 1 日			
股东编号：	A32125346523	成交证券：	长江股份
电脑编号：	47811	成交数量：	300 000
公司代号：	4332	成交价格：	1
申请编号：	2341	成交金额：	300 000
申报时间：	11：11：11	标准佣金：	11 800
成交时间：	11：15：31	过户费用：	0.00
上次余额：		印花税：	0.00
本次成交：	300 000(股)	应付金额：	2 411 800
本次余额：	300 000(股)	附加费用：	0.00
本次库存：	300 000(股)	实付金额：	2 411 800

2023 年 1 月 1 日，购入时初始投资成本＝300 000×8＋11 800＝2 411 800(元)

借：长期股权投资　　　　　　　　　　　　　　　　　2 411 800

　　贷：其他货币资金　　　　　　　　　　　　　　　　　　2 411 800

2023 年度长江股份公司分配股利公告，见表10-3。

表10-3　长江股份公司分配股利公告

长江股份公司 2023 年度股东大会决议公告(部分)

2023 年度,本公司法定财务报告的利润情况为:净利润为 9 800 000 人民币,可供分配的利润为 6 700 000 人民币元。本公司在 2023 年应按照全年净利润的 10%计算提取法定盈余公积人民币 980 000 元,同时本公司派发现金股利 1 500 000 元。

特此公告。

长江股份公司董事会

2023 年 12 月 31 日

2024 年 1 月 5 日,宣告发放股利时。

借:应收股利(1 500 000×5%)　　　　　　　　　　　　　　75 000

　　贷:投资收益　　　　　　　　　　　　　　　　　　　　　75 000

收到时:

借:银行存款　　　　　　　　　　　　　　　　　　　　　　75 000

　　贷:应收股利　　　　　　　　　　　　　　　　　　　　　75 000

收到长江股份公司派发的股利,见表10-4。

表 10-4　中国银行进账单(回单或收账通知)

进账日期:2024 年 1 月 5 日　　　　　　　　　　第 043 号

收款人	全称	精石制造有限公司	付款人	全称	长江股份公司	
	账号	4231001909234212128		账号	2290001909234214576	
	开户银行	工商银行深圳北安支行		开户银行	工商银行哈尔滨和兴支行	

人民币(大写):⊗柒万伍仟元整　　　　　　千百十万千百十元角分　￥7 5 0 0 0 0 0 0

| 票据种类 | 转账支票 |
| 票据张数 | 1 |

工商银行深圳北安支行 2024.1.5 收讫

主管　会计　复核　记账　　　　　　收款人开户银行盖章(略)

10.1.2　权益法的账务处理

权益法是指投资以初始投资成本计量后,在投资持有期间根据投资企业享有被投资单位所有者权益份额的变动对投资的账面价值进行调整的方法。

(1)权益法核算的科目设置。

对长期股权投资采用权益法核算时,应设置"长期股权投资""长期股权投资减值准备""其他综合收益""投资收益""营业外收入"等科目。其中"长期股权投资"科目还应设置"投资成本""损益调整""其他权益变动"等二级科目。

(2)权益法核算的账务处理,如图 10-2 所示。

178

初始投资成本>投资时应享有被投资 单位可辨认净资产公允价值份额	借：长期股权投资——投资成本 　　贷：银行存款
初始投资成本<投资时应享有被投资 单位可辨认净资产公允价值份额	借：长期股权投资——投资成本 　　贷：银行存款 　　　　营业外收入
持有期间被投资单位分配现金股利或利润时	借：应收股利 　　贷：长期股权投资——损益调整 收到时，借：其他货币资金等 　　　　　　贷：应收股利
被投资单位实现盈利时	借：长期股权投资——损益调整（被投资单位 　　实现的公允净利润×投资方持股比例） 　　贷：投资收益
被投资单位发生亏损时	借：投资收益 　　贷：长期股权投资——损益调整（被投资单位 　　　　实现的公允净利润×投资方持股比例）
被投资单位其他综合收益	借：长期股权投资——其他综合收益 　　贷：其他综合收益（被投资单位其他综合收益 　　　　变动额×投资方持股比例）
被投资单位除净损益、其他综合收益和 利润分配之外的变动	借：长期股权投资——其他权益变动（或贷） 　　贷：资本公积——其他资本公积（或借）

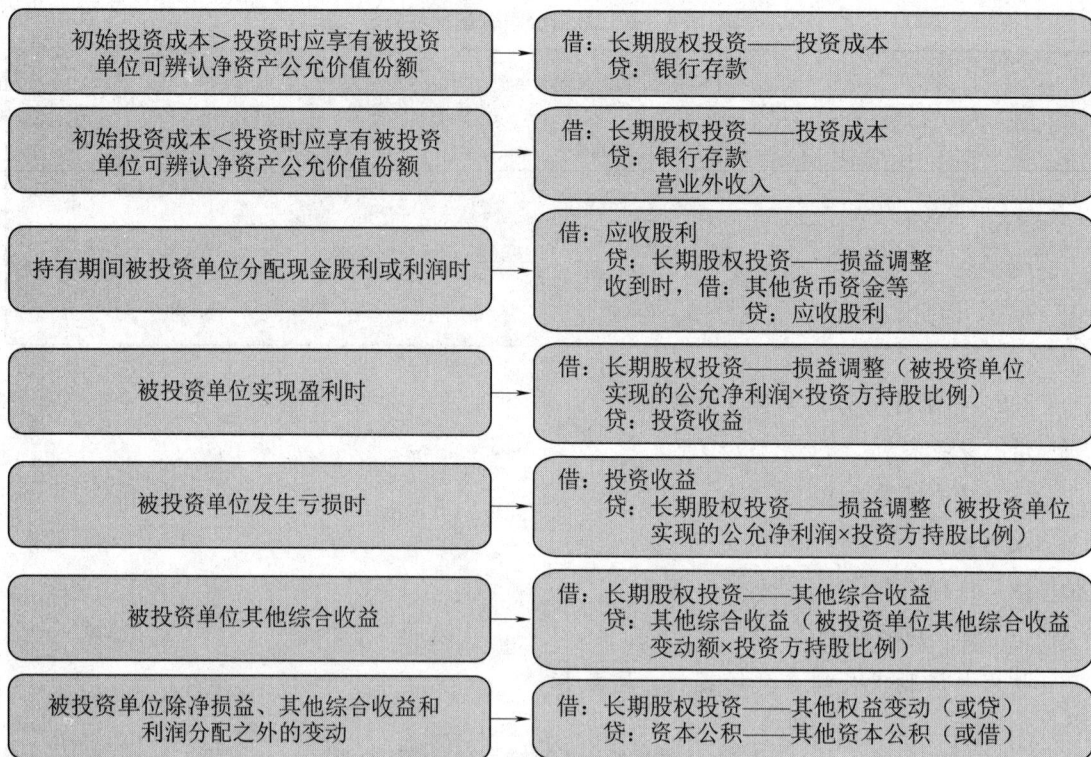

图 10-2　权益法核算的账务处理

【例 10-2】2023 年 1 月 1 日，上地建筑公司以每股 9 元购入 A 公司面值 1 元的普通股 60 万股作为长期股权投资，取得 A 公司 40% 股份，能够对 A 公司实施重大影响。支付的价款包括 A 公司已宣告但尚未分派的现金股利 8 万元，并支付相关税费 12 800 元。取得时 A 公司可辨认净资产的公允价值为 1 400 万元。假定 A 公司可辨认净资产的公允价值与账面价值相等。2023 年 12 月 31 日，A 公司实现净利润 800 万元，2024 年 1 月 5 日，A 公司宣告分派每股 0.1 元的现金股利。

2023 年 1 月 1 日，购入时初始投资成本＝600 000×9－80 000＋12 800＝5 332 800（元）。

　　借：长期股权投资——成本　　　　　　　　　　　　　5 332 800
　　　　应收股利——A 公司　　　　　　　　　　　　　　80 000
　　　　贷：其他货币资金——存出投资款　　　　　　　　5 412 800

对于长期股权投资的初始成本小于应享有的被投资单位可辨认净资产公允价值差额，则上地建筑公司应确认 14 000 000×40%－5 332 800＝267 200（元）。

　　借：长期股权投资——成本　　　　　　　　　　　　　267 200
　　　　贷：营业外收入　　　　　　　　　　　　　　　　267 200

2023 年 12 月 31 日，A 公司实现净利润时。

　　借：长期股权投资——损益调整（8 000 000×40%）　　3 200 000
　　　　贷：投资收益　　　　　　　　　　　　　　　　　3 200 000

2024 年 1 月 5 日，宣告发放股利时。

借：应收股利 60 000

 贷：长期股权投资——损益调整 60 000

收到时。

借：其他货币资金——存出投资款(600 000×0.1) 60 000

 贷：应收股利 60 000

10.1.3 长期股权投资减值

1. 长期股权投资减值核算的科目设置

企业计提长期股权投资减值准备，应当设置"长期股权投资减值准备"核算，企业按应减记的金额，借记"资产减值损失——计提的长期股权投资减值准备"，贷记"长期股权投资减值准备"科目。长期股权投资减值准备一经确认，在以后会计期间不得转回。

长期股权投资减值准备科目的具体设置，见表 10-5。

表 10-5 长期股权投资减值准备会计科目编码的设置

科目代码	总分类科目（一级科目）	明细分类科目		明细分类科目	辅助核算类别
		二级科目	三级科目		
1512	长期股权投资减值准备				
151201	长期股权投资减值准备	股票投资	投资单位名称	是	按存放地点
151202	长期股权投资减值准备	其他投资	投资单位名称	是	按存放地点

2. 长期股权投资减值的会计处理

发生长期股权投资减值时，会计处理为：借记"资产减值损失"，贷记"长期股权投资减值准备"。处置长期股权投资时，应同时结转已计提的长期股权投资减值准备。

长期股权投资减值准备科目核算企业长期股权投资的减值准备。可按被投资单位进行明细核算。期末贷方余额，反映企业已计提但尚未转销的长期股权投资减值准备。

长期股权投资减值准备的主要账务处理。见表 10-6。

表 10-6 长期股权投资减值账务处理

业务情景	账务处理
资产负债表日	借：资产减值损失——计提的长期股权投资减值准备 贷：长期股权投资减值准备

【例 10-3】2023 年年底，万原地产公司确认的长期股权投资减值准备金额为56 000元。

借：资产减值损失——计提的长期股权投资减值准备 56 000

 贷：长期股权投资减值准备 56 000

10.1.4 长期股权投资的处置

处置时，按实际取得的价款和长期股权投资账面价值的差额确认为投资损益，同时结转已计提的长期股权投资减值准备，如图 10-3 所示。

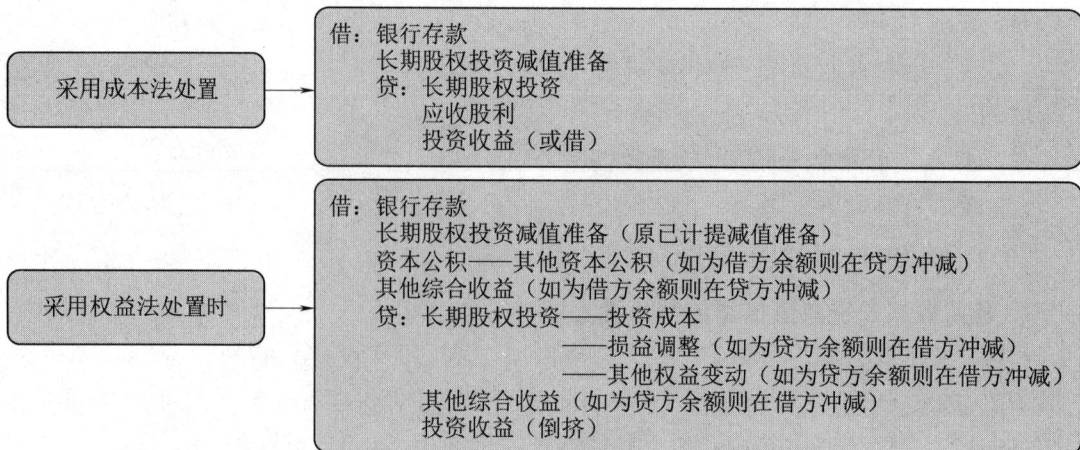

图 10-3　长期股权投资处置的账务处理

【例 10-4】坤城地产公司原持有湘江公司 40% 的股权，2024 年 3 月 15 日，坤城地产公司出售所持有的湘江公司股权中的 30%，出售时坤城地产公司账面上对湘江公司长期股权投资的构成为：投资成本 14 600 000 元，损益调整为 2 800 000 元，其他权益变动 2 900 000 元，出售取得的价款为 6 300 000 元。

（1）确认处置损益的账务处理。

借：银行存款　　　　　　　　　　　　　　　　　　　　　　6 300 000
　　贷：长期股权投资——湘江公司——成本　　　　　　　　　4 380 000
　　　　　　　　　　　　　　　　——损益调整　　　　　　　　840 000
　　　　　　　　　　　　　　　　——其他权益变动　　　　　　870 000
　　　　投资收益　　　　　　　　　　　　　　　　　　　　　　210 000

（2）除了应将实际取得的价款与出售长期股权投资的账面价值进行结转，确认为处置当期损益外，还应将原计入资本公积的部分按比例转入当期损益。

借：资本公积——其他资本公积——湘江公司　　　　　　　　　870 000
　　贷：投资收益　　　　　　　　　　　　　　　　　　　　　　870 000

10.2　交易性金融资产

交易性金融资产，指的是企业为了近期内出售而持有的金融资产。

10.2.1　交易性金融资产科目设置

企业应设置"交易性金融资产"科目，本科目核算企业持有的以公允价值计量且其变动计入当期损益的金融资产，包括为交易目的所持有的债券投资、股票投资、基金投资、权证投资和直接指定为以公允价值计量且其变动直接计入当期损益的金融资产。

本科目应当按照交易性金融资产的类别和品种，分别以"成本""公允价值变动"进行明细核算，"公允价值变动损益"科目核算企业交易性金融资产等公允价值变动而形成的应计入当期损益的利得或损失。

交易性金融资产科目编码设置，见表 10-7。

表 10-7　交易性金融资产会计科目编码的设置

科目代码	总分类科目 （一级科目）	明细分类科目		明细分类科目	辅助核算类别
		二级科目	三级科目		
1101	交易性金融资产				
11010101	交易性金融资产	债券投资	成本	是	投资单位
11010102	交易性金融资产	债券投资	公允价值变动	是	投资单位
11010201	交易性金融资产	股票投资	成本	是	投资单位
11010202	交易性金融资产	股票投资	公允价值变动	是	投资单位
11010301	交易性金融资产	基金投资	成本	是	投资单位
11010302	交易性金融资产	基金投资	公允价值变动	是	投资单位
11010401	交易性金融资产	国债投资	成本	是	投资单位
11010402	交易性金融资产	国债投资	公允价值变动	是	投资单位

10.2.2　交易性金融资产的账务处理

交易性金融资产的账务处理，见表 10-8。

表 10-8　交易性金融资产的账务处理

财务情况		账务处理
取得时		借：交易性金融资产——成本（公允价值） 　　应收股利或应收利息（已宣告未发放的股利利息） 　　投资收益（交易费用） 　贷：其他货币资金
持有时	收到股利利息时	借：应收股利/应收利息 　贷：投资收益 借：其他货币资金 　贷：应收股利/应收利息
	期末计价公允价值＞账面价值时	借：交易性金融资产——公允价值变动 　贷：公允价值变动损益
	期末计价公允价值＜账面价值时	借：公允价值变动损益 　贷：交易性金融资产——公允价值变动
处置时	盈利	借：银行存款 　贷：交易性金融资产——成本 　　交易性金融资产——公允价值变动 　　投资收益
	亏损	借：银行存款 　　投资收益 　贷：交易性金融资产——成本 　　交易性金融资产——公允价值变动
转让金融资产时交税费	产生收益	借：投资收益 　贷：应交税费——转让金融商品应交增值税
	产生亏损	借：应交税费——转让金融商品应交增值税 　贷：投资收益

【例 10-5】2023 年 5 月 20 日，精石制造有限公司从深圳证券交易所购入世邦地产

182

股票 1 000 000 股，占世邦公司有表决权股份的 5%，支付价款合计 6 046 000 元，其中，证券交易税等交易费用 6 000 元，已宣告发放现金股利 59 000 元。精石制造有限公司没有在世邦公司董事会中派出代表，精石制造有限公司将其划分为交易性金融资产。

（1）2023 年 5 月 20 日，购入世邦地产公司股票 1 000 000 股，见表 10-9、表 10-10，以及如图 10-4 所示。

表 10-9　中国银行进账单（受理通知）

进账日期：2023 年 5 月 20 日　　　　　　　第×××号

收款人	全称	深圳证券交易所	付款人	全称	精石制造有限公司	此联给收款人的收账通知
	账号	3427001909234216590		账号	2290001909234214576	
	开户银行	工商银行深圳北安支行		开户银行	工商银行哈尔滨和兴支行	

人民币（大写）：⊗陆佰零肆万陆仟元整　　　　　中国工商深圳龙华支行　2023.5.20　转讫　　　¥ 6 0 4 6 0 0 0 0 0

票据种类	转账支票
票据张数	1

主管　会计　复核　记账　　　　收款人开户银行盖章（略）

中国工商银行
现金支票存根
IV V0001267
科　目：
对方科目：
出票日期 2023 年 5 月 20 日

收款人：深圳证券交易所
金额：6 046 000 元
用途：投资

单位主管　邵佳丽　会计　李诚

图 10-4　存根

表 10-10　成交过户交割单

5/20/2023	成交过户交割单		
股东编号：	A23325341122	成交证券：	世邦地产
电脑编号：	67890	成交数量：	1000000
公司代号：	9868	成交价格：	5.981
申请编号：	8978	成交金额：	5 981 000
申报时间：	11：11：11	标准佣金：	6 000
成交时间：	11：15：31	过户费用：	0.00
上次余额：	5 000（股）	印花税：	0.00
本次成交：	1 000 000（股）	应付金额：	5 987 000
本次余额：	1 000 000（股）	附加费用：	0.00
本次库存：	1 000 000（股）	实付金额：	5 987 000

借：交易性金融资产——世邦地产——成本　　　　　　　　　5 981 000

　　应收股利——世邦地产　　　　　　　　　　　　　　　　59 000

　　投资收益　　　　　　　　　　　　　　　　　　　　　　6 000

　　贷：其他货币资金　　　　　　　　　　　　　　　　　　6 046 000

世邦地产股票的单位成本＝(6 046 000－6 000－59 000)÷1 000 000＝5.981(元/股)

(2)2023年6月20日，精石制造有限公司收到世邦地产发放的现金股利59 000元。

借：其他货币资金　　　　　　　　　　　　　　　　　　　59 000

　　贷：应收股利——世邦地产　　　　　　　　　　　　　　59 000

(3)2023年6月30日，世邦地产公司股票收盘价为每股8.2元。

世邦地产公司股票公允价值变动＝(8.2－5.981)×1 000 000＝2 219 000(元)

借：交易性金融资产——世邦地产股票——公允价值变动　　2 219 000

　　贷：公允价值变动损益——世邦地产　　　　　　　　　　2 219 000

(4)2023年12月31日，精石制造有限公司仍持有世邦地产公司股票；当日，世邦地产公司股票收盘价为每股7.9元。

世邦地产公司股票公允价值变动＝(7.9－8.2)×1 000 000＝－300 000(元)

借：公允价值变动损益——世邦地产　　　　　　　　　　　300 000

　　贷：交易性金融资产——世邦地产股票——公允价值变动　300 000

(5)2024年4月20日，世邦地产公司宣告发放2023年现金股利4 000 000元。

应收到的现金股利＝4 000 000×5%＝200 000(元)

借：应收股利——世邦地产　　　　　　　　　　　　　　　200 000

　　贷：投资收益　　　　　　　　　　　　　　　　　　　　200 000

(6)2024年5月10日，精石制造有限公司收到世邦地产公司发放的2023年现金股利。

借：其他货币资金　　　　　　　　　　　　　　　　　　　200 000

　　贷：应收股利——世邦地产　　　　　　　　　　　　　　200 000

(7)2024年6月30口，精石制造有限公司出售股票。精石制造有限公司以每股8.5元的价格将股票全部转让，同时支付证券交易税等8 400元。

世邦地产公司股票出售价格＝8.5×1 000 000＝8 500 000(元)

出售世邦地产公司股票取得的价款＝8 500 000－8 400＝8 491 600(元)

世邦地产公司股票持有期间公允价值变动计入当期损益的金额＝2 219 000－300 000

＝1 919 000(元)

出售世邦地产公司股票时的账面余额＝5 981 000＋1 919 000＝7 900 000(元)

出售世邦地产公司股票的损益＝8 491 600－7 900 000＝591 600(元)

借：银行存款　　　　　　　　　　　　　　　　　　　　　8 491 600

　　贷：交易性金融资产——世邦地产——成本　　　　　　　5 981 000

　　　　交易性金融资产——世邦地产——公允价值变动　　　1 919 000

投资收益　　　　　　　　　　　　　　　591 600

计算应交增值税（8 500 000－6 046 000）÷（1＋6％）×6％＝138 905.66（元）

借：投资收益　　　　　　　　　　　　　　138 905.66

　　贷：应交税费——转让金融商品应交增值税　　138 905.66

注：买入价不需要扣除已宣告未发放的现金股利。

10.3　债权投资

债权投资，是指到期日固定、回收金额固定或可确定，且企业有明确意图和能力持有至到期的非衍生金融资产。企业从二级市场上购入的固定利率国债、浮动利率公司债券等，都属于债权投资。债权投资通常具有长期性质，但期限较短（一年以内）的债券投资，符合此条件的，也可以划分为债权投资。

10.3.1　债权投资科目设置

债权投资应当按照投资的类别和品种，分别设置"成本""利息调整""应计利息""应收利息"等明细科目核算。本科目期末借方余额，反映企业持有至到期投资的摊余成本，见表10-11。

表10-11　持有至到期投资会计科目编码的设置

科目代码	总分类科目（一级科目）	明细分类科目		明细分类科目	辅助核算类别
		二级科目	三级科目		
1501	债权投资				
150101	债权投资	公司债券			
15010101	债权投资	公司债券	成本	是	投资单位
15010102	债权投资	公司债券	利息调整	是	投资单位
15010103	债权投资	公司债券	应计利息	是	投资单位

10.3.2　债权投资的具体运用

1. 债权投资初始确认

债权投资初始确认时，应当按照公允价值计量和相关交易费用之和作为初始入账金额。

2. 债权投资的后续计量

债权投资应采用实际利率法，按摊余成本计量。实际利率法指按实际利率计算摊余成本及各期利息费用的方法，摊余成本为债权投资初始金额扣除已偿还的本金和加上或减去累计摊销额以及扣除减值损失后的金额。

金融资产的摊余成本，是指该金融资产初始确认金额经下列调整后的结果。

(1)扣除已偿还的本金。

(2)加上或减去采用实际利率法将该初始确认金额与到期日金额之间的差额进行摊销形成的累计摊销额。

（3）扣除已发生的减值损失。

3. 债权投资计算

本期计提的利息＝期初摊余成本×实际利率

期末摊余成本＝期初摊余成本＋本期计提的利息－本期收回的利息

和本金－本期计提的减值准备

【提示】就债权投资来说，摊余成本即为其账面价值。

4. 债权投资的会计处理

债权投资的主要账务处理，见表10-12。

表 10-12　债权投资的主要账务处理

财务情况			账务处理
取得时			借：债权投资——成本 应收利息 债权投资——利息调整（或贷） 贷：银行存款
持有时	资产负债表日的处理	分期付息，一次还本	借：应收利息 债权投资——利息调整（或贷） 贷：投资收益（摊余成本×实际利率） 借：银行存款 贷：应收利息
		一次还本付息	借：债权投资——应计利息 贷：投资收益 债权投资——利息调整（或借）
处置时	盈利		借：银行存款 贷：债权投资——成本 ——利息调整 ——应计利息 投资收益
	亏损		借：银行存款 投资收益 债权投资减值准备 贷：债权投资——成本 ——应计利息 ——利息调整

【例10-6】2023年1月1日，精石制造有限公司购入国库券面值500 000元，期限5年、票面利率6%，于年末支付本年度债券利息，本金在债券到期一次性偿还。取得成本为538 000元，实际利率为4.5%，精石制造有限公司有意图也有能力将该债券持有至到期，划分为到期投资。

国债利息收入计算表，见表10-13。

表 10-13　国债利息收入计算表

计息日期	应计利息	实际利率	利息收入	利息调整	摊余成本
2023 年 1 月 1 日	—	—	—	—	538 000
2023 年 12 月 31 日	30 000	4.5%	24 210	5 790	532 210
2024 年 12 月 31 日	30 000	4.5%	23 949.45	6 050.55	526 159.45

根据表 10-13，账务处理如下。

(1)2023 年 1 月 1 日，购入国库券债券。

借：债权投资——国库券——成本　　　　　　　　500 000

　　　　　——国库券——利息调整　　　　　　　38 000

　　贷：银行存款　　　　　　　　　　　　　　　　538 000

(2)2023 年 12 月 31 日，确认国库券债券实际利息收入、收到债券利息。

借：应收利息(500 000×6%)　　　　　　　　　　30 000

　　贷：债权投资——国库券——利息调整　　　　　5 790

　　投资收益——国库券(538 000×4.5%)　　　　24 210

(3)2024 年 12 月 31 日，确认国库券债券实际利息收入、收到债券利息。

借：债权投资——应计利息(500 000×6%)　　　　30 000

　　贷：债权投资——国库券——利息调整　　　　　6 050.55

　　投资收益——国库券(532 210×4.5%)　　　　23 949.45

10.4　短期借款

短期借款是企业向银行或其他金融机构等借入的期限在 1 年以下(含 1 年)的各种借款，通常是为了满足正常生产经营的需要。

10.4.1　短期借款科目设置

企业的短期借款主要有：经营周转借款、临时借款、结算借款、票据贴现借款、卖方信贷、预购定金借款和专项储备借款等，见表 10-14。

表 10-14　短期借款会计科目编码的设置

科目代码	总分类科目(一级科目)	明细分类科目		是否辅助核算	辅助核算项目
		二级科目	三级科目		
2001	短期借款				
200101	短期借款	人民币	经营周转借款	是	贷款人
200102	短期借款	人民币	临时借款	是	贷款人
200103	短期借款	人民币	结算借款	是	贷款人
200104	短期借款	人民币	票据贴现借款	是	贷款人
200105	短期借款	人民币	卖方信贷	是	贷款人
200106	短期借款	人民币	预购定金借款	是	贷款人
200107	短期借款	人民币	专项储备借款	是	贷款人
200108	短期借款	外币	美元	是	贷款人
200109	短期借款	外币	欧元	是	贷款人
200110	短期借款	外币	其他	是	贷款人

10.4.2 短期借款的账务处理

企业应通过"短期借款"科目，核算短期借款的取得及偿还情况。账务处理如图 10-5 所示。

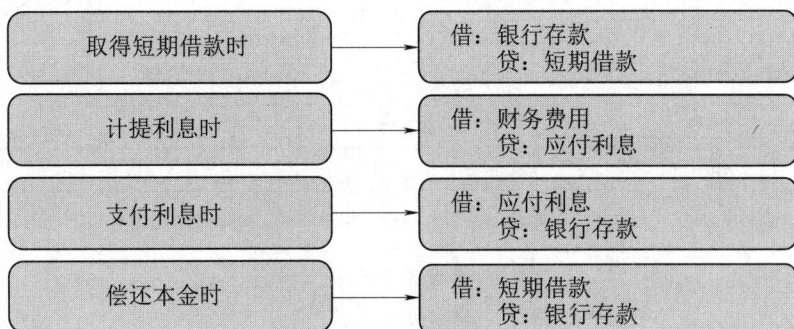

图 10-5 短期借款的账务处理

短期借款利息较大需要计提的，在资产负债表日，按照应计的金额，借记"财务费用"账户，贷记"应付利息"账户；若利息不大无须计提，在支付利息时记入"财务费用"账户。

【例 10-7】精石制造有限公司取得短期借款 1 284 000 元，年利率 8%，借款期限 6 个月。利息数额较少，不进行计提，一直到期还本付息。

6 个月的利息＝1 284 000×8%÷12×6＝51 360（元）

(1)2024 年 1 月 1 日，取得借款时，见表 10-15。

借：银行存款　　　　　　　　　　　　　　　　　　　　　　1 284 000

　　贷：短期借款　　　　　　　　　　　　　　　　　　　　　　1 284 000

表 10-15 中国工商银行流动资金借款收据（回单）

2024 年 1 月 1 日

借款单位全称	精石制造有限公司			存款账号	2290001909234214576									
贷款种类	短期	年利率	8%	贷款户账号	2237001909234245732									
贷款金额	人民币（大写）壹佰贰拾捌万肆仟元整				千	百	十	万	千	百	十	元	角	分
					¥	1	2	8	4	0	0	0	0	0
借款原因或用途：流动资金				约定还款期限	2024 年 6 月 30 日									
备注：				上列贷款已转入你单位存款户										

工行哈尔滨和兴支行
2024.1.1
转讫

(2)2024 年 6 月 30 日，还本付息时，见表 10-16、表 10-17，如图 10-6 所示。

借：短期借款　　　　　　　　　　　　　　　　　　　　　　1 284 000

　　财务费用　　　　　　　　　　　　　　　　　　　　　　　　 51 360

　　贷：银行存款　　　　　　　　　　　　　　　　　　　　　　1 335 360

表 10-16 存(贷)款利息传票

2024 年 6 月

借方	户名	精石制造有限公司	贷方	户名	精石制造有限公司
	账号	2290001909234214576		账号	2290001909234214576
备注	起息日期	止息日期	积数	利率	利息
	2024.01.01	2024.06.30		8%	51 360
	调整利息：		冲正利息：		
应收(付)利息合计：⊗伍万壹仟叁佰陆拾元整					

中国工商银行

转账支票存根

Ⅳ V003424

科　目：

对方科目：

出票日期 2024 年 6 月 30 日

收款人：中国工商银行深圳宝安支行

金　额：¥ 1 335 360

用　途：短期借款

会计主管：邵佳丽　　会计：李诚

图 10-6　转账支票存根

10.5　长期借款

长期借款是指一般纳税人企业向银行或其他经营机构借入的期限在一年以上(不含一年)的各种借款。

10.5.1　长期借款科目设置

为了核算借入的长期借款，一般纳税人企业应设置"长期借款"科目，该科目应按借款单位和借款种类设明细账，分别以"本金""利息调整"等进行明细核算。长期借款科目的具体结构如图 10-7 所示。

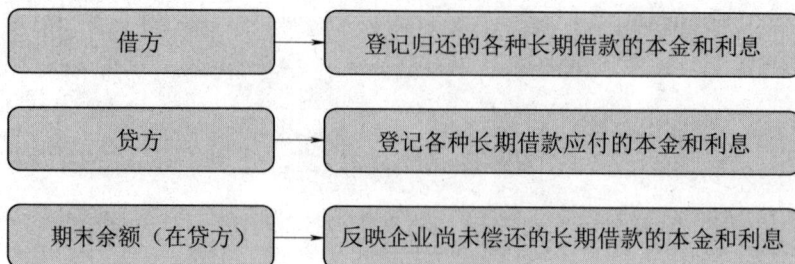

借方	→	登记归还的各种长期借款的本金和利息
贷方	→	登记各种长期借款应付的本金和利息
期末余额（在贷方）	→	反映企业尚未偿还的长期借款的本金和利息

图 10-7　长期借款科目结构

企业应通过"长期借款"科目,核算长期借款的借入、归还等情况。

企业应通过"长期借款"科目核算长期借款的取得和偿还情况,并分别设置"本金""应计利息""利息调整"等二级科目进行明细核算。 本科目期末贷方余额,反映企业尚未偿还的长期借款的摊余成本,见表 10-17。

表 10-17 长期借款会计科目编码的设置

科目代码	总分类科目(一级科目)	明细分类科目		是否辅助核算	辅助核算类别
		二级科目	三级科目		
2501	长期借款				
250101	长期借款	本金	贷款种类	是	贷款单位
250102	长期借款	利息调整	贷款种类	是	贷款单位
250103	长期借款	应计利息	贷款种类	是	贷款单位
250104	长期借款	交易费用	贷款种类	是	贷款单位
250105	长期借款	其他	贷款种类	是	贷款单位

10.5.2 长期借款的账务处理

长期借款的账务处理,如图 10-8 所示。

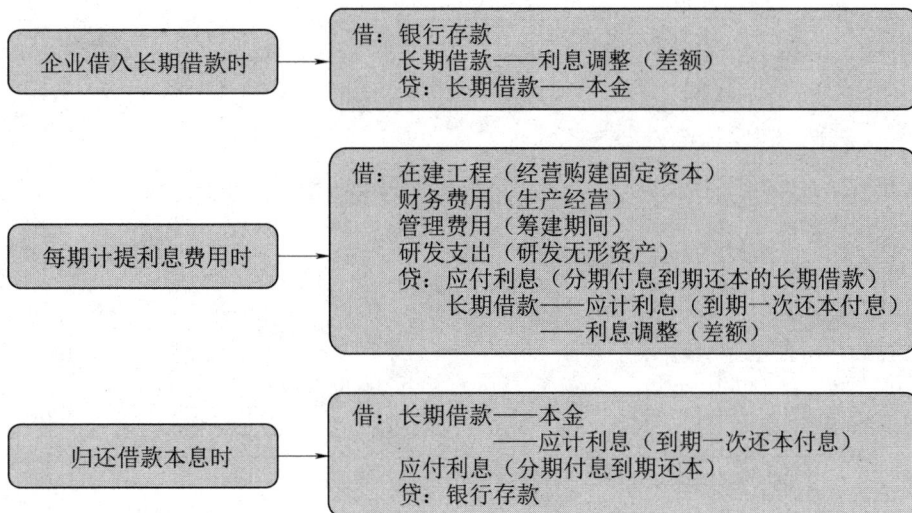

图 10-8 长期借款的账务处理

长期借款利息的计算有两种方式,即单利计算法和复利计算法两种。

(1)单利。

单利计算法是指只按本金计算利息,其所生成利息不再加入本金重复计算利息。 其计算公式为:

$$借款本利和=本金+利息=本金+本金×利率×期数$$

【例10-8】精石制造有限公司向银行借入一笔 5 680 000 元的借款,银行借款利率为 6%，借款期限为 4 年，采用单利方式计息。则精石制造有限公司每年应付的长期借款利息为：

每年的利息＝本金×利率×期数＝5 680 000×6%×1＝340 800（元）

4 年利息总额＝340 800×4＝1 363 200（元）

4 年到期时，精石制造有限公司需偿还银行的资金总额为：

本利和＝5 680 000＋1 363 200＝7 043 200（元）

（2）复利。

复利是指不仅对借款的本金计算利息，其前期所发生的利息也要加入本金重复计算利息，也就是根据本金和前期利息之和计算各期利息，俗称"利滚利"。

其计算公式为：

$$本利和＝本金×(1＋利率)^{期数}$$

$$利息＝本利和－本金＝本金×[(1＋利率)^{期数}－1]$$

【例 10-9】精石制造有限公司向银行借入一笔 850 000 元的借款，年利率为 10%，借款期限为 5 年，采用复利方式计息，如图 10-9 所示。则精石制造有限公司每年应付的长期借款利息为：

中国银行借款凭证	
	日期：2024 年 1 月 1 日
借款人：精石制造有限公司	贷款账号：
借款种类：一般企业流动性资金贷款	利率：10%
借款用途：材料款	
借款合同科目代码：No45653	
担保合同科目代码：No9436	
借款日期：2024 年 1 月 1 日	到期日：2029 年 12 月 31 日
金额：人民币捌拾伍万元整	存款账号
上述贷款已入借款人账户	
	工行哈尔滨和兴支行 2024.1.01
制单：	复核：

图 10-9　借款凭证

第一年的利息＝850 000×10%＝85 000（元）

第二年的利息＝（850 000＋85 000）×10%＝93 500（元）

第三年的利息＝（850 000＋85 000＋93 500）×10%＝102 850（元）

第四年的利息＝（850 000＋85 000＋93 500＋102 850）×10%＝113 135（元）

第五年的利息＝（850 000＋85 000＋93 500＋102 850＋113 135）×10%＝124 448.50（元）

编制计提利息表，见表 10-18。

表 10-18　借款利息计提表

序　号	贷款银行	借款金额（元）	年利率	年利息金额（元）
1	中国银行	850 000	10%	85 000
2			10%	93 500
3			10%	102 850
4			10%	113 135
5			10%	124 448.50
合计		850 000		518 933.50

审核　　　　　　　　　　　　　　　　　　　　　制单

5 年到期时精石制造有限公司需偿还银行的资金总额为：

本利和＝850 000×(1＋10%)^5＝850 000×1.610 51＝1 368 933.50(元)

五年利息总额＝1 368 933.5－850 000＝518 933.50(元)

还款付息凭证，如图 10-10 所示。

中国银行存（贷）款利息凭证
币种：人民币(本位币)2024 年 12 月 31 日　　　　单位：元

付款人	户名	精石制造有限公司		收款人	户名	普通长期贷款利息收入
	账号	2290001909234214576			账号	211565435678512341
金额(大写)		⊗壹佰叁拾陆万捌仟玖佰叁拾叁元伍角整			计息账号	211565435678517621
借据科目代码					借据序号	
备注	起息日	止息日	积数		利率	利息
	2024.1.1	2029.12.31	5		10%	518 933.50
	调整利息：				冲正利息：	

银行章（略）　　　　　　　　　　　　经办人××

图 10-10　利息凭证

10.6　应付债券

应付债券是企业为筹集(长期)资金而发行的债券。债券发行有面值发行、溢价发行和折价发行三种情况。

10.6.1　应付债券科目设置

企业应设置"应付债券"科目，并在该科目下设置"面值""利息调整""应计利息"等明细科目，核算应付债券发行、计提利息、还本付息等情况，见表 10-19。

表 10-19　应付债券会计科目编码的设置

科目代码	总分类科目(一级科目)	明细分类科目		是否辅助核算	辅助核算类别
		二级科目	三级科目		
2502	应付债券				
250201	应付债券	面值	种类	是	单位名称
250202	应付债券	利息调整	种类	是	单位名称
250203	应付债券	应计利息	种类	是	单位名称
250204	应付债券	其他	种类	是	单位名称

10.6.2　应付债券的核算

应付债券的账务处理,如图 10-11 所示。

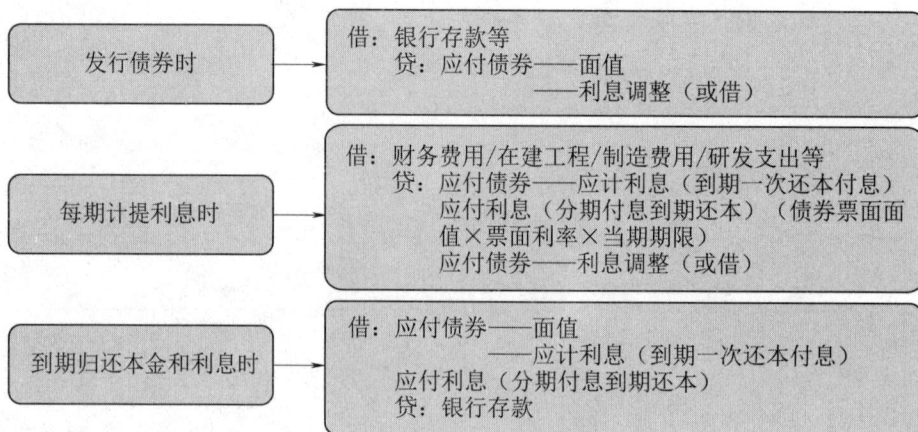

图 10-11　应付债券的账务处理

【例 10-10】 精石制造有限公司于 2023 年 1 月 1 日发行 5 年期债券,面值 9 000 000 元,票面利率为 12%,假定市场利率为 10%。债券利息每年 12 月 31 日支付。证券发行结算清单如图 10-12 至图 10-13 所示。

精石制造有限公司发行该批债券的实际发行价格＝9 000 000×(P/S,10%,5)＋ 9 000 000×12%×(P/A,10%,5)

＝9 000 000×0.620 9＋1 080 000×3.790 8

＝5 588 100＋4 094 064＝9 682 164(元)

证券发行结算清单

2023 年 1 月 1 日

企业名称		精石制造有限公司
发行债券	面值	100
	数量	90 000
	总价	9 000 000
发行费用		—
发行净额		9 000 000

图 10-12　结算清单

中国工商银行特种转账传票(贷方凭证)

签发日期：2023 年 1 月 10 日   第××号

付款人	全 称	招商证券有限责任公司	收款人	全 称	精石制造有限公司		
	账 号	33230019092342894890		账 号	22900019092234214576		
	开户银行	工行 | 行号 | 12		开户银行	工商银行深圳北安支行 | 行号 | 32		

汇票金额	人民币(大写)⊗玖佰万元整	千 百 十 万 千 百 十 元 角 分
		¥ 9 0 0 0 0 0 0 0 0 0

原凭证金额		赔偿金	
原凭证名称		号码	

转账原因　债券款
　　　　　银行盖章(略)

科目( )
对方科目( )

复核员　记账

图 10-13　传票

根据上述资料，精石制造有限公司采用实际利率法和摊余成本计算确定的利息费用，见表 10-20。

表 10-20　应付债券核算表

日 期	现金流出 (a)	实际利息费用 (b)=期初(d)×10%	已偿还的本金 (c)=(a)−(b)	摊余成本余额 (d)=期初(d)_(c)
2023 年 1 月 1 日				9 682 164
2023 年 12 月 31 日	1 080 000	968 216.40	111 783.6	9 570 380.4
2024 年 12 月 31 日	1 080 000	957 038.04	122 961.96	9 447 418.44
2025 年 12 月 31 日	1 080 000	944 741.84	135 258.16	9 312 160.28
2026 年 12 月 31 日	1 080 000	931 216.03	148 783.97	9 163 376.31
2027 年 12 月 31 日	1 080 000	916 623.69	163 376.31	9 000 000
小计	5 400 000	4 717 836	682 164	9 000 000
2027 年 12 月 31 日	9 000 000	—	682 164	0
合计	14 400 000	4 717 836	682 164	—

(1)2023 年 1 月 1 日，发行债券。

借：银行存款　　　　　　　　　　　　　　　9 682 164
　　贷：应付债券——面值　　　　　　　　　9 000 000
　　　　　　——利息调整　　　　　　　　　682 164

(2)2023 年 12 月 31 日，计提利息费用。

借：财务费用(或在建工程)　　　　　　　　968 216.40

应付债券——利息调整	111 783.60
贷：应付利息	1 080 000

(3)2024 年 1 月 10 日，支付利息。

借：应付利息	1 080 000
贷：银行存款	1 080 000

2024 年、2025 年、2026 年、2027 年确认利息费用的会计分录与 2023 年相同，金额与利息费用与表中的对应金额一致。在此不再赘述。

(4)2027 年 12 月 31 日，归还债券本金及最后一期利息费用。

借：财务费用(在建工程)	916 623.69
应付债券——面值	9 000 000
——利息调整	163 376.31
贷：银行存款	10 080 000

第11章 产品销售阶段的核算

产品销售阶段涉及的主要账户有主营业务收入、其他业务收入等。本章主要介绍商品销售收入、提供劳务收入、让渡资产使用权取得的收入。其中，商品销售收入包括一般销售商品收入、委托代销、商品销售并提供安装、检验等服务。

11.1 收入的账务处理

收入是指企业在日常活动中形成的、会导致所有者权益增加的、与所有者投入资本无关的经济利益的总流入。

11.1.1 收入的分类

收入的分类如下：

1. 按活动性质分类

收入按企业从事日常活动的性质不同，可以分为三类，见表11-1。

表11-1 收入分类的说明

分类	说明
销售商品的收入	指取得货币资产方式的商品销售。商品主要包括企业为销售而生产或购进的商品。企业销售的其他存货如原材料、包装物等也视同商品。但企业以商品进行投资、捐赠、抵偿债务及自用等，会计上不作销售商品处理，不确认商品销售收入，按成本结转
提供劳务的收入	主要指提供旅游、运输、饮食、广告、理发、照相、洗染、咨询、代理、培训、产品安装等所取得的收入
让渡资产使用权取得的收入	指企业将资产让渡给他人使用所取得的收入，如出租固定资产的租金收入；让渡现金使用权取得的利息收入；让渡专利权、商标权、专营权、版权、计算机软件等无形资产的使用权而收取的使用费收入；进行股权投资而收取的股利收入

2. 按经营业务的主次分类

收入按企业经营业务的主次分为两类，即主营业务收入和其他业务收入。

主营业务收入和其他业务收入的说明，见表11-2。

表11-2 主营业务收入和其他业务收入的说明

分类	说明
主营业务收入	指企业营业执照上注明的主营业务所取得的收入。不同行业的主营业务收入包含的内容不同，企业主要包括销售商品、自制半成品、代制品、代修品，提供工业性劳务等取得的收入；商品流通企业主要包括销售商品取得的收入
其他业务收入	指企业营业执照上注明的兼营业务所取得的收入。不同企业的其他业务收入包含的内容也不同，如企业主要包括材料销售收入、包装物出租收入、固定资产出租收入、无形资产出租收入(转让其使用权取得的使用费收入)、提供非工业性劳务收入等

11.1.2 一般销售商品收入

在进行销售商品的会计处理时，首先要考虑销售商品收入是否符合收入确认条件。符合所规定的五个确认条件的，企业应及时确认收入，并结转相关销售成本。

1. 一般销售商品业务收入的处理

企业判断销售商品收入满足确认条件的，应当提供确凿的证据。

(1)销售商品采用托收承付方式的，以办妥托收手续时确认收入。

(2)交款提货销售商品的，以开出发票账单收到货款时确认收入。

(3)采用商业汇票销售商品的，收到已承兑汇票，开出发票时确认收入。

2. 一般销售商品的账务处理

一般销售商品的账务处理，如图 11-1 所示。

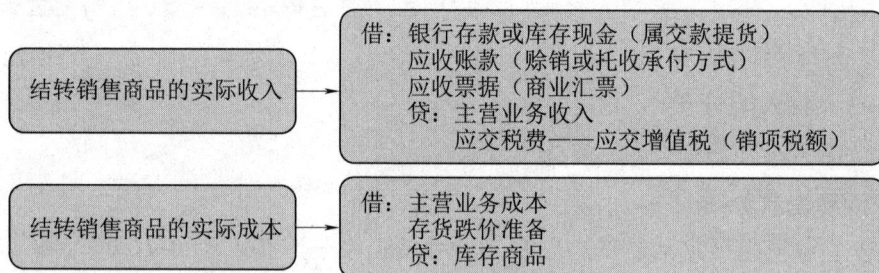

图 11-1　一般销售商品的账务处理

主营业务收入一般不设置二级科目。 如果设置二级科目，可以根据自己单位核算需要来设置，二级科目设置没有规定要求。 期末，应将本科目的余额转入"本年利润"科目，结转后本科目应无余额。 具体设置见表 11-3。

表 11-3　主营业务收入会计科目编码的设置

科目代码	总分类科目(一级科目)	明细分类科目		是否辅助核算	辅助核算类别
		二级科目	三级科目		
6001	主营业务收入				
600101	主营业务收入	销售货物	类别	是	客户
600102	主营业务收入	提供劳务	类别	是	客户
600103	主营业务收入	让渡资产使用权	类别	是	客户
600104	主营业务收入	建造合同	类别	是	客户
600105	主营业务收入	其他	类别	是	客户

【例 11-1】精石制造有限公司销售一批商品，增值税专用发票上注明售价为 91 200 元，增值税额为 11 856 元。 货款已入账。 该批产品适用的消费税税率为 5%，生产成本为 76 600 元。 相关单据如图 11-2 至图 11-3 所示。

根据上述业务作会计分录如下：

借：银行存款　　　　　　　　　　　　　　　　　　103 056

贷：主营业务收入　　　　　　　　　　　　　　　　　　　　91 200

　　应交税费——应交增值税（销项税额）　　　　　　　　11 856

应交消费税＝91 200×5％＝4 560（元）

借：税金及附加　　　　　　　　　　　　　　　　　　　　　4 560

　　贷：应交税费——应交消费税　　　　　　　　　　　　　　4 560

同时结转成本：

借：主营业务成本　　　　　　　　　　　　　　　　　　　　76 600

　　贷：库存商品　　　　　　　　　　　　　　　　　　　　　76 600

电子发票（增值税专用发票）					发票号码：××		
哈尔滨市税务局					开票日期：2024 年 5 月 9 日		
购买方信息	名称：俞林机械有限公司 统一社会信用代码/纳税人识别号：990010140032430			销售方信息	名称：精石制造有限公司 统一社会信用代码/纳税人识别号：651101400355123		
项目名称	规格型号	单位	数量	单价	金额	税率/征收率	税额
轴承		个	100	912	91 200	13％	11 856
合计					¥ 91 200		¥ 11 856
价款合计(大写)		⊗壹拾万叁仟零伍拾陆元整				(小写)¥ 103 056	
备注	销方开户银行：工商银行哈尔滨和兴支行			银行账号：2290001909234214476			

图 11-2　发票

中国银行进账单(回单或收账通知)														
进账日期：2024 年 5 月 11 日　第×××号														
收款人	全　称	精石制造有限公司		付款人	全　称	俞林机械有限公司								
	账　号	2290001909234214576			账　号	2210004309234213221								
	开户银行	工商银行哈尔滨和兴支行			开户银行	深圳工商银行樱花支行营业室								
人民币(大写)：⊗壹拾万叁仟零伍拾陆元整						千	百	十	万	千	百	十	元	角	分
							1	0	3	0	5	6	0	0
票据种类	1													
票据张数	转账支票				收款人开户银行盖章									
主管　　会计　　复核　　记账														

图 11-3　进账单

11.1.3 商业折扣、现金折扣和销售折让的处理

企业销售商品收入的金额通常按照从购货方已收或应收的合同或协议价款确定。

确认销售商品收入时，不应考虑预计可能发生的现金折扣和销售折让，但应考虑商业折扣的净额。即有现金折扣或销售折让的收入，按总价确认；有商业折扣的收入，按扣除商业折扣的净额，按净额确认收入。

1. 商业折扣

商业折扣是企业为促进商品销售而在商品标价上给予的价格扣除。商业折扣在销售时即已发生，企业销售商品涉及商业折扣的，应当按照扣除商业折扣后的金额确定销售商品收入金额。《国家税务总局关于印发〈增值税若干具体问题的规定〉的通知》（国税发〔1993〕154 号）第二条第（二）项规定："纳税人采取折扣方式销售货物，如果销售额和折扣额在同一张发票上分别注明的，可按折扣后的销售额征收增值税；如果将折扣额另开发票，不论其在财务上如何处理，均不得从销售额中减除折扣额。"根据上述规定可知，销售额和折扣额在同一张发票上的'金额'栏分别注明的，可按折扣后的销售额征收增值税。未在同一张发票'金额'栏注明折扣额，而仅在发票的备注栏注明折扣额的，折扣额不得从销售额中减除。

【例 11-2】 2024 年 9 月 15 日，精石制造有限公司向乙公司销售商品一批，货款 798 000 元，增值税税率 13%，垫付包装费、运杂费 500 元，已办理了委托银行收款手续。经双方协商，给予乙公司 10% 的商业折扣，销售额与折扣额在同一张发票上注明。

收入入账金额＝798 000×(1－10%)＝718 200(元)

增值税额＝798 000×13%＝103 740(元)

借：应收账款——乙公司　　　　　　　　　　　　　　902 240

　　贷：主营业务收入　　　　　　　　　　　　　　　　798 000

　　　　应交税费——应交增值税（销项税额）　　　　103 740

　　　　银行存款　　　　　　　　　　　　　　　　　　　500

2. 现金折扣

现金折扣是债权人为鼓励债务人在规定的期限内付款而向债务人提供的债务扣除。现金折扣一般用符号"折扣率/付款期限"表示。

例如，"2/10，1/20，n/30"表示：销货方允许客户最长的付款期限为 30 天，如果客户在 10 天内付款，销货方可按商品售价给予客户 2% 的折扣，如果客户在 20 天内付款，销货方可按商品售价给予客户 1% 的折扣，如果客户在 21 天至 30 天内付款，将不能享受现金折扣。

现金折扣发生在企业销售商品之后，现金折扣在销售时按总价(即按照扣除现金折扣前的金额)入账。在收款时，要区分是否在折扣期限内收到款项。如果在折扣期限内收到款项，少收的部分要记入财务费用。即现金折扣在实际发生时计入当期财务费用。

【例 11-3】 精石制造有限公司为一般纳税人企业，税率 16%。2024 年 9 月 1 日，向寰球机械有限公司销售一批设备，开出的增值税专用发票上注明的销售价格为 81 800 元，增值税额为 10 634 元。为及早收回货款，精石制造有限公司和寰球机械有限公司约

定的现金折扣条件为：2/10,1/20,n/30。假定计算现金折扣时不考虑增值税额税额及其他因素。精石制造有限公司的账务处理如下。

(1)9月1日，销售实现时，按销售总价确认收入。

借：应收账款	92 434
贷：主营业务收入	81 800
应交税费——应交增值税(销项税额)	10 634

(2)如果精石制造有限公司在9月9日付清货款，则按销售总价92 434元的2%享受现金折扣1 636(81 800×2%)元，实际付款90 798(81 800－1 636＋10 634)元。

借：银行存款	90 798
财务费用	1 636
贷：应收账款	92 434

(3)如果精石制造有限公司在9月18日付清货款，则按销售总价81 800元的1%享受现金折扣818(81 800×1%)元，实际付款91 616(81 800－818＋10 634)元。

借：银行存款	91 616
财务费用	818
贷：应收账款	92 434

(4)如果精石制造有限公司在9月底才付清货款，则按全额付款。

借：银行存款	92 434
贷：应收账款	92 434

3. 销售折让

销售折让是企业因售出商品的质量不合格等原因而在售价上给予的减让。销售折让如发生在确认销售收入之前，则应在确认销售收入时直接按扣除销售折让后的金额确认，已确认销售收入的售出商品发生销售折让，且不属于资产负债表日后事项的，应在发生时冲减当期销售商品收入，如按规定允许扣减增值税税额的，还应冲减已确认的应交增值税销项税额，如图11-4所示。

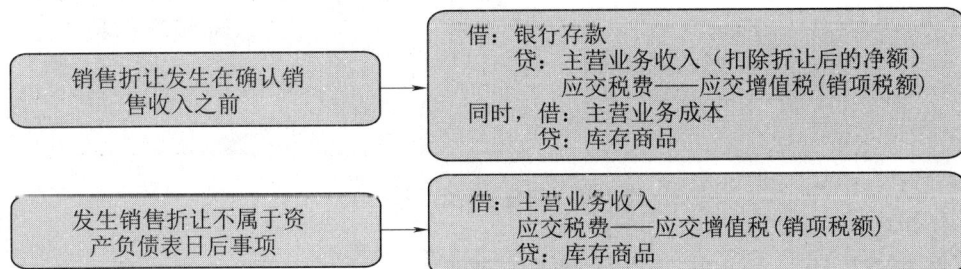

图 11-4　销售折让的账务处理

【例11-4】2024年4月，精石制造有限公司向正大公司销售一批商品，开出的增值税专用发票上注明的销售价格为113 500元，增值税额为14 755元。正大公司在验收过程中发现商品质量不合格，要求在价格上给予5%的折让。假定精石制造有限公司已确认销售收入，款项尚未收到，发生的销售折让允许扣减当期增值税额，不考虑其他因素。精石制造有限公司的账务处理如下。

(1)公司销售实现时。

借：应收账款   128 255

  贷：主营业务收入   113 500

   应交税费——应交增值税(销项税额)(113 500×13%) 14 755

(2)公司发生销售折让时。

借：主营业务收入(113 500×5%)   5 675

  应交税费——应交增值税(销项税额)   737.75

  贷：应收账款   6 412.75

(3)公司实际收到款项时：128 255－6 412.75＝121 842.25(元)

借：银行存款   121 842.25

  贷：应收账款   121 842.25

开具发票后，如发生销售折让的，必须在收回原发票并注明"作废"字样后重新开具销售发票或取得对方有效证明后开具红字发票。销售货物退回或者折让而退还给购买方的增值税额，应从发生销售货物退回或者折让当期的销项税额中扣减；因购进货物退出或者折让而收回的增值税额，应从发生购进货物退出或者折让当期的进项税额中扣减。企业已经确认销售收入的售出商品发生销售折让，应当在发生当期冲减当期销售商品收入。

11.1.4 销售退回的处理

企业售出的商品由于质量、品种不符合要求等原因而发生的销售退回，应分别不同情况进行会计处理，如图 11-5 所示。

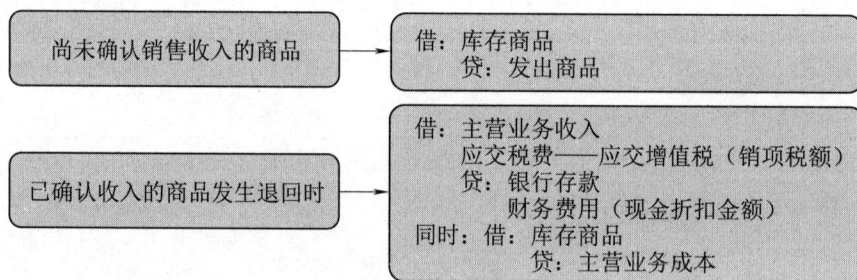

图 11-5 销售退回的账务处理

【例 11-5】2024 年 4 月 16 日，精石制造有限公司销售商品一批，售价为 437 000 元，增值税为 69 920 元，成本为 342 000 元。2024 年 9 月 6 日，该批商品因质量严重不合格被退回，货款以银行存款退还给购货方。精石制造有限公司作会计分录如下：

借：主营业务收入   437 000

  应交税费——应交增值税(销项税额)(437 000×13%) 56 810

  贷：银行存款   493 810

借：库存商品 342 000

　　贷：主营业务成本 342 000

登记入账时，"应交税费——应交增值税（销项税额）"用红字在贷方专栏中反映。

11.1.5　采用预收款方式销售商品的处理

预收款销售商品是购买方在商品尚未收到前按合同或协议约定分期付款，销售方在收到最后一笔款项时才交货的销售方式。预收款销售方式下，销售方直到收到最后一笔款项才将商品交付购货方，表明商品所有权上的主要风险和报酬只有在收到最后一笔款项时才转移给购货方，销售方通常应在发出商品时确认收入，在此之前预收的货款应确认为预收账款。

采用预收款方式销售商品，在发出商品时确认收入。

采用预收款方式销售商品的会计分录，如图 11-6 所示。

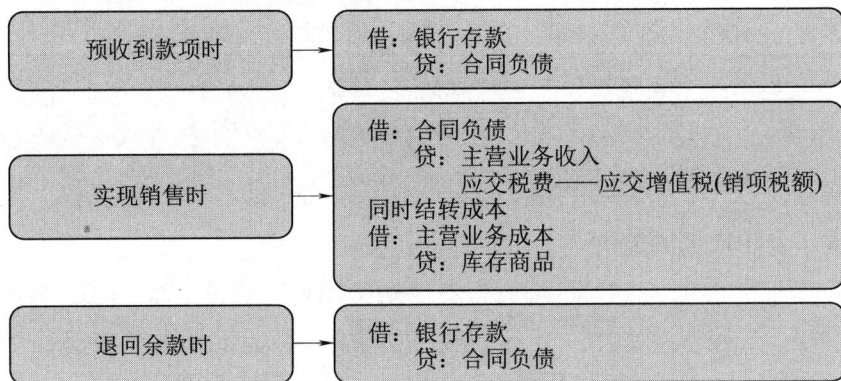

图 11-6　采用预收款方式销售商品的账务处理

【例 11-6】朝晖公司与鑫诚公司签订协议，采用分期预收款方式向鑫诚公司销售一批商品。该批商品实际成本为 2 760 000 元。协议约定，该批商品销售价格为 3 260 000 元，增值税税额为 423 800 元；鑫诚公司应在协议签订时预付 50% 的货款（按销售价格计算），剩余货款于 2 个月后支付。假定不考虑其他因素，朝晖公司的账务处理如下。

（1）收到 50% 的货款时：3 260 000×50%＝1 630 000（元）。

借：银行存款 1 630 000

　　贷：合同负债——预收款 1 630 000

（2）收到剩余货款及增值税税额时。

借：合同负债——预收款 1 630 000

　　银行存款 2 053 800

　　贷：主营业务收入 3 260 000

　　　　应交税费——应交增值税（销项税额） 423 800

借：主营业务成本 2 760 000

　　贷：库存商品 2 760 000

根据《中华人民共和国增值税暂行条例实施细则》第三十八条，"……（四）采取预收货款方式销售货物，为货物发出的当天，但生产销售生产工期超过 12 个月的大型机械设备、船舶、飞机等货物，为收到预收款或者书面合同约定的收款日期的当天……"

《国家税务总局关于发布〈房地产开发企业销售自行开发的房地产项目增值税征收管理暂行办法〉的公告》（国家税务总局公告 2016 年第 18 号）规定：

"第十条　一般纳税人采取预收款方式销售自行开发的房地产项目，应在收到预收款时按照 3% 的预征率预缴增值税。

…………

第十二条　一般纳税人应在取得预收款的次月纳税申报期向主管国税机关预缴税款。

…………

第十九条　房地产开发企业中的小规模纳税人（以下简称小规模纳税人）采取预收款方式销售自行开发的房地产项目，应在收到预收款时按照 3% 的预征率预缴增值税。

第二十条　应预缴税款按照以下公式计算：

$$应预缴税款＝预收款÷（1＋5\%）×3\%$$

第二十一条　小规模纳税人应在取得预收款的次月纳税申报期或主管国税机关核定的纳税期限向主管国税机关预缴税款。"

11.1.6　委托代销的处理

在委托代销的方式下，一般纳税人企业虽然发出代销商品，但商品的所有权仍归企业所有，其风险和报酬并未转移，不符合收入实现的基本条件，故不应确认为销售收入的实现；而受托方在商品尚未销售给第三方以前，其风险和报酬也未转移，故也不能确认为销售。因此，在委托代销方式下，委托方应设置"委托代销商品"科目，核算委托代销商品的增减变动；受托方必须设置"受托代销商品"科目，核算受托代销商品的增减变动。在具体实务中，委托方和受托方签订代销合同有以下两种方式：视同买断方式和收取手续费方式。

1. 视同买断方式

一般纳税人企业按"委托代销合同"中规定的商品价款向受托方收取所代销商品的货款，而商品在销售时的实际售价由受托方自定，实际售价与合同价之间的差额则归受托方所有。一般纳税人企业把商品交给受托方时，由于商品所有权上的风险和报酬并未转移给受托方，这种销售方式从本质上来说仍然属于代销。因此，企业在交付商品时不确认收入，受托方也不作为购进商品处理。在这种销售方式下，受托方是在把商品销售出去以后，按实际售价来确认其收入；而企业则以受托方开出的代销清单为依据来确认其收入。视同买断方式下的具体账务处理，见表 11-4。

表 11-4　视同买断方式下的账务处理

业务情景	账务处理
企业发出商品时	借：委托代销商品 　　贷：库存商品

续上表

业务情景	账务处理
受托单位交来代销清单时	借：应收账款、银行存款等科目 贷：主营业务收入 　　应交税费——应交增值税(销项税额)等

【例 11-7】 精石制造有限公司委托乙企业销售商品 7 100 件，合同价为 82 元/件，该商品的成本为 68 元/件，增值税率为 13%。精石制造有限公司收到乙企业开来的代销商品清单时开具增值税发票，发票上注明价款为 582 200 元、增值税额为 75 686 元。

(1)把商品交付给乙企业时。

借：委托代销商品(7 100×82)　　　　　　　　　　　582 200

　　贷：库存商品　　　　　　　　　　　　　　　　　　582 200

(2)收到乙企业开来的代销清单时。

借：应收账款——乙企业　　　　　　　　　　　　　657 886

　　贷：主营业务收入　　　　　　　　　　　　　　　582 200

　　　　应交税费——应交增值税(销项税额)　　　　　75 686

同时结转该批委托代销商品的成本：68×7 100＝482 800(元)

借：主营业务成本　　　　　　　　　　　　　　　　482 800

　　贷：委托代销商品　　　　　　　　　　　　　　　482 800

(3)收到乙企业转来的代销商品款时。

借：银行存款　　　　　　　　　　　　　　　　　　657 886

　　贷：应收账款——乙企业　　　　　　　　　　　　657 886

2. 收取手续费方式

在这种代销方式下，一般纳税人企业在受托方把商品销售出去以后，并收到受托方开来的代销清单时确认其收入。受托方则是在把商品销售出去以后，按代销合同的规定收取的手续费并以此确认其收入。

在收取手续费的方式下，即受托方根据所代销商品的数额收取手续费，对受托方而言，代销的手续费实际上是一种劳务收入。此种代销方式的主要特点是：受托方必须根据企业(委托方)确定的售价对外销售，受托方不能随意改变商品的价格，在这种销售方式下，企业在受托方将商品销售后并向其开具代销清单时，确认销售收入。收取手续费方式下的账务处理，见表 11-5。

表 11-5　收取手续费方式下的账务处理

业务情景	账务处理
按照成本价发出商品时	借：委托代销商品 贷：库存商品

续上表

业务情景	账务处理
收到代销清单时	借：应收账款 　　贷：主营业务收入 　　　　应交税费——应交增值税(销项税额)
结转成本时	借：主营业务成本 　　贷：委托代销商品
收到受托方交来的代销商品款时	借：银行存款 　　销售费用(结算的代销手续费) 　　贷：应收账款

【例 11-8】甲公司委托乙企业销售商品 3 150 件，该商品的成本为 29 元/件，增值税率为 13%。乙企业按 42 元/件销售，并向甲公司开具了增值税发票，发票上注明了商品的售价为 132 300 元、增值税款 17 199 元。甲公司收到乙企业开具的代销清单时，向乙企业开具了一张金额相同的增值税发票，并按售价的 10% 向乙企业支付手续费。甲商贸公司的账务处理如下。

(1)把商品交给乙企业时：

借：委托代销商品(3 150×29)　　　　　　　　　　　　　91 350

　　贷：库存商品　　　　　　　　　　　　　　　　　　　91 350

(2)收到乙企业开具的代销清单时：

借：应收账款——乙企业　　　　　　　　　　　　　　　149 499

　　贷：主营业务收入　　　　　　　　　　　　　　　　132 300

　　　　应交税费——应交增值税(销项税额)　　　　　　17 199

同时结转该批委托代销商品的成本：

借：主营业务成本　　　　　　　　　　　　　　　　　　91 350

　　贷：委托代销商品　　　　　　　　　　　　　　　　91 350

(3)计算出应该支付乙企业的代销手续费时：

代销手续费：132 300×10%＝13 230(元)

借：销售费用——代销手续费　　　　　　　　　　　　　13 230

　　贷：应收账款——乙企业　　　　　　　　　　　　　13 230

(4)收到乙企业汇来的代销商品货款：

借：银行存款(149 499－13 230)　　　　　　　　　　　136 269

　　贷：应收账款——乙企业　　　　　　　　　　　　136 269

11.1.7　分期收款的处理

分期收款方式下，企业应设置"分期收款发出商品"账户核算已经发出但尚未结转的商品成本。分期收款发出商品的账务处理，如图 11-7 所示。

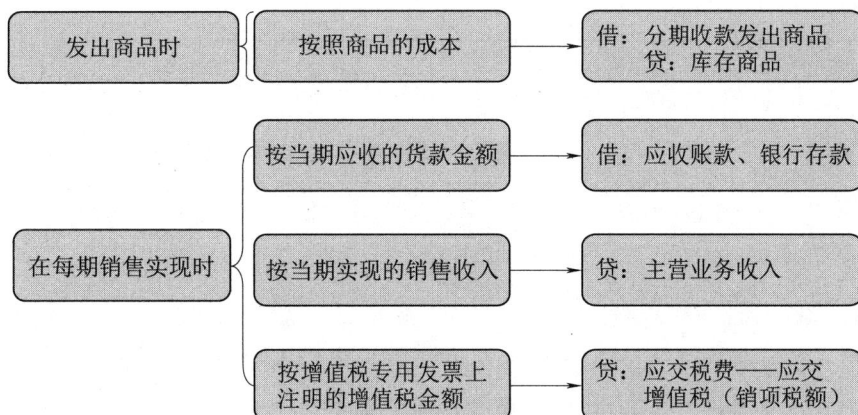

图 11-7 分期收款发出商品的账务处理

同时，按商品全部销售成本与全部销售收入的比率计算当期应结转的销售成本，借记"主营业务成本"账户，贷记"分期收款发出商品"账户。

【例 11-9】2024 年 5 月 15 日，精石制造有限公司采用分期收款方式向简道公司销售产品一批，售价为 496 000 元，合同约定分 5 次等额付款。该产品成本为 386 000 元，增值税税率为 13%，该企业为增值税一般纳税企业。根据经济业务，精石制造有限公司所作会计处理如下：

(1)发出产品时。

借：分期收款发出商品　　　　　　　　　　　　　　　386 000

　　贷：库存商品　　　　　　　　　　　　　　　　　　　　386 000

(2)合同规定收到第一期应收的货款时。

借：银行存款　　　　　　　　　　　　　　　　　　　112 096

　　贷：主营业务收入(496 000÷5)　　　　　　　　　　　　 99 200

　　　　应交税费——应交增值税(销项税额)(496 000×13%÷5)　 12 896

(3)转销售成本时。

借：主营业务成本(386 000÷496 000×99 200)　　　　　 77 200

　　贷：分期收款发出商品　　　　　　　　　　　　　　　　 77 200

11.1.8 商品销售并提供安装、检验等服务的处理

商品销售并提供安装、检验等服务，是指出售的商品需要安装或检验，在此种销售方式下，购买方在接收商品以后及安装检验宗毕以前一般不确认销售收入，但如果安装程序比较简单，或检验是为最终确定合同价格而必须进行的程序，则可以在商品发出时，或在商品装运时确认收入。商品销售并提供安装、检验等服务账务处理，见表 11-6。

表 11-6 商品销售连带提供安装、检验等服务的账务处理

业务情景	账 务 处 理
发出商品时	借：发出商品(按商品的成本科目) 　　贷：库存商品

续上表

业务情景	账 务 处 理
如果开具增值税专用发票	借：应收账款(按其增值税额) 　贷：应交税费——应交增值税(销项税额)
待商品安装或者检验完毕时	借：应收账款(按其售价) 　贷：主营业务收入

【例11-10】 勤奋设备制造厂系增值税一般纳税人企业，2024 年 5 月 5 日，向市第一食品公司销售一条饼干生产线，合同规定，第一食品公司在 2024 年 5 月 25 日前应将 70% 的货款予以支付，其余 30% 的货款连同安装费待饼干生产线安装完毕并检验合格后以银行存款支付，生产线总价款 718 000 元，安装费 12 882 元(含税)。 饼干生产线已于 2024 年 6 月 10 日运达第一食品公司，该饼干生产线的成本为 452 000 元，在 2024 年 12 月 15 日安装完毕。 有关会计处理如下。

(1)勤奋设备制造厂发出饼干生产线时。

借：发出商品　　　　　　　　　　　　　　　　　　　452 000

　　贷：库存商品　　　　　　　　　　　　　　　　　　　452 000

(2)收到 70% 的货款时。

借：银行存款(718 000×70%)　　　　　　　　　　　502 600

　　贷：预收账款　　　　　　　　　　　　　　　　　　502 600

(3)计算增值税销项税额并转账时。

借：应收账款 [718 000÷(1+13%)×13%]　　　　　　82 601.77

　　贷：应交税费——应交增值税(销项税额)　　　　　82 601.77

(4)电梯安装完毕，收到其余的款项及增值税，并结转销售收入时。

借：银行存款　　　　　　　　　　　　　　　　　　　228 282

　　预收账款　　　　　　　　　　　　　　　　　　　502 600

　　贷：主营业务收入(718 000÷1.13+11 400)　　　　646 798.23

　　　　应交税费——应交增值税(销项税额)　　　　　　1 482

　　　　应收账款　　　　　　　　　　　　　　　　　　82 601.77

①收到的安装费系价外费用，是含税收入，必须将含税收入折算为不含税收入，其折算方法为：含税收入÷(1+增值税税率)=12 882÷1.13=11 400(元)。

②销项税额=11 400×13%=1 482(元)。

(5)结转成本时，应编制会计分录如下。

借：主营业务成本　　　　　　　　　　　　　　　　　452 000

　　贷：发出商品——饼干生产线　　　　　　　　　　　452 000

11.1.9　销售材料等存货的处理

企业在日常活动中还可能发生对外销售不需用的原材料、随同商品对外销售单独计价的包装物等业务。企业销售原材料、包装物等存货也视同商品销售，其收入确认和计量原则比照商品销售处理。

企业销售原材料、包装物等存货实现的收入以及结转的相关成本，通过"其他业务收入""其他业务成本"科目核算。

其他业务收入是指企业确认的除主营业务活动以外的其他经营活动实现的收入。企业应设置"其他业务收入"科目，本科目核算企业确认的除主营业务活动以外的其他经营活动实现的收入，包括出租固定资产、出租无形资产、出租包装物和商品、销售材料、用材料进行非货币性交换（非货币性资产交换具有商业实质且公允价值能够可靠计量）或债务重组等实现的收入。

本科目可按其他业务收入种类进行明细核算。期末结转时，本科目无余额。见表 11-7。

表 11-7　其他业务收入会计科目编码的设置

科目代码	总分类科目（一级科目）	明细分类科目		是否辅助核算	辅助核算类别
		二级科目	三级科目		
6051	其他业务收入				
605101	其他业务收入	材料及包装物的销售	项目	是	部门
605102	其他业务收入	代销商品款	项目	是	部门
605103	其他业务收入	包租物出租	项目	是	部门
605104	其他业务收入	无形资产转让	项目	是	部门
605105	其他业务收入	固定资产出租	项目	是	部门
605106	其他业务收入	其他	项目	是	部门

销售材料等存货的处理，如图 11-8 所示。

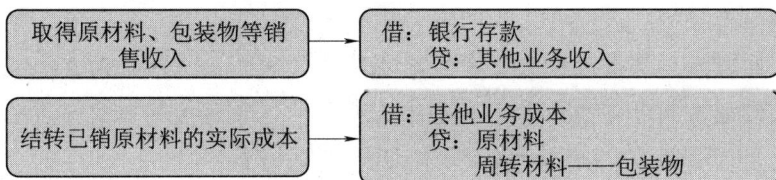

图 11-8　销售材料等存货的账务处理

【例 11-11】2024 年 4 月 2 日，精石制造有限公司出售一批材料，含税价款总计 28 250 元。

借：银行存款　　　　　　　　　　　　　　　　　28 250
　　贷：其他业务收入　　　　　　　　　　　　　　25 000
　　　　应交税额——应交增值税（销项税额）　　　3 250

2. 已经发出但不符合销售商品收入确认条件的商品的处理

如果企业售出商品不符合销售商品收入确认的条件，不应确认收入。

为了单独反映已经发出但尚未确认销售收入的商品成本，企业应增设"发出商品"科目。

"发出商品"科目核算一般销售方式下已经发出但尚未确认销售收入的商品成本，如图 11-9 所示。

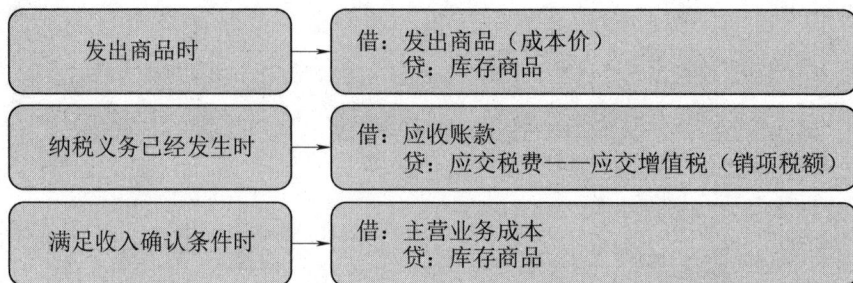

发出商品时	借：发出商品（成本价） 贷：库存商品
纳税义务已经发生时	借：应收账款 贷：应交税费——应交增值税（销项税额）
满足收入确认条件时	借：主营业务成本 贷：库存商品

图 11-9 已经发出但不符合销售商品收入确认条件的商品的账务处理

11.2 其他收入的确认与会计核算

本节主要介绍提供劳务、让渡资产使用权的确认与会计核算。

11.2.1 提供劳务收入

企业对外提供劳务所实现的收入以及结转的相关成本，如属于企业的主营业务，应通过"主营业务收入""主营业务成本"等科目核算；如属于主营业务以外的其他经营活动，应通过"其他业务收入""其他业务成本"等科目核算。企业对外提供劳务发生的支出一般先通过"劳务成本"科目给予归集，待确认为费用时，再由"劳务成本"科目转入"主营业务成本"或"其他业务成本"科目。

1. 提供劳务结果能够可靠估计

如劳务的开始和完成分属不同的会计期间，且企业在资产负债表日提供劳务交易的结果能够可靠估计的，应采用完工百分比法确认提供劳务收入。

在采用完工百分比法确认收入时，收入和相关的费用应按以下公式计算：

本年确认的收入＝劳务总收入×本年末止劳务的完工进度－以前年度已确认的收入

本年确认的成本＝劳务总成本×本年末止劳务的完工进度－以前年度已确认的成本

同时满足下列条件的，提供劳务交易的结果能够可靠估计。

(1)收入的金额能够可靠地计量。

(2)相关的经济利益很可能流入企业。

(3)交易的完工进度能够可靠地确定。

(4)交易中已发生和将发生的成本能够可靠地计量。

2. 提供劳务交易结果不能可靠估计

如劳务的开始和完成分属不同的会计期间，且企业在资产负债表日提供劳务交易结果不能可靠估计的，即不能同时满足上述四个条件的，不能采用完工百分比法确认提供劳务收入。此时，企业应当正确预计已经发生的劳务成本能否得到补偿，分别下列情况处理。

(1)已经发生的劳务成本预计全部能够得到补偿的，应按已收或预计能够收回的金额确认提供劳务收入，并结转已经发生的劳务成本。

(2)已经发生的劳务成本预计部分能够得到补偿的，应按能够得到补偿的劳务成本金额确认提供劳务收入，并结转已经发生的劳务成本。

(3)已经发生的劳务成本预计全部不能得到补偿的，应将已经发生的劳务成本计入当期损益(主营业务成本或其他业务成本)，不确认提供劳务收入。

劳务收入的具体账务处理，见表11-8。

表 11-8　劳务收入的账务处理

业务情景			账务处理
不跨年度劳务	一次就能完成的劳务	劳务完成时	借：应收账款 　　银行存款等(按所确定的收入金额) 　贷：主营业务收入/其他业务收入 　　　应交税费——应交增值税(销项税额)
		对于发生的有关支出	借：主营业务成本/其他业务成本 　贷：银行存款等
	需要持续一段时间的劳务	劳务完成时	借：银行存款 　　应收账款等(按已收或应收的金额) 　贷：主营业务收入/其他业务收入(按实现的劳务服务收入) 　　　应交税费——应交增值税(销项税额)
		提供劳务过程中发生的劳务成本，应在确认收入的同时确认为当期费用	借：主营业务成本/其他业务成本 　贷：生产成本等
跨年度劳务	企业平时预收的款项		借：银行存款 　贷：预收账款(如果没有设置"预收账款"科目，则贷记"应收账款"科目)
	企业平时发生的有关成本费用支出		借：劳务成本 　贷：银行存款等
	期末，按完工程度确认劳务收入时		借：预收账款 　　应收账款 　　银行存款(按实际收到或应收的款项) 　贷：主营业务收入

【例11-12】2024年5月15日，春风安装公司接受一项工程安装任务，该安装任务可在年内完成，合同总收入915 263.20元，实际发生成本749 000元，其会计处理如下：

①确认所提供的劳务收入时。

借：银行存款　　　　　　　　　　　　　　　　　　　915 263.20

　　贷：主营业务收入　　　　　　　　　　　　　　　　809 967.43

　　　应交税费——应交增值税(销项税额)(915 263.20÷1.13×13%)

　　　　　　　　　　　　　　　　　　　　　　　　105 295.77

②产生并确认成本费用时。

借：主营业务成本　　749 000
　　贷：银行存款　　749 000

11.2.2　让渡资产使用权收入

让渡资产使用权是指一般纳税人出租包装物、固定资产、无形资产等业务收入。该收入应按有关合同协议规定的收费时间和方法确认。不同的使用费收入，其收费时间和收费方法各不相同，分为一次收回一笔固定的金额；在协议规定的有效期内分期等额收回的；分期不等额收回的。

企业让渡资产使用权的收入，一般通过"其他业务收入"科目核算；所让渡资产计提的摊销额等，一般通过"其他业务成本"科目核算，如图11-10所示。

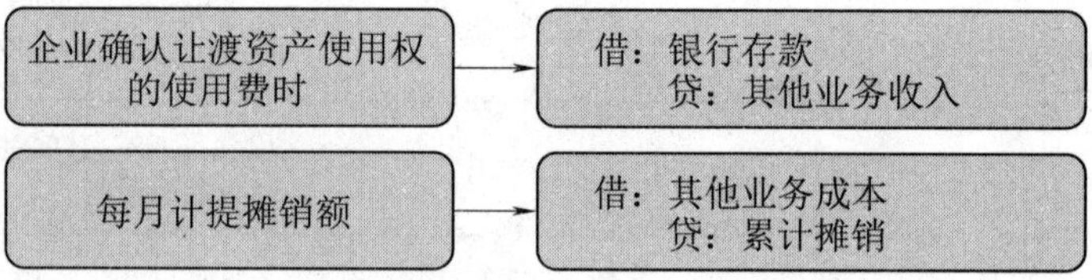

图11-10　让渡资产使用权收入的账务处理

【例11-13】紫光公司向大华企业转让某项软件的使用权，一次性收费842 000元，不提供后续服务。紫光公司向恒信企业转让某项专利权的使用权，转让期为4年，每年收取使用费86 920元，增值税率6%。会计处理如下：

(1)紫光与大华的交易实质上是出售软件，应视同销售进行处理。

借：银行存款　　892 520
　　贷：主营业务收入　　842 000
　　　　应交税费——应交增值税(销项税额)　　50 520

(2)紫光转让专利收取费用时。

借：应收账款(或银行存款)　　86 920
　　贷：其他业务收入　　82 000
　　　　应交税费——应交增值税(销项税额)　　4 920

如果合同、协议规定使用费一次支付，且不提供后期服务的，应视同该项资产的销售一次确认收入；如提供后期服务的，应在合同、协议规定的有效期内分期确认收入。如合同规定分期支付使用费的，应按合同规定的收款时间和金额或合同规定的收费方法计算的金额分期确认收入。

第12章 企业所有者权益的核算

所有者权益，是指企业资产扣除负债后，由所有者享有的剩余权益。（股份）公司的所有者权益又称为股东权益。

所有者权益的来源包括：①所有者投入的资本；②直接计入所有者权益的利得和损失；③留存收益等，通常由股本（实收资本）、资本公积（含股本溢价或资本溢价、其他资本公积）、盈余公积和未分配利润等构成。

企业所有者权益主要账户包括实收资本、资本公积、盈余公积等。

12.1 实收资本与资本公积

实收资本是企业按照章程规定或合同、协议约定，接受投资者投入企业的资本。实收资本的构成比例或股东的股权比例，是确定所有者在企业所有者权益中份额的基础，也是企业进行利润或股利分配的主要依据。资本公积是企业收到投资者出资额超出其在注册资本（或股本）中所占份额的部分，以及其他资本公积。

12.1.1 实收资本科目设置

一般企业应设置"实收资本"科目，核算投资者投入资本的增减变动情况。股份有限公司应设置"股本"科目核算公司实际发行股票的面值总额。

该科目的贷方登记实收资本的增加数额，借方登记实收资本的减少数额，期末贷方余额反映企业期末实收资本实有数额。

实际投入企业的资本明细科目应按照出资人名称设置，实收资本科目代码为4001，见表12-1。

表 12-1　实收资本会计科目编码的设置

科目代码	总分类科目（一级科目）	明细分类科目	
		二级科目	三级科目
4001	实收资本		
400101	实收资本	国家资本	按股东名称设置
400102	实收资本	法人资本	按股东名称设置
400103	实收资本	集体资本	按股东名称设置
400104	实收资本	个人资本	按股东名称设置

12.1.2 实收资本的账务处理

1. 接受现金资产投资

接受现金资产投资的账务处理，如图12-1所示。

2. 接受非现金资产投资

企业接受固定资产、无形资产等非现金资产投资时，应按投资合同或协议约定的价值(不公允的除外)作为固定资产、无形资产的入账价值,按投资合同或协议约定的投资者在企业注册资本或股本中所占份额的部分作为实收资本或股本入账,投资合同或协议约定的价值(不公允的除外)超过投资者在企业注册资本或股本中所占份额的部分,计入资本公积。 如图 12-2 所示。

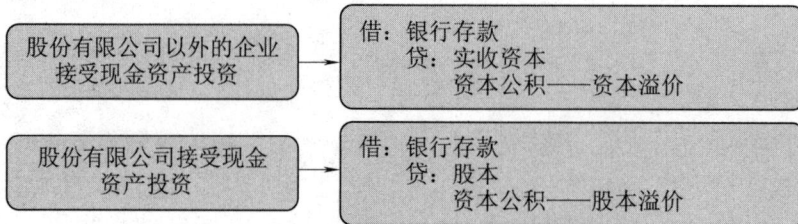

图 12-1 接受现金资产投资的账务处理

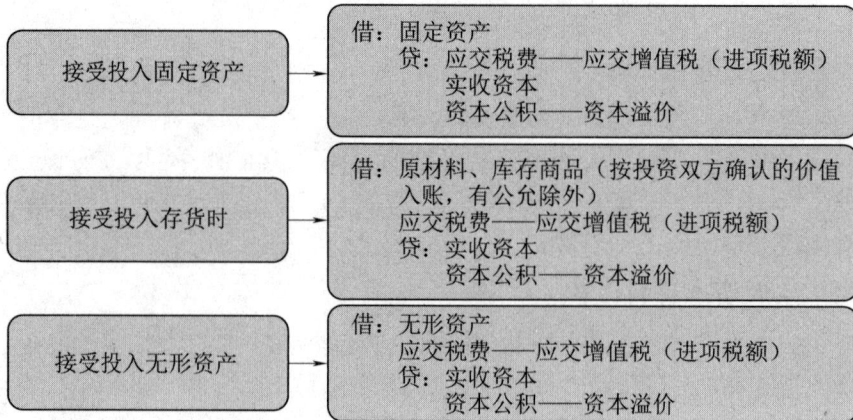

图 12-2 接受非现金资产投资账务处理

【例 12-1】 精石制造有限公司注册资本为 5 840 000 元,2024 年 3 月 18 日,为了扩大经营,先后接受资和雅致有限公司的货币投资 3 006 000 元和锦州制药有限公司货币投资 1 137 000 元,如图 12-3、图 12-4 所示。

(1)收到资和雅致有限公司 3 006 000 元。

图 12-3 进账单

投资协议书（摘要）

投资单位：锦州制药有限公司
被投资单位：精石制造有限公司
经双方协商，精石制造有限公司接受锦州制药有限公司以货币资金投资，投资额为1 137 000元，享有精石制造有限公司2%的股权，每年可分配精石制造有限公司的净利润
投资人：白世臣   被投资人：蒋开英

图 12-4　投资协议书

（2）收到锦州制药有限公司作为联营投资资金 1 137 000 元。

借：银行存款　　　　　　　　　　　　　　　　　　　　1 137 000

　　贷：实收资本——锦州制药有限公司　　　　　　　　　　　　1 137 000

3. 实收资本（或股本）变动

一般企业增加投资主要有三个途径，接受投资者追加投资、资本公积转增资本和盈余公积转增资本。

（1）实收资本或股本增加时，如图 12-5 所示。

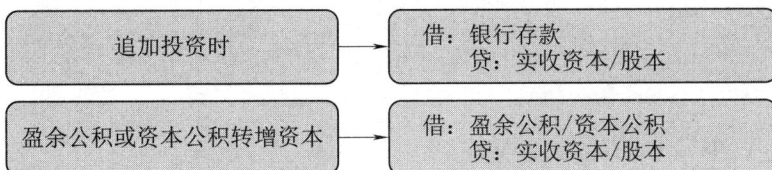

图 12-5　实收资本或股本增加的账务处理

（2）实收资本或股本减少，如图 12-6 所示。

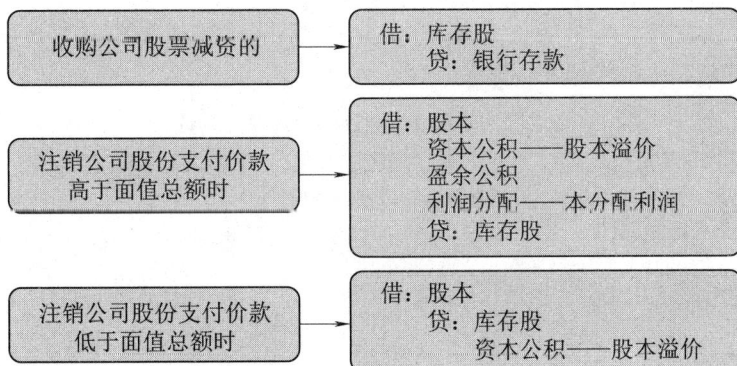

图 12-6　实收资本或股本减少的账务处理

如果购回股票支付的价款低于面值总额的，应按股票面值总额，借记"股本"科

目，按所注销的库存股账面余额，贷记"库存股"科目，按其差额，贷记"资本公积——股本溢价"科目。

【例12-2】立邦股份有限公司截至2023年12月31日共发行股票87 000 000股，股票面值为7元。经股东大会批准，立邦股份有限公司以现金回购本公司股票13 600 000股并注销。假定立邦公司按照每股11元回购股票，不考虑其他因素。编制相关会计分录为：

库存股的成本＝13 600 000×11＝149 600 000（元）

借：库存股　　　　　　　　　　　　　　　149 600 000

　　贷：银行存款　　　　　　　　　　　　　　　149 600 000

借：股本（13 600 000×7）　　　　　　　　95 200 000

　　资本公积——股本溢价　　　　　　　　54 400 000

　　贷：库存股　　　　　　　　　　　　　　　149 600 000

12.1.3　资本公积的来源

资本公积的来源主要分为两类：一是形成资本溢价（或股本溢价）的原因有溢价发行股票、投资者超额缴入资本等；二是其他资本公积是指除净损益、其他综合收益和利润分配以外所有者权益的其他变动。如企业的长期股权投资采用权益法核算时，因被投资单位除净损益、其他综合收益和利润分配以外所有者权益的其他变动，投资企业按应享有份额而增加或减少的资本公积。

此外，企业根据国家有关规定实行股权激励的，如果在等待期内取消了授予的权益工具，企业应在进行权益工具加速行权处理时，将剩余等待期内应确认的金额立即计入当期损益，并同时确认资本公积。

12.1.4　资本公积的账务处理

企业应通过"资本公积"科目核算资本公积的增减变动情况，分别在"资本溢价（股本溢价）""其他资本公积"两个二级科目进行明细核算。

股份公司设置的两个二级科目为"股本溢价""其他资本公积"；除股份公司外的其他公司设"资本溢价""其他资本公积"两个二级科目。

资本公积科目代码为4002，见表12-2。

表12-2　资本公积会计科目编码的设置

科目代码	总分类科目（一级科目）	明细分类科目	
		二级科目	三级科目
4002	资本公积		
400201	资本公积	资本溢价	
400202	资本公积	股本溢价	
400203	资本公积	其他资本公积	接受捐赠
400204	资本公积	资产评估增值	

(1)资本溢价。

除股份公司外的其他类型的企业，投资者缴付的出资额大于注册资本产生的差额计入资本公积，如图12-7所示。

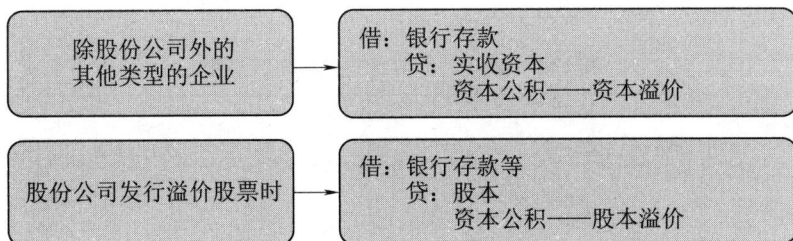

图12-7　资本溢价的账务处理

(2)其他资本公积。

因被投资单位除净损益、其他综合收益和利润分配以外的所有者权益的其他变动相关的资本公积核算，如图12-8所示。

图12-8　其他资本公积的账务处理

【例12-3】某一般纳税人企业向甲公司投资转出一套防盗设备，账面原值2 140 000元，累计折旧1 340 000元，重新评估确认的价值1 875 800元。企业转出固定资产时应编制如下会计分录。

转入固定资产清理。

借：固定资产清理	800 000
累计折旧	1 340 000
贷：固定资产——防盗设备	2 140 000

固定资产投资缴纳增值税＝1 875 800÷（1＋13%）×13%＝215 800（元）

借：长期股权投资——固定资产投资	1 660 000
贷：固定资产清理	800 000
应交税费——应交增值税（销项税额）	215 800
资本公积——法定资产重估增值	644 200

12.2　利润结转与分配

利润是企业在一定会计期间的经营成果。利润包括收入减去费用后的净额、直接计入当期利润的利得和损失等。

未计入当期利润的利得和损失扣除所得税影响后的净额计入其他综合收益项目。净利润与其他综合收益的合计金额为综合收益总额。

12.2.1 本年利润科目编码设置

企业期(月)末结转利润时，应将各损益类科目的金额转入本年利润，结平各损益类科目。 结转后本科目的贷方余额为当期实现的净利润；借方余额为当期发生的净亏损。本年利润科目的具体设置，见表12-3。

表 12-3 本年利润会计科目编码的设置

科目代码	总分类科目(一级科目)	明细分类科目	
		二级科目	三级科目
4103	本年利润		
410301	本年利润	主营业务收入	项目
410302	本年利润	其他业务收入	项目
410303	本年利润	主营业务成本	项目
410304	本年利润	其他业务成本	项目
410305	本年利润	税金及附加	项目
410306	本年利润	销售费用	项目
410307	本年利润	管理费用	项目
410308	本年利润	财务费用	项目
410309	本年利润	资产减值损失	项目
410310	本年利润	公允价值变动收益	项目
410311	本年利润	投资收益	项目
410312	本年利润	营业外收入	项目
410313	本年利润	营业外支出	项目
410314	本年利润	所得税费用	项目

12.2.2 期末本年利润结转

期末本年利润的结转，本年利润的会计分录有四个步骤，相关会计分录如图12-9所示。

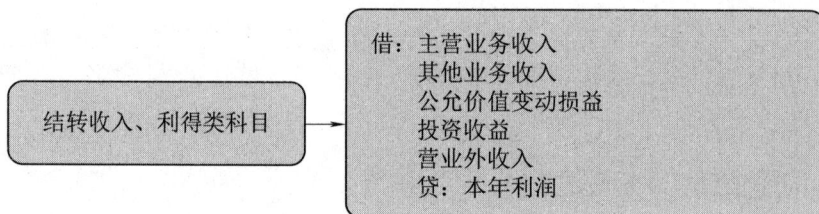

结转收入、利得类科目 →

借：主营业务收入
其他业务收入
公允价值变动损益
投资收益
营业外收入
贷：本年利润

图 12-9 期末本年利润结转的会计处理

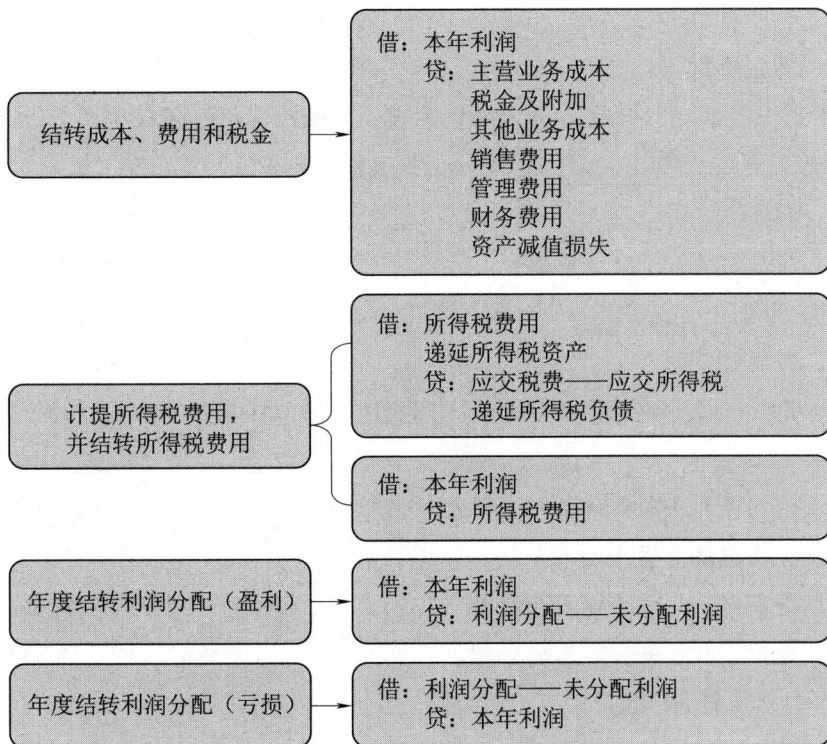

图 12-9 期末本年利润结转的会计处理(续)

【例 12-4】2023 年 12 月 31 日，精石制造有限公司各损益类账户余额见表 12-4。

表 12-4 损益类账户余额表　　　　　　　　　　　　　　　单位: 元

科目名称	余额方向	期末余额
主营业务收入	贷	97 840 000
主营业务成本	借	61 025 000
税金及附加	借	219 470
销售费用	借	165 622
管理费用	借	55 720
财务费用	借	46 290

(1)结转收入：

借：主营业务收入　　　　　　　　　　　　　　　　　　97 840 000

　　贷：本年利润　　　　　　　　　　　　　　　　　　　97 840 000

(2)结转成本费用：

借：本年利润　　　　　　　　　　　　　　　　　　　　61 512 102

　　贷：主营业务成本　　　　　　　　　　　　　　　　　61 025 000

　　　　税金及附加　　　　　　　　　　　　　　　　　　219 470

　　　　销售费用　　　　　　　　　　　　　　　　　　　165 622

| 管理费用 | 55 720 |
| 财务费用 | 46 290 |

（3）计提所得税费用，假设无会计调整事项，企业所得税适用税率为25%。

所得税费用＝（97 840 000－61 512 102）×25%＝9 081 974.50（元）

借：所得税费用   9 081 974.50

    贷：应交税费——应交所得税   9 081 974.50

借：本年利润   9 081 974.50

    贷：所得税费用   9 081 974.50

（4）转入利润分配，即97 840 000－61 512 102－9 081 974.50＝27 245 923.50（元）

借：本年利润   27 245 923.50

    贷：利润分配——未分配利润   27 245 923.50

（5）按10%提取法定盈余公积：

借：利润分配——提取法定盈余公积   2 724 592.35

    贷：盈余公积——法定盈余公积   2 724 592.35

（6）转"未分配利润"账户：

借：利润分配——未分配利润   2 724 592.35

    贷：利润分配——提取法定盈余公积   2 724 592.35

12.3 留存收益

留存收益是企业从历年实现的利润中提取或形成的留存于企业的内部积累，包括盈余公积和未分配利润两类。

12.3.1 留存收益的组成

留存收益的内容包含：盈余公积和未分配利润。因盈余公积包括法定盈余公积和任意盈余公积，因此留存收益的内容也即是由法定盈余公积、任意盈余公积和未分配利润组成。主要内容见表12-5。

表12-5 留存收益的组成

盈余公积	法定盈余公积	是企业按照规定的比例从净利润中提取的盈余公积
	任意盈余公积	任意盈余公积是企业按照股东会或股东大会决议提取的盈余公积 企业提取的盈余公积可用于弥补亏损、扩大生产经营、转增资本或派送新股、分配股利等
未分配利润		是企业实现的净利润经过弥补亏损、提取盈余公积和向投资者分配利润后留存在企业的、历年结存的利润

12.3.2 留存收益的账务处理

1. 利润分配

利润分配是企业根据国家有关规定和企业章程、投资者协议等，对企业当年可供分配的利润所进行的分配。

$$可供分配的利润＝企业当年实现的净利润（或净亏损）＋年初未分配利润（或上一年初未弥补亏损）＋其他转入$$

可供分配的利润，按下列顺序分配：①提取法定盈余公积；②提取任意盈余公积；③向投资者分配利润，如图 12-10 所示。

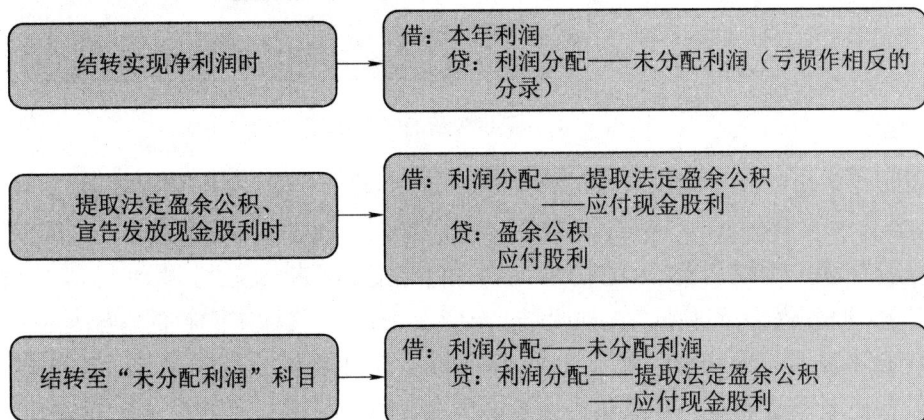

结转实现净利润时	→	借：本年利润 　　贷：利润分配——未分配利润（亏损作相反的分录）
提取法定盈余公积、宣告发放现金股利时	→	借：利润分配——提取法定盈余公积 　　　　　　　——应付现金股利 　　贷：盈余公积 　　　　应付股利
结转至"未分配利润"科目	→	借：利润分配——未分配利润 　　贷：利润分配——提取法定盈余公积 　　　　　　　——应付现金股利

图 12-10　利润分配的账务处理

2. 盈余公积

盈余公积科目的设置，见表 12-6。

表 12-6　盈余公积会计科目编码的设置

科目代码	总分类科目(一级科目)	明细分类科目	
		二级科目	三级科目
4101	盈余公积		
410101	盈余公积	法定公积金	弥补亏损
410102	盈余公积	任意公积金	转增资本
410103	盈余公积	任意公积金	归还利润
410104	盈余公积	任意公积金	分配股利

企业应通过"盈余公积"科目，核算盈余公积提取、使用等情况，并分别在"法定盈余公积""任意盈余公积"进行明细核算，如图 12-11 所示。

企业按规定提取盈余公积时	→	借：利润分配——提取法定盈余公积 贷：盈余公积
盈余公积补亏	→	借：盈余公积 贷：利润分配——盈余公积补亏
盈余公积转增资本	→	借：盈余公积 贷：股本
用盈余公积发放现金股利 或利润	{	发放现金股利时，借：利润分配——应付现金股利 盈余公积 贷：应付股利
		支付股利时，借：应付股利 贷：银行存款

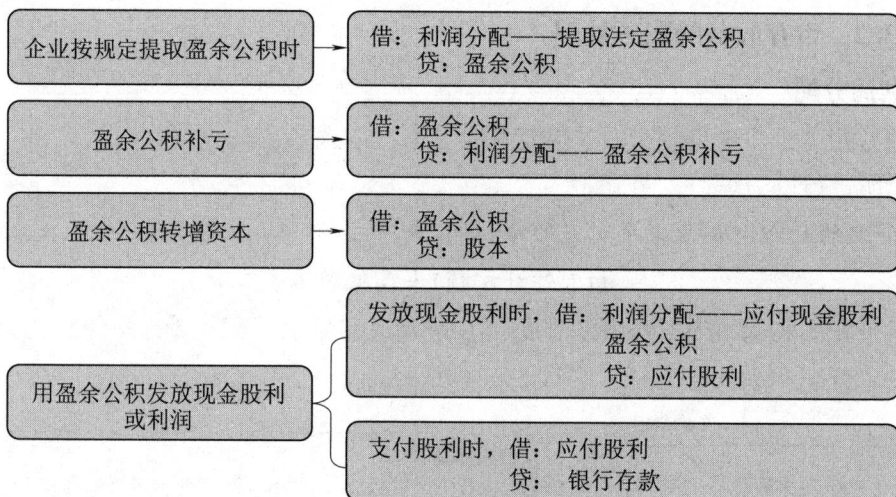

图 12-11　盈余公积的账务处理

年度终了，企业应将全年实现的净利润或发生的净亏损，自"本年利润"科目转入"利润分配——未分配利润"科目，并将"利润分配"科目所属其他明细科目的余额，转入"未分配利润"明细科目。结转后，"利润分配——未分配利润"科目如为贷方余额，表示累积未分配的利润数额；如为借方余额，则表示累积未弥补的亏损数额。

【例 12-5】某一般纳税人企业 2023 年度的税后利润为 5 560 000 元，按规定 10％的比率提取法定盈余公积金，并根据股东大会决议按 5％的比率提取任意公积金。会计分录如下：

借：利润分配——提取盈余公积 834 000
　　贷：盈余公积——法定盈余公积金 556 000
　　　　　　　　——任意盈余公积 278 000

根据《中华人民共和国企业所得税法》第十八条规定："企业纳税年度发生的亏损，准予向以后年度结转，用以后年度的所得弥补，但结转年限最长不得超过五年。"

根据《财政部 税务总局关于延长高新技术企业和科技型中小企业亏损结转年限的通知》（财税〔2018〕76 号）规定："一、自 2018 年 1 月 1 日起，当年具备高新技术企业或科技型中小企业资格（以下统称资格）的企业，其具备资格年度之前 5 个年度发生的尚未弥补完的亏损，准予结转以后年度弥补，最长结转年限由 5 年延长至 10 年。"

需要注意的是，以税前利润或税后利润弥补亏损，均不需要进行专门的账务处理，只要将企业实现的利润自"本年利润"科目结转到"利润分配——未分配利润"科目的贷方，其贷方发生额与"利润分配——未分配利润"科目的借方余额自然抵补；所不同的是以税前利润进行弥补亏损的情况下，其弥补的数额可以抵减企业当期的应纳税所得额，而用税后利润进行弥补亏损的数额，则不能在企业当期的应纳税所得额中抵减。但如果用盈余公积弥补亏损，则需作账务处理，借记"盈余公积"科目，贷记"利润分配——盈余公积补亏"科目。

◀ 第五篇

企业成本核算

　　成本核算是指企业把一定时期内生产经营过程中所发生的费用，按其性质和发生地点，采用一定的方法汇总核算，计算出该时期内生产费用发生总额和每种产品的实际单位成本和总成本的管理活动。为企业经营决策提供科学依据，并借以考核成本计划执行情况，综合反映企业的生产经营管理水平。

第13章 一般纳税人产品成本核算

在财务会计中，成本是指取得资产或劳务的支出。成本计算通常是指存货成本的计算，因此"成本"通常是指存货的成本。对企业而言，一般可设置"直接材料""燃料及动力""直接人工""制造费用"等项目。其中，直接费用根据实际发生数进行核算，并按照成本核算对象进行归集，根据原始凭证或原始凭证汇总表直接计入成本。"制造费用"项目不能根据原始凭证或原始凭证汇总直接计入成本，需要按一定标准分配计入成本核算对象。制造费用不能明确受益对象，但是又是为生产产品和提供劳务而发生的费用，需要按照一定标准归集分配计入成本核算对象。

13.1 一般纳税人企业成本核算程序与账户设置

13.1.1 成本核算的一般程序

1. 成本核算的一般程序

(1)确定成本项目。企业计算产品生产成本，一般应当设置直接材料、直接人工、制造费用等成本项目。

(2)设置有关成本和费用明细账。如生产成本明细账、制造费用明细账、产成品、自制半成品明细账等。

(3)收集确定各种产品的生产量、入库量、在产品盘存量以及材料、工时、动力消耗等，并对所有已发生费用进行审核。

(4)归集所发生的全部费用，并按照确定的成本计算对象予以分配，按成本项目计算各种产品的在产品成本、产成品成本和单位成本。

(5)结转产品销售成本。为了进行成本核算，企业一般应设置"生产成本""制造费用""销售费用""管理费用""财务费用"等科目。如果需要单独核算废品损失和停工损失，还应设置"废品损失"和"停工损失"科目。

费用是一般纳税人企业在生产经营过程中发生的各项支出，为了反映和监督企业在生产经营过程中发生的各项费用，正确计算营业成本，就需要设置相应的账户，进行成本费用的总分类核算和明细分类核算。

2. 成本核算对象的确定

一般情况下，对企业而言：

(1)生产一种或几种产品的，以产品品种为成本核算对象。

(2)分批、单件生产的产品，以每批或每件产品为成本核算对象。

(3)多步骤连续加工的产品，以每种产品及各生产步骤为成本核算对象。

(4)产品规格繁多的，可将产品结构、耗用原材料和工艺过程基本相同的各种产品，适当合并作为成本核算对象。

成本核算对象确定后，一般不应当中途变更。

13.1.2 成本核算的账户设置

通常情况下，企业中常按《企业会计准则》中的会计科目表，设置一级科目"生产成本"，将"基本生产成本"和"辅助生产成本"作为"生产成本"的二级科目进行设置。

生产成本科目可按照基本生产成本和辅助生产成本进行明细核算。本科目期末借方余额，反映企业尚未加工完成的在产品成本。生产成本科目的具体设置，见表 13-1。

表 13-1　生产成本会计科目编码的设置

科目代码	总分类科目（一级科目）	明细分类科目	
		二级科目	三级科目
5001	生产成本		
500101	生产成本	基本生产成本	品种、类别、订单、批别、生产阶段
500102	生产成本	辅助生产成本	品种和规格

1. "基本生产成本"科目

基本生产是指企业为完成主要生产目的而进行的商品产品生产。"基本生产成本"明细科目是为了归集基本生产车间制造产品过程中所发生的全部耗费，计算完工产品成本而设置的账户。该科目如图 13-1 所示。

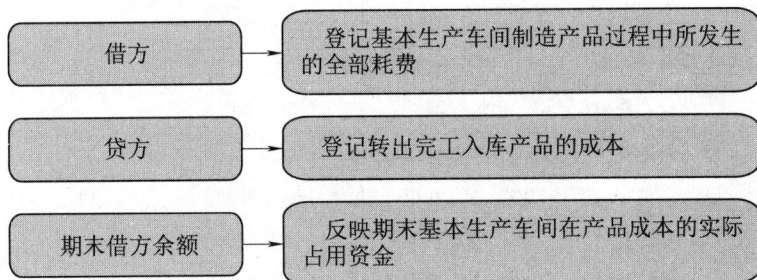

图 13-1　"基本生产成本"科目结构

2. "辅助生产成本"科目

辅助生产是指为整个企业服务而进行的产品生产和劳务供应。"辅助生产成本"是为了归集辅助生产车间制造产品过程中所发生的全部耗费，计算辅助生产所提供的产品成本而设置的科目。该科目如图 13-2 所示。

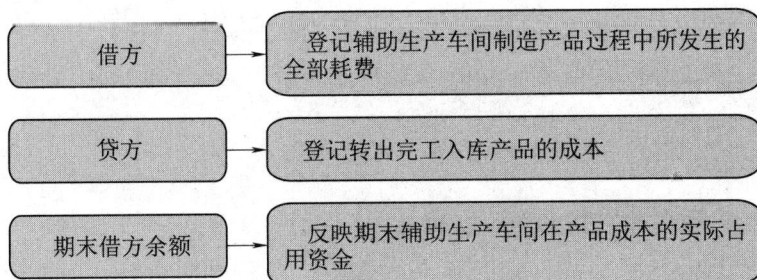

图 13-2　"辅助生产成本"科目结构

3."制造费用"科目

制造费用是企业为生产产品(或提供劳务)而发生的,应计入产品成本但没有专设成本项目的各项生产费用。"制造费用"科目用于归集分配间接费用。期末,将共同负担的制造费用按照一定的分配标准分配计入各成本核算对象,除季节性生产外,本科目期末应无余额。

制造费用科目的具体设置,见表 13-2。

表 13-2 制造费用会计科目编码的设置

科目代码	总分类科目 (一级科目)	明细分类科目		是否辅助核算	辅助核算类别
		二级科目	三级科目		
5101	制造费用				
510101	制造费用	固定费用			
51010101	制造费用	固定费用	工资	是	车间、部门
51010102	制造费用	固定费用	折旧费	是	车间、部门
51010103	制造费用	固定费用	照明费	是	车间、部门
51010104	制造费用	固定费用	水费	是	车间、部门
51010105	制造费用	固定费用	差旅费	是	车间、部门
51010106	制造费用	固定费用	周转材料摊销	是	车间、部门
51010107	制造费用	固定费用	修理费	是	车间、部门
51010108	制造费用	固定费用	租赁费	是	车间、部门
51010109	制造费用	固定费用	保险费	是	车间、部门
51010110	制造费用	固定费用	办公费	是	车间、部门
510102	制造费用	变动费用			车间、部门
51010201	制造费用	变动费用	水电费	是	车间、部门
51010202	制造费用	变动费用	加工费	是	车间、部门
51010203	制造费用	变动费用	设计制图费	是	车间、部门
51010204	制造费用	变动费用	劳动保护费	是	车间、部门
51010205	制造费用	变动费用	职工教育经费	是	车间、部门
51010206	制造费用	变动费用	水电费	是	车间、部门
51010207	制造费用	变动费用	工会经费	是	车间、部门

4."废品损失"科目

企业如果需要单独核算废品损失,就应设置"废品损失"科目。该科目借方登记不可修复废品的生产成本和可修复废品的修复费用;贷方登记收回的废品残料的价值,应收赔款及转出的废品净损失;月末应无余额。

13.2 辅助生产费用的分配方法

辅助生产费用的归集是通过辅助生产成本总账及明细账进行。一般按车间及产品和劳务设立明细账。辅助生产的分配应通过辅助生产费用分配表进行。

辅助生产费用的归集和分配，是通过"生产成本——辅助生产成本"科目进行的。辅助生产费用一般有两种归集方式：

先计入"制造费用"科目及所属明细账的借方进行归集，然后再从其贷方直接转入或分配转入"生产成本——辅助生产成本"科目及所属明细账的借方(用于辅助生产费用复杂的企业)。

不通过"制造费用"科目核算，直接计入"生产成本——辅助生产成本"科目和所属明细账的借方(用于辅助生产费用简单的企业)。

辅助生产费用的分配方法很多，通常采用直接分配法、交互分配法、计划成本分配法、顺序分配法和代数分配法等。

13.2.1 直接分配法

直接分配法不考虑各辅助生产车间之间相互提供劳务或产品的情况，而是将各种辅助生产费用直接分配给辅助生产以外的各受益单位。

计算公式如下：

辅助生产的单位成本＝辅助生产费用总额÷辅助生产的产品或劳务总量
（不包括辅助生产车间相互提供的产品或劳务）

各受益车间、产品或各部门应分配的费用＝辅助生产的单位成本×该车间、
产品或部门的耗用量

【例13-1】甲公司设有运输和修理两个辅助生产车间，运输车间的成本按运输公里的比例分配，修理车间的成本按修理工时比例分配。该公司2024年1月有关辅助生产成本资料，见表13-3。

表13-3 直接分配法　　　　　　　　单位：元

辅助生产车间名称		运　输	修　理	合　计
待分配成本		32 760	249 600	282 360
对外提供劳务数量		5 460公里	650工时	—
单位成本		6	384	—
基本生产车间	耗用数量	3 450公里	380工时	—
	分配金额	20 700	145 920	166 620
行政管理部门	耗用数量	2 010公里	270工时	—
	分配金额	12 060	103 680	115 740
合　计		32 760	249 600	282 360

(1)运输车间本月共发生成本32 760元，提供运输劳务6 000公里；修理车间本月共发生成本249 600元，提供修理劳务700工时。

(2)运输车间耗用修理车间劳务50工时，修理车间耗用运输车间劳务540公里。

(3)基本生产车间耗用运输车间劳务3 450公里，耗用修理车间劳务380工时。

(4)行政管理车间耗用运输车间劳务2010公里，耗用修理车间劳务270工时。

运输车间对外分配劳务数量＝6 000－540＝5 460(公里)

单位成本＝32 760÷5 460＝6(元/公里)

修理车间对外分配劳务数量＝700－50＝650(工时)

单位成本＝24 960÷650＝384(工时)

借：制造费用	166 620
管理费用	115 740
贷：生产成本——辅助生产成本——运输车间	32 760
——修理车间	249 600

13.2.2　交互分配法

交互分配法是指辅助生产费用通过两次分配完成。首先，在辅助生产车间进行交互分配；然后，将各辅助生产车间交互分配后的实际费用在辅助生产车间以外的各受益单位之间进行分配。

计算公式如下：

对内交互分配率＝辅助生产费用总额÷辅助生产提供的总产品或劳务总量

对外分配率＝(交互分配前的成本费用＋交互分配转入的成本费用－交互分配转出的成本费用)÷对辅助生产车间以外的其他部门提供的产品或劳务总量

【例13-2】承【例13-1】，采用交互分配法核算，见表13-4。

表13-4　交互分配法　　　　　　　单位：元

项　　目			对内分配		交互分配法对外分配		合　计
辅助生产车间名称			运输	修理	运输	修理	
待分配成本			32 760	249 600	47 640.1	234 719.9	—
提供劳务数量			6 000公里	700工时	5 460公里	650工时	
单位成本			5.46	356.57	8.725	361.11	
辅助生产车间	运输	耗用数量	—	50工时			
		分配金额	—	17 828.5			
	修理	耗用数量	540公里	—	—	—	
		分配金额	2 948.4	—	—	—	
基本生产车间		耗用数量	—	—	3 450公里	380工时	
		分配金额			30 101.25	137 221.8	167 323.05
行政管理部门		耗用数量			2 010公里	270工时	
		分配金额			17 538.85	97 498.10	115 036.95
合　　计			—	—	47 640.10	234 719.90	282 360

运输车间对外分配劳务数量＝6 000－540＝5 460(公里)

修理车间对外分配劳务数量＝700－50＝650(工时)

对内分配运输费用＝32 760÷6 000×540＝2 948.4(元)

对内分配修理费用＝249 600÷700×50＝17 828.5(元)

对外分配运输费用＝32 760＋17 828.5－2 948.4＝47 640.1(元)

对内分配修理费用＝249 600＋2 948.4－17 828.5＝234 719.9(元)

(1)交互分配：

借：生产成本——辅助生产成本——运输车间　　　　　17 828.5

　　　　　　　　　　　　　　　——修理车间　　　　　　2 948.4

　　贷：生产成本——辅助生产成本——运输车间　　　　　　　　2 948.4

　　　　　　　　　　　　　　　——修理车间　　　　　　　　　17 828.5

(2)对外分配：

借：制造费用　　　　　　　　　　　　　　　　　　167 323.05

　　管理费用　　　　　　　　　　　　　　　　　　115 036.95

　　贷：生产成本——辅助生产成本——运输车间　　　　　　　47 640.10

　　　　　　　　　　　　　　　——修理车间　　　　　　　234 719.90

13.2.3 计划分配法

计划成本分配法是指辅助生产为各受益单位提供的劳务，都按劳务的计划单位成本进行分配，辅助生产车间实际发生的费用(包括辅助生产内部交互分配转入的费用)与按计划单位成本分配转出的费用之间的差额采用简化计算方法全部计入管理费用。

计算公式如下：

实际成本＝辅助生产成本归集的费用＋按计划分配率分配转入的费用

成本差异＝实际成本－按计划分配率分配转出的费用

【例13-3】承【例13-1】，采用计划分配法核算。假设运输服务计划分配率为6.5元/公里，修理服务的计划分配率为360元/时，见表13-5。

表13-5　计划分配法　　　　　　　　　　　　单位：元

辅助生产车间名称			运　输	修　理	合　计
待分配成本			32 760	249 600	282 360
提供劳务数量			6 000公里	700工时	—
计划单位成本			6.5	360	—
辅助生产车间	运输	耗用数量	—	50工时	—
		分配金额	—	18 000	18 000
	修理	耗用数量	540公里	—	—
		分配金额	3 510	—	3 510
基本生产车间		耗用数量	3 450公里	380工时	—
		分配金额	22 425	136 800	159 225
行政管理部门		耗用数量	2 010公里	270工时	—
		分配金额	13 065	97 200	110 265
按计划成本分配金额合计			39 000	252 000	291 000
辅助生产实际成本			50 760	253 110	303 870
辅助生产成本差异			11 760	1 110	12 870

（1）按计划分配辅助生产成本。

借：生产成本——辅助生产成本——运输车间   18 000

            ——修理车间   3 510

    制造费用   159 225

    管理费用   110 265

    贷：生产成本——辅助生产成本——运输车间   39 000

              ——修理车间   252 000

（2）结转辅助生产成本差异。

借：管理费用   12 870

    贷：生产成本——辅助生产成本——运输车间   11 760

              ——修理车间   1 110

13.3 直接生产成本与完工产品的核算

本节主要介绍直接材料、动力、燃料，人工成本、制造费用，以及完工产品和在产品的费用如何分配的核算。

13.3.1 材料、燃料、动力的归集和分配

无论是外购的，还是自制的，发生材料、燃料和动力等各项要素费用时，对于直接用于产品生产、构成产品实体的材料、燃料和动力，一般能分清哪种产品领用的，应根据领退料凭证直接计入相应产品成本的"直接材料"项目。对于不能分清哪种产品领用的，需要采用适当的分配方法，分配计入各相关产品成本的"直接材料"成本项目。

在消耗定额比较准确的情况下，原材料、燃料也可按照产品的材料定额消耗量比例或材料定额费用比例进行分配。

分配标准：可用产品重量、消耗定额、生产工时等作为分配标准，计算公式如下：

材料、燃料、动力费用分配率＝材料、燃料、动力消耗总额/分配标准（如产品重量、耗用的原材料、生产工时等）

某种产品应负担的材料、燃料、动力费用＝该产品的重量、耗用的原材料、生产工时等×材料、燃料、动力费用分配率

【例13-4】甲企业生产A、B、C三种产品，2024年1月，三种产品的投入量分别为：600件、700件和1 200件，三种产品的消耗定额分别为：4千克、5千克和8千克，甲、乙、丙三种产品本月共耗用原材料24 800千克，材料单位为每千克5元，材料费用共计124 000元。

按材料定额消耗量比例法计算三种产品应负担的材料费用分配率。

材料费用分配率＝124 000÷（600×4＋700×5＋1 200×8）＝8（元/千克·件）。

A产品应分配的材料费用＝600×4×8＝19 200（元）

B产品应分配的材料费用＝700×5×8＝28 000（元）

C产品应分配的材料费用＝1 200×8×8＝76 800（元）

借：生产成本——基本生产成本——原材料　　　　　　　　124 000
　　贷：原材料——A 产品　　　　　　　　　　　　　　　　19 200
　　　　　　　——B 产品　　　　　　　　　　　　　　　　28 000
　　　　　　　——C 产品　　　　　　　　　　　　　　　　76 800

13.3.2　工资的归集和分配

能直接进行产品生产的生产工人的职工薪酬，直接计入产品成本的"直接人工"成本项目；不能直接计入产品成本的职工薪酬，按工时、产品产量、产值比例等方式进行合理分配，计入各有关产品成本的"直接人工"项目。

生产工资费用分配率＝各种产品生产工资总额÷各种产品生产工时之和

某种产品应分配的生产工资＝该种产品生产工时×生产工资费用分配率

如果取得各种产品的实际生产工时数据比较困难，而各种产品的单件工时定额比较准确，也可按产品的定额工时比例分配职工薪酬。

某种产品耗用的定额工时＝该种产品投产量×单位产品工时定额

生产工资费用分配率＝各种产品生产工资总额÷各种产品定额工时之和

某种产品应分配的生产工资＝该种产品定额工时×生产工资费用分配率

账务处理如图 13-3 所示。

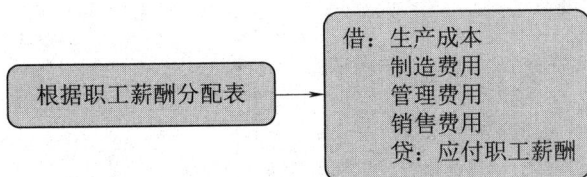

图 13-3　职工薪酬的归集和分配账务处理

【例 13-5】某企业生产 A、B 两种产品，2024 年 1 月共发生生产工人工资 105 000元，福利费 25 000 元。上述人工费按生产工时比例在 A、B 产品之间分配，其中 A 产品的生产工时为 1 500 小时，B 产品的生产工时为 500 小时。

该企业生产 A 产品应分配的人工费＝（105 000＋25 000）×[1 500÷（1 500＋500）]＝97 500（元）。

B 产品应分配的人工费＝（105 000＋25 000）×[500÷（1 500＋500）]
　　　　　　　　　　　＝32 500（元）。

借：生产成本——基本生产成本（A 产品）　　　　　　　　97 500
　　　　　　——基本生产成本（B 产品）　　　　　　　　32 500
　　贷：应付职工薪酬——工资　　　　　　　　　　　　　130 000

13.3.3　制造费用的归集

制造费用属于应计入产品成本但不专设成本项目的各项成本。

制造费用应通过"制造费用"账户进行归集，月末按照一定的方法从贷方分配转入有关成本计算对象。

13.3.4 完工产品和在产品之间费用的分配

完工产品和在产品费用之间计算如下：

本月完工产品成本＝月初在产品成本＋本月发生生产成本－月末在产品成本

完工产品和在产品之间费用的分配，见表 13-6。

表 13-6 完工产品和在产品之间费用的分配

方 法	范 围	计算公式
不计算在产品成本法	适用于月末在产品数量很小的产品	月末在产品成本＝0 本月完工产品成本＝本月发生的产品生产费用
在产品按固定成本计价法	适用于月末在产品数量较多，但各月变化不大的产品或月末在产品数量很小的产品	月末在产品成本＝年初固定数 本月完工产品成本＝本月发生的生产成本
在产品按所耗用直接材料成本计价法	适用于各月月末在产品数量较大、各月在产品数量变化也较大，以及直接材料在产品成本中所占比重也较大的产品	月末在产品只计算其所耗用直接材料成本，不计算直接人工等加工费用
约当产量比例法	适用于月末在产品数量较大，且直接材料成本和人工成本及制造费用的比重相差不大的产品	在产品约当产量＝在产品数量×完工程度 单位成本＝（月初在产品成本＋本月发生生产成本）÷（完工产品产量＋在产品约当产量） 完工产品成本＝完工产品产量×单位成本 在产品成本＝在产品约当产量×单位成本
在产品按定额成本计价法	适用于各项消耗定额或费用定额比较准确、稳定，各月末在产品数量变化不大的产品	月末在产品成本＝月末在产品数量×在产品单位定额成本 完工产品总成本＝（月初在产品成本＋本月发生生产成本）－月末在产品成本 完工成品单位成本＝完工产品总成本÷产成品产量
定额比例法	适用于各项消耗定额或成本定额比较准确、稳定，但各月末在产品数量变动较大的产品	直接材料分配率＝（月初在产品实际材料成本＋本月投入实际材料成本）÷（完工产品定额材料成本＋月末在产品定额材料成本） 完工产品应负担的直接材料成本＝完工产品定额材料成本×直接材料成本分配率 月末在产品应负担的直接材料成本＝月末在产品定额材料成本×直接材料成本分配率 直接人工分配率＝（月初在产品实际人工成本＋本月投入的实际人工成本）/（完工产品定额工时＋月末在产品定额工时） 完工产品应负担的直接人工成本＝完工产品定额工时×直接人工成本分配率 月末在产品应负担的直接人工成本＝月末在产品定额工时×直接人工成本分配率

【例 13-6】 某企业基本生产车间生产甲产品，本月完工 120 件，月末在产品 40 件，甲产品月初在产品成本和本期生产费用总额为 550 000 元，其中直接材料 220 000 元，直接人工 150 000 元；制造费用为 180 000 元。原材料在开工时一次投入，月末在产品完工程度为 50%。按约当产量比例法计算分配如下。

(1)计算在产品约当产量。

约当产量＝40×50%＝20(件)

(2)分配直接材料。

由于原材料在开工时一次投入，所以应按在产品和产成品的数量平均分配，而不用计算在产品约当产量。

直接材料分配率＝220 000÷(120＋40)＝1 375(元/件)

在产品应负担的直接材料＝40×1 375＝55 000(元)

完工产品应负担的直接材料＝120×1 375＝165 000(元)

(3)分配直接人工费用。

直接人工分配率：150 000÷(120＋20)＝1 071.43(元/件)

在产品应负担的直接人工＝20×1 071.43＝21 428.6(元)

完工产品应负担的直接人工＝120×1 071.43＝128 571.60(元)

(4)分配制造费用。

制造费用分配率＝180 000÷(120＋20)＝1 285.71(元/件)

在产品应负担的制造费用＝20×1 285.71＝25 714.2(元)

完工产品应负担的制造费用＝120×1 285.71＝154 285.2(元)

(5)分配完工产品成本和在产品成本。

月末在产品总成本＝55 000＋21 428.6＋25 714.2＝102 142.8(元)

完工产品总成本＝165 000＋128 571.6＋154 285.2＝447 856.8(元)

【例 13-7】 某种产品的月初在产品的直接材料费用为 160 000 元，直接人工费用为 42 000 元，制造费用为 76 000 元；本月内发生的直接材料费用为 254 000 元，直接人工费用为186 000元，制造费用为 165 000 元。 本月完工产品302件，每件产品的材料定额消耗量为 5 公斤。 工时定额为 9 小时；月末在产品材料消耗定额量共计为 500 公斤，月末在产品定额工时共计为 750 小时。 按定额比例法计算分配如下：

(1)分配直接材料费用。

直接材料费用分配率＝(160 000＋254 000)÷(302×5＋500)＝205.97(元/公斤)

在产品应负担的直接材料费用＝500×205.97＝102 985(元)

完工产品应负担的直接材料费用＝414 000－102 985＝311 015(元)

(2)分配直接人工费用。

直接人工费用分配率＝(42 000＋186 000)÷(302×9＋750)＝65.74(元/时)

在产品应负担的直接人工费用＝750×65.74＝49 305(元)

完工产品应负担的直接人工费用＝228 000－49 305＝178 695(元)

(3)分配制造费用。

制造费用分配率＝(76 000＋165 000)÷(302×9＋750)＝69.49(元/时)

在产品应负担的制造费用＝750×69.49＝52 117.5(元)

完工产品应负担的制造费用＝241 000－52 117.50＝188 882.50(元)

232

232

（4）分配完工产品成本和月末在产品成本。

在产品总成本＝102 985＋49 305＋52 117.5＝204 407.5(元)

完工产品总成本＝311 015＋178 695＋188 882.50＝678 592.50(元)

（5）结转完工产品成本。

企业已经生产完成并已验收入库的产成品，应于月度终了，按实际成本，借记"库存商品"科目，贷记"生产成本——基本生产成本"科目。

【例13-8】某企业7月生产甲、乙两种产品。根据"产品成本计算单"，完工入库甲产品的实际成本为3 564 000元，完工入库乙产品的实际成本为3 918 000元。根据上述经济业务，企业应做如下账务处理：

```
借：库存商品——甲产品                                      3 564 000
          ——乙产品                                      3 918 000
    贷：生产成本——基本生产成本——甲产品                           3 564 000
              ——基本生产成本——乙产品                           3 918 000
```

13.4 废品损失与停工损失的核算

企业生产中的废品，是指不符合规定的技术标准，不能按照原定用途使用，或者需要返工修理后才能使用的在产品、半成品和产成品。停工损失是生产车间或车间内某个班组在停工期间发生的各项费用，包括停工期间发生的原材料费用、人工费用和制造费用等。

13.4.1 废品损失核算内容

企业生产过程中产出的废品可分为两种，一种是可修复废品，另一种是不可修复废品。废品损失核算的内容见表13-7。

表13-7 废品损失核算内容

废品分类	释　义	核算内容
可修复废品	经过修理后可作为合格产品销售，且用来修理废品的费用在经济上划算的废品	修复废品时发生的修复费用，如耗用的原材料、工资费用等
不可修复废品	已经没有修理价值或虽然可以修理但所花的修理费用不划算的废品	废品的生产成本扣除回收的废料价值后的净损失

但下列废品损失不能列入废品损失的核算范围。

（1）可以通过降价出售的不合格品，降价损失应作为销售损失处理。

（2）产品入库后，由于保管不当而造成的变质损失由管理费用负担。

（3）应由过失人赔偿的废品损失。

（4）实行"三包"的产品在出售后发现的废品损失，也应由管理费用负担。

在废品损失的归集与分配过程中，不可修复废品成本的计算是关键。不可修复废品成本通常是从该种产品的实际生产费用中区分成本项目计算确定的。按成本项目分别计算不可修复废品的实际成本的公式如下：

废品应负担的材料费用＝某产品直接材料成本总额÷（合格品数量＋废品
约当量）×废品约当量

废品应负担的工资费用＝某产品直接人工成本总额÷（合格品数量＋废品
约当量）×废品约当量

废品应负担的制造费用＝某产品制造费用总额÷（合格品数量＋废品
约当量）×废品约当量

在计算不可修复废品成本时，应注意到，不可修复废品是发生在制造过程的中途，还是最后阶段，这对废品数量的确定及其费用分配都有着直接的关系。

13.4.2　废品损失账务处理

为了核算生产过程中发生的废品损失，可在"生产成本——基本生产成本"账户下设置"废品损失"明细账户组织核算。该账户的借方登记不可修复废品的生产成本和可修复废品的修复费用；贷方登记应从废品成本中扣除的回收废料的价值。该账户借贷金额相抵后的差额就是企业的全部废品净损失。其中对应由过失人负担的部分，则从其贷方转入"其他应收款"账户的借方；其余废品净损失，应该全部归由本期完工的同种产品成本负担，应从"生产成本——基本生产成本——废品损失"账户的贷方转入"生产成本——基本生产成本——××产品"账户的借方。"生产成本——基本生产成本——废品损失"账户应无期末余额，如图 13-4 所示。

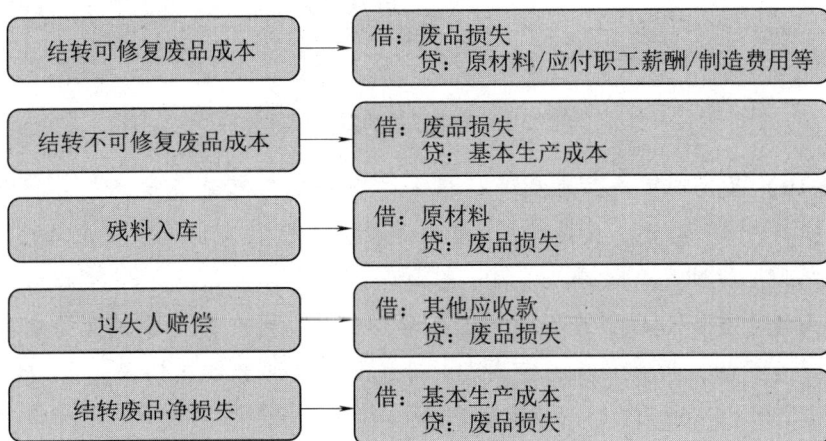

图 13-4　废品损失的账务处理

【例 13-9】某企业 2024 年 6 月份修复乙产品 100 件，共耗用原材料 48 350 元，支付生产人员工资 13 670 元，制造费用 31 500 元。

借：生产成本——基本生产成本(乙产品)　　　　　　　　　　93 520
　贷：原材料　　　　　　　　　　　　　　　　　　　　　48 350
　　　应付职工薪酬　　　　　　　　　　　　　　　　　　13 670
　　　制造费用　　　　　　　　　　　　　　　　　　　　31 500

如果是不可修复的废品，那只能当作废料处理，应把其原来的生产成本从各成本账户中一一转入，转到该产品的"废品损失"账户。收回的残余价值应从"废品损失"账户中转入"废料"账户。

13.4.3　停工损失的确认与核算

应由过失单位或保险公司负担的赔款，应从停工损失中扣除。

不满一个工作日的停工，一般不计算停工损失。

停工损失可单独核算，也可直接反映在"制造费用"和"营业外支出"等科目中。辅助生产一般不单独核算停工损失。

对于应计入产品成本的停工损失，如果停工车间只生产一种产品，应将"停工损失"科目归集的费用计入该产品成本明细账的"停工损失"项目；如果停工车间生产多种产品，一般按照制造费用分配方法在各种产品之间进行分配，如图 13-5 所示。

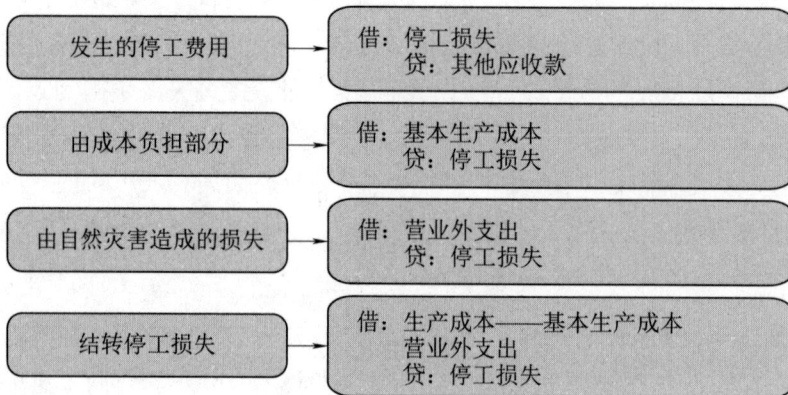

发生的停工费用	借：停工损失 贷：其他应收款
由成本负担部分	借：基本生产成本 贷：停工损失
由自然灾害造成的损失	借：营业外支出 贷：停工损失
结转停工损失	借：生产成本——基本生产成本 　　营业外支出 贷：停工损失

图 13-5　停工损失的账务核算

【例 13-10】某企业甲产品在生产过程中发现一批不可修复废品，该批废品的成本构成为：直接材料 4 560 元，直接人工 3 800 元，制造费用 3 300 元。废品残料计价 820 元已回收入库，应收过失人赔偿款 1 700 元。

废品损失是在生产过程中发生的和入库后发现的不可修复废品的生产成本，以及可修复废品的修复费用，扣除回收的废品残料价值和应收赔款以后的损失。所以该批废品的净损失＝4 560＋3 800＋3 300－820－1 700＝9 140(元)。

第14章 产品成本计算方法

产品成本计算方法主要包括：品种法、分批法和分步法。本章主要介绍这三种方法的特点、核算程序及应用。

14.1 品种法

品种法，是指以产品品种作为成本核算对象，归集和分配生产成本，计算产品成本的一种方法。

14.1.1 品种法的特点与核算程序

1. 品种法的特点

品种法的主要特点是：①成本核算对象是产品品种；②一般定期（每月月末）计算产品成本；③如果企业月末有在产品，要将生产成本在完工产品和在产品之间进行分配。

2. 品种法成本核算的一般程序

品种法成本核算的一般程序包括以下几点。

（1）按产品品种设立成本明细账，根据各项费用的原始凭证及相关资料编制有关记账凭证并登记有关明细账，并编制各种费用分配表分配各种要素费用。

（2）根据上述各种费用分配表和其他相关资料，登记辅助生产明细账、基本生产明细账、制造费用明细账等。

（3）根据辅助生产明细账编制辅助生产成本分配表，分配辅助生产成本。

（4）根据制造费用明细账编制制造费用分配表，在各种产品之间分配制造费用，并据以登记基本生产成本明细账。

（5）根据各产品基本生产明细账编制产品成本计算单，分配完工产品成本和在产品成本。

（6）汇编产成品的成本汇总表，结转产成品成本。

14.1.2 品种法下产品成本计算

品种法分为单一品种计算和多品种计算。

1. 单一品种的计算

如果企业生产的产品是单一品种，可直接根据有关原始凭证及费用汇总表登记生产成本明细账，编制产品成本计算单即可计算该产品的总成本和单位成本。

【例14-1】中恒制造厂为单步骤生产企业，只生产一种甲产品，月初月末在产品比较稳定，计算甲产品成本时可不予考虑。2024年1月，甲产品共计发生生产费用900万元，完工4 000件，有关生产成本明细账见表14-1。

表 14-1   生产成本明细账

甲产品　　　　　　　　　　　　　2024 年 1 月　　　　　　　　　　　　　单位：万元

直接材料	直接人工	制造费用	合　计
400	300	200	900

根据表 14-2 编制甲产品成本计算单。

表 14-2   生产成本计算表

项　　目	总成本(万元)	单位成本(万元/件)
直接材料	400	0.1
直接人工	300	0.075
制造费用	200	0.05
合计	900	0.225

直接材料单位成本＝400÷4 000＝0.1(万元/件)

直接人工单位成本＝300÷4 000＝0.075(万元/件)

制造费用单位成本＝200÷4 000＝0.05(万元/件)

2. 多品种生产下的品种法

如果企业同时生产两种或两种以上的产品，应按照品种法成本核算的一般程序设置生产成本明细账，将直接费用直接计入该产品生产成本明细账中，将间接费用按照恰当的分配方法编制各种费用分配表分配各种要素费用。

【例 14-2】晨光机械有限公司为单步骤生产企业，设有一个基本生产车间，生产轮胎和轴承两种产品。根据生产特点和管理要求，确定采用品种法计算产品成本。该企业还设有动力和电力两个辅助生产车间。根据生产特点和管理要求，轮胎和轴承两种产品采用品种法计算产品成本。该公司 2024 年 1 月的成本资料如下。

1. 产品产量资料，见表 14-3。

表 14-3   产品产量表

2024 年 1 月　　　　　　　　　　　　　单位：个

产品名称	月初在产品	本月投入	本月完工产品	月末在产品
轮胎	200	500	650	50
轴承	100	400	450	50

轮胎实际生产工时 10 000 小时；轴承实际生产工时 5 000 小时。轮胎、轴承两种产品的原材料都在生产开始时一次投入，加工费发生比较均衡，月末在产品完工程度为50%，完工产品和在产品按约当产量比例法分配；辅助生产费用按计划成本分配。

2. 本月发生的生产费用

(1)本月发出材料汇总表，见表 14-4。

表 14-4   发出材料汇总表　　　　　　　　　　　　　单位：元

领料部门和用途	原材料	辅助材料	合　计
基本生产车间			

续上表

领料部门和用途	原材料	辅助材料	合　计
轮胎耗用	80 000		80 000
轴承耗用	70 000		70 000
两种产品共同耗用		5 000	5 000
合　计	150 000	5 000	15 5000
基本生产车间管理部门耗用		4 000	4 000
动力车间耗用	1 000	500	1 500
供电车间耗用	2 000	400	2 400
厂部管理部门耗用		600	600
合　计	153 000	10 500	163 500

(2)本月职工薪酬结算汇总表，见表14-5。

表 14-5　职工薪酬汇总表

2024 年 1 月　　　　　　　　　　　　单位：元

人 员 类 别	应付职工薪酬
基本生产车间	
产品生产工人	300 000
车间管理人员	100 000
动力车间	90 000
供电车间	50 000
厂部管理人员	30 000
合　计	570 000

(3)本月应计提固定资产折旧费 20 000 元，其中基本生产车间 10 000 元，动力车间 2 000元，供电车间 5 000 元，厂部 3 000 元。

(4)本月应分摊财产保险费 5 000 元，其中基本生产车间 2 500 元，动力车间 1 000元，供电车间 1 200 元，厂部管理部门 300 元。

(5)本月以银行存款支付的费用为 25 000 元，其中基本生产车间办公费 2 800 元，水费 1 500 元；动力车间水费 9 800 元；供电车间办公费 3 500 元；厂部管理部门办公费 5 000 元，水费 2 400 元。

3. 编制各项要素费用分配表

(1)分配材料费用，轮胎、轴承产品共同负担材料按当月投入产品数量比例分配，见表 14-6。

其中，轮胎共同负担材料费用＝5 000×500÷(500＋400)＝2 778(元)

轴承共同负担材料费用＝5 000×400÷(500＋400)＝2 222(元)

表 14-6　材料费用分配表

2024 年 1 月　　　　　　　　　　　　　　　　单位：元

应借科目			直接计入	分配金额（分配率）	合　计
总账科目	明细科目	成本项目			
基本生产成本	轮胎	直接材料	80 000	2 778	82 778
	轴承	直接材料	70 000	2 222	72 222
	小　计		150 000	5 000	155 000
辅助生产成本	动力车间	直接材料	1 500	—	1 500
	供电车间	直接材料	2 400	—	2 400
	小　计		3 900	—	3 900
制造费用	基本生产车间	直接材料	4 000	—	4 000
管理费用	修理费	直接材料	600	—	600
合　计					163 500

根据表 14-6 编制会计分录：

借：生产成本——基本生产成本　　　　　　　　　　155 000

　　　　　　——辅助生产成本　　　　　　　　　　3 900

　　制造费用——基本生产车间　　　　　　　　　　4 000

　　管理费用　　　　　　　　　　　　　　　　　　600

　贷：原材料　　　　　　　　　　　　　　　　　　163 500

（2）按轮胎、轴承两种产品的实际生产工时比例分配薪酬费用，见表 14-7。

表 14-7　职工薪酬费用分配表

2024 年 1 月　　　　　　　　　　　　　　　　单位：元

应借科目		成本项目	生产工人工资		管理人员工资	合　计
总账科目	明细科目		生产工时	分配金额（分配率 20）		
基本生产成本	轮胎	直接人工	10 000	200 000	—	200 000
	轴承	直接人工	5 000	100 000	—	100 000
	小计	—	15 000	300 000	—	300 000
辅助生产成本	动力车间	—	—	90 000	—	90 000
	供电车间	—	—	50 000	—	50 000
	小计	—	—	140 000	—	140 000
制造费用	基本生产车间	直接人工	—	—	100 000	100 000
管理费用	—	直接人工	—	—	30 000	30 000
合计	—	—	—	440 000	130 000	570 000

根据表 14-7 编制会计分录:

借:生产成本——基本生产成本	300 000
——辅助生产成本	140 000
制造费用	100 000
管理费用	30 000
贷:应付职工薪酬	570 000

(3)分配固定资产折旧费用,见表 14-8。

表 14-8 固定资产折旧费用分配表

2024 年 1 月   单位:元

车间、部门	会计科目	明细科目	分配金额
基本生产车间	制造费用	基本生产车间	10 000
动力车间	辅助生产成本	动力车间	2 000
供电车间	辅助生产成本	供电车间	5 000
厂部管理部门	管理费用	—	3 000
合　计	—	—	20 000

根据表 14-8 编制会计分录:

借:制造费用	10 000
生产成本——辅助生产成本	7 000
管理费用	3 000
贷:累计折旧	20 000

(4)分配财产保险费,见表 14-9。

表 14-9 财产保险分配表

2024 年 1 月   单位:元

车间、部门	会计科目	明细科目	分配金额
基本生产车间	制造费用	基本生产车间	2 500
动力车间	辅助生产成本	动力车间	1 000
供电车间	辅助生产成本	供电车间	1 200
厂部管理部门	管理费用	—	300
合　计	—	—	5 000

根据表 14-9 编制如下会计分录:

借:制造费用	2 500
生产成本——辅助生产成本	2 200
管理费用	300
贷:预付账款	5 000

(5)其他费用分配,见表 14-10。

表 14-10 其他费用分配表

2024 年 1 月 单位:元

车间、部门	会计科目	明细科目	分配金额
基本生产车间	制造费用	基本生产车间	4300
动力车间	辅助生产成本	动力车间	9 800
供电车间	辅助生产成本	供电车间	3 500
厂部管理部门	管理费用	—	7 400
合 计	—	—	25 000

根据表 14-10 编制如下会计分录:

借:制造费用 4 300

　生产成本——辅助生产成本 13 300

　管理费用 7 400

　　贷:银行存款 25 000

表 14-11 辅助生产费用分配表

(按计划成本分配法) 数量单位:度、小时

晨光机械有限公司 2024 年 1 月 单位:元

辅助生产车间名称			动力车间	供电车间	合 计
待分配辅助生产费用			104 300	62 100	166 400
供应劳务数量			5 000	40 000	—
计划单位成本			20	1.5	—
辅助生产车间耗用	动力车间	耗用量	—	3 500	
		分配金额	—	5 250	
	供电车间	耗用量	340	—	5 250
		分配金额	6 800	—	
	分配金额小计		6 800	5 250	12 050
基本生产耗用 (记入"制造费用")	耗用量		4 100	35 000	—
	分配金额		82 000	52 500	134 500
行政部门耗用 (记入"管理费用")	耗用量		560	1 500	—
	分配金额		11 200	2 250	13 450
按计划成本分配金额合计			100 000	60 000	160 000
辅助生产实际成本			109 550	68 900	178 450
辅助生产成本差异			+9 550	+8 900	18 450

按计划成本分配辅助生产费用,见表 14-11,编制会计分录。

辅助生产成本——动力车间费用＝6 800＋82 000＋11 200＝100 000(元)

辅助生产成本——供电车间＝5 250＋52 500＋2 250＝60 000(元)

借：辅助生产成本——动力车间　　　　　　　　　　　　　　5 250

　　　　　　　　——供电车间　　　　　　　　　　　　　　6 800

　　制造费用　　　　　　　　　　　　　　　　　　　　134 500

　　管理费用　　　　　　　　　　　　　　　　　　　　 13 450

　　贷：生产成本——辅助生产成本——动力车间　　　　　100 000

　　　　　　　　　　　　　　　——供电车间　　　　　　 60 000

辅助生产成本——动力车间应分配的费用＝6 800＋82 000＋11 200－5 250

$$＝94\ 750（元）$$

辅助生产成本——供电车间应分配的费用＝5 250＋52 500＋2 250－6 800

$$＝53\ 200（元）$$

借：制造费用　　　　　　　　　　　　　　　　　　　　134 500

　　管理费用　　　　　　　　　　　　　　　　　　　　 13 450

　　贷：生产成本——辅助生产成本——动力车间　　　　　 94 750

　　　　　　　　　　　　　　　——供电车间　　　　　　 53 200

辅助生产成本差异计入管理费用，编制会计分录：

借：管理费用　　　　　　　　　　　　　　　　　　　　　6 400

　　贷：生产成本——辅助生产成本——动力车间　　　　　　4 300

　　　　　　　　　　　　　　　——供电车间　　　　　　　2 100

基本生产车间制造费用，见表14-12。

表14-12　基本生产车间制造费用分配

2024 年 1 月　　　　　　　　　　　　　　　　　　　　单位：元

应借科目		实际生产工时（小时）	分配金额（分配率）
总账科目	明细科目		
基本生产成本	轮胎	10 000	170 200
	轴承	5 000	85 100
合　　计		15 000	255 300

制造费用合计＝4 000＋100 000＋10 000＋2 500＋4 300＋134 500＝255 300（元）

其中，轮胎应分配的制造费用＝255 300×10 000÷15 000＝170 200（元）

轴承应分配的制造费用＝255 300×5 000÷15 000＝85 100（元）

根据表14-3至表14-12，编制产品成本计算单，见表14-13、表14-14。

表14-13　产品成本计算单

产品名称：轮胎　　　　　　　　　　2024 年 1 月　　　　　　　　　　单位：元

月	日	摘　　要	产量（件）	直接材料	直接人工	制造费用	合　　计
1	1	在产品费用	200	24 000	50 000	46 000	120 000
1	31	根据表14-6		82 778			82 778

续上表

月	日	摘　　要		产量(件)	直接材料	直接人工	制造费用	合　　计
1	31	根据表 14-7				200 000		200 000
1	31	根据表 14-12					170 200	170 200
1	31	本月生产费用小计			82 778	200 000	170 200	452 978
1	31	生产费用累计			106 778	250 000	216 200	572 978
1	31	本月投入		500	—	—	—	—
1	31	产成品成本	单位成本	650	152.54	370.37	320.30	—
1	31		总成本		99 151	240 740.5	208 195	548 086.50
1	31	月末在产品数量		50	—	—	—	—
1	31	月末在产品约当量		25	7 627	9 259.50	8 005	24 891.50

完工产品数量按月末在产品约当产量和产成品数量计算，即完工产品(轮胎)＝650＋50×50％＝675(件)

材料一次性投入：

直接材料单位成本＝(24 000＋82 778)÷(200＋500)
　　　　　　　　＝152.54(元)

直接人工单位成本＝(50 000＋200 000)÷(650＋25)＝370.37(元)

制造费用单位成本＝(46 000＋170 200)÷(650＋25)＝320.30(元)

表 14-14　产品成本计算单

产品名称：轴承　　　　　　　　　　2024 年 1 月　　　　　　　　　　单位：元

月	日	摘　　要		产量(件)	直接材料	直接人工	制造费用	合　　计
1	1	在产品费用		100	18 450	28 600	12 000	59 050
1	31	根据表 14-6		—	72 222	—	—	72 222
1	31	根据表 14-7		—	—	100 000	—	100 000
1	31	根据表 14-12		—	—	—	85 100	85 100
1	31	本月生产费用小计		—	72 222	100 000	85 100	257 322
1	31	生产费用累计		—	90 672	128 600	97 100	316 372
1	31	本月投入		400	—	—	—	—
1	31	产成品成本	单位成本	450	181 344	270 742	204 420	—
1	31		总成本	—	81 604.80	121 833	91 989	295 426.80
1	31	月末在产品数量		50	—	—	—	—
1	31	月末在产品约当量		25	9 067.20	6 767	5 111	20 945.20

完工产品数量按月末在产品约当产量和产成品数量计算如下：

即完工产品数量＝450＋50×50％＝475(件)

直接材料单位成本＝(18 450＋72 222)÷500＝181 344(元)

直接人工单位成本＝(28 600＋100 000)÷475＝270.74(元)

制造费用单位成本＝(12 000＋85 100)÷475＝204.42(元)

根据表 14-13、表 14-14 编制会计分录。

借：库存商品——轮胎　　　　　　　　　　　548 086.50
　　　　　　——轴承　　　　　　　　　　　295 426.80
　　贷：基本生产成本——轮胎　　　　　　　　548 086.50
　　　　　　　　——轴承　　　　　　　　　　295 426.80

14.2　分批法与分步法

分批法，是指以产品的批别或订单作为产品成本核算对象，归集和分配生产成本，计算产品成本的一种方法。这种方法主要适用于单件、小批生产的企业，如造船、重型机器制造、精密仪器制造等，也可用于一般企业中的新产品试制或试验的生产、在建工程以及设备修理作业等。分步法，是指按照生产过程中各个加工步骤(分品种)为成本核算对象，归集和分配生产成本，计算各步骤半成品和最后产成品成本的一种方法。

14.2.1　分批法的核算

1. 分批法的特点

分批法计算成本的主要特点如下：

(1)成本核算对象是产品的批别。由于产品的批别大多是根据销货订单确定的，因此，这种方法又称订单法。

(2)产品成本的计算是与生产任务通知单的签发和结束紧密结合的，因此产品成本计算是不定期的。成本计算期与产品生产周期基本一致，但与财务报告不一致。

(3)由于成本计算期与产品的生产周期基本一致，因此在计算月末在产品成本时，一般不存在在完工产品和在产品之间分配成本的问题。

2. 分批法成本核算的一般程序

分批法条件下，月末完工产品与在产品之间的费用分配有以下几种情况。

(1)如果是单件生产，产品完工以前，产品成本明细账所记载的生产费用都是在产品成本；产品完工时，产品成本明细账所记载的生产费用，就是完工产品成本，因而在月末计算成本时，不存在完工产品与在产品之间分配费用的问题。

(2)如果是小批生产，批内产品一般都能同时完工，在月末计算成本时，或是全部已经完工，或是全部没有完工，因而一般也不存在完工产品与在产品之间分配费用的问题。

(3)如果批内产品跨月陆续完工，这时就要在完工产品与在产品之间分配费用。具体可以采取简化的方法处理：如按计划单位成本、定额单位成本、最近一期相同产品的实际单位成本计算完工产品成本；从产品成本明细账中转出完工产品成本后。各项费用余额之和即为在产品成本。也可根据具体条件采用前述的分配方法。

【例 14-3】新都有限公司按照购货单位的要求，小批生产甲产品和乙产品，采用分批法计算产品成本。该公司 1 月投产甲产品 50 件，批号 101，2 月份全部完工；2 月投产乙产品 30 件，批号为 201，当月完工 20 件，并已交货，还有 10 件尚未完工。101 批和 201 批产品成本计算单，见表 14-15、表 14-16。

表 14-15　产品成本计算单

批号 101　　　　　　　　　　　产品名称：甲产品　　　　　　　　投产日期：1 月 5 日
委托单位：　　　　　　　　　　批量 50 件　　　　　　　　　　完工日期：2 月 20 日

项　　目	直接材料成本	直接人工成本	制造费用	合　　计
1 月末成本余额	48 000	5 600	18 000	71 600
2 月发生生产成本	—	—	—	—
据材料成本分配表	25 000	—	—	25 000
据工资成本分配表	—	8 400	—	8 400
据制造费用分配表	—	—	35 000	35 000
合计	73 000	14 000	53 000	140 000
结转产成品 50 件成本	73 000	14 000	53 000	140 000
单位成本	1 460	280	1 060	2 800

表 14-16　产品成本计算单

批号 201　　　　　　　　　　　产品名称：乙产品　　　　　　　　投产日期：2 月 5 日
委托单位：　　　　　　　　　　批量 30 件　　　　　　　　　　完工日期：2 月 20 日

项　　目	直接材料成本	直接人工成本	制造费用	合　　计
2 月发生生产成本				
据材料成本分配表	54 000	—	—	54 000
据工资成本分配表	—	36 000	—	36 000
据制造费用分配表	—	—	84 000	84 000
合计	54 000	36 000	84 000	174 000
结转产成品 20 件成本	36 000	28 800	67 200	132 000
单位成本	1 800	1 440	3 360	6 600
月末在产品成本	18 000	7 200	16 800	42 000

（1）乙产品材料成本按完工产品产量和在产品数量作为比例进行分配。

完工产品应负担的材料成本＝54 000÷（20＋10）×20＝36 000（元）

在产品应负担的材料成本＝54 000÷（20＋10）×10＝18 000（元）

（2）其他生产成本按约当产量比例进行分配。

计算 201 批乙产品在产品约当产量，见表 14-17。

表 14-17　乙产品约当产量计算表

工　　序	完工程度	在产品（件）		完工产品（件）	产量合计（件）
	①	②	③＝①×②	④	⑤＝③＋④
1	15%	2	0.3	—	—
2	25%	2	0.5	—	—
3	75%	6	4.2	—	—
合计	—	10	5	20	25

直接人工成本按约当产量分配：

完工产品应负担的直接人工成本＝36 000÷(20＋5)×20＝28 800(元)

在产品应负担的直接人工成本＝36 000÷(20＋5)×5＝7 200(元)

制造费用按约当产量法分配：

完工产品应负担的制造费用＝84 000÷(20＋5)×20＝67 200(元)

在产品应负担的制造费用＝84 000÷(20＋5)×5＝16 800(元)

14.2.2　分步法的核算

1. 分步法的特点

分步法的适用条件和特点，见表14-18。

表 14-18　分步法的特点

分步法的适用条件	适用于大量大批的多步骤生产，如冶金(炼铁、炼钢和轧钢)、纺织(清花、梳棉、并条，粗纺等)、机械制造等。 在这类企业中，产品生产可以分为若干个生产步骤的成本管理，通常不仅要求按照产品品种计算成本，而且还要求按照生产步骤计算成本，便于考核和分析各种产品及各生产步骤的成本计划的执行情况提供资料
成本核算对象是各种产品的生产步骤	成本核算对象是各种产品的生产步骤
	月末为计算完工产品成本，还需要将归集在生产成本明细账中的生产成本在完工产品和在产品之间进行分配
	成本计算期是固定的，与产品的生产周期不一致

2. 分步法成本核算的一般程序

各生产步骤成本的计算和结转，一般采用逐步结转和平行结转两种方法，称为逐步结转分步法和平行结转分步法。

(1)逐步结转分步法。

逐步结转分步法是为了分步计算半成品成本而采用的一种分步法，也称计算半成品成本分步法。 它是按照产品加工的顺序，逐步计算并结转半成品成本，直到最后加工步骤完成才能计算产成品成本的一种方法。

(2)平行结转分步法。

在计算各步骤成本时，不计算各步骤所产半成品成本，也不计算各步骤所耗上一步骤的半成品成本，而只计算本步骤发生的各项其他成本，以及这些成本中应计入产成品的份额，将相同产品的各步骤成本明细账中的这些份额平行结转、汇总，即可计算出该种产品的产成品成本。

【例14-4】雅康公司甲产品的生产在两个生产车间内进行，第一生产车间为第二生产车间提供半成品，半成品收发通过半成品库进行。 两个生产车间的月末在产品均按定额成本计价。 成本计算程序如下：

(1)根据各种成本分配表、半成品产量月报和每个车间在产品定额成本资料，登记甲产品第一车间(半成品)成本计算单，见表14-19。

表 14-19　甲产品（半成品）成本计算单

第一车间　　　　　　　　　　　　　　　2024 年 1 月　　　　　　　　　　　　　　单位：元

项　　目	产量（件）	直接材料成本	直接人工成本	制造费用	合　　计
在产品成本（定额成本）		200 000	24 000	22 800	246 800
本月生产成本		350 000	52 000	50 000	452 000
合　计		550 000	76 000	72 800	698 800
完工半成品转出	200	420 000	60 000	62 000	542 000
月末在产品定额成本		130 000	16 000	10 800	156 800

根据第一车间甲产品（半成品）成本计算单和半成品入库单，编制会计分录。

借：自制半成品——甲半成品　　　　　　　　　　　　542 000

　　贷：基本生产成本——第一车间——甲产品　　　　　　542 000

（2）根据第一生产车间甲产品（半成品）成本计算单、半成品入库单，以及第二车间领用半成品的领用单，登记半成品明细账，见表 14-20。

表 14-20　甲半成品明细账

单位：元

月份	月初余额		本月增加		累　　计			本月减少	
	数量（件）	实际成本	数量（件）	实际成本	数量（件）	实际成本	单位成本	数量（件）	实际成本
1	200	285 000	200	542 000	400	827 000	2 067.50	250	516 875
2	150	310 125	—	—	150	310 125	2 067.50	—	—

根据半成品明细账所列半成品单位成本资料和第二车间半成品领用单，编制会计分录。

借：基本生产成本——第二车间——甲半成品　　　　　516 875

　　贷：自制半成品——甲半成品　　　　　　　　　　　516 875

（3）根据各种成本明细费用分配表、半成品领用单、产成品产量月报，以及第二车间在产品定额成本资料，登记第二车间甲产品（产成品）成本计算单，见表 14-21。

表 14-21　甲产品（产成品）成本计算单

第二车间　　　　　　　　　　　　　　　2024 年 1 月　　　　　　　　　　　　　　单位：元

摘　　要	产量（件）	直接材料	直接人工	制造费用	成本合计
在产品成本（定额成本）		149 400	32 000	24 000	205 400
本月生产成本		425 000	64 500	53 000	542 500
合　计		574 400	96 500	77 000	747 900
产成品转出	275	485 000	82 400	61 800	629 200
单位成本		1 763.64	299.64	224.73	2 288.01
月末在产品（定额成本）		89 400	14 100	15 200	118 700

◀第六篇

企业纳税核算

目前，企业涉及的应纳税种较多，主要有增值税、消费税、城市维护建设税、教育费附加、房产税、城镇土地使用税、耕地占用税、印花税、土地增值税和企业所得税等。本章主要介绍这些税种的科目设置及账务处理。

第15章 税费核算与税法规定

15.1 增值税基本要素

增值税是以商品生产流通各环节或提供劳务的增值额为计税依据而征收的一种税。

增值税的计税原理如下：

(1)按全部销售额计算税款，但只对货物或劳务价值中新增价值部分征税；

(2)实行税款抵扣制度，对以前环节已纳税款予以扣除；

(3)税款随着货物的销售逐环节转移，最终消费者是全部税款的承担者，但政府并不直接向消费者征税，而是在生产经营的各个环节分段征收，各环节的纳税人并不承担增值税税款。

增值税的特点如下。

(1)不重复征税，具有中性税收的特征。

(2)逐环节征税，逐环节扣税，最终消费者是全部税款的承担者。

(3)税基广阔，具有征收的普遍性和连续性，在组织财政收入上具有稳定性和及时性。

15.1.1 纳税人的界定

根据《中华人民共和国增值税暂行条例》（以下简称《增值税暂行条例》）的规定，凡在中华人民共和国境内销售或者进口货物、提供应税劳务和应税行为的单位和个人都是增值税纳税义务人。

根据《增值税暂行条例》及其实施细则的规定，划分一般纳税人和小规模纳税人的基本依据是纳税人的会计核算是否健全，是否能够提供准确的税务资料以及企业规模的大小，见表 15-1。

表 15-1　纳税人资格划分标准

纳税人	从事货物生产或者提供应税劳务的纳税人，以及以从事货物生产或者提供应税劳务为主，并兼营货物批发或者零售的纳税人	批发或零售的纳税人	销售服务、销售无形资产、销售不动产
小规模纳税人	年应税销售额≤500万元	年应税销售额 ≤ 500 万元	应税服务年销售额≤500 万元
一般纳税人	年应税销售额＞500万元	年应税销售额 ＞ 500 万元	应税服务年销售额＞500 万元

15.1.2 数电票

自 2022 年 8 月 28 日起，各省、自治区、直辖市和计划单列市实现数电票受票全覆盖。

1. 数电票基本要求

(1)数电票交付方式有以下两种：通过电子发票服务平台税务数字账户自动交付；通过电子邮件、二维码等方式自行交付；交付样式为 XML 格式或 PDF、OFD 版式文件格式，企业可根据需要由交付方自行选择。销售方开具发票后，系统默认将数电票文件及数据自动交付至购买方的税务数字账户，购买方可在税务数字账户中下载所需要的数电票文件。

(2)数电发票命名。纳税人下载数电票时，应对数电票文件规范命名，便于后续处理。以"dzfp_数电票号码_下载时间"命名。

(3)数电发票登记。数电票保管人员或负责报销的会计人员，应建立数电票归集文件夹，文件夹以"年份＋月份"命名，妥善保管集中归集的数电票，并建立接收的数电发票台账。

2. 数电发票报销方式

已建设业务系统和报销系统的单位，数电票的归集、登记、验真、审批等可通过在线方式完成。对于没有应用报销系统，或是报销系统尚不具备报销审批功能的单位，数电票的报销审批、归集、登记等流程一般通过纸质报销单采用线下方式进行。

（1）数电票通过通信软件传输，先由报销人提交审批人完成审批流程，再由会计人员在报销时完成数电票的查重、登记。数电票报销线下审批时，可选择打印输出纸质件方式或不打印输出纸质件方式。

（2）打印输出纸质件方式：报销人将数电票打印输出纸质件后，将其与填写好的报销单、其他原始凭证等一起通过线下方式进行报销审批，同时将收票人收到的数电票电子文件原件通过电子邮箱等通信软件传输至报销审批人，再传输至会计人员。

（3）不打印输出纸质件方式：即报销人不打印数电票输出纸质件，而是直接填写纸质报销单，报销审批人仅审核纸质报销单。数电票的电子文件原件通过电子邮箱等通信软件从收票人传输至报销审批人，再传输至会计人员。

3. 数电发票入账

(1)在线入账。已使用会计核算系统的单位，可通过报销系统或线下审批单获取凭证数据，通过会计核算系统进行在线记账。未应用报销系统但已应用会计核算系统的单位，需将线下审批单数据手工录入会计核算系统，记入相应科目和借贷方向，完成记账。

(2)线下入账。未应用会计核算系统的单位可以以数电票的纸质打印件作为入账依据，入账方法与纸质发票入账方法相同，但必须同时保存该纸质打印件的电子发票原件。

15.1.3 增值税电子发票开具

1. 票种核定

新办纳税人应携带相关税务资料在办税服务厅或通过电子税务局等线上方式向主管税务机关申请办理票种核定，由主管税务机关按照相关规定确定纳税人所能开具的增值税电子发票的种类、数量、开票限额等事宜。

已经办理增值税电子发票票种核定的纳税人，如当前领用发票的种类、数量或开票限额不能满足经营需要的，可以携带相关税务资料在税务机关办税服务厅或通过电子税务局等线上方式向主管税务机关提出调整申请。

2. 发票领用

已办理税务登记的纳税人，在完成增值税电子发票票种核定、税控设备发行等业务后，既可以通过办税服务厅办理增值税电子发票领用业务，也可以通过增值税发票开票软件、电子税务局等线上渠道办理电子发票领用业务。

3. 发票填开

纳税人可以自行下载增值税发票开票软件开具增值税电子发票。金税盘对应金税盘版开票软件，税控盘对应税控盘版开票软件，税务 UKey 对应税务版开票软件。开具方法如下：

第一步，登录增值税发票开票软件，进入电子发票开具界面。

第二步，如实填写购买方名称、购买方纳税人识别号、购买地址及电话、购买方开户行名称及银行账号、项目名称、规格型号、单位、数量、单价、金额、税率、税额等信息，并点击"开具"按钮。

第三步，通过电子邮箱、二维码等方式交付增值税电子发票，供受票方查阅和下载。

相对于纸质发票，增值税电子发票不得作废，如有需要，开具红字发票即可。纳税人发生销货退回、开票有误、应税服务中止、销售折让等情形，需要开具红字增值税电子专用发票的，按照《国家税务总局关于在新办纳税人中实行增值税专用发票电子化有关事项的公告》（国家税务总局公告 2020 年第 22 号）有关规定执行。

"七、纳税人开具电子专票后，发生销货退回、开票有误、应税服务中止、销售折让等情形，需要开具红字电子专票的，按照以下规定执行：

（一）购买方已将电子专票用于申报抵扣的，由购买方在增值税发票管理系统（以下简称"发票管理系统"）中填开并上传《开具红字增值税专用发票信息表》（以下简称《信息表》），填开《信息表》时不填写相对应的蓝字电子专票信息。

购买方未将电子专票用于申报抵扣的，由销售方在发票管理系统中填开并上传《信息表》，填开《信息表》时应填写相对应的蓝字电子专票信息。

（二）税务机关通过网络接收纳税人上传的《信息表》，系统自动校验通过后，生成带有"红字发票信息表编号"的《信息表》，并将信息同步至纳税人端系统中。

（三）销售方凭税务机关系统校验通过的《信息表》开具红字电子专票，在发票管理系统中以销项负数开具。红字电子专票应与《信息表》一一对应。

（四）购买方已将电子专票用于申报抵扣的，应当暂依《信息表》所列增值税税额从当期进项税额中转出，待取得销售方开具的红字电子专票后，与《信息表》一并作为记账凭证。

八、受票方取得电子专票用于申报抵扣增值税进项税额或申请出口退税、代办退税的，应当登录增值税发票综合服务平台确认发票用途，登录地址由各省税务局确定并公布。

十、纳税人以电子发票(含电子专票和电子普票)报销入账归档的,按照《财政部 国家档案局关于规范电子会计凭证报销入账归档的通知》(财会〔2020〕6号)的规定执行。

15.1.4 数电票开具

开具数电票,纳税人不再需要领取税控专用设备;通过"赋码制"取消特定发票号段申领,发票信息生成后,系统自动分配唯一的发票号码;通过"授信制"自动为纳税人赋予开具金额总额度,实现开票"零前置"。基于数电票的以上特性,试点纳税人通过实名验证后,无须使用税控专用设备,无须办理发票票种核定,无须领用发票,使用电子发票服务平台即可直接开票。

1. 红字发票的开具

试点纳税人发生开票有误、销货退回、服务中止、销售折让等情形,需要开具红字全面数字化的电子发票的,按以下规定执行。

(1)受票方未做增值税用途确认及入账确认的,开票方全额开具红字全面数字化的电子发票,无须受票方确认;

(2)受票方已进行用途确认或入账确认的,受票方为试点纳税人,开票方或受票方均可在电子发票服务平台填开红字发票信息确认单(以下简称确认单),见表15-2。经对方在电子发票服务平台确认后,开票方全额或部分开具红字全面数字化的电子发票或红字纸质发票;受票方为非试点纳税人,接收到电子发票服务平台开具的全面数字化电子发票,可以由受票方通过增值税综合服务平台或开票方在电子发票服务平台填开确认单,经双方确认后,销售方开具红字发票。其中,确认单需要与对应的蓝字发票信息相符。

表15-2 红字发票信息确认单

填开日期: 年 月 日

销售方	纳税人名称(销方)		购买方	纳税人名称(购方)		
	统一社会信用代码(纳税人识别号)(销方)			统一社会信用代码(纳税人识别号)(购方)		
开具红字发票确认信息内容	项目名称	数量	单价	金额	税率/征收率	税额
	合计					
	一、录入方身份: 1. 销售方□ 2. 购买方□ 二、冲红原因: 1. 开票有误□ 2. 销货退回□ 3. 服务中止□ 4. 销售折让□ 三、对应蓝字发票抵扣增值税销项税额情况: 1. 已抵扣□ 2. 未抵扣□ 对应蓝字发票的代码:号码:_____ 四、是否涉及数量(仅限成品油、机动车等业务填写) 涉及销售数量□ 仅涉及销售金额□					
红字发票信息确认单编号						

15.1.5 增值税税率

增值税均实行比例税率：绝大多数一般纳税人适用基本税率、低税率或零税率；小规模纳税人和采用简易办法征税的一般纳税人，适用3%或5%的征收率。

2019年"两会"期间政府工作报告具体指出，2019年将制造业等行业现行16%的税率降至13%，将交通运输业、建筑业等行业现行10%的税率降至9%；保持6%一档的税率不变，但通过采取对生产、生活性服务业增加税收抵扣等配套措施，确保所有行业税负只减不增。该政策自2019年4月1日执行。

综上所述，适用于一般纳税人的税率，目前有13%、9%、6%和0。

15.1.6 增值税会计科目设置

根据财会〔2016〕22号文件规定，一般纳税人企业增值税相关会计科目设置见表15-3。

表 15-3 一般企业增值税基本会计科目设置明细表

科目代码	总分类科目（一级科目）	明细分类科目	
		二级科目	三级科目
2221	应交税费		
222101	应交税费	应交增值税	
22210101	应交税费	应交增值税	进项税额
22210102	应交税费	应交增值税	已交税金
22210103	应交税费	应交增值税	减免税款
22210104	应交税费	应交增值税	转出未交增值税
22210105	应交税费	应交增值税	销项税额抵减
22210106	应交税费	应交增值税	出口抵减内销产品应纳税额
22210107	应交税费	应交增值税	销项税额
22210108	应交税费	应交增值税	进项税额转出
22210109	应交税费	应交增值税	出口退税
22210110	应交税费	应交增值税	转出多交增值税
222102	应交税费	预交增值税	
222103	应交税费	待抵扣进项税额	
222104	应交税费	未交增值税	
222105	应交税费	增值税留抵税额	
222106	应交税费	简易计税	
222107	应交税费	转让金融商品应交增值税	
222108	应交税费	代扣代交增值税	
222109	应交税费	待转销项税额	
222110	应交税费	增值税检查调整	

15.2　进项税额管理

增值税的抵扣是针对一般纳税人而言，小规模纳税人是用不到进项税额抵扣凭证的，即便是一般纳税人的简易征收项目收到进项税额抵扣发票，也要做进项税额转出处理。进项税额抵扣有认证抵扣和计算抵扣两种方式，企业一般在日常办公管理、职工福利、生产经营过程会产生大量的增值税专用发票，符合政策规定抵扣范围内的经济管理事项，需要抵扣凭证以及相应票据的支持。

增值税一般纳税人的账务处理，见表 15-4。

表 15-4　增值税进项税额的账务处理

财　务　情　景		账　务　处　理
采购等业务进项税额允许抵扣的账务处理	一般纳税人购进货物、加工修理修配劳务、服务、无形资产或不动产	借：在途物资/原材料/库存商品/生产成本/无形资产/固定资产/管理费用等 　　应交税费——应交增值税(进项税额) 　　　　　　——待认证进项税额 贷：应付账款/应付票据/银行存款等
采购等业务进项税额不得抵扣的账务处理		借：相关成本费用或资产科目 　　应交税费——待认证进项税额 贷：银行存款/应付账款等 经税务机关认证后 借：相关成本费用或资产科目 贷：应交税费——应交增值税(进项税额转出)
购进不动产或不动产在建工程按规定进项税额分年抵扣的账务处理		借：固定资产/在建工程等 　　应交税费——应交增值税(进项税额) 　　　　　　——待抵扣进项税额(按以后期间可抵扣的增值税额) 贷：应付账款/应付票据/银行存款等 尚未抵扣的进项税待以后期间允许抵扣时 借：应交税费——应交增值税(进项税额) 贷：应交税费——待抵扣进项税额
货物等已验收入库但尚未取得增值税扣税凭证的账务处理		借：原材料/库存商品/固定资产/无形资产 　　应交税费——应交增值税(进项税额) 贷：应付账款
购买方作为扣缴义务人的账务处理		借：生产成本/无形资产/固定资产/管理费用 　　应交税费——应交增值税(进项税额) 贷：应付账款等 　　应交税费——代扣代交增值税 实际缴纳代扣代缴增值税时，按代扣代缴的增值税额 借：应交税费——代扣代交增值税 贷：银行存款

15.2.1　准予抵扣的进项税额

2019 年 3 月 21 日，根据《关于深化增值税改革有关政策的公告》(国家税务总局公告 2019 年第 14 号)第六条规定，"纳税人购进国内旅客运输服务，其进项税额允许从销项税额中抵扣。"因此，可以认证抵扣或者计算抵扣的凭证大致有九种，分别是一般纳税人常用的"增值税专用发票"、即将退出历史舞台的"货物运输业增值税专用发票""机动车销售统一发票"进口环节取得的"海关进口增值税缴款书""中华人民共和国税收缴款凭证""农产品销售发票""农产品收购发票"以及道路、桥、闸通行费"××地方税务机关监制发票""车票、飞机票、船票"等。见表 15-5。

表 15-5　可抵扣进项税额凭证

	抵扣凭证种类	出具方	抵扣金额	备　注
1	增值税专用发票	销售方或通过税务机关代开	注明的增值税税额	—
2	机动车销售统一发票	销售方	注明的增值税税额	—
3	海关进口增值税缴款书	海关	注明的增值税税额	进口环节的增值税是由海关代征的
4	税收缴款凭证	税务机关	注明的增值税税额	预缴税款、代扣代缴税收缴款、接受境外单位或者个人提供的应税服务时适用
5	农产品销售发票	销售方	买价×9%	买价,是指纳税人购进农产品在收购发票或者销售发票上注明的价款和按照规定缴纳的烟叶税
6	农产品收购发票	购货方	买价×9%	同上
7	道路、桥、闸通行费	高速公路运营方	发票上注明的金额÷(1+3%)×3%	通行费发票,不含财政票据
7		一级公路、二级公路、桥、闸运营方	发票上注明的金额÷(1+5%)×5%	
8	土地出让金省级以上(含)财政部门监(印)制的财政票据	政府相关部门	票据上注明的金额÷(1+9%)×9%	财政票据不是严格意义上的抵扣凭证,是房地产行业销售额的扣除项目
9	旅客运输服务	航空运输电子客票行程单	进项税额=(票价+燃油附加费)÷(1+9%)×9%	—
9		铁路车票	进项税额=票面金额÷(1+9%)×9%	—
9		公路、水路等其他客票	进项税额=票面金额÷(1+3%)×3%	—

《财政部 税务总局关于先进制造业企业增值税加计抵减政策的公告》(财政部 税务总局公告 2023 年第 43 号)规定:

"现将先进制造业企业增值税加计抵减政策公告如下:

一、自 2023 年 1 月 1 日至 2027 年 12 月 31 日,允许先进制造业企业按照当期可抵扣进项税额加计 5% 抵减应纳增值税税额(以下称加计抵减政策)。本公告所称先进制造业企业是指高新技术企业(含所属的非法人分支机构)中的制造业一般纳税人,高新技术企业是指按照《科技部 财政部 国家税务总局关于修订印发〈高新技术企业认定管理办法〉的通知》(国科发火〔2016〕32 号)规定认定的高新技术企业。先进制造业企业具体名单，由各省、自治区、直辖市、计划单列市工业和信息化部门会同同级科技、财政、税务部门确定。

二、先进制造业企业按照当期可抵扣进项税额的5%计提当期加计抵减额。按照现行规定不得从销项税额中抵扣的进项税额，不得计提加计抵减额；已计提加计抵减额的进项税额，按规定作进项税额转出的，应在进项税额转出当期，相应调减加计抵减额。

三、先进制造业企业按照现行规定计算一般计税方法下的应纳税额（以下称抵减前的应纳税额）后，区分以下情形加计抵减：

1. 抵减前的应纳税额等于零的，当期可抵减加计抵减额全部结转下期抵减；

2. 抵减前的应纳税额大于零，且大于当期可抵减加计抵减额的，当期可抵减加计抵减额全额从抵减前的应纳税额中抵减；

3. 抵减前的应纳税额大于零，且小于或等于当期可抵减加计抵减额的，以当期可抵减加计抵减额抵减应纳税额至零；未抵减完的当期可抵减加计抵减额，结转下期继续抵减。

四、先进制造业企业可计提但未计提的加计抵减额，可在确定适用加计抵减政策当期一并计提。

五、先进制造业企业出口货物劳务、发生跨境应税行为不适用加计抵减政策，其对应的进项税额不得计提加计抵减额。

先进制造业企业兼营出口货物劳务、发生跨境应税行为且无法划分不得计提加计抵减额的进项税额，按照以下公式计算：

不得计提加计抵减额的进项税额＝当期无法划分的全部进项税额×当期出口货物劳务和发生跨境应税行为的销售额÷当期全部销售额

六、先进制造业企业应单独核算加计抵减额的计提、抵减、调减、结余等变动情况。骗取适用加计抵减政策或虚增加计抵减额的，按照《中华人民共和国税收征收管理法》等有关规定处理。

七、先进制造业企业同时符合多项增值税加计抵减政策的，可以择优选择适用，但在同一期间不得叠加适用。"

生产、生活性服务业纳税人取得资产或接受劳务时，应当按照《增值税会计处理规定》的相关规定对增值税相关业务进行会计处理；实际缴纳增值税时，按应纳税额借记"应交税费——未交增值税"等科目，按实际纳税金额贷记"银行存款"科目，按加计抵减的金额贷记"其他收益"科目。

例如，某生活服务企业符合加计抵减条件，无期初留抵。2024年4月销项税额80万元，进项税额60万元，本期可抵减额60×10％＝6元，小于抵减前应纳税额（80－60）＝20万元，可以全额抵减。

借：应交税费——未交增值税 60 000
　　贷：其他收益 60 000

【例15-1】金顶织造有限公司2024年6月进口一辆小汽车，关税完税价格1 800 000元，海关于1月15日开具了完税凭证。金顶织造有限公司缴纳进口环节税金后海关放行。 计算该辆小轿车进口环节应纳增值税(关税税率为 50%，消费税税率为 40%)。(其他单据略)如图 15-1 所示。

进口货物增值税应纳税额的计算。

应纳税额＝组成计税价格×税率

组成计税价格＝(关税完税价格＋关税)÷(1－消费税税率)

或组成计税价格＝关税完税价格＋关税＋消费税

组成计税价格＝1 800 000×(1+50%)÷(1－40%)＝4 500 000(元)

进口环节缴纳增值税＝4 500 000×13%＝585 000(元)

海关进口增值税专用缴款书

收入系统：税务系统　　　　填发日期：2024 年 7 月 10 日　　　　号码：029820050185054065－I02

收入机关	收入机关	中央金库	中央金库	中央金库	缴款单位(个人)	名称	金顶织造有限公司
	科目	进口增值税	预算级次	中央		账号	2290001909234214576
	收款国库	福田区中心支库	福田区中心支库	福田区中心支库		开户银行	工商银行哈尔滨和兴支行
税号	货物名称	数量	单位	完税价格（元）	税率(%)	税款金额（元）	税款金额（元）
×××	小轿车	1	辆	4 500 000	13	585 000	585 000
金额(人民币)	⊗伍拾捌万伍仟元整						
申请单位编号		报关单编号			填制单位	收款国库(银行)	
合同批文		运输工具					
缴款期限		提货单号					
备注	照章征税　10/7/2024				制单人：林杰 复核人：肖珂		
国际代码：234106787062823US							

● 第一联(收据)国库收款签单后交缴款单位或缴纳人

图 15-1　增值税专用缴款书

15.2.2　不得抵扣的进项税额

按照《财政部 国家税务总局关于全面推行营业税改征增值税试点的通知》(财税〔2016〕36 号)附件 1 第二十七条规定，下列项目的进项税额不得从销项税额中抵扣：

"(一)用于简易计税方法计税项目、免征增值税项目、集体福利或者个人消费的购进货物、加工修理修配劳务、服务、无形资产和不动产。其中涉及的固定资产、无形资产、不动产，仅指专用于上述项目的固定资产、无形资产（不包括其他权益性无形资产）、不动产。

纳税人的交际应酬消费属于个人消费。

(二)非正常损失的购进货物，以及相关的加工修理修配劳务和交通运输服务。

(三)非正常损失的在产品、产成品所耗用的购进货物（不包括固定资产）、加工修理修配劳务和交通运输服务。

(四)非正常损失的不动产，以及该不动产所耗用的购进货物、设计服务和建筑服务。

（五）非正常损失的不动产在建工程所耗用的购进货物、设计服务和建筑服务。 纳税人新建、改建、扩建、修缮、装饰不动产，均属于不动产在建工程。

（六）财政部和国家税务总局规定的其他情形。"

注：根据后续政策，将第二十七条第（六）项修改为"购进的贷款服务、餐饮服务、居民日常服务和娱乐服务"。

1. 用于简易计税方法计税项目

用于简易计税方法计税项目的购进货物、加工修理修配劳务、服务、无形资产和不动产。 简易计税方法是指一般纳税人发生财政部和国家税务总局规定的特定应税行为，可以选择适用简易计税方法计税，适用简易计税方法计税的一般纳税人，其取得的用于简易计税方法计税项目的进项税额不得抵扣。

【例15-2】富安建筑企业为增值税一般纳税人，2024 年 6 月购买材料，取得增值税专用发票注明金额45 000 元，进项税额 5 850 万元，该批材料用于适用简易计税方法的老建筑项目，款项已通过银行支付。 根据税法规定，此项采购业务进项税额不得抵扣，应直接计入成本。

借：原材料　　　　　　　　　　　　　　　　　　　50 850

　　贷：银行存款　　　　　　　　　　　　　　　　　　　50 850

属于购入货物时不能直接认定其进项税额能否抵扣的，先计入"应交税费——应交增值税(进项税额)"账户，如果这部分购入货物以后用于按规定不得抵扣进项税额项目的，应将原已记入进项税额并已支付的增值税转入有关的承担者予以承担，通过"应交税费——应交增值税(进项税额转出)"账户转入有关资产及劳务成本。

【例15-3】精石制造有限公司 8 月某在建工程领用甲材料一批，材料实际成本为75 920元，进项税额为 9 869.60 元，见表15-6。

表 15-6　出库单

单位：元

月	日	品名	规格型号	数量	单位	单价	金额
8	10	甲材料		200	公斤	3 796	75 920
合计							75 920

借：在建工程　　　　　　　　　　　　　　　　　　　85 789.60

　　贷：原材料　　　　　　　　　　　　　　　　　　　75 920

　　　　应交税费——应交增值税(进项税额转出)　　　　9 869.60

2. 接受投资、捐赠以及债务重组

企业接受投资转入的货物，按照专用发票上注明的增值税额，借记"应交税费——应交增值税(进项税额)"科目，按照确认的投资货物价值(已扣增值税，下同)，借记"原材料"等科目，按照增值税额与货物价值的合计数，贷记"实收资本"等科目。 如果对方是以固定资产(如机器、设备等)进行投资，进项税额仍通过"应交税费——应交增值税(进项税额)"科目核算,贷记"实收资本"等科目。

【例 15-4】 金顶织造有限公司本月接受长城棉纺织厂捐赠 50 吨棉纱,增值税专用发票上注明的价款 84 000 元,增值税 13 440 元,如图 15-2 所示。

动态二维码(略)	电子发票(增值税专用发票)		发票号码: 开票日期:

购买方信息	名称:金顶织造有限公司 统一社会信用代码/纳税人识别号:234101400357893	销售方信息	名称:长城棉纺织厂 统一社会信用代码/纳税人识别号:111134134971789

项目名称	规格型号	单位	数量	单价	金额	税率/征收率	税额
棉纱		吨	50	1 680	84 000	13%	10 920
合计					¥ 84 000		¥ 10 920

价款合计(大写)	⊗玖万肆仟玖佰贰拾元整	(小写)¥ 94 920
备注	销方开户银行:中国银行怡和路分理处	银行账号:066180360010255

图 15-2 发票

借:原材料   84 000
   应交税费——应交增值税(进项税额)   10 920
    贷:营业外收入   94 920

3. 接受应税劳务的增值税会计处理

企业接受应税劳务,按照专用发票上注明的增值税额,借记"应交税费——应交增值税(进项税额)"科目,按专用发票上记载的应计入加工、修理修配等货物成本的金额,借记"其他业务成本""制造费用""委托加工物资""销售费用""管理费用"等科目,按应付或实际支付的金额,贷记"应付账款""银行存款"等科目。

【例 15-5】 科达公司委托东风木材厂加工一批 B 材料,发出 B 材料实际成本为 79 430 元,支付加工费 800 元,支付增值税 104 元,见表 15-7。

表 15-7 委外加工单

No. ×××

日期: 2024.5.11

委托厂商	东风木材厂			地址	枣阳市郵北区天中街 8 号	
				电话	89072739	
委制编号	品名	数量	需求日期	单价	金额	备注
	B材料				79 430	
合计						
品质要求	加工成品					
提供						

①发出 B 材料，委托东风木材厂加工 B 材料时。

借：委托加工物资   79 430

    贷：原材料——B 材料   79 430

②支付加工费和税金时。

借：委托加工物资   800

    应交税费——应交增值税(进项税额)   104

    贷：银行存款   904

③材料加工完成，收回后验收入库时，原材料成本价格＝79 430＋800＝80 230(元)。

借：原材料——B 材料   80 230

    贷：委托加工物资   80 230

4. 货物非正常损失及改变用途的增值税会计处理

非正常损失的购进货物是指因管理不善造成货物被盗、丢失、霉烂变质，以及因违反法律法规造成货物被依法没收、销毁、拆除的。该货物及相关的加工修理修配劳务和交通运输服务所对应的进项税额不得抵扣。

企业购进的货物、在产品、产成品发生非正常损失，以及购进货物改变用途等原因，其进项税额，应相应转入有关科目，借记"待处理财产损溢""在建工程""应付职工薪酬"等科目，贷记"应交税费——应交增值税(进项税额转出)"科目。属于转做待处理财产损失的部分，应与遭受非正常损失的购进货物、在产品、产成品成本一并处理。

【例 15-6】金顶织造有限公司 8 月购进包装物 7 500 个，每个不含税单价 60 元，10 月实际验收入库 7 000 个，该包装物的定额损耗率为 1%，包装物已验收入库，取得增值税专用发票且货款已付，见表 15-8。

非常损失数量＝7 500－7 000－7 500×1%＝425 (元)

不得抵扣进项税＝(7 500－7 000－7 500×1%)×60×13%＝3 315(元)

借：待处理财产损溢——待处理非流动资产损溢   25 500

    待处理财产损溢——税费转出   3 315

    贷：周转材料——包装物   25 500

    应交税费——应交增值税(进项税额转出)   3 315

表 15-8 存货盘存单

2024 年 8 月 4 日   单位：元

存货名称	计量单位	数量		单位成本	盘盈		盘亏	
		实存	账存		数量	金额	数量	金额
包装物	个	7 000	7 500	60			500	30 000
原因	运输途中的不慎丢失。							
处理意见	会计部门	经协商，运输公司赔偿						
	审批部门	同意						

5. 购入货物及接受应税劳务用于非应税项目或免税项目的增值税会计处理

企业购入货物及接受应税劳务直接用于非应税项目，或直接用于免税项目以及直接用于集体福利和个人消费的，其专用发票上注明的增值税额，计入购入货物及接受劳务的成本。借记"在建工程""应付职工薪酬"等科目，贷记"银行存款"等科目。

若购进货物部分用于免税项目，按免税项目销售额占全部销售额的比例将进项税额应转出。

【例 15-7】 金顶织造有限公司某月全部进项税额为 64 000 元，销售总额为 480 000元，其中应税销售额为 360 000 元，免税销售额 120 000 元。

进项税额转出＝64 000×(120 000÷480 000)＝16 000(元)

借：主营业务成本 16 000

　　贷：应交税费——应交增值税(进项税额转出) 16 000

(1)一般纳税人兼营免税项目或者非增值税应税劳务而无法划分不得抵扣的进项税额的，按下列公式计算不得抵扣的进项税额：

不得抵扣的进项税额＝当月无法划分的全部进项税额×当月免税项目销售额、

非增值税应税劳务营业额合计÷当月全部销售额、营业额

(2)合计购进货物或者应税劳务，取得的增值税扣税凭证不符合法律、行政法规或者国务院税务主管部门有关规定的，其进项税额不得从销项税额中抵扣。

(3)当期进项税额是指纳税人当期购进货物或者应税劳务已缴纳的增值税税额。它主要体现在从销售方取得的增值税专用发票上或海关进口增值税专用缴款书上。

当期进项税额计算公式：

当期进项税额＝不含税采购额×适用税率

其中，不含税采购额＝含税采购额÷(1＋适用税率)

15.3　销项税额管理

1. 销售额的一般认定

根据《增值税暂行条例》规定：销售额为纳税人销售货物或提供应税劳务向购买方收取的全部价款和价外费用。

向购买方收到的各种价外费用包括：手续费、补贴、基金、集资费、返还利润、奖励费、违约金(延期付款利息)、包装费、包装物租金、储备费、优质费、运输装卸费、代收款项、代垫款项及其他各种性质的价外收费。上述价外费用无论其会计制度如何核算，都应并入销售额计税。

但上述价外费用不包括以下各项费用。

(1)向购买方收取的销项税额。

(2)受托加工应征消费税的货物，而由受托方向委托方代收代缴的消费税。

(3)同时符合以下两个条件的代垫运费：即承运部门的运费发票开具给购货方；并且由纳税人将该项发票转交给购货方的。

(4)同时符合以下条件代为收取的政府性基金或者行政事业性收费：由国务院或者

财政部批准设立的政府性基金,由国务院或者省级人民政府及其财政、价格主管部门批准设立的行政事业性收费;收取时开具省级以上财政部门印制的财政收据所收款项全额上缴财政。

(5)销售货物的同时代办保险等而向购买方收取的保险费,以及向购买方收取的代购买方缴纳的车辆购置税、车辆牌照费。

2. 销售额的特殊认定

在销售活动中,为了达到促销的目的,有多种销售方式,不同的销售方式下,取得的销售额会有所不同。 税法对以下几种销售方式分别做了规定,见表 15-9。

表 15-9 特殊销售行为销售额的认定

销售方式	销项税额的认定
采取折扣方式	(1)销售额和折扣额在同一张发票上分别注明的,可按折扣后的销售额征收增值税; (2)未在同一张发票上分别注明的,以价款为销售额,不得扣减折扣额
以旧换新方式	应按新货物的同期销售价格确定销售额,不得扣减旧货物的收购价格。 但对金银首饰以旧换新业务,可以按销售方实际收取的不含增值税的全部价款征收增值税
还本销售方式	其销售额就是货物的销售价格,不得从销售额中减除还本支出
以物易物方式	以物易物双方都应做购销处理,以各自发出的货物核算销售额,以各自收到的货物计算进项税额
直销方式	直销企业的销售额为其向消费者收取的全部价款和价外费用
试点纳税人中客运场站服务	以其取得的全部价款和价外费用,扣除政府性基金或行政事业性收费后的余额为销售额
试点纳税人提供国际货物运输代理服务	以其取得的全部价款和价外费用,扣除支付给国际运输企业的费用后的余额为销售额
视同销售货物的方式 (包括试点地区纳税人)	(1)按纳税人最近时期同类货物的平均销售价格确定
	(2)按其他纳税人最近时期同类货物的平均销售价格确定
	(3)按组成计税价格确定。 公式为: 组成计税价格=成本×(1+成本利润率)

增值税销项税额的账务处理,见表 15-10。

表 15-10 增值税销项税额的账务处理

财 务 情 景	会 计 处 理
企业销售货物、加工修理修配劳务、服务、无形资产或不动产	借:应收账款/应收票据/银行存款等 贷:主营业务收入/其他业务收入/固定资产清理/工程结算 应交税费——应交增值税(销项税额) ——简易计税 ——应交增值税(小规模纳税人)
收入或利得的时点早于按照增值税制度确认增值税纳税义务发生时点的	应将相关销项税额计入"应交税费——待转销项税额"科目,待实际发生纳税义务时再转入"应交税费——应交增值税(销项税额)"或"应交税费——简易计税"科目

财务情景		会计处理
增值税纳税义务发生时点早于按照国家统一制度确认收入或利得的时点的		借：应收账款 　贷：应交税费——应交增值税(销项税额) 　　　应交税费——简易计税
视同销售的账务处理		借：应付职工薪酬/利润分配 　贷：应交税费——应交增值税(销项税额)/应交税费——简易计税科目(小规模纳税人应计入"应交税费——应交增值税")
差额征税的账务处理	企业发生相关成本费用允许扣减销售额的账务处理按照允许抵扣的税额	借：主营业务成本/存货/合同履约成本 　贷：应付账款/应付票据/银行存款 借：应交税费——应交增值税(销项税额抵减)/应交税费——简易计税 小规模纳税人账务处理如下。 借：应交税费——应交增值税 　贷：主营业务成本/存货/合同履约成本
月末转出多交增值税和未交增值税	对于当月应交未交的增值税	借：应交税费——应交增值税(转出未交增值税) 　贷：应交税费——未交增值税
	对于当月多交的增值税	借：应交税费——未交增值税 　贷：应交税费——应交增值税(转出多交增值税)

需要特别注意的是，财务报表相关项目列示"应交税费"科目下的"应交增值税""未交增值税""待抵扣进项税额""待认证进项税额""增值税留抵税额"等明细科目期末借方余额应根据情况，在资产负债表中的"其他流动资产"或"其他非流动资产"项目列示；"应交税费——待转销项税额"等科目期末贷方余额应根据情况，在资产负债表中的"其他流动负债"或"其他非流动负债"项目列示；"应交税费"科目下的"未交增值税""简易计税""转让金融商品应交增值税""代扣代交增值税"等科目期末贷方余额应在资产负债表中的"应交税费"项目列示。

15.3.1 当期销项税额的确定

当期销项税额，是指当期销售货物或提供应税劳务的纳税人，依其销售额和法定税率计算并向购买方收取的增值税税款。

其计算公式为：

$$当期销项税额＝不含税销售额×税率$$

或，

$$当期销项税额＝组成计税价格×税率$$

如果销售收入中包含了销项税额，则应将含税销售额换算成不含税销售额。这是因为增值税是价外税，在计税的销售额中不能含有增值税税款，属于含税销售收入的有普通发票的价款、零售价格、价外收入、非应税劳务征收增值税。

不含税销售额的计算公式为：

$$不含税销售额＝含税销售额÷(1＋增值税税率)$$

按简易办法征收增值税。一般纳税人销售自己使用过的物品和旧货，适用按简易办法依3%征收率减按2%征收增值税政策的，按下列公式确定销售额和应纳税额：

$$销售额＝含税销售额÷(1+3\%)$$

$$应纳税额＝销售额×2\%$$

15.3.2 采用直接收款方式销售的处理

采用直接收款方式销售，借记"应收票据""银行存款"等科目，按专用发票上注明的增值税额，贷记"应交税费——应交增值税(销项税额)"，按实现的营业收入，贷记"主营业务收入"等科目。

【例15-8】金顶织造有限公司采用直接收款方式销售一批棉布制品，价款95 281.60元(含税)。货款已经收到，货物尚未发出，提货单已经交给购货方，开出增值税专用发票。棉布制品成本为64 400元，如图15-3所示。

动态 二维码 (略)	电子发票（增值税专用发票）					发票号码：×××× 开票日期：2024年5月9日		
购买方信息	名称：百世有限公司 统一社会信用代码/纳税人识别号： 324510140032567312				销售方信息	名称：金顶织造有限公司 统一社会信用代码/纳税人识别号： 229000190923421457		
项目名称	规格型号	单位	数量	单价	金额	税率/征收率	税额	
棉布制品		米	1 000	84.32	84 320	13%	10 961.60	
合计					￥84 320		￥10 961.60	
价款合计(大写)		⊗玖万伍仟贰佰捌拾壹元陆角整					(小写)￥95 281.60	
备注	销方开户银行：工商银行哈尔滨和兴支行			银行账号：2290001909234214576				

图15-3 发票

该企业当期应纳增值税额计算如下：

将含税销售额换算为不含税销售额，销项税额＝95 281.60÷(1+13%)×13%＝84 320×13%＝10 961.60(元)

借：银行存款	95 281.60
贷：主营业务收入——甲商品	84 320
应交税费——应交增值税(销项税额)	10 961.60
借：主营业务成本	64 400
贷：库存商品	64 400

15.3.3 托收承付或者委托收款结算方式销售的处理

采取托收承付或者委托银行收款方式销售货物，为发出货物并办妥托收手续的当天。

【例15-9】晨星广告有限公司为一般纳税人，税率为6%。2024年4月5日采用托收承付结算方式，收取兴达制造厂广告费用，不含税价25 000元，增值税额1 500元，另代垫运费。托收手续已办理完毕，如图15-4所示。

托收凭证（贷方凭证）

委托日期 2024 年 4 月 5 日

业务类型		委托收款(□邮划、□电划) 托收承付(□邮划、☑电划)																		
付款人	全称	兴达制造厂				收款人	全称	晨星广告有限公司													
	账号	0200001909234261321					账号	6222900019092342112312													
	地址	省　市县	开户行	工商银行			地址	省　市县深圳				开户行			农行						
金额	人民币 (大写)⊗贰万陆仟伍佰元整					亿	千	百	十	万	千	百	十	元	角	分				
									¥	2	6	5	0	0	0	0				
款项内容	货款		托收凭据名称		商业承兑汇票		附寄单证张数														
商品发运情况		已发运					合同名称号码													
备注： 收款人开户银行收到日期 年　月　日		上列款项随附有关债务证明，请予办理。 晨星广告有限公司 财务专用章 收款人签章　　　　　李清之印								复核　记账										

图 15-4　托收凭证

此联收款人开户银行作贷方凭证。

借：应收账款　　　　　　　　　　　　　　　　　　　　　　26 500
　　贷：主营业务收入　　　　　　　　　　　　　　　　　　　　25 000
　　　　应交税费——应交增值税（销项税额）　　　　　　　　　1 500

15.3.4　赊销和分期付款销售的处理

采取赊销和分期收款方式销售货物，为书面合同约定的收款日期的当天，无书面合同的或者书面合同没有约定收款日期的，为货物发出的当天。

【例 15-10】江尚品有限公司 8 月以分期收款方式销售甲产品 100 件，实际成本为 68 900 元，不含税价款为 80 400 元，增值税额为 10 452 元。按合同规定，从 8 月 1 日起分 2 个月收款。（增值税专用发票略），见表 15-11。

表 15-11　出库单

2024 年 8 月 1 日

月	日	品　　　名	规格型号	数　量	单　位	单价（元）	金额（元）	签　　字
8	1	甲产品		100	件	804	80 400	
	合　计							

（1）发出商品，确认收入。

借：应收账款   90 852

  贷：主营业务收入   80 400

    应交税费——应交增值税（销项税额） 10 452

借：主营业务成本   68 900

  贷：发出商品   68 900

（2）每期收取款项时 90 852÷2＝45 426（元）。

借：银行存款   45 426

  贷：应收账款   45 426

15.3.5　预收款方式的处理

采取预收货款方式销售货物，为货物发出的当天，但生产销售生产工期超过 12 个月的大型机械设备、船舶、飞机等货物，为收到预收款或者书面合同约定的收款日期的当天。

【例 15-11】城建有限公司为一般纳税人，税率 9％。2023 年 7 月 12 日，承接本市第三电力厂一项建筑工程，总价款 26 160 000 元，7 月 15 日，收到对方预付款 10 130 000 元；12 月 5 日工程竣工，当日收到对方补来的价款。

（1）2023 年 7 月 12 日，收到预收款

借：银行存款   10 130 000

  贷：合同负债   10 130 000

（2）2023 年 12 月 5 日，收到补付款。

借：银行存款   16 030 000

  合同负债   10 130 000

  贷：主营业务收入   24 000 000

    应交税费——应交增值税（销项税额） 2 160 000

15.3.6　折扣方式销售货物的处理

折扣销售是指销货方在销售货物或应税劳务时，因购货方购货数量较大等原因而给予购货方的价格优惠

税法规定，如果销售额和折扣额在同一张发票上分别注明的，可按折扣后的余额作为销售额计算增值税；如果将折扣额另开发票，不论其在财务上如何处理，均不得从销售额中减除折扣额。

如果采用实物折扣方式，则赠送的实物视同销售计算增值税。

【例 15-12】洁丽高商贸有限公司 9 月份销售 A 产品 1 000 件，价目表中表明不含税售价 800 元/件，成本价为 620 元/件。因购买数量较大给予 10％的商业折扣，折扣额和销售额在同一张发票上注明，货款尚未收到。相关单据如图 15-5 所示。

购买方信息	名称:康宁有限公司					销售方信息	名称:洁丽高商贸有限公司		
	统一社会信用代码/纳税人识别号: 4330101400321812						统一社会信用代码/纳税人识别号: 221134134971348		

电子发票（增值税专用发票） 发票号码：××××

开票日期:2024 年 8 月 9 日

项目名称:	规格型号:	单位:	数量:	单价:	金额:	税率/征收率	税额
1. A 产品		件	1 000	800	800 000	13%	104 000
2. 折扣 A 产品					−80 000	13%	−10 400
合计					¥ 720 000		¥ 93 600
价款合计(大写)	⊗捌拾壹万叁仟陆佰元整				(小写)¥ 813 600		
备注	销方开户银行:工商银行深圳石窝北路分理处			银行账号:221380360020987			

图 15-5　发票

商品售价＝800×(1−10%)×1 000＝720 000(元)

借：应收账款　　　　　　　　　　　　　　　813 600

　　贷：主营业务收入　　　　　　　　　　　　　720 000

　　　　应交税费——应交增值税(销项税额)　　　93 600

同时，借：主营业务成本　　　　　　　　　　620 000

　　　　　贷：库存商品　　　　　　　　　　　　620 000

【例 15-13】接上例，洁丽高商贸有限公司给予对方的现金折扣条件是 2/10、n/30。如图 15-6 所示。

电子发票（增值税专用发票） 发票号码：××××

开票日期:2024 年 8 月 20 日

购买方信息	名称:康宁有限公司					销售方信息	名称:洁丽高商贸有限公司		
	统一社会信用代码/纳税人识别号: 4330101400321812						统一社会信用代码/纳税人识别号: 221134134971348		

项目名称:	规格型号:	单位:	数量:	单价:	金额:	税率/征收率	税额
A 产品		件	1 000	800	800 000	13%	104 000
合计					¥ 800 000		¥ 104 000
价款合计(大写)	⊗玖拾万零肆仟元整				(小写)¥ 904 000		
备注	销方开户银行:工商银行深圳石窝北路分理处			银行账号:221380360020987			

图 15-6　发票

借：应收账款	904 000
贷：主营业务收入	800 000
应交税费——应交增值税（销项税额）	104 000

(1)10 日内收到货款，现金折扣＝904 000×2％＝18 080（元）

借：银行存款	922 080
财务费用	18 080
贷：应收账款	904 000

(2)10 日后收到货款

借：银行存款	904 000
贷：应收账款	904 000

15.3.7　销售退回与折让的处理

销售退回是指企业售出的商品，由于质量、品种不符合要求等原因而发生的退货。销售折让是指企业因售出商品的质量不合格等原因而在售价上给予的扣除。

(1)购买方未付货款且未做账务处理，应退回原发票联和税款抵扣联。

①销售方未登记账簿，在退回的发票上注明"作废"字样即可；

②销售方已登记账簿，需以退回的发票为依据，开具红字发票冲减；对于部分退货的，对于未退货的部分，重新开具蓝字发票即可。

(2)购买方已付款，或者未付款但已做账务处理，不能回退原发票联和税款抵扣联。

销售方必须以购买方在当地的税务机关开具的证明单为依据，开具红字发票冲减。

【例 15-14】衡水市第一针织厂 5 月 28 日向佳合百货公司销售 4 000 件针织品，每件不含税价格 80 元，成本 60 元。开具的增值税专用发票上注明的价款 320 000 元，税款 41 600 元，款项未付；6 月 8 日佳合百货公司要求退货 1 000 件，并退回发票联和抵扣联。

(1)确认收入：

借：应收账款	361 600
贷：主营业务收入	320 000
应交税费——应交增值税（销项税额）	41 600
借：主营业务成本	240 000
贷：库存商品	240 000

(2)办理退回：320 000÷4 000×1 000＝80 000（元）

借：主营业务收入	80 000
应交税费——应交增值税（销项税额）	10 400
贷：应收账款	90 400

(3)结转库存。

借：库存商品	60 000
贷：主营业务成本	60 000

（4）收到货款。

借：银行存款　　　　　　　　　　　　　　　　　　　271 200
　　贷：应收账款　　　　　　　　　　　　　　　　　　　271 200

【例 15-15】甲企业销售给乙企业 500 件工业模具，每件不含税价格 540 元，由于质量不符合要求，乙企业要求折让 10%，并从税务机关开具了证明单，证明单上注明折让货款 27 000 元，折让税款 3 510 元。

借：主营业务收入　　　　　　　　　　　　　　　　　　27 000
　　应交税费——应交增值税（销项税额）　　　　　　　　3 510
　　贷：银行存款　　　　　　　　　　　　　　　　　　　31 510

15.3.8　出口货物退税的计算

现行出口货物的增值税退税率主要有 13%、9%、10%、8%、6%、0 等。

"免、抵、退"税的计算方法，见表 15-12。

表 15-12　免、抵、退税的计算方法

计 算 内 容	公　式
当期应纳税额的计算	当期应纳税额＝当期内销货物的销项税额－（当期进项税额－当期免抵退税不得免征抵扣税额）－上期留抵税额 其中： 当期免抵退税不得免征和抵扣税额＝出口货物离岸价×外汇人民币牌价×（出口货物征税率－出口货物退税率）－免抵退税不得免征抵扣税额的抵减额
免抵退税额的计算	免抵退税不得免征和抵扣税额抵减额＝免税购进原材料价格×（出口货物征税率－出口货物退税率） 免抵退税额的计算免抵退税额＝出口货物离岸价×外汇人民币牌价×出口货物退税率－免抵退税额抵减额 其中： 免抵退税额抵减额＝免税购进原材料价格×出口货物退税率 当期应退税额和免抵税额的计算
当期应退税额和免抵税额的计算	①如当期期末留抵税额≤当期免抵退税额，则： 当期应退税额＝当期期末留抵税额 当期免抵税额＝当期免抵退税额－当期应退税额 ②如当期期末留抵税额＞当期免抵退税额，则： 当期应退税额＝当期免抵退税额 当期免抵税额＝0

为核算纳税人出口货物应收取的出口退税款，设置"应收出口退税款"科目，该科目借方反映销售出口货物按规定向税务机关申报应退回的增值税、消费税等，贷方反映实际收到的出口货物应退回的增值税、消费税等。期末借方余额，反映尚未收到的应退税额。出口退税账务处理，见表 15-13。

表 15-13 出口退税账务处理

业务情形		账务处理
未实行"免、抵、退"办法的一般纳税人出口货物按规定退税的	按规定计算的应收出口退税额	借：应收出口退税款 　　贷：应交税费——应交增值税(出口退税)
	收到出口退税时	借：银行存款 　　贷：应收出口退税款
	退税额低于购进时取得的增值税专用发票上的增值税额的差额	借：主营业务成本 　　贷：应交税费——应交增值税(进项税额转出)
实行"免、抵、退"办法的一般纳税人出口货物	在货物出口销售后结转产品销售成本时	借：主营业务成本 　　贷：应交税费——应交增值税(进项税额转出)
	按规定计算的当期出口货物的进项税抵减内销产品的应纳税额	借：应交税费——应交增值税(出口抵减内销产品应纳税额) 　　贷：应交税费——应交增值税(出口退税)
	不足以抵减出口货物的进项税额，不足部分应在实际收到退税款时	借：银行存款 　　贷：应交税费——应交增值税(出口退税)

【例 15-16】 博雅有限公司为自营出口的生产企业，出口货物的增值税税率为 13%，退税税率为 10%。 2024 年 6 月的有关经营业务如下：购进原材料一批，取得的增值税专用发票注明的价款 1 800 000 元，外购货物准予抵扣的进项税额 234 000 元通过认证。 上月末留抵税款 24 000 元，本月内销货物不含税销售额 1 100 000 元，收到货款 1 234 000 元存入银行。 本月出口货物的销售额折合人民币 2 800 000 元。 试计算该企业当期的"免、抵、退"税额。 税收收入退还书见表 15-20。

(1)当期免抵退税不得免征和抵扣税额＝2 800 000×(13%−10%)＝84 000(元)

(2)当期应纳税额＝1 100 000×13%−(234 000−84 000)−24 000＝143 000−150 000−24 000＝−31 000(元)

(3)出口货物"免、抵、退"税额＝2 800 000×10%＝280 000(元)

(4)按规定，如当期末留抵税额≤当期免抵退税额时：即该企业当期应退税额＝31 000(元)。

①购进材料：

借：原材料 　　　　　　　　　　　　　　　　　　　　　　　1 800 000

　　应交税费——应交增值税(进项税额) 　　　　　　　　　　　234 000

　　贷：银行存款 　　　　　　　　　　　　　　　　　　　　　2 034 000

②销售货物：

借：银行存款 　　　　　　　　　　　　　　　　　　　　　　1 243 000

　　贷：主营业务收入 　　　　　　　　　　　　　　　　　　　1 100 000

应交税费——应交增值税（销项税额）	143 000

③出口货物取得收入。

借：银行存款 2 800 000

　　贷：主营业务收入 2 800 000

④不得减免、抵扣税额：

借：主营业务成本 84 000

　　贷：应交税费——应交增值税（进项税额转出） 84 000

⑤抵减税额。

借：应交税费——应交增值税（出口抵减内销产品应纳税额） 31 000

　　贷：应交税费——应交增值税（出口退税） 31 000

⑥应退税额。

借：银行存款 31 000

　　贷：应交税费——应交增值税（出口退税） 31 000

15.4 缴纳增值税的会计处理

应交增值税的账务处理，见表 15-14。

表 15-14 应交增值税的账务处理

缴纳时间	账务处理
当月缴纳税款	借：应交税费——应交增值税（已交税金） 　　贷：银行存款
当月缴纳以前月份税款	借：应交税费——未交增值税 　　贷：银行存款
税款减免的账务处理	借：应交税费——应交增值税（减免税款） 　　贷：营业外收入
税款返还	借：银行存款 　　贷：营业外收入
当月应交未交的增值税	借：应交税费——应交增值税（转出未交增值税） 　　贷：应交税费——未交增值税
当月多交的增值税	借：应交税费——未交增值税 　　贷：应交税费——转出多交增值税

15.4.1 一般计税方法的计算

我国目前对一般纳税人采用的是国际上通行的购进扣税法，即当期销项税额抵扣当期进项税额后的余额。应纳税额的计算公式为：

$$当期应纳税额＝当期销项税额－当期进项税额$$

$$＝当期销售额×适用税率－当期进项税额$$

【**例 15-17**】2024 年 1 月，天天快递公司本月物流不含税收入 149 300 元，以银行存款支付，增值税税率 6%。（城建税税率 7%，教育费附加 3%）。 计算应交增值税及其他税费的金额及账务处理。

应纳增值税 = $149\,300 \times 6\% = 8\,958$（元）

应纳城建税 = $8\,958 \times 7\% = 627.06$（元）

应纳教育费附加 = $8\,958 \times 3\% = 268.74$（元）

借：应交税费——应交增值税　　　　　　　　　　　　　　　8 958

　　　　　　——应交城市建设维护费　　　　　　　　　　627.06

　　　　　　——应交教育费附加　　　　　　　　　　　　268.74

　　贷：银行存款　　　　　　　　　　　　　　　　　　　　9 853.80

15.4.2　特殊计税方法的计算

特殊计税方法的计算公式如下：

当期应交增值税 = 销项税额 −（进项税额 − 进项税额转出 − 出口退税）− 出口抵减内销产品应纳税额 − 减免税款

【例 15-18】昊天科技有限公司为增值税一般纳税人，增值税税率 13%，主要生产计算机，该公司 2024 年 5 月生产经营情况如下：

(1)5 月 1 日，向工商银行福田支行销售 XY 型计算机 100 台，并开具增值税专用发票，单价（不含税）为 4 500 元/台，销售额 450 000 元，并约定对方 10 天内付款可以享受不含税价款 5% 的现金折扣，对方于 5 月 7 日付款。XY 型计算机每台成本 3 500 元。

（现金折扣不考虑增值税）

销项税额 = $450\,000 \times 13\% = 58\,500$（元）

借：应收账款　　　　　　　　　　　　　　　　　　　　508 500

　　贷：主营业务收入　　　　　　　　　　　　　　　　　450 000

　　　　应交税费——应交增值税（销项税额）　　　　　　58 500

借：主营业务成本　　　　　　　　　　350 000(100 × 3 500)

　　贷：库存商品　　　　　　　　　　　　　　　　　　　350 000

借：银行存款　　　　　　　　　　　　　　　　　　　　486 000

　　财务费用　　　　　　　　　　　　22 500(450 000 × 5%)

　　贷：应收账款　　　　　　　　　　　　　　　　　　　508 500

(2)5 月 8 日，销售 90 台 XY 型计算机给外地某客户并开具普通发票，价税合计金额为 457 650 元。

支付运输费用价税合计 3 270 元，收到的货物运输业增值税专用发票注明运费金额 3 000 元，增值税 270 元，该外地客户款项未付。

销项税额 = $457\,650 \div (1 + 13\%) \times 13\% = 52\,650$（元）；进项税额 = 270（元）。

借：应收账款　　　　　　　　　　　　　　　　　　　　457 650

贷：主营业务收入	405 000
应交税费——应交增值税(销项税额)	52 650
借：主营业务成本	315 000
贷：库存商品	315 000
借：销售费用	3 000
应交税费——应交增值税(进项税额)	270
贷：银行存款	3 270

(3)5月9日，拨付2台计算机给本单位职工使用，但未开具发票。

销项税额=4 500×2×13%=1 170(元)。

借：应付职工薪酬——非货币性福利	10 170
贷：主营业务收入	9 000
应交税费——应交增值税(销项税额)	1 170
借：主营业务成本	7 000
贷：库存商品	7 000

(4)5月10日，没收逾期仍未收回的包装物押金22 600元，确认收入但未开具发票。

销项税额=22 600÷(1+13%)×13%=2 600(元)

借：其他应付款	22 600
贷：其他业务收入	20 000
应交税费——应交增值税(销项税额)	2 600

(5)5月11日，购进一批电子元配件，并取得增值税专用发票，发票上注明的价款为300 000元，税额为39 000元；

支付运费价税合计2 180元，收到的货物运输业增值税专用发票上注明运费金额2 000元，税额180元。

上述货款未付，运费已支付，货物已运达企业并入库。

进项税额=39 000+180=39 180(元)

借：原材料	302 000
应交税费——应交增值税(进项税额)	39 180
贷：应付账款	339 000
银行存款	2 180

(6)5月12日，购进XY型计算机配件一批，货款已付，专用发票上注明金额120 000元，税额15 600元，物资尚未验收入库。

进项税额=120 000×13%=15 600(元)

借：在途物资	120 000
应交税费——应交增值税(进项税额)	15 600
贷：银行存款	135 600

(7)6月13日，从小规模纳税人处购进零件151 400元，取得普通发票。该零件已入库，且款项已付。

业务7：无进项税额。

借：原材料　　　　　　　　　　　　　　　　　　　　　　　151 400

　　贷：银行存款　　　　　　　　　　　　　　　　　　　　　　151 400

(8)5月15日，从一般纳税人处购进零件37 000元，取得普通发票，该零件已入库，且款项已付。

业务8：无进项税额。

借：原材料　　　　　　　　　　　　　　　　　　　　　　　37 000

　　贷：银行存款　　　　　　　　　　　　　　　　　　　　　　37 000

(9)5月16日，为推广新型计算机，采用以旧换新方式向消费者个人销售新产品，共收取现金290 000元(已扣除收购旧洗衣机抵价94 200元)，并开具普通发票。

销项税额＝(290 000＋94 200)÷(1＋13%)×13%＝44 200(元)。

借：库存现金　　　　　　　　　　　　　　　　　　　　　　290 000

　　原材料　　　　　　　　　　　　　　　　　　　　　　　　94 200

　　贷：主营业务收入　　　　　　　　　　　　　　　　　　　　340 000

　　　　应交税费——应交增值税(销项税额)　　　　　　　　　　44 200

(10)5月18日，购置20台空调，取得增值税专用发票。增值税专用发票上注明价款为250 000元，税额32 500元，款项已付。

业务10：进项税额＝32 500(元)。

借：固定资产——空调　　　　　　　　　　　　　　　　　　250 000

　　应交税费——应交增值税(进项税额)　　　　　　　　　　　325 00

　　贷：银行存款　　　　　　　　　　　　　　　　　　　　　282 500

(11)5月20日，外购办公用品，取得增值税专用发票，增值税专用发票上注明价款为1 400元，税额182元，款项已付。

业务11：进项税额＝182(元)。

借：管理费用　　　　　　　　　　　　　　　　　　　　　　1 400

　　应交税费——应交增值税(进项税额)　　　　　　　　　　　182

　　贷：银行存款　　　　　　　　　　　　　　　　　　　　　1 582

(12)5月21日，企业维修职工宿舍，领用上月购进的10吨水泥，实际成本56 000元，该批钢材的进项税额7 280元，已在购进当期申报抵扣。

将外购原材料用于建设职工宿舍，其进项税额不得抵扣，由于其进项税额已在购进当月申报抵扣，应作进项税转出处理。

借：在建工程　　　　　　　　　　　　　　　　　　　　　　63 280

　　贷：原材料　　　　　　　　　　　　　　　　　　　　　　56 000

　　　　应交税费——应交增值税(进项税额转出)　　　　　　　　7 280

(13)5月25日，接受某单位投资转入生产用材料一批，并取得增值税专用发票，价款为110 000元，税额14 300元；材料已验收入库。

业务13：进项税额＝14 300(元)。

借：原材料	110 000
应交税费——应交增值税（进项税额）	14 300
贷：实收资本	124 300

（14）5 月 30 日，委托加工物资一批，并支付加工费，未取得增值税专用发票，增值税普通发票上注明价款 10 400 元，税额 1 352 元，款项已付。

业务 14：无进项税额。

| 借：委托加工物资 | 11 752 |
| 贷：银行存款 | 11 752 |

该公司 5 月份销项税额＝58 500＋52 650＋1 170＋2 600＋44 200＝159 120（元）

可以抵扣的进项税额＝270＋39 180＋15 600＋32 500＋182－7 280＋14 300＝94 752（元）

该公司 5 月份应纳增值税＝159 120－94 752＝64 368（元）

5 月底结转当月的应缴未缴增值税税额：

| 借：应交税费——应交增值税（转出未交增值税） | 64 368 |
| 贷：应交税费——未交增值税 | 64 368 |

6 月初缴纳 5 月应缴未缴增值税税额的分录：

| 借：应交税费——未交增值税 | 64 368 |
| 贷：银行存款 | 64 368 |

提取附加税，应交城市维护建设税为＝64 368×7％＝4 505.76（元）；教育费附加＝64 368×3％＝1 931.04（元）；教育费附加＝64 368×2％＝1 287.96（元）。

借：税金及附加	7 724.76
贷：应交税费——应交城市维护建设税	4 505.76
——教育费附加	1 931.04
——地方教育附加	1 287.96
借：应交税费——应交城市维护建设税	4 505.76
——教育费附加	1 931.04
——地方教育附加	1 287.96
贷：税金及附加	7 724.76

根据国家税务总局发布《关于增值税消费税与附加税费申报表整合有关事项的公告》（国家税务总局公告 2021 年第 20 号），明确自 2021 年 8 月 1 日起，增值税、消费税分别与城市维护建设税、教育费附加、地方教育附加申报表整合。

新启用的《增值税及附加税费申报表（小规模纳税人适用）》及其附列资料，主要变化有三个方面：

一是在原《增值税纳税申报表（小规模纳税人适用）》主表增加"附加税费"栏次，并将表名调整为《增值税及附加税费申报表（小规模纳税人适用）》。

二是将原《增值税纳税申报表（小规模纳税人适用）》主表将"税务机关代开的增值税专用发票不含税销售额"调整为"增值税专用发票不含税销售额"；将"税控器具

开具的普通发票不含税销售额"调整为"其他增值税发票不含税销售额",上述栏次具体填报要求不变。

三是增加《增值税及附加税费申报表(小规模纳税人适用)附列资料(二)》(附加税费情况表)。

《增值税及附加税费申报表(小规模纳税人适用)》及其附列资料涉及的增值税纳税申报内容和口径没有变化。

2. 昊天科技有限责任公司 6 月份的纳税申报表填列。

增值税及附加税费申报表附列资料(一)(本期销售情况明细),见表 15-15。

表 15-15　增值税及附加税费申报表附列资料(一)(本期销售情况明细)

金额单位:元

一、一般计税方法计税		全部征税项目	13%税率的货物及加工修理修配劳务	1
			13%税率的服务、不动产和无形资产	2
			9%税率	3
			6%税率	4

开具增值税专用发票		开具其他发票		未开具发票	
销售额	销项(应纳)税额	销售额	销项(应纳)税额	销售额	销项(应纳)税额
1	2	3	4	5	6
450 000	58 500	745 000	96 850	29 000	3 770

纳税检查调整		合计			
销售额	销项(应纳)税额	销售额	销项(应纳)税额	价税合计	
7	8	9=1+3+5+7	10=2+4+6+8	11=9+10	
0	0	1 224 000	159 120	1 383 120	

注:1=(1)450 000

2=(1)58 500

3=(2)405 000+(9)340 000=745 000

4=(2)52 650+(9)44 200=96 850

5=(3)9 000+(4)20 000=29 000

6=(3)1 170+(4)2 600=3 770

增值税及附加税费申报表附列资料(二)(本期进项税额明细),见表 15-16。

表 15-16　增值税及附加税费申报表附列资料(二)(本期进项税额明细)

金额单位:元

一、申报抵扣的进项税额				
项目	栏次	份数	金额	税额
(一)认证相符的增值税专用发票	1=2+3	7	786 400	102 032
其中:本期认证相符且本期申报抵扣	2	7	786 400	102 032
前期认证相符且本期申报抵扣	3			
...	...	...	...	...
当期申报抵扣进项税额合计	12=1+4-9+10+11	7	786 400	102 032

续上表

二、进项税额转出额		
项 目	栏 次	税 额
本期进项税额转出额	13＝14 至 23 之和	7 280
其中：免税项目用	14	
集体福利、个人消费	15	7 280
…	…	…

四、其他				
项 目	栏次	份数	金额	税额
本期认证相符的增值税专用发票	35	8	730 400	94 752
代扣代缴税额	36	—	—	

注：认证相符的增值税专用发票金额＝(2)3 000＋(5)300 000＋2 000＋(6)120 000＋(10)250 000＋(11)1 400＋(13) 110 000＝786 400

认证相符的增值税专用发票税额＝(2)270＋(5)39 000＋180＋(6)15 600＋(10)32 500＋(11)182＋(13)14 300＝ 102 032

固定资产(不含不动产)进项税额抵扣情况表，见表 15-17。

表 15-17　固定资产(不含不动产)进项税额抵扣情况表　　　　单位：元

项 目	当期申报抵扣的固定资产进项税额	申报抵扣的固定资产进项税额累计
增值税专用发票	40 000.00	40 000.00
海关进口增值税专用缴款书		
合 计	40 000.00	40 000.00

本期抵扣进项税额结构明细表			
项 目	栏 次	金 额	税 额
合 计	1＝2＋4＋5＋11＋16＋18＋27＋29＋30	730 400	94 752
一、按税率或征收率归集(不包括购建不动产、通行费)的进项			
13%税率的进项	2	725 400	94 302
其中：有形动产租赁的进项	3		
9%税率的进项	4		
9%税率的进项	5	5 000	450
其中：运输服务的进项	6	5 000	450
电信服务的进项	7		
…	…		

增值税及附加税费申报表(一般纳税人适用)，见表 15-18。

法定代表人姓名：陈南宇

企业地址及电话：北京市知春路 1 号，010－88888888

企业所属行业：制造业

开户银行及账号：工行知春路支行，330102200901153856

统一社会信用代码：110100000000001001

表 15-18　增值税及附加税费申报表
（一般纳税人适用）

根据国家税收法律法规及增值税相关规定制定本表。纳税人不论有无销售额，均应按税务机关核定的纳税期限填写本表，并向当地税务机关申报。

税款所属时间：自 2024 年 5 月 1 日　　　　　填表日期：2024 年 6 月 10 日　　　　　单位：元（列至角分）
至 2024 年 5 月 31 日

纳税人识别号(统一社会信用代码)：110100000000001001　　　　所属行业：××

纳税人名称：昊天科技有限公司	法定代表人姓名	陈宇南	注册地址	×××	生产经营地址	×××
开户银行及账号		登记注册类型		电话号码		

项目		栏次	一般项目		即征即退项目	
			本月数	本年累计(略)	本月数	本年累计
销售额	（一）按适用税率计税销售额	1	1 224 000	—	—	—
	其中：应税货物销售额	2	1 224 000	—	—	—
	应税劳务销售额	3	—	—	—	—
	纳税检查调整的销售额	4	—	—	—	—
	（二）按简易办法计税销售额	5	—	—	—	—
	其中：纳税检查调整的销售额	6	—	—	—	—
	（三）免、抵、退办法出口销售额	7	—	—	—	—
	（四）免税销售额	8	—	—	—	—
	其中：免税货物销售额	9	—	—	—	—
	免税劳务销售额	10	—	—	—	—
税款计算	销项税额	11	159 120	—	—	—
	进项税额	12	102 032	—	—	—
	上期留抵税额	13		—	—	—
	进项税额转出	14	7 280	—	—	—
	免、抵、退应退税额	15		—	—	—
	按适用税率计算的纳税检查应补缴税额	16		—	—	—
	应抵扣税额合计	17＝12＋13－14－15＋16	94 752	—	—	—

续上表

	项目	栏次				
税款计算	实际抵扣税额	18（如17＜11，则为17，否则为11）	94 752	—	—	—
	应纳税额	19＝11－18	64 368	—	—	—
	期末留抵税额	20＝17－18	—	—	—	—
	简易计税办法计算的应纳税额	21	—	—	—	—
	按简易计税办法计算的纳税检查应补缴税额	22	—	—	—	—
	应纳税额减征额	23	—	—	—	—
	应纳税额合计	24＝19＋21－23	—	—	—	—
税款缴纳	期初未缴税额（多缴为负数）	25	—	—	—	—
	实收出口开具专用缴款书退税额	26	—	—	—	—
	本期已缴税额	27＝28＋29＋30＋31	—	—	—	—
	①分次预缴税额	28	—	—	—	—
	②出口开具专用缴款书预缴税额	29	—	—	—	—
	③本期缴纳上期应纳税额	30	—	—	—	—
	④本期缴纳欠缴税额	31	—	—	—	—
	期末未缴税额（多缴为负数）	32＝24＋25＋26－27	—	—	—	—
	其中：欠缴税额（≥0）	33＝25＋26－27	—	—	—	—
	本期应补(退)税额	34＝24－28－29	—	—	—	—
	即征即退实际退税额	35	—	—	—	—
	期初未缴查补税额	36	—	—	—	—
	本期入库查补税额	37	—	—	—	—
	期末未缴查补税额	38＝16＋22＋36－37	64 368	—	—	—

附加税费	城市维护建设税本期应补（退）税额	39	4 505.76	—	—	—
	教育费附加本期应补（退）费额	40	1 931.04	—	—	—
	地方教育附加本期应补（退）费额	41	1 287.96	—	—	—

声明：此表是根据国家税收法律法规及相关规定填写的，本人（单位）对填报内容（及附带资料）的真实性、可靠性、完整性负责。

纳税人（签章）：　　年　月　日

经办人：×× 经办人身份证号：×× 代理机构签章：×× 代理机构统一社会信用代码：××	受理人：×× 受理税务机关（章）：　　受理日期：2024 年 6 月 10 日

纳税单据见表 15-19。

表 15-19　中国工商银行电子缴税付款凭证

转账日期：2024 年 6 月 10 日　　　　　　　　　　　　　　　　　　　凭证字号：6346432

单位：元

付款人全称	昊天科技有限公司	征收机关名称	
付款人账号	6200004309234216342	收款国库名称	
付款人开户银行	深圳工商银行圣樱路支行营业室	小写（合计）金额	￥64 368
缴款书交易流水号	23554	大写（合计）金额	陆万肆仟叁佰陆拾捌元整
税（费）种名称	所属日期		实缴金额
增值税	2024 年 5 月		64 368
城市维护建设税	2024 年 5 月		4 505.76
教育费附加	2024 年 5 月		1 931.04
地方教育附加	2024 年 5 月		1 287.96
第 1 次打印　　作付款回单	无银行收讫章无效	复核　打印口期：　　年　　月　　日	

15.4.3　小规模纳税人会计处理

1. 小规模纳税人应纳税额的计算

小规模纳税人销售货物或提供应税劳务，其应纳税额的计算不适用扣税法，而是实行按照销售额和征收率计算应纳税额的简易办法，并不得抵扣进项税额。

其计算公式为：

$$应纳税额＝销售额×征收率$$

销售额，不包括收取的增值税销项税额，即为不含税销售额。

对销售货物或提供应税劳务采取销售额和增值税销项税额合并定价方法的，要分离出不含税销售额，其计算公式为：

$$销售额＝含税销售额÷(1＋征收率)$$

小规模纳税人销售自己使用过的固定资产和旧货，按下列公式确定销售额和应纳税额：

$$销售额＝含税销售额÷(1＋3\%)$$

$$应纳税额＝销售额×2\%$$

2. 小规模纳税人的账务处理

小规模纳税人只需设置"应交增值税"明细科目，不需要在"应交增值税"明细科目中设置其他专栏。

小规模纳税人增值税会计处理，见表 15-20。

表 15-20　小规模纳税人增值税会计处理

业务情景	账务处理
购入货物或接受应税劳务的会计处理	借：材料采购(原材料、制造费用、管理费用、销售费用、其他业务成本等科目) 　　贷：银行存款(应付账款、应付票据等科目)
销售货物或提供应税劳务的会计处理	借：银行存款("应收账款""应收票据"等科目) 　　贷：主营业务收入(其他业务收入等) 　　　　应交税费——应交增值税 注：发生的销货退回，做相反的会计分录
缴纳增值税款的会计处理	借：应交税费——应交增值税 　　贷：银行存款等科目 收到退回多缴的增值税时，做相反的会计分录。

【例 15-19】 鑫鑫涮肉馆为增值税小规模纳税人，2024 年 1 月 13 日购进大米 300 公斤，取得增值税普通发票，发票上注明价款 31 000 元；2024 年 2 月 10 日取得餐饮收入 179 388.8 元；2024 年 3 月 20 日向蓝月纸巾厂销售月饼 100 公斤并由税务机关代开专用发票，发票注明不含税价款 25 900 元，税金 4 403 元。

企业购进货物已验收入库，货款均以银行存款收付，该企业采用进价核算制。

(1)该公司第一季度应纳的增值税。

销售月饼应纳增值税＝4 403(元)➡代开专票时要预缴税款

餐饮收入应纳增值税＝179 388.8÷(1＋3\%)×3\%＝5 224.92(元)

(2)会计分录如下。

借：库存商品　　　　　　　　　　　　　　　　　　　　　　　31 000

　　贷：银行存款　　　　　　　　　　　　　　　　　　　　　　31 000

①到国税局代开专票。

借：银行存款　　　　　　　　　　　　　　　　　　　　　　　30 303

贷：主营业务收入　　　　　　　　　　　　　25 900

应交税费——应交增值税　　　　　　　　4 403

借：应交税费——应交增值税　　　　　　　　4 403

贷：银行存款　　　　　　　　　　　　　4 403

借：银行存款　　　　　　　　　　　　　　179 388.8

贷：主营业务收入　　　　　　　　　　　174 163.88

应交税费——应交增值税　　　　　　　　5 224.92

②提取附加税，应交城市维护建设税为＝5 224.97×7％＝365.75（元）；教育费附加＝5 224.97×3％＝156.75（元）；地方教育费附加＝5 224.97×2％＝104.50（元）。

借：税金及附加　　　　　　　　　　　　　　627

贷：应交税费——应交城市维护建设税　　　365.75

——教育费附加　　　　　　　　156.75

——地方教育附加　　　　　　　104.50

③4月实际缴税时。

借：应交税费——应交增值税　　　　　　　　5 224.92

贷：银行存款　　　　　　　　　　　　　5 224.92

小规模纳税人纳税申报表，见表15-21。

表15-21　增值税及附加税费申报表（小规模纳税人适用）

纳税人识别号（统一社会信用代码）：□□□□□□□□□□□□□□□□□□

纳税人名称：鑫鑫涮肉馆　　　　　　　　　　　单位：元（列至角分）

税款所属期：2024年1月1日至2024年3月31日　　　填表日期：2024年4月10日

项　目	栏次	本期数		本年累计	
		货物及劳务	服务、不动产和无形资产	货物及劳务	服务、不动产和无形资产
一、计税依据（一）应征增值税不含税销售额（3％征收率）	1	200 063.88	—	200 063.88	—
增值税专用发票不含税销售额	2	25 900	—	25 900	—
其他增值税发票不含税销售额	3	174 163.88	—	174 163.88	—
（二）应征增值税不含税销售额（5％征收率）	4	—	—	—	—
（三）应征增值税不含税销售额（6％征收率）	5	—	—	—	—
其他增值税发票不含税销售额	6	—	—	—	—
（四）销售使用过的固定资产不含税销售额	7(7≥8)	— —	— —	— —	— —

续上表

一、计税依据	其中：其他增值税发票不含税销售额	8	—	—	—	—
	（五）免税销售额	9＝10＋11＋12	—	—	—	—
	其中：小微企业免税销售额	10	—	—	—	—
	未达起征点销售额	11	—	—	—	—
	其他免税销售额	12	—	—	—	—
	（六）出口免税销售额	13(13≥14)	—	—	—	—
	其中：其他增值税发票不含税销售额	14	—	—	—	—
二、税款计算	本期应纳税额	15	9 627.92	—	—	—
	本期应纳税额减征额	16	0	—	—	—
	本期免税额	17	0	—	—	—
	其中：小微企业免税额	18	—	—	—	—
	未达起征点免税额	19	—	—	—	—
	应纳税额合计	20＝15－16	9 627.92	—	9 627.92	—
	本期预缴税额	21	4 403	—	4 403	—
	本期应补（退）税额	22＝20－21	5 224.92	—	5 224.92	—
三、附加税费	城市维护建设税本期应补（退）税额	23	365.75			
	教育费附加本期应补（退）费额	24	156.75			
	地方教育附加本期应补（退）费额	25	104.5			

声明：此表是根据国家税收法律法规及相关规定填写的，本人（单位）对填报内容（及附带资料）的真实性、可靠性、完整性负责。

纳税人（签章）：×××   2024 年 2 月 10 日

经办人：××× 经办人身份证号：××× 代理机构签章：××× 代理机构统一社会信用代码：×××	受理人：××× 受理税务机关（章）： 受理日期：2024 年 4 月 10 日

15.5 消费税

消费税是对我国境内从事生产、委托加工和进口，以及国务院确定的销售应税消费品的单位和个人，就其销售额或销售数量，在特定环节征收的一种税。

消费税的纳税人为在中华人民共和国境内生产、委托加工和进口消费税暂行条例规定的消费品的单位和个人，以及国务院确定的销售消费税暂行条例规定的消费品的其他单位和个人，为消费税的纳税人，应当依照消费税暂行条例缴纳消费税。

消费税的征税范围见表15-22。

表 15-22　消费税的征税范围

种　类	具体内容
生产应税消费品	生产应税消费品除了直接对外销售应征收消费税外，纳税人将生产的应税消费品换取生产资料、消费资料、投资入股、偿还、债务，以及用于继续生产应税消费品以外的其他方面都应缴纳消费税
委托加工应税消费品	委托加工的应税消费品收回后，再继续用于生产应税消费品销售的，其加工环节缴纳的消费税款可以扣除，直接出售的，应缴纳消费税
进口应税消费品	单位和个人进口应税消费品，于报关进口时缴纳消费税
零售应税消费品	纳税人从事零售业务的，在零售时纳税
	金银首饰的带料加工、翻新改制、以旧换新等业务，在零售环节征收消费税；但金银首饰的修理和清洗，不缴纳消费税
	用于馈赠、赞助、集资、广告、样品、职工福利、奖励等方面的，在移送时缴纳消费税
批发销售卷烟	烟草批发企业将卷烟销售给零售单位的，要再征一道5%的从价税
	烟草批发企业将卷烟销售给其他烟草批发企业的，不缴纳消费税

15.5.1　税目和税率

税目和税率，见表15-23。

表 15-23　税目和税率表

税　目	税　率
一、烟	
1. 卷烟	
(1)甲类卷烟	56%加0.003元/支(生产环节)
(2)乙类卷烟	36%加0.003元/支
(3)批发环节	11%加0.005元/支
2. 雪茄烟	36%
3. 烟丝	30%
二、酒	
1. 白酒	20%加0.5元/500克(或者500毫升)
2. 黄酒	240元/吨
3. 啤酒	
(1)甲类啤酒	250元/吨
(2)乙类啤酒	220元/吨
4. 其他酒	10%
三、高档化妆品	15%
四、贵重首饰及珠宝玉石	
1. 金银首饰、铂金首饰和钻石及钻石饰品	5%
2. 其他贵重首饰和珠宝玉石	10%

税　　目	税　　率
五、鞭炮、焰火	15%
六、成品油	
1. 汽油	1.52 元/升
2. 柴油	1.20 元/升
3. 航空煤油	1.20 元/升
4. 石脑油	1.52 元/升
5. 溶剂油	1.52 元/升
6. 润滑油	1.52 元/升
7. 燃料油	1.20 元/升
七、摩托车	
气缸容量在 250 毫升(不含)以上的	10%
八、小汽车	
1. 乘用车	
(1)气缸容量(排气量，下同)在 1.0 升(含 1.0 升)以下的	1%
(2)气缸容量在 1.0 升以上至 1.5 升(含 1.5 升)的	3%
(3)气缸容量在 1.5 升以上至 2.0 升(含 2.0 升)的	5%
(4)气缸容量在 2.0 升以上至 2.5 升(含 2.5 升)的	9%
(5)气缸容量在 2.5 升以上至 3.0 升(含 3.0 升)的	12%
(6)气缸容量在 3.0 升以上至 4.0 升(含 8.0 升)的	25%
(7)气缸容量在 4.0 升以上的	40%
2. 中轻型商用客车	5%
九、高尔夫球及球具	10%
十、高档手表	20%
十一、游艇	10%
十二、木制一次性筷子	5%
十三、实木地板	5%
十四、电池	4%
十五、涂料	4%

15.5.2　消费税组成计税价格

消费税的应纳税额的计算方法分为三种：从价定率、从量定额以及这两种方式的复合计算。

1. 从价定率计算

应纳税额＝应税消费品的销售额×适用税率

应税消费品的销售额＝含增值税的销售额÷(1＋增值税税率或征收率)

【例 15-20】扬子地板有限公司为增值税一般纳税人，2024 年 7 月 15 日向正阳饭店销售实木地板 500 平方米，开具增值税专用发票，取得含增值税销售额 140 120 元，增值税额16 120 元。适用消费税税率 5%，如图 15-7、图 15-8 所示。

北京增值税专用发票

110017340　　　　发票联　　　　No：01092781

开票日期：2024 年 7 月 15 日

购货单位	名　　称：正阳饭店 纳税人识别号：121101400321456 地址、电话：北京海淀区万方园 14 号　68790567 开户行及账号：北京工商银行万方园支行营业室　0200001909234216112					密码区	略
货物或应税劳务名称	规格型号	单位	数量	单价	金额	税率(%)	税额
实木地板		平方米	500	248	124 000	13%	16 120
合计					¥124 000		¥16 120
价税合计(大写)	⊗壹拾肆万零壹佰贰拾元整						(小写)¥140 120
销货单位	名　　称：扬子地板有限公司 纳税人识别号：432134134971531 地址、电话：北京市怀柔区宁北路 115 号　010-87651213 开户行及账号：中行宁北路分理处　01111180360010721					备注	扬子地板有限公司 432134134971531 发票专用章

收款人：张明　　复核：李琮　　开票人：陈旭　　销货单位：

图 15-7　发票

①不含税销售额＝140 120÷(1＋13%)＝124 000(元)

②应缴纳的消费税额＝124 000×5%＝6 200(元)

中华人民共和国税收通用完税凭证

注册类型：××　　填发日期：2024 年 8 月 5 日　　征收机关

纳税人代码	432134134971531		地　址			
纳税人名称	扬子地板有限公司		税款所属时期		2024 年 7 月	
税种	品目名称	课税数量	计税金额或销售收入	税率或单位税额	已缴或扣除额	实缴金额(元)
消费税	实木地板	500 平方米	124 000	5%		6 200
金额合计	(大写)⊗陆仟贰佰元整					
××市地方税务局 征税专用章	委托代征单位(人)盖章		填票人(章)		备注	

图 15-8　完税凭证

2. 从量定额计算

应纳税额＝应税消费品的销售数量×单位税额

【例15-21】2024年8月1日，绿地啤酒厂向正阳饭店销售啤酒4吨，每吨出厂价格2 800元。计算8月该啤酒厂应纳消费税税额。适用单位税额220元。

应纳税额＝销售数量×单位税额＝4×220＝880（元）

3. 从价定率和从量定额复合计算

目前，我国只对卷烟和白酒采用复合计征的方式。

应纳税额＝应税销售数量×定额税率＋应税销售额×比例税率

【例15-22】大连白酒厂为增值税一般纳税人，2024年8月1日销售粮食白酒60吨，取得不含增值税的销售额134 500元。计算白酒企业8月应缴纳的消费税额。白酒适用比例税率20%，定额税率500克0.5元。

(1)从价定率应纳税额＝134 500×20%＝26 900（元）

(2)从量定额应纳税额＝60×2 000×0.5＝60 000（元）

(3)应纳税额＝26 900＋60 000＝86 900（元）

15.5.3 自产自用应税消费品的账务处理

纳税人自产自用的应税消费品，用于连续生产应税消费品，不纳税；凡用于其他方面的，于移送使用时，按照纳税人生产的同类消费品销售价格计算纳税，没有同类消费品销售价格，应按组成计税价格计算纳税，组成计税公式如下。

1. 实行从价定率办法

组成计税价格＝（成本＋利润）÷（1－比例税率）

应纳税额＝组成计税价格×消费税税率

2. 实行复合计税办法计征消费税的,其计算公式为:

组成计税价格＝（成本＋利润＋自产自用数量×定额税率）÷（1－比例税率）

应纳税额＝组成计税价格×比例税率＋自产自用数量×定额税率

平均成本利润率，见表15-24。

表15-24 平均成本利润率

单位：%

货物名称	利润率（%）	货物名称	利润率（%）
1. 甲类卷烟	10	10. 贵重首饰及珠宝玉石	10
2. 乙类卷烟	5	11. 摩托车	10
3. 雪茄烟	5	12. 高尔夫球及球具	5
4. 烟丝	5	13. 高档手表	5
5. 粮食白酒	5	14. 游艇	5
6. 薯类白酒	10	15. 木制一次性筷子	5
7. 其他酒	6	16. 实木地板	5
8. 化妆品	6	17. 乘用车	8
9. 鞭炮、焰火	10	18. 中轻型商用客车	5

【例 15-23】 大连白酒有限公司将一批自产的薯类白酒 2 吨作为中秋节福利发给职工，该批薯类白酒成本 24 000 元，该批薯类白酒无同类产品市场销售价格，但已知其成本利润率为 10%，消费税税率为 20%，定额税率为 0.5 元/500 克。

① 组成计税价格 = (成本 + 利润 + 自产自用数量 × 定额税率) ÷ (1 - 消费税税率)

$= [24\ 000 \times (1 + 10\%) + 2 \times 2\ 000 \times 0.5] \div (1 - 20\%)$

$= (26\ 400 + 2\ 000) \div (1 - 20\%)$

$= 35\ 500 (元)$

② 应纳消费税税额 $= 35\ 500 \times 20\% + 2 \times 2\ 000 \times 0.5 = 9\ 100 (元)$

15.5.4 委托加工环节应纳消费税的计算

根据《消费税暂行条例》的规定，委托加工的应税消费品，按照受托方的同类消费品的销售价格计算纳税；没有同类消费品销售价格的，按照组成计税价格计算纳税。计算公式如下。

1. 实行从价定率办法：

组成计税价格 = (材料成本 + 加工费) ÷ (1 - 消费税比例税率)

应纳税额 = 组成计税价格 × 消费税比例税率

2. 实行复合计税办法：

组成计税价格 = (材料成本 + 加工费 + 委托加工数量 × 定额税率) ÷ (1 - 消费税比例税率)

应纳税额 = 组成计税价格 × 比例税率 + 委托加工数量 × 定额税率

【例 15-24】 喜年达鞭炮有限公司 8 月受托加工一批鞭炮，该委托单位提供的原材料金额为 120 000 元，收到委托单位不含增值税的加工费 5 000 元。加工后直接出售。假若鞭炮企业当地无加工鞭炮的同类产品市场价格。鞭炮的适用税率 15%，增值税率 13%。

组成计税价格 $= (120\ 000 + 5\ 000) \div (1 - 15\%) = 147\ 058.82 (元)$

应代收代缴消费税 $= 147\ 058.82 \times 15\% = 22\ 058.82 (元)$

① 发出材料。

借：委托加工物资	120 000	
贷：原材料		120 000

② 支付加工费和税费。

委托加工物资成本 $= 120\ 000 + 5\ 000 + 22\ 058.82 = 147\ 058.82 (元)$

借：委托加工物资	147 058.82	
应交税费——应交增值税(进项税额)	650(5 000 × 13%)	
贷：银行存款		147 708.82

15.5.5 进口环节应纳消费税的计算

1. 从价定率计征应纳税额的计算

组成计税价格 = (关税完税价格 + 关税) ÷ (1 - 消费税税率)

应纳税额 = 组成计税价格 × 消费税税率

2. 实行复合计税办法计征消费税的，其计算公式为：

组成计税价格 = (关税完税价格 + 关税 + 进口数量 × 消费税定额税

率)÷(1－消费税比例税率)

应纳税额＝组成计税价格×消费税税率＋应税消费品数量×消费税单位税额

【例15-25】 大华饭店7月从国外进口一批应税消费品L，已知该批应税消费品的关税完税价格为260 000元，按规定应缴纳关税10 000元，假定进口的应税消费品的消费税税率为10%。请计算该批消费品进口环节应缴纳的消费税税额，缴款书如图15-9所示。

中华人民共和国海关进口消费税 专用缴款书

收入系统：海关系统　　　　　　　填发日期：2024年8月5日　　　　　　　N o：0234543

收款单位	收入机关	中央金库			缴款单位（人）	名称	大华饭店	
	科　目	进口消费税	预算级次	中央		账号	4512001909234264523	
	收款国库	××人民银行金库				开户银行	深圳工商银行桃林街支行营业室	
税号	货物名称	数量	单位	完税价格（元）	税率	税款金额（元）		
NF455253-101	L产品	—	—	300 000	10%	30 000		
金额人民币(大写)⊗叁万元整					合计(小写)	30 000		
申请单位编号	H35531KF	报关编号	5325Y63641	填制单位		收款国库(银行)业务		
合同(批文)号		运输工具号		填制人				
交缴期限		提/装货单号		复核人				
备注	一般贸易,照章征收			单位盖章		公章		

（印章：中华人民共和国海关 2024.08.05 管理专用章）

图15-9　缴款书

①组成计税价格＝(260 000＋10 000)÷(1－10%)＝300 000(元)

②应纳消费税税额＝300 000×10%＝30 000(元)

【例15-26】 北方进出口外贸公司2024年1月从国外进口卷烟200箱(每箱250条，每条200支)，海关核定的每箱卷烟关税完税价格为33 000元。已知进口卷烟的关税税率为25%，消费税比例税率为56%，定额税额为0.003元/支。卷烟在进口环节应缴纳的消费税，如图15-10所示。

(5)应纳关税税额＝200×33 000×25%＝1 650 000(元)

(6)组成计税价格＝(200×33 000＋1 650 000＋200×250×200×0.003)÷(1－56%)

＝(8 250 000＋30 000)÷(1－56%)

＝18 818 181.82(元)

(7)应纳消费税税额＝18 818 181.82×56%＋200×250×200×0.003

＝10 538 181.82＋30 000＝10 568 181.82(元)

中华人民共和国海关进口消费税 专用缴款书

收入系统：海关系统　　　　填发日期：2024 年 2 月 5 日　　　　N o：0234543

收款单位	收入机关	中央金库			缴款单位(人) 0200001909234216 1234	名称	北方进出口外贸公司
	科　目	进口消费税	预算级次	中央		账号	020000190923421 61234
	收款国库	××省人民银行金库				开户银行	中行信交路支行

税号	货物名称	数量	单位	完税价格（元）	税率	税款金额（元）
NF573957-105	B 卷烟	480	箱	18 818 181.82	56％	10 568 181.82

金额人民币(大写)⊗壹仟零伍拾陆万捌仟壹佰捌拾壹元捌角贰分	合计(小写)	
申请单位编号　　　　报关编号	填制单位	收款国库（银行）业务公章
合同(批文)号　　　　运输工具号	填制人	
交缴期限　　　　提/装货单号	复核人	
	单位盖章	

图 15-10　缴款书

15.6　城市维护建设税

根据《中华人民共和国城市维护建设税法》规定，在中华人民共和国境内缴纳增值税、消费税的单位和个人，为城市维护建设税的纳税人，应当依照本法规定缴纳城市维护建设税。 具体规定见表 15-25。

表 15-25　城市维护建设税税率

城建税纳税人所在地	税　率
市区的	7％
县城、建制镇	5％

1. 计税依据

以纳税人实际缴纳的增值税、消费税税额为计税依据。

对实行增值税期末留抵退税的纳税人 → 对进口货物或境外单位和个人向境内销售劳务、服务无形资产缴纳增值税、消费税的

- 允许其从城市维护建设税的计税依据中扣除退还的增值税税额
- 不征收城市维护建设税

2. 城建税计算及会计处理

应纳税额＝（实际缴纳的增值税税额＋实际缴纳消费税税额）×适用税率

根据《关于进一步实施小微企业"六税两费"减免政策的公告》（财政部 税务总局公告 2022 年第 10 号）规定：

"一、由省、自治区、直辖市人民政府根据本地区实际情况，以及宏观调控需要确定，对增值税小规模纳税人、小型微利企业和个体工商户可以在50％的税额幅度内减征资源税、城市维护建设税、房产税、城镇土地使用税、印花税（不含证券交易印花税）、耕地占用税和教育费附加、地方教育附加。

二、增值税小规模纳税人、小型微利企业和个体工商户已依法享受资源税、城市维护建设税、房产税、城镇土地使用税、印花税、耕地占用税、教育费附加、地方教育附加其他优惠政策的，可叠加享受本公告第一条规定的优惠政策。"

15.7 教育费附加

教育费附加是对缴纳增值税、消费税的单位和个人，就其实际缴纳的税额为计税依据征收的一种附加费。见表15-26。

表 15-26 教育费附加税率

征收范围	征收比率	计税依据	计算公式
缴纳增值税、消费税的单位和个人	3％	实际缴纳的增值税、消费税税额为计税依据，与"两税"同时缴纳	应纳教育费附加＝实际缴纳的"两税"税额×3％

(1)教育费附加出口不退，进口不征。

(2)对由于减免增值税、消费税而发生的退税，可同时退还已征收的教育费附加。

通过"应交税费"账户核算。企业按规定计算应缴的教育费附加时，借记"税金及附加"科目，贷记"应交税费——应交教育费附加"科目。

【例15-27】金顶织造有限公司2024年1月份实际缴纳增值税652 000元，缴纳消费税319 000元。城市维护建设税税率7％，教育费附加3％。

应纳城建税税额＝(652 000＋319 000)×7％＝67 970(元)

应纳教育费附加＝(652 000＋319 000)×3％＝29 130(元)

(1)计提城建税和教育费附加：

借：税金及附加　　　　　　　　　　　　　　　　97 100

　　贷：应交税费——应交城市维护建设税　　　　67 970

　　　　　　　　——应交教育费附加　　　　　　29 130

(2)缴纳城建税和教育费附加：

借：应交税费——应交城市维护建设税　　　　　67 970

　　　　　　——应交教育费附加　　　　　　　　29 130

　　贷：银行存款　　　　　　　　　　　　　　　97 100

《财政部 税务总局 住房城乡建设部关于保障性住房有关税费政策的公告》（财政部 税务总局 住房城乡建设部公告2023年第70号）规定，"五、保障性住房项目免收各项行政事业性收费和政府性基金，包括防空地下室易地建设费、城市基础设施配套费、教育费附加和地方教育附加等。"

15.8 土地增值税

2019年7月16日，财政部就《中华人民共和国土地增值税法（征求意见稿）》向社会公开征求意见，此次将集体房地产纳入了征税范围。

1. 纳税义务人

在中华人民共和国境内转移房地产并取得收入的单位和个人，为土地增值税的纳税人，应当依照本法的规定缴纳土地增值税。

2. 税率

土地增值税实行四级超率累进税率，见表15-27。

表 15-27　土地增值税实行四级超率累进税率

级　别	增值额与扣除项目金额的比率	税率	速算扣除系数（%）
1	增值额未超过扣除项目金额50%的部分	30%	0
2	增值额超过扣除项目金额50%、未超过扣除项目金额100%的部分	40%	5
3	增值额超过扣除项目金额100%、未超过扣除项目金额200%的部分	50%	15
4	增值额超过扣除项目金额200%的部分	60%	35

3. 应纳税额的计算

$$土地增值额＝转让收入－法定扣除项目$$

土地增值税应纳税额的计算，见表15-28。

表 15-28　土地增值税应纳税额的计算

计算步骤	各项目核算内容		
计算应税收入	转让房地产取得的应税收入		货币收入 实物收入 其他收入
计算扣除项目金额	房地产开发企业	①取得土地使用权所支付的金额	◆以出让方式取得土地使用权的，为支付的土地出让金 ◆以行政划拨方式取得土地使用权的，为转让土地使用权时按规定补缴的出让金 ◆以转让方式取得土地使用权的，为支付的地价款
		②房地产开发成本	
		③房地产开发费用	能够按转让房地产项目计算分摊利息支出，并能提供金融机构的贷款证明 开发费用＝利息＋（①＋②）×5%以内
			不能按转让房地产项目计算分摊利息支出或不能提供金融机构贷款证明的： 开发费用＝（①＋②）×10%以内
		④与转让房地有关的税金	城建税、教育费附加
		⑤加计扣除	（①＋②）×20%以内
	非房地产开发企业	①取得土地使用权所支付的金额 ②房地产开发成本 ③房地产开发费用 与转让房地产有关的税金	
	转让旧房	①旧房及建筑物的评估价格 ②取得土地使用权所支付的金额 ③与转让房地产有关的税金	

土地增值税计算的基本原理：

(1)以出售房地产的总收入减除扣除项目金额，求得增值额；

(2)再以增值额同扣除项目相比，其比值即为土地增值率；

(3)根据土地增值率的高低确定适用税率，用增值额和适用税率相乘，求得应纳税额。

①计算增值额。

$$增值额＝房地产转让收入－扣除项目金额$$

②计算增值率。

$$增值率＝增值额÷扣除项目金额×100\%$$

③确定适用税率。

依据计算的增值率，按其税率表确定适用税率。

④依据适用税率计算应纳税额。

$$应纳税额＝增值额×适用税率－扣除项目金额×速算扣除系数$$

【例15-28】 中恒绿洲房地产开发公司出售一幢写字楼，收入总额为 124 000 000 元。开发该写字楼有关支出为：支付土地价款及各种费用 16 590 000 元；房地产开发成本 34 000 000 元；财务费用中的利息支出为 5 900 000 元(可按转让项目计算分摊并提供金融机构证明)，但其中有 620 000 元属于加罚的利息；转让环节缴纳的有关税费共计为 5 540 000 元；该单位所在地政府规定的其他房地产开发费用计算扣除比例为 5%。试计算该房地产开发公司应纳的土地增值税。

(1)取得土地使用权支付的土地价款及有关费用为 16 590 000 元。

(2)房地产开发成本为 34 000 000 元。

(3)房地产开发费用＝5 900 000－620 000＋(16 590 000＋34 000 000)×5%

$$＝5 280 000＋2 529 500$$

$$＝7 809 500(元)$$

(4)允许扣除的税费为 5 540 000 元。

(5)从事房地产开发的纳税人加计扣除 20%。

加计扣除额＝(16 590 000＋34 000 000)×20%＝10 118 000(元)

(6)允许扣除的项目金额合计＝16 590 000＋34 000 000＋7 809 500＋5 540 000＋

$$10 118 000$$

$$＝74 057 500(元)$$

(7)增值额＝124 000 000－74 057 500＝49 942 500(元)

(8)增值率＝49 942 500÷74 057 500×100%＝67.44%

(9)应纳税额＝49 942 500×40%－74 057 500×5%

$$＝19 977 000－3 702 875$$

$$＝16 274 125(元)$$

《关于继续实施公共租赁住房税收优惠政策的公告》（财政部 税务总局公告 2023

年第 33 号）规定，"四、对企事业单位、社会团体以及其他组织转让旧房作为公租房房源，且增值额未超过扣除项目金额 20% 的，免征土地增值税。"

《关于保障性住房有关税费政策的公告》（财政部 税务总局 住房城乡建设部公告 2023 年第 70 号）规定，"二、企事业单位、社会团体以及其他组织转让旧房作为保障性住房房源且增值额未超过扣除项目金额 20% 的，免征土地增值税。"

《财政部 国家税务总局关于廉租住房经济适用住房和住房租赁有关税收政策的通知》（财税〔2008〕24 号）第一条第（三）项规定，"企事业单位、社会团体以及其他组织转让旧房作为廉租住房、经济适用住房房源且增值额未超过扣除项目金额 20% 的，免征土地增值税。"

《关于继续实施企业改制重组有关土地增值税政策的公告》（财政部 税务总局公告 2023 年第 51 号）规定：

"为支持企业改制重组，优化市场环境，现就继续执行有关土地增值税政策公告如下：

一、企业按照《中华人民共和国公司法》有关规定整体改制，包括非公司制企业改制为有限责任公司或股份有限公司，有限责任公司变更为股份有限公司，股份有限公司变更为有限责任公司，对改制前的企业将国有土地使用权、地上的建筑物及其附着物（以下称房地产）转移、变更到改制后的企业，暂不征收土地增值税。"

15.9 房产税

房产税是以房屋为征税对象，以房屋的计税余值或租金收入为计税依据，向房屋产权所有人征收的一种财产税。

1. 征税范围

《中华人民共和国房产税暂行条例》规定，房产税在城市、县城、建制镇和工矿区征收。

2. 房产税的纳税人

房产税以在征税范围内的房屋产权所有人为纳税人。

3. 适用税率

依据房产计税余值计税的，税率为 1.2%；依据房产租金收入计税的，税率为 12%。

2008 年 3 月 1 日起，对个人出租住房，不区分用途，按 4% 的税率征收房产税。

对企事业单位、社会团体以及其他组织按市场价格向个人出租用于居住的住房，减按 4% 的税率征收房产税。

4. 应纳税额的计算

(1)对经营自用的房屋，以房产的计税余值作为计税依据。

所谓计税余值，是指依照税法规定按房产原值一次减除 10% 至 30% 的损耗价值以后的余额。

$$应纳税额＝应税房产原值×（1－原值减除比例）×1.2\%$$

（2）对于出租的房屋，以租金收入为计税依据。

$$应纳税额＝租金收入×12\%（或4\%）$$

【例 15-29】 中国移动哈尔滨分公司经营用房原值为 43 359 000 元，按照当地规定允许减除 30% 后余值计税，适用税率为 1.2%。计算其应纳房产税税额。

$$应纳税额＝43\ 359\ 000×（1-30\%）×1.2\%＝364\ 215.60（元）$$

借：税金及附加	364 215.60	
贷：应交税费——应交房产税		364 215.60
借：应交税费——应交房产税	364 215.60	
贷：银行存款		364 215.60

《关于继续实施公共租赁住房税收优惠政策的公告》（财政部 税务总局公告 2023 年第 33 号）规定，"七、对公租房免征房产税。对经营公租房所取得的租金收入，免征增值税。公租房经营管理单位应单独核算公租房租金收入，未单独核算的，不得享受免征增值税、房产税优惠政策。"

15.10 车辆购置税

《中华人民共和国车辆购置税法》已由中华人民共和国第十三届全国人民代表大会常务委员会第七次会议于 2018 年 12 月 29 日通过，自 2019 年 7 月 1 日起施行。

在中华人民共和国境内购置汽车、有轨电车、汽车挂车、排气量超过一百五十毫升的摩托车（以下统称应税车辆）的单位和个人，为车辆购置税的纳税人。

1. 车辆购置税的税率

我国车辆购置税实行一次性征收，购置已征车辆购置税的车辆，不再征收车辆购置税，税率为 10%。

2. 应纳税额的计算

$$应纳税额＝计税价格×税率$$

计税价格的确定，见表 15-29。

表 15-29 应纳税额的计算

计税标准	内　容
纳税人购买自用应税车辆的计税价格	为纳税人实际支付给销售者的全部价款，不包括增值税税款
纳税人进口自用应税车辆的计税价格	为关税完税价格加上关税和消费税
纳税人自产自用应税车辆的计税价格	按照纳税人生产的同类应税车辆的销售价格确定，不包括增值税税款
纳税人以受赠、获奖或者其他方式取得自用应税车辆的计税价格	按照购置应税车辆时相关凭证载明的价格确定，不包括增值税税款

【例 15-30】 某文化发展有限公司 2024 年 3 月从国外进口一辆宝马公司生产的某型号小轿车。该公司报关进口这批小轿车时，经报关地海关对有关报关资料的审查，确定关税完税价格为 1 453 000 元，关税税率为 20%，海关按关税政策规定每辆征收关税 290 600 元；并按消费税、增值税有关规定代征了每辆小轿车的进口消费税 871 800 元和增值税 444 618 元。由于联系业务需要，该公司将一辆小轿车留在本单位使用。根据以上资料，计算应纳车辆购置税。

(1)计税依据 = 1 453 000 + 290 600 + 871 800 = 2 615 400(元)

(2)应纳税额 = 2 615 400 × 10% = 261 540(元)

借：税金及附加 261 540
    贷：应交税费——应交车辆购置税 261 540
借：应交税费——应交车辆购置税 261 540
    贷：银行存款 261 540

根据《中华人民共和国车辆购置税法》第九条规定：

"(一)依照法律规定应当予以免税的外国驻华使馆、领事馆和国际组织驻华机构及其有关人员自用的车辆；

(二)中国人民解放军和中国人民武装警察部队列入装备订货计划的车辆；

(三)悬挂应急救援专用号牌的国家综合性消防救援车辆；

(四)设有固定装置的非运输专用作业车辆；

(五)城市公交企业购置的公共汽电车辆。

根据国民经济和社会发展的需要，国务院可以规定减征或者其他免征车辆购置税的情形，报全国人民代表大会常务委员会备案。"

15.11 印花税

2021 年 6 月 10 日，第十三届全国人民代表大会常务委员会第二十九次会议通过《中华人民共和国印花税法》，自 2022 年 7 月 1 日起施行。

1. 征税范围

现行印花税采取正列举的形式，只对列举的凭证征收，没有列举的凭证不征税。

具体征税范围，见表 15-30。

表 15-30 印花税征税范围

类 型	具 体 内 容
合同类	借款合同、融资租赁合同、买卖合同、承揽合同、建设工程合同、运输合同、技术合同、租赁合同、保管合同、仓储合同、财产保险合同
产权转移书据	土地使用权出让书据，土地使用权、房屋等建筑物和构筑物所有权转让书据(不包括土地承包经营权和土地经营权转移)，股权转让书据，商标专用权、著作权、专利权、专有技术使用权转让书据
营业账簿	资金类账簿
证券交易	股票、存托凭证

2. 纳税人

凡在我国境内书立、领受、使用应税凭证的单位和个人，都是印花税的纳税人。包括各类企业、事业、机关、团体、部队，以及中外合资经营企业、合作经营企业、外资企业、外国公司企业和其他经济组织及其在华机构等单位和个人。

3. 计税依据

印花税的计税依据，按照下列方法确定：

应税合同	• 为合同列明的价款或者报酬，不包括增值税税款；合同中价款或者报酬与增值税税款未分开列明的，按照合计金额确定
应税产权转移书据	• 为产权转移书据列明的价款，不包括增值税税款；产权转移书据中价款与增值税税款未分开列明的，按照合计金额确定
应税营业账簿	• 为营业账簿记载的实收资本（股本）、资本公积合计金额
证券交易	• 为成交金额

4. 印花税税率

根据《关于对营业账簿减免印花税的通知》（财税〔2018〕50号）规定，"自2018年5月1日起，对按万分之五税率贴花的资金账簿减半征收印花税，对按件贴花5元的其他账簿免征印花税。"印花税税率见表15-31。

表 15-31 比例税率表

合同类型	税率
财产租赁合同、仓储保管合同、财产保险合同、证券交易	1‰
土地使用权出让书据、产权转移书据（除商标专有权、著作权、专利权外）	0.5‰
记载资金的账簿	0.25‰
购销合同，建筑工程合同，技术合同，承揽合同，商标专有权、著作权、专利权、专有技术使用权转让书据	0.3‰
借款合同、融资租赁合同	0.05‰

注意：各省市不定时调整印花税率。

5. 印花税应纳税额的计算

（1）按比例税率计算。

$$应纳税额 = 应税凭证计税金额 \times 适用税率$$

（2）营业账簿中记载资金的账簿，印花税应纳税额的计算公式。

$$应纳税额 = (实收资本 + 资本公积) \times 0.25‰$$

【例15-31】某企业2023年5月开业，领受房产权证、工商营业执照、土地使用证各一份，与其他企业订立转移专用技术使用权书据一份，所载金额 1 240 000 元；订立产品购销合同两件，所载金额 2 580 000 元；订立借款合同一份，所载金额 569 000 元。此外，企业的营业账簿中，"实收资本"载有资金 11 000 000 元，其他营业账簿 20 本。2018 年 12 月该企业"实收资本"所载资金增加为 13 000 000 元。计算该企业 2018 年 5 月应纳的印花税和 12 月应补缴的印花税。

(1)企业订立产权转移书据应纳税额＝1 240 000×0.3‰＝372(元)

(2)企业订立购销合同应纳税额＝2 580 000×0.3‰＝774(元)

(3)企业订立借款合同应纳税额＝569 000×0.05‰＝28.45(元)

(4)企业营业账簿中"实收资本"所载资金应纳税额＝11 000 000×0.25‰＝2 750(元)

(5)企业其他营业账簿免征印花税

(6)5 月份应纳印花税＝372＋774＋28.45＋2 750＝3 924.45(元)

(7)12 月资金账簿应补印花税＝(13 000 000－11 000 000)×0.25‰＝500(元)

借：税金及附加——印花税   4 424.45

    贷：银行存款   4 424.45

6. 印花税优惠政策

《中华人民共和国印花税法》第十二条，"下列凭证免征印花税：

(一)应税凭证的副本或者抄本；

(二)依照法律规定应当予以免税的外国驻华使馆、领事馆和国际组织驻华代表机构为获得馆舍书立的应税凭证；

(三)中国人民解放军、中国人民武装警察部队书立的应税凭证；

(四)农民、家庭农场、农民专业合作社、农村集体经济组织、村民委员会购买农业生产资料或者销售农产品书立的买卖合同和农业保险合同；

(五)无息或者贴息借款合同、国际金融组织向中国提供优惠贷款书立的借款合同；

(六)财产所有权人将财产赠与政府、学校、社会福利机构、慈善组织书立的产权转移书据；

(七)非营利性医疗卫生机构采购药品或者卫生材料书立的买卖合同；

(八)个人与电子商务经营者订立的电子订单。

根据国民经济和社会发展的需要，国务院对居民住房需求保障、企业改制重组、破产、支持小型微型企业发展等情形可以规定减征或者免征印花税，报全国人民代表大会常务委员会备案。"

《关于支持小微企业融资有关税收政策的公告》（财政部 税务总局公告 2023 年第 13 号）："二、对金融机构与小型企业、微型企业签订的借款合同免征印花税。"

《关于进一步支持小微企业和个体工商户发展有关税费政策的公告》（财政部 税务总局公告 2023 年第 12 号）规定：

"二、自 2023 年 1 月 1 日至 2027 年 12 月 31 日，对增值税小规模纳税人、小型微利企业和个体工商户减半征收资源税（不含水资源税）、城市维护建设税、房产税、城镇土地使用税、印花税（不含证券交易印花税）、耕地占用税和教育费附加、地方教育附加。

三、对小型微利企业减按 25％计算应纳税所得额，按 20％的税率缴纳企业所得税政策，延续执行至 2027 年 12 月 31 日。"

《关于继续实施公共租赁住房税收优惠政策的公告》（财政部 税务总局公告 2023 年第 33 号）：

"二、对公租房经营管理单位免征建设、管理公租房涉及的印花税。在其他住房项目中配套建设公租房，按公租房建筑面积占总建筑面积的比例免征建设、管理公租房涉及的印花税。

三、对公租房经营管理单位购买住房作为公租房，免征契税、印花税；对公租房租赁双方免征签订租赁协议涉及的印花税。"

《关于减半征收证券交易印花税的公告》（财政部 税务总局公告 2023 年第 39 号）规定，"为活跃资本市场、提振投资者信心，自 2023 年 8 月 28 日起，证券交易印花税实施减半征收。"

《关于继续实施高校学生公寓房产税、印花税政策的公告》（财政部 税务总局公告 2023 年第 53 号）："二、对与高校学生签订的高校学生公寓租赁合同，免征印花税。"

《关于保险保障基金有关税收政策的通知》（财税〔2023〕44 号）规定：

"二、对保险保障基金公司下列应税凭证，免征印花税：

1. 新设立的营业账簿；

2. 在对保险公司进行风险处置和破产救助过程中签订的产权转移书据；

3. 在对保险公司进行风险处置过程中与中国人民银行签订的再贷款合同；

4. 以保险保障基金自有财产和接收的受偿资产与保险公司签订的财产保险合同；

对与保险保障基金公司签订上述产权转移书据或应税合同的其他当事人照章征收印花税。

三、本通知执行至 2027 年 12 月 31 日。"

《关于保障性住房有关税费政策的公告》（财政部 税务总局 住房城乡建设部公告 2023 年第 70 号）规定：

"一、对保障性住房项目建设用地免征城镇土地使用税。对保障性住房经营管理单位与保障性住房相关的印花税，以及保障性住房购买人涉及的印花税予以免征。

在商品住房等开发项目中配套建造保障性住房的，依据政府部门出具的相关材料，可按保障性住房建筑面积占总建筑面积的比例免征城镇土地使用税、印花税。

15.12　企业所得税

企业所得税，又称公司所得税或法人所得税，是国家对企业生产经营所得和其他所得征收的一种所得税。

1. 企业所得税的税率

企业所得税的税率分为 25％、20％、15％等。 根据财政部、税务总局《关于实施小微企业普惠性税收减免政策的通知》(财税〔2019〕13 号)规定：对小型微利企业年应纳税所得额不超过 100 万元的部分，减按 25％计入应纳税所得额，按 20％的税率缴纳企业所得税；对年应纳税所得额超过 100 万元但不超过 300 万元的部分，减按 50％计入应纳税所得额，按 20％的税率缴纳企业所得税。

《财政部 税务总局关于进一步支持小微企业和个体工商户发展有关税费政策的公告》(财政部 税务总局公告 2023 年第 12 号)规定，"三、对小型微利企业减按 25％计算应纳税所得额，按 20％的税率缴纳企业所得税政策，延续执行至 2027 年 12 月 31 日。"

2. 企业所得税的应纳税所得额

企业所得税的计税依据是应纳税所得额，即指企业每一纳税年度的收入总额，减除不征税收入、免税收入、各项扣除以及允许弥补的以前年度亏损后的余额。 如果计算出的数额小于零，为亏损。

15.12.1 收入的确定

1. 销售货物收入

除法律法规另有规定外，企业销售收入的确认，必须遵循权责发生制和实质重于形式原则。 销售货物收入确认的时间，见表 15-32。

表 15-32 销售货物收入时间的确认

销售方式	确认收入的时间
托收承付	办妥托收手续时确认收入
预收款	在发出商品时确认收入
销售商品需要安装和检验	在购买方接受商品以及安装和检验完毕时确认收入。 如果安装程序比较简单，可在发出商品时确认收入
以支付手续费方式委托代销	在收到代销清单时确认收入
售后回购	销售的商品按销售价确认收入，回购的商品作为购进商品处理
以旧换新	销售商品应当按照销售商品收入确认条件确认收入，回收的商品作为购进商品处理
商业折扣	应当按照扣除商业折扣后的金额确定销售货物收入金额
销售折让	应当在发生时冲减当期销售货物收入
销售退回	应当在发生时冲减当期销售货物收入
有合同或协议价款的	购货方已收或应收的确定销售货物收入金额
现金折扣	应当按照扣除现金折扣前的金额确定销售货物收入金额。 现金折扣在实际发生时计入当期损益

2. 提供劳务所得

提供劳务所得是指企业从事建筑安装、修理修配、交通运输、仓储租赁、金融保险、邮电通信、咨询经纪、文化体育、科学研究、技术服务、教育培训、餐饮住宿、中介代理、卫生保健、社区服务、旅游、娱乐、加工以及其他劳务服务活动取得的所得。

企业同时满足下列条件时，应确认提供劳务收入的实现。

(1)收入的金额能够合理地计量；

(2)相关的经济利益能够流入企业；

(3)交易中发生的成本能够合理地计量；

(4)提供劳务交易超过一个纳税年度时，应当在纳税年度结束时按照提供劳务收入总额乘以完工进度扣除以前会计期间累计已确认提供劳务收入后的金额，确认当期提供劳务收入。同时，按照提供劳务估计总成本乘以完工进度扣除以前会计期间累计已确认劳务成本后的金额，结转当期劳务成本。

提供劳务收入确认的方法，见表 15-33。

表 15-33　劳务收入的确认

依　据	劳务收入的确认
安装费	应根据安装完工进度确认收入。安装工作是商品销售附带条件的，安装费在确认商品销售实现时确认收入
宣传媒介的收费	应在相关广告或商业行为出现于公众面前时确认收入。广告的制作费，应根据制作广告的完工进度确认收入
软件费	为特定客户开发软件的收费，应根据开发的完工进度确认收入
服务费	包含在商品售价内可区分的服务费，在提供服务的期间分期确认收入
艺术表演、招待宴会和其他特殊活动	在相关活动发生时确认收入，收费涉及几项活动的，预收的款项应合理分配给每项活动，分别确认收入
会员费	申请入会或加入会员，只允许取得会籍，所有其他服务或商品要另行收费的，在取得会员费时确认收入。申请入会或加入会员后，会员在会员期内不再付费就可得到各种服务或商品，或者以低于非会员的价格销售商品或提供服务的，该会员费应在整个受益期内分期确认收入
特许权费	属于提供设备和其他有形资产的特许权费，在交付资产或转移资产所有权时确认收入；属于提供初始及后续服务的特许权费，在提供服务时确认收入。
劳务费	长期为客户提供重复的劳务收取的劳务费，在相关劳务活动发生时确认收入

3. 让渡资产使用权收入

让渡资产使用权收入确认的方法，见表 15-34。

表 15-34　让渡资产使用权收入的确认

项　目	确　认
转让财产收入	是指企业转让固定资产、投资性房地产、生物资产、无形资产、股权、债权等所取得的收入
股息、红利等权益性投资	收益指企业因权益性投资从被投资方取得的所得，除国务院财政、税务主管部门另有规定外，按照被投资方作出利润分配决定的日期确认收入的实现

续上表

项　　目	确　　认
利息收入	是指企业将资金提供他人使用但不构成权益性投资或因他人占用本企业资金所取得的利息收入，包括存款利息、贷款利息、债券利息、欠款利息等收入
利息收入	按照合同约定的债务人应付利息的日期确认收入的实现
租金收入	是指企业提供固定资产、包装物或者其他资产的使用权取得的所得
租金收入	按照合同约定的承租人应付租金的日期确认收入的实现
特许权使用费收入	是指企业提供专利权、非专利技术、商标权、著作权以及其他特许权的使用权取得的所得。 特许权使用费收入，按照合同约定的特许权使用人应付特许权使用费的日期确认收入的实现
接受捐赠收入	是指企业接受的来自其他企业、组织或者个人无偿给予的货币性资产、非货币性资产，按照实际收到捐赠资产的日期确认收入的实现
其他收入	包括企业资产溢余收入、逾期未退包装物没收的押金、确实无法偿付的应付款项、企业已作坏账损失处理后又收回的应收账款、债务重组收入、补贴收入、教育费附加返还款、违约金收入、汇兑收益等

4. 不征税收入

不征税收入，是指从性质和根源上不属于企业营利性活动带来的经济利益、不负有纳税义务并不作为应税所得额组成部分的收入，见表15-35。

表15-35　不征税收入

财政拨款	是指各级政府对纳入预算管理的事业单位、社会团体等组织拨付的财政资金，但国务院和国务院财政、税务主管部门另有规定的除外
依法收取并纳入财政管理的行政事业性收费和政府性基金	行政事业性收费
	政府性基金

15.12.2　税前准予扣除的项目

企业实际发生的与取得收入有关的、合理的支出，包括成本、费用、税金、损失和其他支出，准予在计算应纳税所得额时扣除。

税前扣除的确认原则：权责发生制原则、配比原则、相关性原则、确定性原则、合理性原则、资本性支出与收益性支出原则，见表15-36。

表15-36　准予扣除的项目

合理支出	内　　容
成本	是指企业在生产经营活动中发生的成本、支出以及其他耗费
费用	是指企业在生产经营活动中发生的销售费用、管理费用和财务费用，已经计入成本的有关费用除外
税金	是指企业发生的除企业所得税和允许抵扣的增值税以外的各项税金及其附加

续上表

合理支出	内　　容
损失	①企业发生的损失，减除责任人赔偿和保险赔款后的余额，依照国务院财政、税务主管部门的规定扣除。 ②企业已经作为损失处理的资产，在以后纳税年度又全部收回或者部分收回时，应当计入当期收入。
捐赠	①只有公益性捐赠才能在企业所得税前扣除 ②非公益性捐赠不能在企业所得税前扣除 企业当期实际发生的公益性捐赠支出在年度利润总额 12％以内（含）的，准予扣除；超过年度利润额 12％的部分，准予结转以后 3 年内再计算应纳税所得额时扣除
工资	①企业实际发生的合理的职工工资薪金，准予在税前扣除 ②企业按照国务院有关主管部门或省级人民政府规定的范围和标准为职工缴纳的基本医疗保险费、基本养老保险费、失业保险费、工伤保险费、生育保险费等基本社会保险费和住房公积金，准予税前扣除 ③企业提取的年金，在国务院财政、税务主管部门规定的标准范围内，准予扣除 ④企业为其投资者或雇员个人向商业保险机构投保的人寿保险、财产保险等商业保险，不得扣除 ⑤企业按国家规定为特殊工种职工支付的法定人身安全保险费，准予扣除
工会经费	企业拨缴的工会经费，不超过工资薪金总额 2％的部分，准予扣除
教育费附加	除国务院财政、税务主管部门另有规定外，企业实际发生的职工教育经费支出，在职工工资总额 8％（含）以内的，准予据实扣除。超过部分，准予在以后纳税年度结转扣除
业务招待费	企业实际发生的与经营活动有关的业务招待费，按实际发生额的 60％扣除，但最高不得超过当年销售（营业）收入额的 0.5％
广告费和业务宣传费	企业每一纳税年度实际发生的符合条件的广告支出，不超过当年销售（营业）收入 15％（含）的部分准予扣除，超过部分准予在以后年度结转扣除
利息支出	①企业为购置、建造固定资产、无形资产和经过 12 个月以上的建造才能达到预定可销售状态的存货而发生的借款，符合资本性的支出可在发生当期扣除 ②企业发生的不需要资本化的借款费用，符合税法和本条例对利息水平限定条件的，准予扣除
环保等专项基金及费用的扣除	①专项资金支出 ②两类特别保险支出

《关于继续实施公共租赁住房税收优惠政策的公告》（财政部税务总局公告 2023 年第 33 号）规定，"五、企事业单位、社会团体以及其他组织捐赠住房作为公租房，符合税收法律法规规定的，对其公益性捐赠支出在年度利润总额 12％以内的部分，准予在计算应纳税所得额时扣除，超过年度利润总额 12％的部分，准予结转以后三年内在计算应纳税所得额时扣除。

个人捐赠住房作为公租房，符合税收法律法规规定的，对其公益性捐赠支出未超过其申报的应纳税所得额 30％的部分，准予从其应纳税所得额中扣除。"

《关于保险保障基金有关税收政策的通知》（财税〔2023〕44 号）规定，"一、对中国保险保障基金有限责任公司（以下简称保险保障基金公司）根据《保险保障基金管理办法》取得的下列收入，免征企业所得税：

1. 境内保险公司依法缴纳的保险保障基金；

2. 依法从撤销或破产保险公司清算财产中获得的受偿收入和向有关责任方追偿所得，以及依法从保险公司风险处置中获得的财产转让所得；

3. 接受捐赠收入；

4. 银行存款利息收入；

5. 购买政府债券、中央银行、中央企业和中央级金融机构发行债券的利息收入；

6. 国务院批准的其他资金运用取得的收入。"

15.12.3　税前不得扣除项目

税前不得扣除的项目如下：

(1)向投资者支付的股息、红利等权益性投资收益款项；

(2)企业所得税税款；

(3)税收滞纳金；

(4)罚金、罚款和被没收财物的损失；

(5)不符合规定的捐赠支出；

(6)赞助支出；

(7)未经核定的准备金支出；

(8)与取得收入无关的其他支出。

15.12.4　企业所得税的计算及填报要求

1. 计算

企业在确定当期所得税时，对于当期发生的交易或事项，会计处理与税收处理不同的，应在会计利润的基础上，按照适用税收法规的要求进行调整(即纳税调整)，计算出当期应纳税所得额，按照应纳税所得额与适用所得税税率计算确定当期应交所得税。一般情况下，应纳税所得额可在会计利润的基础上，考虑会计与税收规定之间的差异，按照以下公式计算确定：

应纳税所得额＝会计利润＋纳税调整增加额－纳税调整减少额＋境外应税所得弥补境内亏损－弥补以前年度亏损

当期所得税＝当期应交所得税＝应纳税所得额×适用税额－减免税额－抵免税额

递延所得税费用(或收益)＝当期递延所得税负债的增加＋当期递延所得税资产的减少－当期递延所得税负债的减少－当期递延所得税资产的增加

值得注意的是，如果某项交易或事项按照会计准则规定应计入所有者权益，由该交易或事项产生的递延所得税资产或递延所得税负债及其变化亦应计入所有者权益，不构成利润表中的递延所得税费用(或收益)。

2. 填报要求

目前，《国家税务总局关于企业所得税年度纳税申报有关事项的公告》(国家税务总局公告 2022 年第 27 号）（以下简称《公告》），修订了《中华人民共和国企业所得税年度纳税申报表（A 类，2017 年版）》的部分申报表；根据《国家税务总局关于企业所得税年度纳税申报有关事项的公告》（国家税务总局公告 2022 年第 27 号），"一、对《中华人民共和国企业所得税年度纳税申报表（A 类，2017 年版）》部分表单和填报说明进行修订，具体如下：对《资产折旧、摊销及纳税调整明细表》（A105080）、《企业重组及递延纳税事项纳税调整明细表》（A105100）、《免税、减计收入及加计扣除优惠明细表》（A107010）、《研发费用加计扣除优惠明细表》（A107012）、《减免所得税优惠明细表》（A107040）的表单样式及填报说明进行修订；对《纳税调整项目明细表》（A105000）的填报说明进行修订。"

目前，企业所得税汇算清缴需要用到的 37 张纳税申报表模板，以及各种申报表的填写说明。表 15-37 为企业所得税年度纳税申报表填报表单。

表 15-37 企业所得税年度纳税申报表填报表单

序号	编号	表单名称	是否填报	表单属性
1	A000000	企业所得税年度纳税申报基础信息表	√	基础信息表
2	A100000	中华人民共和国企业所得税年度纳税申报表（A 类）	√	总表
3	A101010	一般企业收入明细表	□	收支明细表
4	A101020	金融企业收入明细表	□	
5	A102010	一般企业成本支出明细表	□	
6	A102020	金融企业支出明细表	□	
7	A103000	事业单位、民间非营利组织收入、支出明细表	□	
8	A104000	期间费用明细表	□	
9	A105000	纳税调整项目明细表	□	纳税调整项目明细表
10	A105010	视同销售和房地产开发企业特定业务纳税调整明细表	□	
11	A105020	未按权责发生制确认收入纳税调整明细表	□	
12	A105030	投资收益纳税调整明细表	□	
13	A105040	专项用途财政性资金纳税调整明细表	□	
14	A105050	职工薪酬支出及纳税调整明细表	□	
15	A105060	广告费和业务宣传费跨年度纳税调整明细表	□	
16	A105070	捐赠支出及纳税调整明细表	□	
17	A105080	资产折旧、摊销及纳税调整明细表	□	
18	A105090	资产损失税前扣除及纳税调整明细表	□	
19	A105100	企业重组及递延纳税事项纳税调整明细表	□	
20	A105110	政策性搬迁纳税调整明细表	□	
21	A105120	特殊行业准备金及纳税调整明细表	□	
22	A106000	企业所得税弥补亏损明细表	□	弥补亏损明细表

续上表

序号	编号	表单名称	是否填报	表单属性
23	A107010	免税、减计收入及加计扣除优惠明细表	☐	优惠明细表
24	A107011	符合条件的居民企业之间的股息、红利等权益性投资收益优惠明细表	☐	
25	A107012	研发费用加计扣除优惠明细表	☐	
26	A107020	所得减免优惠明细表	☐	
27	A107030	抵扣应纳税所得额明细表	☐	
28	A107040	减免所得税优惠明细表	☐	
29	A107041	高新技术企业优惠情况及明细表	☐	
30	A107042	软件、集成电路企业优惠情况及明细表	☐	
31	A107050	税额抵免优惠明细表	☐	
32	A108000	境外所得税收抵免明细表	☐	税收抵免明细表
33	A108010	境外所得纳税调整后所得明细表	☐	
34	A108020	境外分支机构弥补亏损明细表	☐	
35	A108030	跨年度结转抵免境外所得税明细表	☐	
36	A109000	跨地区经营汇总纳税企业年度分摊企业所得税明细表	☐	
37	A109010	企业所得税汇总纳税分支机构所得税分配表	☐	

说明：企业应当根据实际情况选择需要填报的表单。

【例 15-32】金顶织造有限公司为居民企业，2023 年发生经营业务如下：

(1)取得产品销售收入 42 800 000 元。

(2)发生产品销售成本 25 400 000 元。

(3)发生销售费用 8 140 000 元(其中广告费 7 800 000 元)；管理费用 1 850 000 元(其中业务招待费 800 000 元)；财务费用 675 000 元。

(4)销售税金 1 760 000 元(含增值税 1 000 000 元)。

(5)营业外收入 690 000 元，营业外支出 420 000 元(含通过公益性社会团体向贫困山区捐款 280 000 元，支付税收滞纳金 74 000 元)。

(6)甲固定资产账面价值 260 000 元，计税基础为 354 000 元，产生可抵扣暂时性差异 94 000 元。

(7)计入成本、费用中的实发工资总额 2 400 000 元、拨缴职工工会经费 84 000 元、发生职工福利费 390 000 元、发生职工教育经费 65 000 元。

根据以上业务，先计算企业会计利润总额，然后按照的税法的要求，调增或调减各项费用。最后根据企业适用所得税税率，计算 2023 年度实际应纳的企业所得税。

①会计利润总额＝42 800 000＋690 000－25 400 000－8 140 000－1 850 000－675 000－(1 760 000－1 000 000)－420 000＝6 245 000(元)

②广告费和业务宣传费调增所得额＝7 800 000－42 800 000×15％＝1 380 000(元)

③企业发生的与生产经营活动有关的业务招待费支出，按照发生额的 60％扣除，但

最高不得超过当年销售（营业）收入的 0.5%。 即 42 800 000×0.5%＝214 000（元）

业务招待费发生额为 800 000 元，800 000×60%＝480 000（元）

业务招待费调增所得额＝800 000－214 000＝586 000（元）

④捐赠支出允许扣除限额＝6 245 000×12%＝749 400（元）

749 400 元大于捐赠支出 280 000 元，故全额扣除。

⑤工会经费应调增所得额＝84 000－2 400 000×2%＝36 000（元）

⑥职工福利费应调增所得额＝390 000－2 400 000×14%＝54 000（元）

⑦职工教育经费扣除限额＝65 000－2 400 000×8%＝－192 000（元）

故不调整

⑧支付税收滞纳金 74 000 元不得扣除，应调回。

⑨应纳税所得额＝6 245 000＋1 380 000＋586 000＋36 000＋54 000＋74 000＝8 375 000（元）

⑩2023 年应缴企业所得税＝8 375 000×25%＝2 093 750（元）

⑪固定资产递延所得税收益＝94 000×25%＝23 500（元）

确认所得税费用＝2 093 750－23 500＝2 070 250（元）

借：所得税费用	2 070 250
递延所得税资产	23 500
贷：应交税费——应交所得税	2 093 750

企业所得税年终汇算清缴表格共 41 张，根据【例 15-33】填写相关报表，见表 15-38 至表 15-43。

表 15-38　收入明细表

填报时间：2024 年 4 月 10 日　　　　　一般企业收入明细表　　　　　单位：元（列至角分）

行次	项　　目	金　　额
1	一、营业收入(2+9)	42 800 000
2	（一）主营业务收入(3+5+6+7+8)	
3	1. 销售商品收入	42 800 000
4	其中：非货币性资产交换收入	—
5	2. 提供劳务收入	—
6	3. 建造合同收入	—
7	8. 让渡资产使用权收入	—
8	10. 其他	—
9	（二）其他业务收入(10+12+13+14+15)	—
10	1. 销售材料收入	—
11	其中：非货币性资产交换收入	—
12	2. 出租固定资产收入	—
13	3. 出租无形资产收入	—

续上表

行次	项 目	金 额
14	8. 出租包装物和商品收入	—
15	10. 其他	—
16	二、营业外收入(17＋18＋19＋20＋21＋22＋23＋24＋25＋26)	690 000
17	(一)非流动资产处置利得	690 000
18	(二)非货币性资产交换利得	—
19	(三)债务重组利得	—
20	(四)政府补助利得	—
21	(五)盘盈利得	—
22	(六)捐赠利得	—
23	(七)罚没利得	—
24	(八)确实无法偿付的应付款项	—
25	(九)汇兑收益	—
26	(十)其他	—

经办人(签章)：(略)　　　　　　　　　　法定代表人(签章)：(略)

表 15-39　一般企业成本支出明细表

单位：元(列至角分)

行次	项 目	金 额
1	一、营业成本(2＋9)	
2	(一)主营业务成本(3＋5＋6＋7＋8)	25 400 000
3	1. 销售商品成本	25 400 000
4	其中:非货币性资产交换成本	—
5	2. 提供劳务成本	—
6	3. 建造合同成本	—
7	8. 让渡资产使用权成本	—
8	10. 其他	—
9	(二)其他业务成本(10＋12＋13＋14＋15)	—
10	1. 材料销售成本	—
11	其中:非货币性资产交换成本	—
12	2. 出租固定资产成本	—
13	3. 出租无形资产成本	—
14	8. 包装物出租成本	—
15	10. 其他	—
16	二、营业外支出(17＋18＋19＋20＋21＋22＋23＋24＋25＋26)	420 000

续上表

行次	项　目	金　额
17	(一)非流动资产处置损失	66 000
18	(二)非货币性资产交换损失	—
19	(三)债务重组损失	—
20	(四)非常损失	—
21	(五)捐赠支出	280 000
22	(六)赞助支出	—
23	(七)罚没支出	74 000
24	(八)坏账损失	—
25	(九)无法收回的债券股权投资损失	—
26	(十)其他	—
	三、期间费用	10 665 000
	1. 销售费用	8 140 000
	2. 管理费用	1 850 000
	3. 财务费用	675 000

经办人(签章)：（略）　　　　　　　　　　　　　　法定代表人(签章)：（略）

表 15-40　纳税调整项目明细表

单位：元(列至角分)

行次	项　目	账载金额	税收金额	调增金额	调减金额
		1	2	3	4
1	一、收入类调整项目(2＋3＋4＋5＋6＋7＋8＋10＋11)	＊	＊		
2	(一)视同销售收入(填写 A105010)	＊			＊
3	(二)未按权责发生制原则确认的收入(填写 A105020)				
4	(三)投资收益(填写 A105030)				
5	(四)按权益法核算长期股权投资对初始投资成本调整确认收益	＊	＊	＊	
6	(五)交易性金融资产初始投资调整	＊	＊		＊
7	(六)公允价值变动净损益		＊		
8	(七)不征税收入	＊	＊		
9	其中：专项用途财政性资金(填写 A105040)	＊	＊		
10	(八)销售折扣、折让和退回				
11	(九)其他				
12	二、扣除类调整项目(13＋14＋15＋16＋17＋18＋19＋20＋21＋22＋23＋24＋26＋27＋28＋29)	＊	＊		

续上表

行次	项　　目	账载金额	税收金额	调增金额	调减金额
		1	2	3	4
13	(一)视同销售成本(填写A105010)	*		*	
14	(二)职工薪酬(填写A105050)	2 400 000	2 400 000		
15	(三)职工福利费支出	390 000	336 000	54 000	*
16		*	*		
	(四)职工教育经费支出	65 000	65 000	0	
	(五)工会经费支出	84 000	48 000	36 000	
	(六)业务招待费支出	800 000	214 000	586 000	
	(七)广告费和业务宣传费支出(填写A105060)	7 800 000	6 420 000	1 380 000	
17	(八)捐赠支出(填写A105070)	280 000	280 000		*
18	(九)利息支出				
19	(十)罚金、罚款和被没收财物的损失		*		*
20	(十一)税收滞纳金、加收利息	74 000	*	74 000	*
21	(十二)赞助支出		*		*
22	(十三)与未实现融资收益相关在当期确认的财务费用				
23	(十四)佣金和手续费支出				*
24	(十五)不征税收入用于支出所形成的费用	*	*		*
25	其中:专项用途财政性资金用于支出所形成的费用(填写A105040)	*	*		*
26	(十六)跨期扣除项目				
27	(十七)与取得收入无关的支出		*		*
28	(十八)境外所得分摊的共同支出	*	*		*
29	(十九)其他				
30	三、资产类调整项目(31+32+33+34)	*	*		
31	(一)资产折旧、摊销(填写A105080)				
32	(二)资产减值准备金		*		
33	(三)资产损失(填写A105090)				
34	(四)其他				
35	四、特殊事项调整项目(36+37+38+39+40)	*	*		
36	(一)企业重组(填写A105100)				
37	(二)政策性搬迁(填写A105110)	*	*		
38	(三)特殊行业准备金(填写A105120)				
39	(四)房地产开发企业特定业务计算的纳税调整额(填写A105010)	*			
40	(五)其他	*	*		
41	五、特别纳税调整应税所得	*	*		
42	六、其他	*	*		
43	合计(1+12+30+35+41+42)	*	*		

表 15-41　职工薪酬纳税调整明细表

单位：元（列至角分）

行次	项　　目	账载金额	税收规定扣除率	以前年度累计结转扣除额	税收金额	纳税调整金额	累计结转以后年度扣除额
		1	2	3	4	5(1-4)	6(1+3-4)
1	一、工资薪金支出	2 400 000	*	*	2 400 000		*
2	其中：股权激励		*	*			*
3	二、职工福利费支出	390 000	*	*	336 000	54 000	*
4	三、职工教育经费支出	65 000	*		65 000	0	
5	其中：按税收规定比例扣除的职工教育经费				65 000		
6	按税收规定全额扣除的职工培训费用			*			*
7	四、工会经费支出	84 000		*	48 000	36 000	*
8	五、各类基本社会保障性缴款		*	*			*
9	六、住房公积金		*	*			*
10	七、补充养老保险		*	*			*
11	八、补充医疗保险		*	*			*
12	九、其他		*				
13	合计(1+3+4+7+8+9+10+11+12)	2 939 000	*		2 844 000	90 000	

表 15-42　广告费和业务宣传费跨年度纳税调整明细表

单位：元（列至角分）

行次	项　　目	金　　额
1	一、本年广告费和业务宣传费支出	7 800 000
2	减：不允许扣除的广告费和业务宣传费支出	1 380 000
3	二、本年符合条件的广告费和业务宣传费支出(1-2)	6 420 000
4	三、本年计算广告费和业务宣传费扣除限额的销售(营业)收入	42 800 000
5	税收规定扣除率	15%
6	四、本企业计算的广告费和业务宣传费扣除限额(4×5)	6 420 000
7	五、本年结转以后年度扣除额(3>6，本行=3-6；3≤6，本行=0)	0
8	加：以前年度累计结转扣除额	
9	减：本年扣除的以前年度结转额[3>6，本行=0；3≤6，本行=8或(6-3)孰小值]	
10	六、按照分摊协议归集至其他关联方的广告费和业务宣传费(10≤3或6孰小值)	
11	按照分摊协议从其他关联方归集至本企业的广告费和业务宣传费	
12	七、本年广告费和业务宣传费支出纳税调整金额(3>6，本行=2+3-6+10-11；3≤6，本行=2+10-11-9)	1 380 000
13	八、累计结转以后年度扣除额(7+8-9)	

表 15-43　中华人民共和国企业所得税月(季)度预缴纳税申报表(A 类)

统一社会信用代码：234101400357893　　　　税款所属期间：2023 年 1 月 1 日 至 2023 年 12 月 31 日

纳税人名称：金顶织造有限公司　　　　　　　　单位：人民币元(元至角分)

中华人民共和国企业所得税年度纳税申报表(A 类)

行次	类别	项　目	金　额
1	利润总额计算	一、营业收入(填写 A101010/101020/103000)	42 800 000
2		减：营业成本(填写 A102010/102020/103000)	25 400 000
3		税金及附加	760 000
4		销售费用(填写 A104000)	8 140 000
5		管理费用(填写 A104000)	1 850 000
6		财务费用(填写 A104000)	675 000
7		资产减值损失	
8		加：公允价值变动收益	
9		投资收益	
10		二、营业利润(1−2−3−4−5−6−7+8+9)	
11		加：营业外收入(填写 A101010/101020/103000)	690 000
12		减：营业外支出(填写 A102010/102020/103000)	420 000
13		三、利润总额(10+11−12)	6 245 000
14	应纳税所得额计算	减：境外所得(填写 A108010)	
15		加：纳税调整增加额(填写 A105000)	2 135 000
16		减：纳税调整减少额(填写 A105000)	
17		减：免税、减计收入及加计扣除(填写 A107010)	
18		加：境外应税所得抵减境内亏损(填写 A108000)	
19		四、纳税调整后所得(13−14+15−16−17+18)	
20		减：所得减免(填写 A107020)	
21		减：弥补以前年度亏损(填写 A106000)	
22		减：抵扣应纳税所得额(填写 A107030)	
23		五、应纳税所得额(19−20−21−22)	8 375 000
24	应纳税额计算	税率(25%)	
25		六、应纳所得税额(23×24)	2 095 000
26		减：减免所得税额(填写 A107040)	
27		减：抵免所得税额(填写 A107050)	
28		七、应纳税额(25−26−27)	2 095 000
29		加：境外所得应纳所得税额(填写 A108000)	
30		减：境外所得抵免所得税额(填写 A108000)	
31		八、实际应纳所得税额(28+29−30)	2 095 000
32		减：本年累计实际已预缴的所得税额	
33		九、本年应补(退)所得税额(31−32)	2 095 000
34		其中：总机构分摊本年应补(退)所得税额(填写 A109000)	
35		财政集中分配本年应补(退)所得税额(填写 A109000)	
36		总机构主体生产经营部门分摊本年应补(退)所得税额(填写 A109000)	

续上表

行次	类别	项 目	金 额
37	实际应纳税额计算	减：民族自治地区企业所得税地方分享部分：（□免征 □减征 减征幅度 ％）	
38		十、本年实际应补（退）所得税额（33－37）	2 095 000

谨声明：此纳税申报表是根据《中华人民共和国企业所得税法》《中华人民共和国企业所得税法实施条例》和国家有关税收规定填报的，是真实的、可靠的、完整的。

法定代表人(签字)：×××

××年×月×日

纳税人公章：	代理申报中介机构公章：（略）
会计主管：	经办人：
	经办人执业证件号码：
填表日期： 2024年4月10日	代理申报日期： 2024 年 4 月 10 日

15.13 个人所得税

根据《中华人民共和国个人所得税法》（根据 2018 年 8 月 31 日第十三届全国人民代表大会常务委员会第五次会议《关于修改〈中华人民共和国个人所得税法〉的决定》第七次修正）（以下简称《个人所得税法》）第一条，"在中国境内有住所，或者无住所而一个纳税年度内在中国境内居住累计满一百八十三天的个人，为居民个人。居民个人从中国境内和境外取得的所得，依照本法规定缴纳个人所得税。

在中国境内无住所又不居住，或者无住所而一个纳税年度内在中国境内居住累计不满一百八十三天的个人，为非居民个人。非居民个人从中国境内取得的所得，依照本法规定缴纳个人所得税。

纳税年度，自公历一月一日起至十二月三十一日止。"

15.13.1 应税项目规定

1. 应税范围

《个人所得税法》第二条："下列各项个人所得，应当缴纳个人所得税：

（一）工资、薪金所得；

（二）劳务报酬所得；

（三）稿酬所得；

（四）特许权使用费所得；

（五）经营所得；

（六）利息、股息、红利所得；

（七）财产租赁所得；

（八）财产转让所得；

（九）偶然所得。"

2. 应纳税所得额的计算

（1）居民个人的综合所得，以每一纳税年度的收入额减除费用 60 000 元，以及专项扣除、专项附加扣除和依法确定的其他扣除后的余额，为应纳税所得额。

（2）非居民个人的工资、薪金所得，以每月收入额减除费用 5 000 元后的余额为应纳税所得额；劳务报酬所得、稿酬所得、特许权使用费所得，以每次收入额为应纳税所得额。

（3）经营所得，以每一纳税年度的收入总额减除成本、费用以及损失后的余额，为应纳税所得额。

（4）财产租赁所得，每次收入不超过 4 000 元的，减除费用 800 元；4 000 元以上的，减除 20% 的费用，其余额为应纳税所得额。

（5）财产转让所得，以转让财产的收入额减除财产原值和合理费用后的余额，为应纳税所得额。

（6）利息、股息、红利所得和偶然所得，以每次收入额为应纳税所得额。劳务报酬所得、稿酬所得、特许权使用费所得以收入减除 20% 的费用后的余额为收入额。稿酬所得的收入额减按 70% 计算。

15.13.2 优惠政策

1.《个人所得税法》第四条："下列各项个人所得，免征个人所得税：

（一）省级人民政府、国务院部委和中国人民解放军军以上单位，以及外国组织、国际组织颁发的科学、教育、技术、文化、卫生、体育、环境保护等方面的奖金；

（二）国债和国家发行的金融债券利息；

（三）按照国家统一规定发给的补贴、津贴；

（四）福利费、抚恤金、救济金；

（五）保险赔款；

（六）军人的转业费、复员费、退役金；

（七）按照国家统一规定发给干部、职工的安家费、退职费、基本养老金或者退休费、离休费、离休生活补助费；

（八）依照有关法律规定应予免税的各国驻华使馆、领事馆的外交代表、领事官员和其他人员的所得；

（九）中国政府参加的国际公约、签订的协议中规定免税的所得；

（十）国务院规定的其他免税所得。

前款第十项免税规定，由国务院报全国人民代表大会常务委员会备案。"

2.《国家税务总局关于贯彻执行提高个人所得税有关专项附加扣除标准政策的公告》（国家税务总局公告 2023 年第 14 号）规定：

"根据《国务院关于提高个人所得税有关专项附加扣除标准的通知》(国发〔2023〕13号,以下简称《通知》),现就有关贯彻落实事项公告如下:

一、3岁以下婴幼儿照护、子女教育专项附加扣除标准,由每个婴幼儿(子女)每月1 000元提高到2 000元。

父母可以选择由其中一方按扣除标准的100%扣除,也可以选择由双方分别按50%扣除。

二、赡养老人专项附加扣除标准,由每月2 000元提高到3 000元,其中,独生子女每月扣除3 000元;非独生子女与兄弟姐妹分摊每月3 000元的扣除额度,每人不超过1 500元。

需要分摊享受的,可以由赡养人均摊或者约定分摊,也可以由被赡养人指定分摊。约定或者指定分摊的须签订书面分摊协议,指定分摊优先于约定分摊。"

3. 根据《关于进一步支持小微企业和个体工商户发展有关税费政策的公告》(财政部 税务总局公告2023年第12号)规定:"一、自2023年1月1日至2027年12月31日,对个体工商户年应纳税所得额不超过200万元的部分,减半征收个人所得税。 个体工商户在享受现行其他个人所得税优惠政策的基础上,可叠加享受本条优惠政策。 个体工商户不区分征收方式,均可享受。"

4. 根据《关于进一步扶持自主就业退役士兵创业就业有关税收政策的公告》(财政部 税务总局 退役军人事务部公告2023年第14号)规定:"一、自2023年1月1日至2027年12月31日,自主就业退役士兵从事个体经营的,自办理个体工商户登记当月起,在3年(36个月,下同)内按每户每年20 000元为限额依次扣减其当年实际应缴纳的增值税、城市维护建设税、教育费附加、地方教育附加和个人所得税。 限额标准最高可上浮20%,各省、自治区、直辖市人民政府可根据本地区实际情况在此幅度内确定具体限额标准。"

5. 根据《关于进一步支持重点群体创业就业有关税收政策的公告》(财政部 税务总局 人力资源社会保障部 农业农村部公告2023年第15号)规定:"一、自2023年1月1日至2027年12月31日,脱贫人口(含防止返贫监测对象,下同)、持《就业创业证》(注明"自主创业税收政策"或"毕业年度内自主创业税收政策")或《就业失业登记证》(注明"自主创业税收政策")的人员,从事个体经营的,自办理个体工商户登记当月起,在3年(36个月,下同)内按每户每年20 000元为限额依次扣减其当年实际应缴纳的增值税、城市维护建设税、教育费附加、地方教育附加和个人所得税。 限额标准最高可上浮20%,各省、自治区、直辖市人民政府可根据本地区实际情况在此幅度内确定具体限额标准。"

6. 根据《关于延续实施外籍个人有关津补贴个人所得税政策的公告》(财政部 税务总局公告2023年第29号):

"一、外籍个人符合居民个人条件的，可以选择享受个人所得税专项附加扣除，也可以选择按照《财政部 国家税务总局关于个人所得税若干政策问题的通知》（财税字〔1994〕020号）、《国家税务总局关于外籍个人取得有关补贴征免个人所得税执行问题的通知》（国税发〔1997〕54号）和《财政部 国家税务总局关于外籍个人取得港澳地区住房等补贴征免个人所得税的通知》（财税〔2004〕29号）规定，享受住房补贴、语言训练费、子女教育费等津补贴免税优惠政策，但不得同时享受。外籍个人一经选择，在一个纳税年度内不得变更。

二、本公告执行至2027年12月31日。"

7.《关于延续实施沪港、深港股票市场交易互联互通机制和内地与香港基金互认有关个人所得税政策的公告》（财政部 税务总局 中国证监会公告2023年第23号）规定：

"一、对内地个人投资者通过沪港通、深港通投资香港联交所上市股票取得的转让差价所得和通过基金互认买卖香港基金份额取得的转让差价所得，继续暂免征收个人所得税。

二、本公告执行至2027年12月31日。"

8.《财政部 税务总局关于延续实施全年一次性奖金个人所得税政策的公告》（财政部 税务总局公告2023年第30号）规定：

"一、居民个人取得全年一次性奖金，符合《国家税务总局关于调整个人取得全年一次性奖金等计算征收个人所得税方法问题的通知》（国税发〔2005〕9号）规定的，不并入当年综合所得，以全年一次性奖金收入除以12个月得到的数额，按照本公告所附按月换算后的综合所得税率表，确定适用税率和速算扣除数，单独计算纳税。计算公式为：

应纳税额＝全一年一次性奖金收入×适用税率－速算扣除数

二、居民个人取得全年一次性奖金，也可以选择并入当年综合所得计算纳税。

三、本公告执行至2027年12月31日。"

15.14 契税

契税是指不动产（土地、房屋）产权发生转移变动时，就当事人所订契约按产价的一定比例向新业主（产权承受人）征收的一次性税收。

15.14.1 应税项目规定

1. 纳税人

在中华人民共和国境内转移土地、房屋权属，承受的单位和个人为契税的纳税人。

2. 征收范围

根据《中华人民共和国契税法》（以下简称《契税法》）第二条规定："本法所称转移土地、房屋权属，是指下列行为：

（一）土地使用权出让；

（二）土地使用权转让，包括出售、赠与、互换；

（三）房屋买卖、赠与、互换。

前款第二项土地使用权转让，不包括土地承包经营权和土地经营权的转移。

以作价投资（入股）、偿还债务、划转、奖励等方式转移土地、房屋权属的，应当依照本法规定征收契税。"

3. 税率

根据《契税法》第三条规定，"契税税率为百分之三至百分之五。"

4. 计税依据

根据《契税法》第四条规定：

"（一）土地使用权出让、出售，房屋买卖，为土地、房屋权属转移合同确定的成交价格，包括应交付的货币以及实物、其他经济利益对应的价款；

（二）土地使用权互换、房屋互换，为所互换的土地使用权、房屋价格的差额；

（三）土地使用权赠与、房屋赠与以及其他没有价格的转移土地、房屋权属行为，为税务机关参照土地使用权出售、房屋买卖的市场价格依法核定的价格。

纳税人申报的成交价格、互换价格差额明显偏低且无正当理由的，由税务机关依照《中华人民共和国税收征收管理法》的规定核定。

15.14.2 优惠政策

根据《契税法》第六条规定，"有下列情形之一的，免征契税：

（一）国家机关、事业单位、社会团体、军事单位承受土地、房屋权属用于办公、教学、医疗、科研、军事设施；

（二）非营利性的学校、医疗机构、社会福利机构承受土地、房屋权属用于办公、教学、医疗、科研、养老、救助；

（三）承受荒山、荒地、荒滩土地使用权用于农、林、牧、渔业生产；

（四）婚姻关系存续期间夫妻之间变更土地、房屋权属；

（五）法定继承人通过继承承受土地、房屋权属；

（六）依照法律规定应当予以免税的外国驻华使馆、领事馆和国际组织驻华代表机构承受土地、房屋权属。

根据国民经济和社会发展的需要，国务院对居民住房需求保障、企业改制重组、灾后重建等情形可以规定免征或者减征契税，报全国人民代表大会常务委员会备案。"

《关于保障性住房有关税费政策的公告》（财政部 税务总局 住房城乡建设部公告2023年第70号）规定，"三、对保障性住房经营管理单位回购保障性住房继续作为保障性住房房源的，免征契税。四、对个人购买保障性住房，减按1%的税率征收契税。"

◀ 第七篇

财务报表

财务报表由报表本身及其附注两部分构成。一套完整的财务报表至少应当包括"四表一注",即资产负债表、利润表、现金流量表、所有者权益(或股东权益)变动表及附注。

财务报表是企业会计部门在日常会计核算的基础上,利用统一的货币计量单位,按照会计报表统一规定的格式、内容和编制方法定期编制的,能够综合反映企业财务状况和经营成果、现金流量状况的书面文件。

第16章 财务报表编制

企业的财务报表是对其财务状况、经营成果和现金流量的高度概括总结。

16.1 财务报表数字与文字说明

财务报表基本体系,如图 16-1 所示。

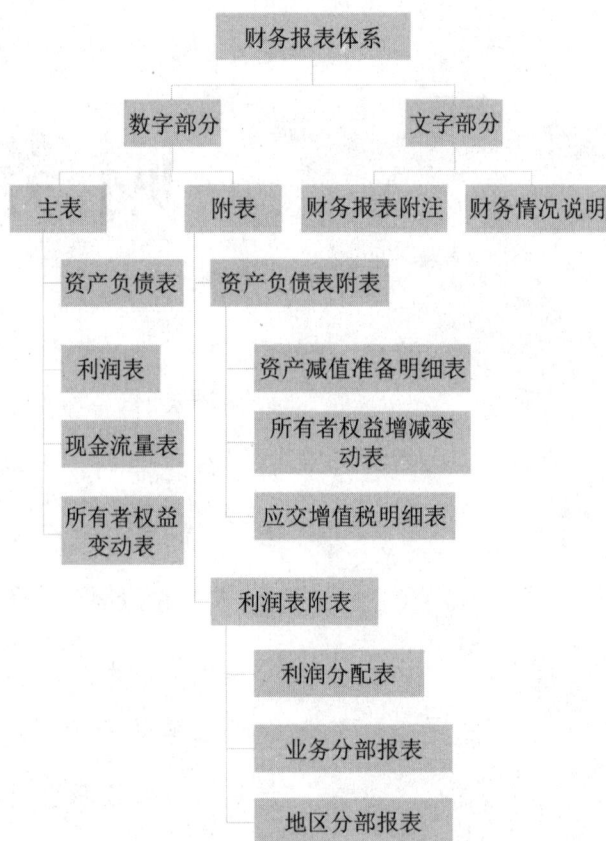

图 16-1 企业财务报表体系

16.1.1 财务报表数字部分

财务报表是财务会计报告体系的核心,一套完整的财务会计报告由下列内容组成。

1. 主表

现行制度规定,企业财务报表的主表有资产负债表、利润表、现金流量表和所有者权益变动报表。其中需要对外报送的主表有资产负债表、利润表和现金流量表,不需要对外报送的有成本报表。资产负债表(部分)如图 16-2 所示。

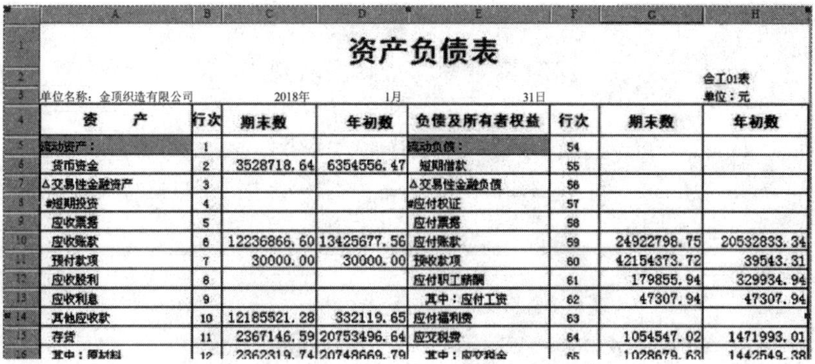

资产负债表

会工01表

单位名称：金顶织造有限公司 2018年 1月 31日 单位：元

资　　产	行次	期末数	年初数	负债及所有者权益	行次	期末数	年初数
流动资产：	1			流动负债：	54		
货币资金	2	3528718.64	6354556.47	短期借款	55		
△交易性金融资产	3			△交易性金融负债	56		
#短期投资	4			#应付权证	57		
应收票据	5			应付票据	58		
应收账款	6	12236866.60	13425677.56	应付账款	59	24922798.75	20532833.34
预付款项	7	30000.00	30000.00	预收款项	60	42154373.72	39543.31
应收股利	8			应付职工薪酬	61	179855.94	329934.94
应收利息	9			其中：应付工资	62	47307.94	47307.94
其他应收款	10	12185521.28	332119.65	应付福利费	63		
存货	11	2367146.59	20753496.64	应交税费	64	1054547.02	1471993.01
其中：原材料	12	2362319.74	20748669.79	其中：应交税金	65	1028679.63	1442549.38

图 16-2　资产负债表(部分)

2. 附表

附表是指对主表的某一项或几项内容提供更为详细的报表。 常见的附表有：利润分配表、应交增值税明细表、分部报表和所有者权益增减变动表等。 所有者权益(股东权益)增减变动表，见表 16-1。

表 16-1　所有者权益(股东权益)增减变动表

单位名称：　　　　单位：元

项目	行次	本年数	上年数
一、实收资本(或股本)：			
年初数	1		
本年增加数	2		
其中：资本公积转入	3		
盈余公积转入	4		
利润分配转入	5		
新增资本(或股本)	6		
本年减少数	7		
年末余额	8		
二、资本公积	9		
年初余额	10		
本年增加数	11		

16.1.2　财务报表文字部分

财务报表中的财务报表内容具有一定的固定性和规定性，因此使其所提供的会计信息量受到限制。 为了满足会计信息使用者决策的要求，企业除了编制主表及其相关附表外，还要编制文字报告内容，即财务报表的附注和财务情况说明书，以便充分披露企业的会计信息。

1. 财务报表附注

财务报表附注是企业财务会计报告的重要组成部分，其作用是对财务报表数字不能包含或不能披露的内容做进一步的解释和说明。 财务报表附注通常随年度财务报表一起编制，至少应当包括以下内容，如图 16-3 所示。

慈灵制造有限公司

2024 年度财务会计报表附注

一、企业集团的基本情况

慈灵制造有限公司单位系经广州市白云区工商行政管理局批准，于 2001 年 7 月 1 日，取得 2343657 号企业法人营业执照，注册资本 5 000 万元。单位办公地址：广州市白云区白云路 342 号，法定代表人李曼芳，财务负责人姜旭，企业期末职工人数 234 人。

单位主营：电子设备。

单位下设程立制造有限公司等 2 个决算单位。

本会计报表，为本单位和上述所属单位的合并（汇总）报表，全面反映本单位的财务状况、经营成果和资金变动情况。

二、财务报表的编制基础

以持续经营为基础，根据实际发生的交易和事项，按照《企业会计制度》及其他合计相关会计准则的规定进行确认和计量，在此基础上编制本财务报表。

三、遵循企业会计准则的声明

本单位尚未执行新的《企业会计准则》。

本财务报表的编制符合《企业会计制度》及其他相关会计准则的要求，真实、完整、

图 16-3 会计报表附注（部分）

企业的经营管理者在阅读和分析财务报表之前，仔细阅读财务报表附注，有助于加深对报表数字的形式及数字背后的因素的理解；有助于理解各企业的会计政策及其区别，加强各企业财务报表资料的可比性；有助于客观地评价不同企业的资金状况和经营成果，对其业绩做出科学的评价。

2. 财务情况说明书

财务情况说明书是对财务报表总体内容所做的文字说明，也是对本企业财务状况、经营成果和现金流量的分析评价。

财务情况说明书的内容一般应包括以下几个方面，如图 16-4 所示。

阅读财务报表和财务报表附注后，应仔细阅读财务情况说明书，它可以更好地理解企业的经营情况，有助于客观地评价企业经营管理者的业绩。

财务情况说明书

一、企业生产经营的基本情况

（一）企业主营业务范围

营业执照上描述的电子设备

公司设有董事会、监事会；公司下属 2 家控股子公司，分公司 2 家；所处行业为电子行业。

纳入合并范围子公司基本情况

企业名称	注册资本	投资额	持股比例	注册地址	法定代表人	月母公司关系

（二）本年度生产经营情况

图 16-4 财务情况说明书的主要内容

16.1.3 财务报表数字背后的秘密

财务报表的使用者很多，除企业管理者外，还有企业现在和潜在的投资者、债权人、相关管理部门以及企业员工等。与其他资料相比，会计报表所提供的资料具有更集中、更系统、更具条理性等特点，会计报表所提供的财务信息主要表现在以下几个方面，如图16-5所示。

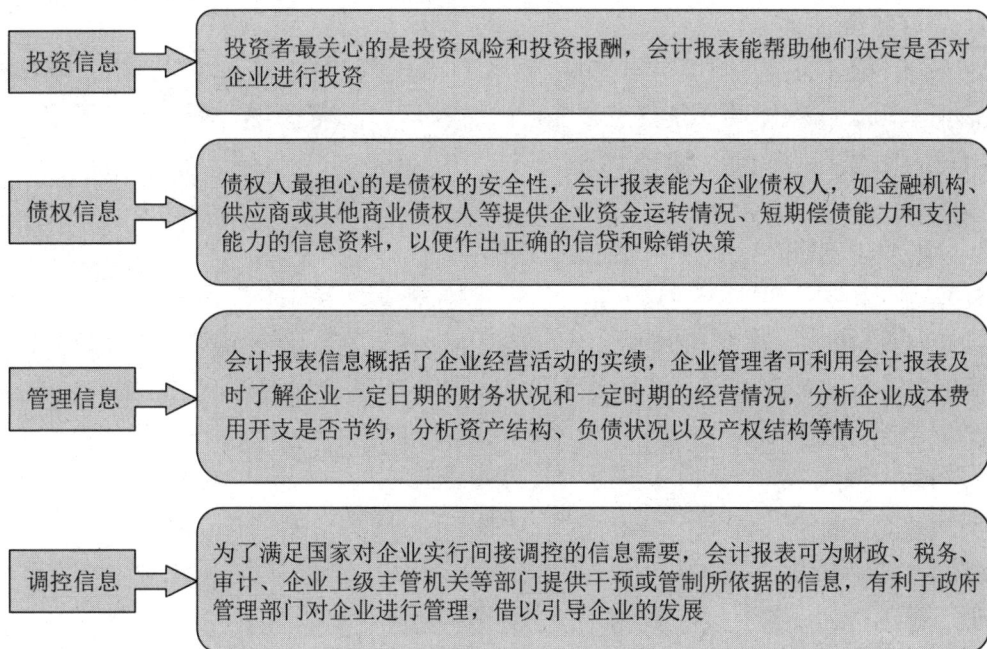

投资信息 → 投资者最关心的是投资风险和投资报酬，会计报表能帮助他们决定是否对企业进行投资

债权信息 → 债权人最担心的是债权的安全性，会计报表能为企业债权人，如金融机构、供应商或其他商业债权人等提供企业资金运转情况、短期偿债能力和支付能力的信息资料，以便作出正确的信贷和赊销决策

管理信息 → 会计报表信息概括了企业经营活动的实绩，企业管理者可利用会计报表及时了解企业一定日期的财务状况和一定时期的经营情况，分析企业成本费用开支是否节约，分析资产结构、负债状况以及产权结构等情况

调控信息 → 为了满足国家对企业实行间接调控的信息需要，会计报表可为财政、税务、审计、企业上级主管机关等部门提供干预或管制所依据的信息，有利于政府管理部门对企业进行管理，借以引导企业的发展

图 16-5 财务报表体现的信息

其实，一张财务报表可以体现出很多信息，见表16-2。

表 16-2 财务报表体现的信息

项 目	含 义	报 表
企业的偿债能力	是指企业偿还本身所欠债务的能力	资产负债表
企业的营运能力	指资产运用、循环的效率高低。营运能力指标是通过投入与产出(主要指收入)之间的关系反映	利润表
企业的盈利能力	主要通过收入与利润之间的关系、资产与利润之间的关系反映。反映企业盈利能力的指标主要有销售毛利率、销售净利率、资产净利率和净资产收益率	现金流量表
企业的发展能力	发展能力分析的指标主要有：销售收入增长率、总资产增长率、营业利润增长率、资本保值增值率	股东权益变动表

16.1.4 财务报表编制原则

企业编制财务会计报告，应根据真实的交易、事项以及登记完整、核对无误的会计账簿记录和其他有关资料，按照国家统一的会计制度规定的编制基础、编制依据、编制原则和方法，做到内容完整、数字真实、计算准确、编报及时。

编制财务报表的基本原则如下：

1. 数字真实准确

会计报表必须根据登记完整、核对无误的账簿记录和其他核算资料，按一定的指标体系加工、整理、编制而成的，各项指标和数据必须计算准确、真实可靠，做到表从账出，账表相符，切忌匡算估计，弄虚作假。

2. 内容完整

对外会计报表必须按照规定格式编报，填列齐全、完整。不论主表、附表或补充资料，都不得漏填、漏报，更不能任意改变报送的内容。如报表规定项目容纳不下，可以利用附表、附注以及其他形式加以说明。

会计报表之间、会计报表各项目之间，凡是有对应关系的数字，应当相互一致，会计报表中本期与上期的有关数字，应当相互衔接。

3. 编制及时

会计报表时效性强，应在保证质量的前提下，在规定期限内编制完毕并如期报送，以满足报表使用者对会计报表资料的需要，及时了解单位报告期内财务状况和经营成果，采取措施，做出决策。

4. 前后一致

编制财务报表前后期应当遵循一致性原则，不能随意变更。如确需改变应将改变原因及改变后对报表指标的影响，在报表附注中详细说明，便于报表使用者正确理解与利用财务信息。

5. 报送及时

及时性是信息的重要特征，财务报表信息只有及时地传递给信息使用者，才能为使用者的决策提供依据。否则，即使是真实可靠和内容完整的财务报告，由于编制和报送不及时，对报告使用者来说，就大大降低了会计信息的使用价值。

6. 手续完备

企业对外提供的财务报表应加具封面、装订成册、加盖公章。财务报表封面上应当注明：企业名称、企业统一社会信用代码、组织形式、地址、报表所属年度或者月份、报出日期，并由企业负责人和主管会计工作的负责人、会计机构负责人（会计主管人员）签名并盖章；设置总会计师的企业，还应当由总会计师签名并盖章。

会计报表

日期：2024 年 1 月份(季)

名称：慈灵制造有限公司　地址：广州白云区白云路 342 号　电话：020-8973×××

统一社会信用代码：89711254389224567L

填报日期　2024 年 2 月 5 日

法定代表人(或负责人)：李漫芳　财务主管人员：姜旭　制表人：陈衡

公章(略)

16.2 资产负债表

资产负债表是反映企业在某一特定时期的财务状况的报表。利用会计平衡原则，将合乎会计原则的资产、负债、股东权益科目分为"资产"和"负债及所有者权益（股东权益）"两部分，以特定日期的静态企业财务情况为基准，浓缩成一张报表。

16.2.1 资产负债表的基本架构

1. 资产负债表的基本结构

资产负债表的基本结构是"资产＝负债＋所有者权益（股东权益）"。不论公司处于怎样的状态，这个会计平衡式是永远恒等的。左边反映的是公司所拥有的资源，右边反映的是公司不同权利人对这些资源的要求。

当资产负债表列有上期期末数时，称为"比较资产负债表"，它通过前后期资产负债的比较，可以反映企业财务变动状况。

根据股权有密切联系的几个独立企业的资产负债表汇总编制的资产负债表，称为"合并资产负债表"。它可以综合反映本企业以及与其股权上有联系的企业的全部财务状况。

2. 资产负债表的编制方法

账户式资产负债表是根据账户的格式设置的，一般由表首、正表、补充材料三部分组成。

（1）表首。资产负债表的表首一般标示报表的名称、编制单位、编报日期、编号和货币单位。

（2）正表。资产负债表的正表部分分为左右两方，左方列示资产、右方列示负债和所有者权益（股东权益），按照会计等式，资产总计等于负债和所有者权益（股东权益）合计。通过账户式资产负债表，反映资产、负债和所有者权益之间的内在联系，并达到左右两方的平衡。同时资产负债表还提供了期初和期末的比较资料，事实上，是一种比较资产负债表。

（3）补充材料。这部分是补充说明，提供企业和有关部门需要了解的有关指标和详细内容，如已贴现的商业承兑票据、融资租入固定资产原值等。

16.2.2 资产负债表数据来源及方法

1. 资产负债表数据来源

我国企业资产负债表各项目数据的来源，主要通过以下几种方式取得，见表16-3。

表 16-3 资产负债表数据来源

数据来源	具体说明
根据总账科目余额直接填列	如"应收票据"项目，根据"应收票据"总账科目的期末余额直接填列；"短期借款"项目，根据"短期借款"总账科目的期末余额直接填列
根据总账科目余额计算填列	如"货币资金"项目，根据"现金""银行存款""其他货币资金"科目的期末余额合计数计算填列

数据来源	具体说明
根据明细科目余额计算填列	如"应付账款"项目，根据"应付账款""预付账款"科目所属相关明细科目的期末贷方余额计算填列
根据总账科目和明细科目余额分析计算填列	如"长期借款"项目，根据"长期借款"总账科目期末余额，扣除"长期借款"科目所属明细科目中反映的、将于一年内到期的长期借款部分，分析计算填列
根据科目余额减去其备抵项目后的净额填列	如"短期投资"项目，根据"短期投资"科目的期末余额，减去"短期投资跌价准备"备抵科目余额后的净额填列；又如，"无形资产"项目，根据"无形资产"科目的期末余额，减去"无形资产减值准备"备抵科目余额后的净额填列

2. 资产负债表的编制方法

为便于各项指标的期末数与期初数比较，资产负债表设有"年初额"和"期末额"两个金额栏，相当于比较两个年度的资产负债表。

（1）年初余额。

资产负债表中"年初余额"栏内各项数字应根据上年末资产负债表的"期末余额"栏内所列数字来填列。如果上年度资产负债表规定的各个项目的名称和内容与本年度不相一致，应对上年年末资产负债表各项目的名称和数字按照本年度的规定进行调整，填入报表中"年初余额"栏内。

（2）期末余额。

资产负债表"期末余额"的编制方法主要有两种，如图 16-6 所示。

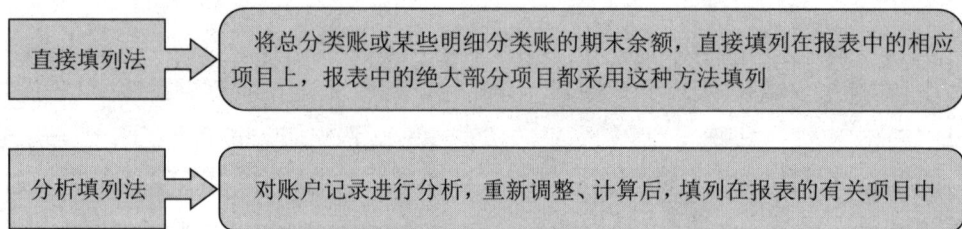

直接填列法	→	将总分类账或某些明细分类账的期末余额，直接填列在报表中的相应项目上，报表中的绝大部分项目都采用这种方法填列
分析填列法	→	对账户记录进行分析，重新调整、计算后，填列在报表的有关项目中

图 16-6　资产负债表"期末余额"的编制方法

3. 资产负债表各项目的具体填列方法

资产负债表中各项目可分为流动资产、非流动资产、流动负债、长期负债以及所有者权益五部分。

（1）流动资产。流动资产各项目的填列方法，见表 16-4。

表 16-4　流动资产各项目填列方法

项　　目	填列方法
货币资金	根据"库存现金""银行存款""其他货币资金"科目的期末余额合计数填列
应收票据	根据"应收票据"科目的期末余额填列。其中，不包括已向银行贴现和已背书转让的应收票据，已经贴现的商业承兑汇票应在财务报表附注中单独披露

续上表

项目	填列方法
应收账款	根据"应收账款"科目所属各明细科目的期末借方余额合计数，减去"坏账准备"科目中有关应收账款计提的坏账准备期末余额后的金额填列
其他应收款	根据"应收利息""应收股利""其他应收款"科目的期末余额，减去"坏账准备"科目中有关其他应收款计提的坏账准备后的金额填列
存货	根据"材料采购""原材料""材料成本差异""生产成本""库存商品""周转材料""发出商品""委托加工物资""商品进销差价"等科目的期末余额合计数减去"存货跌价准备"科目期末余额后的金额填列
交易性金融资产	根据"交易性金融资产"科目的期末余额填列
合同资产	根据相关明细科目期末余额分析填列，同一合同下的合同资产和合同负债应当以净额列示，其中净额为借方余额的，应当根据其流动性在"合同资产"或者"其他非流动资产"项目中填列，已计提减值准备的，还应减去"合同资产减值准备"科目中相关的期末余额后的金额填列
一年内到期的非流动资产	根据有关科目的期末余额分析计算填列
其他流动资产	根据有关科目的期末余额填列

（2）非流动资产。非流动资产各项目的具体内容和填列方法，见表 16-5。

表 16-5　非流动资产各项目填列方法

项目	填列方法
长期股权投资	根据"长期股权投资"科目的期末余额，减去"长期股权投资减值准备"科目中有关股权投资减值准备期末余额后的金额填列
长期应收款	根据"长期应收款"科目的期末余额，减去"坏账准备"科目所属相关明细科目期末余额，再减去"未确认融资收益"科目期末余额后的金额分析计算填列
固定资产	根据"固定资产"科目的期末余额，减去"累计折旧""固定资产减值准备"科目期末余额后的金额，加上"固定资产清理"科目的借方金额，减去其贷方余额后的金额
在建工程	根据"在建工程"科目的末余额，减去"在建工程减值准备"科目期末余额后的金额，加上"工程物资"科目的期末余额，减去"工程物资减值准备"科目期末余额后的金额填列
无形资产	根据"无形资产"科目的期末余额，减去"累计摊销""无形资产减值准备"科目期末余额后的金额填列
递延所得税资产	根据"递延所得税资产"科目期末余额分析填列
其他非流动资产	应根据有关科目的期末余额填列，如其他长期资产价值较大的，应在财务报表附注中披露其内容和金额
债权投资	根据"债权投资"科目的期末余额减去"债权投资减值准备"科目的期末余额后填列
投资性房地产	根据"投资性房地产"科目的期末余额，减去"投资性房地产累计折旧""投资性房地产减值准备"所属有关明细科目期末余额后的金额分析计算填列

（3）流动负债。 流动负债各项目的具体内容和填列方法，见表16-6。

表16-6　流动负债各项目填列方法

项目	填列方法
短期借款	根据"短期借款"科目的期末余额填列
交易性金融负债	根据"交易性金融负债"等科目的期末余额分析填列
应付票据	根据"应付票据"科目的期末余额填列
应付账款	根据"应付账款"科目所属各有关明细科目的期末贷方余额及"预付账款"贷方余额合计填列
合同负债	根据"合同负债"科目的相关明细科目的期末余额分析填列，同一合同下的合同负债应当以净额列示，其中净额为贷方余额的，应当根据其流动性在"合同负债"或"其他非流动负债"项目中填列
应付职工薪酬	根据"应付职工薪酬"科目期末贷方余额填列
应交税费	根据"应交税费"科目的期末贷方余额填列
其他应付款	根据"应付利息""应付股利""其他应付款"科目的期末余额填列
预计负债	根据"预计负债"科目的期末余额填列
一年内到期的非流动负债	根据一年内到期的长期负债项目填列
其他流动负债	根据有关科目的期末余额填列
递延所得税负债	根据"递延所得税负债"科目期末余额分析填列

（4）长期负债。 长期负债各项目的具体内容和填列方法，见表16-7。

表16-7　长期负债各项目填列方法

项目	填列方法
长期借款	根据"长期借款"科目的期末余额填列
应付债券	根据"应付债券"科目的期末余额填列
长期应付款	根据"长期应付款"科目的期末余额，减去"未确认融资费用"科目期末余额后的金额，以及"专项应付款"科目的期末余额填列

（5）所有者权益。 所有者权益各项目的具体内容和填列方法，见表16-8。

表16-8　所有者权益各项目填列方法

项目	填列方法
实收资本	根据"实收资本"（或"股本"）科目的期末余额填列
资本公积	根据"资本公积"科目的期末余额填列
盈余公积	根据"盈余公积"科目的期末余额填列
未分配利润	根据"本年利润"科目和"利润分配"科目的余额计算填列

16.2.3　资产负债表编制示例

【例16-1】金顶织造有限公司2023年有关科目资料，见表16-9。

表 16-9　金顶织造有限公司账户余额表　　　　　（单位:元）

账户名称	借方余额	贷方余额	账户名称	借方余额	贷方余额
库存现金	3 000	—	短期借款	—	892 000
银行存款	6 258 000	—	应付账款	—	1 834 000
其他货币资金	105 000	—	预收账款	—	240 000
应收票据	110 000	—	应付职工薪酬	—	208 000
应收账款	520 000	—	应交税费	327 000	—
坏账准备	—	45 000	应付股利	—	450 000
在途材料	350 000	—	长期借款	—	3 000 000
原材料	455 000	—	股本	—	1 500 000
库存商品	198 000	—	资本公积	—	188 900
生产成本	689 400	—	盈余公积	—	163 000
固定资产	404 700	—	未分配利润	—	739 200
累计折旧	—	160 000			
小计	9 093 100	205 000	小计	327 000	9 215 200

补充说明:

(1)在"应收账款"账户的明细账户"利元企业"中有贷方余额 350 000 元。

(2)在"应付账款"账户的明细账户"芬达企业"中有借方余额 460 000 元。

(3)在"预收账款"账户的明细账户"德林企业"中有借方余额 220 000 元。

(4)长期借款中有 1 笔 2022 年 7 月 1 日年借入的、到期一次还本付息的 1.5 年期借款,该笔借款本金 540 000 元,年利率 10%。

该公司 2023 年 12 月 31 日资产负债表各项目的应填列金额计算分析如下。

(1)货币资金项目:将"库存现金""银行存款""其他货币资金"科目余额合并列入货币资金项目,即 3 000+6 258 000+105 000=6 366 000(元)。

(2)应收票据项目:按期账面余额直接填列,即 110 000 元。

(3)应收账款项目:将应收账款项目所属明细账户的借方余额合计,再加上预收账款所属明细账户的借方余额并减去坏账准备账户的余额。 具体计算如下过程:

①应收账款项目所属明细科目的借方余额合计=520 000+350 000=870 000(元);

②应收账款项目应填列金额=870 000+220 000−45 000=1 045 000(元)。

(4)预付款项项目:将预付款项所属明细账户的借方余额合计,再加上应付账款所属明细账户的借方余额合计,即 0+460 000=460 000(元)。

(5)存货项目:将"在途材料""原材料""库存商品""生产成本"账户的余额合计,即 350 000+455 000+198 000+689 400=1 692 400(元)。

(6)固定资产项目:将"固定资产"账户余额减去"累计折旧"账户余额,即 404 700−160 000=244 700(元)。

(7)短期借款项目:直接按"短期借款"账户期末余额填列,即 892 000 元。

(8)应付账款项目：将"应付账款"所属明细账户的贷方余额合计，即 1 834 000＋460 000＝2 294 000(元)。

(9)预收款项项目：将"预收账款"账户所属明细账户贷方余额合计，再加上"应收账款"账户所属明细账户贷方余额合计。具体计算如下：

①"预收账款"账户所属明细账户贷方余额合计＝240 000＋220 000＝460 000(元)；

②预收款项项目应填列金额＝460 000＋350 000＝810 000(元)。

(10)应付职工薪酬项目：直接按"应付职工薪酬"账户余额填列，即208 000元。

(11)应交税费项目：直接按"应交税费"账户余额填列，但因其余额在借方，故应以负数填入，即－327 000元。

(12)应付股利项目在"其他应付款项目"填列：直接按"应付股利"账户的期末余额填列，即450 000元。

(13)一年内到期的非流动负债项目：将"长期借款"账户中所含的将于一年内到期并需偿付的长期借款本金及利息记入该项目，即540 000×(1＋10%×1.5)＝621 000(元)。

(14)股本项目、资本公积项目、盈余公积项目：分别按其同名账户的余额直接填列，即各项目应填列金额分别为1 500 000元、188 900元、163 000元。

(15)长期借款项目：用"长期借款"账户的余额减去记入"一年内到期的非流动负债"中的那一部分长期借款金额，即3 000 000－621 000＝2 379 000(元)。

(16)未分配利润项目：按"利润分配"账户的期末余额直接填列(若为借方余额，以负数填列)，即739 200元。

金顶织造有限公司资产负债表编制，见表16-10。

表16-10 资产负债表

编制单位：金顶织造有限公司　　　　　2023年12月31日　　　　　单位：元

资　产	期末余额	年初余额	负债和所有者权益	期末余额	年初余额
流动资产：			流动负债：		
货币资金	6 366 000	489 000	短期借款	892 000	1 000 000
应收票据	110 000	146 000	应付账款	2 294 000	2 580 000
应收账款	1 045 000	1 238 900	预收账款	810 000	2 279 000
预付款项	460 000	894 300	应付职工薪酬	208 000	378 900
存货	1 692 400	2 560 000	应交税费	－327 000	593 200
流动资产合计	9 673 400	5 328 200	其他应付款	450 000	0
非流动资产：			1年内将到期的非流动负债	540 000	0
固定资产	244 700	4 598 100	流动负债合计：	4 867 000	6 831 100
非流动资产合计	244 700	4 598 100	非流动负债：		
			长期借款	2 460 000	0
			非流动负债合计	2 460 000	0
			负债合计	7 327 000	6 831 100
			所有者权益：		
			股本	1 500 000	1 500 000

续上表

资　　产	期末余额	年初余额	负债和所有者权益	期末余额	年初余额
			资本公积	188 900	226 720
			盈余公积	163 000	120 000
			未分配利润	739 200	1 248 480
			所有者权益合计	2 591 100	3 095 200
资产总计	9 918 100	9 926 300	负债及所有者权益总计	9 918 100	9 926 300

16.3 利润表的编制

利润表是反映企业在一定会计期间的经营成果的报表。

16.3.1 利润表项目

我国企业的利润表采用多步式格式，分以下五个步骤编制。

第一步，以营业收入为基础，减去营业成本、税金及附加、销售费用、管理费用、财务费用、资产减值损失，加上公允价值变动收益(减去公允价值变动损失)和投资收益(减去投资损失)，计算出营业利润。

第二步，以营业利润为基础，加上营业外收入，减去营业外支出，计算出利润总额。

第三步，以利润总额为基础，减去所得税费用，计算出净利润(或净亏损)。

第四步，以净利润(或净亏损)为基础，计算每股收益。

第五步，以净利润(或净亏损)和其他综合收益为基础，计算综合收益总额。

利润表各项目均需填列"本期金额"和"上期金额"两栏。利润表"本期金额""上期金额"栏内各项数字，应当按照相关科目的发生额分析填列。

利润表项目的填列说明，见表 16-11。

表 16-11　利润表项目填列说明

项目	填列方法
营业收入	本项目应根据"主营业务收入"和"其他业务收入"科目的发生额分析填列
营业成本	本项目应根据"主营业务成本"和"其他业务成本"科目的发生额分析填列
税金及附加	本项目应根据"税金及附加"科目的发生额分析填列
销售费用	本项目应根据"销售费用"科目的发生额分析填列
管理费用	本项目应根据"管理费用"科目的发生额分析填列
研发费用	本项目应根据"管理费用"科目下的"研究费用"明细科目的发生额
财务费用	本项目应根据"财务费用"科目的发生额分析填列
其中：利息收入	本项目应根据"财务费用"科目的相关明细科目的发生额分析填列
利息费用	本项目应根据"财务费用"科目的相关明细科目的发生额分析填列
信用减值损失	本项目应根据"信用减值损失"科目发生额分析填列
资产处置损益	本项目应根据"资产处置损益"科目发生额分析填列，如为处置损失，则以"－"号填列
资产减值损失	本项目应根据"资产减值损失"科目发生额分析填列
公允价值变动收益	本项目应根据"公允价值变动损益"科目的发生额分析填列，如为净损失，本项目以"－"号填列

续上表

项目	填列方法
其他收益	本项目应根据"其他收益"科目的发生额分析填列
投资收益	本项目应根据"投资收益"科目的发生额分析填列。 如为投资损失，本项目用"－"号填列
营业利润	反映企业实现的营业利润。 如为亏损，本项目以"－"号填列
营业外收入	本项目应根据"营业外收入"科目的发生额分析填列
营业外支出	本项目应根据"营业外支出"科目的发生额分析填列
利润总额	反映企业实现的利润。 如为亏损，本项目以"－"号填列
所得税费用	本项目应根据"所得税费用"科目的发生额分析填列
净利润	反映企业实现的净利润。 如为亏损，本项目以"－"号填列
每股收益	包括基本每股收益和稀释每股收益两项指标，反映普通股或潜在普通股已公开交易的企业，以及正在公开发行普通股或潜在普通股过程中的企业的每股收益信息
其他综合收益	反映企业根据《企业会计准则》规定未在损益中确认的各项利得和损失扣除所得税影响后的净额
综合收益总额	反映企业净利润与其他综合收益的合计金额

16.3.2 利润表的编制实例

【例 16-2】金顶织造有限公司 2023 年 12 月有关科目的会计资料，见表 16-12。

表 16-12 科目余额表

单位：元

科目名称	科目余额表	贷方发生额
主营业务收入	—	1 480 000
其他业务收入	—	360 000
主营业务成本	780 000	—
其他业务成本	217 000	—
税金及附加	4 000	—
销售费用	29 000	—
管理费用	171 500	—
管理费用—业务招待费	9 500	—
研发费用—研究与开发费	162 000	—
财务费用	54 900	—
财务费用—利息收入	—	4 000
财务费用—其他财务费用	55 300	—
投资收益	—	34 900
营业外收入	—	64 300
营业外支出	20 700	—
所得税费用	165 525	—

根据上述资料填制利润表，见表 16-13。

表 16-13 利润表
2023 年 12 月

单位：元

项目	本期金额	上期金额
一、营业收入	1 840 000	1 965 200
减：营业成本	997 000	716 500

项目	本期金额	上期金额
税金及附加	4 000	5 600
销售费用	29 000	32 000
管理费用	171 500	158 000
研发费用	162 000	
财务费用	54 900	51 980
其中：利息费用	55 300	—
利息收入	4 000	—
其他收益	—	—
投资收益（损失以"一"号填列）	34 900	29 740
其中：对联营企业和合营企业的投资收益	—	—
公允价值变动收益（损失以"一"号填列）		
资产减值损失	—	3 000
资产处置收益	—	—
二、营业利润（亏损以"一"号填列）	618 500	1 027 860
加：营业外收入	64 300	48 760
减：营业外支出	20 700	48 920
三、利润总额（亏损总额以"一"号填列）	662 100	1 027 700
减：所得税费用*	165 525	256 925
四、净利润（净亏损以"一"号填列）	496 575	770 775
（一）持续经营净利润（净亏损以"一"号填列）	—	—
（二）终止经营净利润（净亏损以"一"号填列）	—	—
五、其他综合收益的税后净额		
（一）不能重分类进损益的其他综合收益	—	—
1. 重新计量设定受益变动额	—	—
2. 权益法下不能转损益的其他综合收益	—	—
……	—	—
（二）将重分类进损益的其他综合收益	—	—
1. 权益法下可转损益的其他综合收益	—	—
2. 可供出售金融资产公允价值变动损益	—	—
3. 持有至到期投资重分类为可供出售金融资产损益	—	—
4. 现金流量套期损益的有效部分	—	—
5. 外币财务报表折算差额	—	—
……	—	—
六、综合收益总额	—	—
七、每股收益	—	—
（一）基本每股收益	—	—
（二）稀释每股收益	—	—

注：*假设没有纳税调整项目。

16.3.3　利润表附表的编制方法

利润表一般来讲有两个附表：一是利润分配表，二是分部报表，其中利润分配表是主要的附表。

利润分配表，是反映企业在一定期间内利润分配或弥补情况，及其年末未分配利润结转情况的会计报表。它是一张年度动态会计报表，也是利润表的主要附表，说明利润表上反映的净利润的分配情况（或净亏损的弥补情况），从而了解利润的分配去向，以及年末分配利润的数额。

1. 利润分配表的格式

利润分配表结构上也包括表头和表体两个部分。表头包括表名、编制单位、编制期间和金额单位等内容。其表体采用多步式报告结构，从企业实现的净利润出发，按利润分配的先后顺序分别反映各分配阶段上的利润，即：净利润、可供分配利润、可供投资者分配的利润和未分配利润4段，每项内容通常还区分为"本年实际"和"上年实际"。其基本格式见表16-14。

表 16-14   利润分配表

编制单位：		年度	单位：××
项目	行次	本年实际	上年实际
一、净利润	1		
加：年初未分配利润	2		
其他转入	4		
二、可供分配的利润	8		
减：提取法定盈余公积	9		
提取职工福利及奖励基金	10		
提供储备基金	11		
提供企业发展基金	12		
利润归还投资	13		
三、可供投资者分配的利润	16		
减：应付优先股股利	17		
应付普通股股利	18		
转作资本（或股本）的普通股股利	19		
四、未分配利润	25		

2. 利润分配表的编制方法

首先，我们应该明确一个标准：在我国，利润分配表的"本年实际"栏，根据本年"本年利润"及"利润分配"科目及其所属明细科目的记录分析填列；"上年实际"栏根据上年"利润分配表"填列。如果上年度利润分配表与本年度利润分配表的项目名称和内容不一致，则按编报当年的口径对上年度报表项目的名称和数字进行调整，填入本表"上年实际"栏内。

下面我们来看利润分配表的具体编制方法。

（1）利润分配表各项目的内容和填列方法，见表 16-15。

表 16-15　利润分配表各项目填列方法

项目	填列方法
净利润	应与"利润表""本年累计数"栏的"净利润"项目一致。如为净亏损，以"－"号填列
年初未分配利润	应与上年"利润分配表"中"本年累计数"栏的"未分配利润"项目一致，如为未弥补的亏损，以"－"号填列
其他转入	根据"利润分配——其他转入"明细账贷方发生净额分析填列
提取法定盈余公积	根据"利润分配——提取盈余公积"明细账借方发生净额填列
提取职工奖励及福利基金	根据"利润分配——提取职工奖励及福利基金"明细账借方发生净额分析填列
提取储备基金和提取企业发展基金	根据"利润分配——提取储备基金"和"利润分配-提取企业发展基金"明细账借方发生净额分析填列
利润归还投资	根据"利润分配——利润归还投资"明细账借方发生净额分析填列
应付优先股股利	根据"利润分配——应付优先股股利"明细账借方发生净额分析填列
应付普通股股利	根据"利润分配——应付普通股股利"明细账借方发生净额分析填列
转作股本的普通股股利	根据"利润分配——转作股本的普通股股利"明细账借方发生净额分析填列
未分配利润	根据"利润分配——未分配利润"明细账借方余额分析填列

【例 16-3】 根据利润分配的编制原则，编制 2023 年度利润分配表见表 16-16。

表 16-16　利润分配表

编制单位：君泰公司　　　　2019 年度　　　　单位：元

项目	行次	本年实际	上年实际
一、净利润	1	496 575	884 500
加：年初未分配利润	2	438 900	483 200
其他转入	4	0	0
二、可供分配的利润	8	935 475	1 367 700
减：提取法定盈余公积	9	49 657.50	88 450
提取职工福利及奖励基金	10	0	0
提供储备基金	11	0	0
提供企业发展基金	12	0	0
利润归还投资	13	0	0
三、可供投资者分配的利润	14	885 817.50	1 279 250
减：应付优先股股利	15	0	0
提取任意盈余公积	16	0	0
应付普通股股利	17	300 000	840 350
转作资本（或股本）的普通股股利	18	0	0
四、未分配利润	19	585 817.50	438 900

16.4 现金流量表编制

现金流量表披露了企业在一定期间内现金（包括现金等价物）的流入、流出，以及期初和期末现金结余的状况。

16.4.1 工作底稿法

工作底稿法就是以工作底稿为手段，以利润表和资产负债表的数据为基础，对每一项目进行分析并编制调整分录后，登入工作底稿，通过工作底稿编制现金流量表的方法。工作底稿蓝本见表 16-17。

表 16-17　工作底稿蓝本

项　　目	本期数	调整分录	
		借方	贷方
一、资产负债表项目			
二、利润表项目			
三、现金流量表项目			
调整分录合计			

16.4.2 直接计算法

直接计算法主要是根据现金流量表表内各项目的含义，通过从会计账簿中寻找有关数据直接进行填列的方法。

由于现金流量表的正表，主要包括三大部分的数据内容，这三大部分是经营活动产生的现金流量净额、投资活动产生的现金流量净额以及融资活动产生的现金流量净额。因此，直接计算法的最主要工作，就是这三大部分内容的计算。

1. 经营活动产生的现金流量项目计算

经营活动产生的现金流量净额的各个子项目计算方法，具体见表 16-18。

表 16-18　经营活动产生的现金流量净额计算

项目	计算公式
销售商品、提供劳务收到的现金	利润表中主营业务收入×（1＋适用税率）＋利润表中其他业务收入＋（应收票据期初余额－应收票据期末余额）＋（应收账款期初余额－应收账款期末余额）＋（预收账款期末余额－预收账款期初余额）－计提的应收账款坏账准备期末余额

续上表

项目	计算公式
收到的税费返还	(应收补贴款期初余额－应收补贴款期末余额)＋补贴收入＋所得税本期贷方发生额累计数
收到的其他与经营活动有关的现金	营业外收入相关明细本期贷方发生额＋其他业务收入相关明细本期贷方发生额＋其他应收账款相关明细本期贷方发生额＋其他应付账款相关明细本期贷方发生额＋银行存款利息收入
购买商品、接受劳务支付的现金	[利润表中主营业务成本＋(存货期末余额－存货期初余额)]×(1＋适用税率)＋(应付票据期初余额－应付票据期末余额)＋(应付账款期初余额－应付账款期末余额)＋(预付账款期末余额－预付账款期初余额)
支付给职工以及为职工支付的现金	"应付职工薪酬"科目本期借方发生额累计数
支付的各项税费	"应交税费"各明细账户本期借方发生额累计数
支付的其他与经营活动有关的现金	营业外支出(剔除固定资产处置损失)＋管理费用(剔除工资、福利费、劳动保险金、待业保险金、住房公积金、养老保险、医疗保险、折旧、坏账准备或坏账损失等)＋销售费用、成本及制造费用(剔除工资、福利费、劳动保险金、待业保险金、住房公积金、养老保险、医疗保险等)＋其他应收款本期借方发生额＋其他应付款本期借方发生额＋银行手续费

2. 投资活动产生的现金流量项目计算

投资活动产生的现金流量净额各个子项目计算方法，具体见表 16-19。

表 16-19　投资活动产生的现金流量净额计算

项目	计算公式
收回投资所收到的现金	(短期投资期初数－短期投资期末数)＋(长期股权投资期初数－长期股权投资期末数)＋(长期债权投资期初数－长期债权投资期末数)
取得投资收益所收到的现金	利润表投资收益－(应收利息期末数－应收利息期初数)－(应收股利期末数－应收股利期初数)
处置固定资产、无形资产和其他长期资产所收回的现金净额	"固定资产清理"的贷方余额＋(无形资产期末数－无形资产期初数)＋(其他长期资产期末数－其他长期资产期初数)
收到的其他与投资活动有关的现金	如收回融资租赁设备本金等
购建固定资产、无形资产和其他长期资产所支付的现金	(在建工程期末数－在建工程期初数)(剔除利息)＋(固定资产期末数－固定资产期初数)＋(无形资产期末数－无形资产期初数)＋(其他长期资产期末数－其他长期资产期初数)
投资所支付的现金	(短期投资期末数－短期投资期初数)＋(长期股权投资期末数－长期股权投资期初数)(剔除投资收益或损失)＋(长期债权投资期末数－长期债权投资期初数)(剔除投资收益或损失)
支付的其他与投资活动有关的现金	如投资未按期到位罚款

3. 融资活动产生的现金流量有关项目的计算

融资活动产生的现金流量净额各个子项目计算方法，具体见表 16-20。

表16-20　融资活动产生的现金流量净额计算

项　　目	计算公式
吸收投资所收到的现金	(实收资本或股本期末数−实收资本或股本期初数)＋(应付债券期末数−应付债券期初数)
借款收到的现金	(短期借款期末数−短期借款期初数)＋(长期借款期末数−长期借款期初数)
收到的其他与融资活动有关的现金	如投资人未按期缴纳股权的罚款现金收入等
偿还债务所支付的现金	(短期借款期初数−短期借款期末数)＋(长期借款期初数−长期借款期末数)(剔除利息)＋(应付债券期初数−应付债券期末数)(剔除利息)
分配股利、利润或偿付利息所支付的现金	应付股利借方发生额＋利息支出＋长期借款利息＋在建工程利息＋应付债券利息−票据贴现利息支出
支付的其他与融资活动有关的现金	如发生融资费用所支付的现金、融资租赁所支付的现金、减少注册资本所支付的现金(收购本公司股票，退还联营单位的联营投资等)、企业以分期付款方式购建固定资产，除首期付款支付的现金以外的其他各期所支付的现金等

4. 汇率变动对现金及现金等价物的影响

企业外币现金流量折算成记账本位币时，所采用的是现金流量发生日的汇率或即期汇率的近似汇率，而现金流量表"现金及现金等价物净增加额"项目中外币现金净增加额是按资产负债表日的即期汇率折算。这两者的差额即为汇率变动对现金的影响。

16.4.3　现金流量表编制示例

【例16-4】金顶织造有限公司利润表、资产负债表及其他相关资料如下：

资料一：2023年度利润表有关项目的明细资料。

(1)主营业务收入2 560 000元。

(2)主营业务成本1 459 000元。

(3)管理费用的组成：职工薪酬23 900元，无形资产摊销68 300元，摊销印花税10 000元，折旧费20 000元，支付其他费用54 700元。

(4)财务费用的组成：计提借款利息21 500元，支付应收票据贴现利息22 000元。

(5)资产减值损失的组成：计提坏账准备42 000元，计提固定资产减值准备39 000元。上年年末坏账准备余额为1 100元。

(6)投资收益的组成：收到股息收入42 000元，与本金一起收回的交易性股票投资收益1 160元，自公允价值变动损益结转投资收益1 300元。

(7)营业外收入的组成：处置固定资产净收益142 300元(其所处置固定资产原价为400 000元，累计折旧为150 000元)，收到处置收入392 300元。假定不考虑与固定资产处置有关的税费。

(8)营业外支出的组成：报废固定资产净损失19 400元(其所报废固定资产原价为200 000元，累计折旧180 000元，支付清理费用600元，收到残值收入1 200元)。

(9)所得税费用的组成：当期所得税费用为172 920元，递延所得税收益12 300元。

(10)销售费用28 000元。

除上述项目外，利润表中的销售费用至期末尚未支付。

资料二：资产负债表有关项目的明细资料。

（1）本期收回交易性股票投资本金 105 000 元、公允价值变动 14 500 元，同时实现投资收益 56 780 元。

（2）存货中生产成本、制造费用的组成：职工薪酬 426 800 元，折旧费 80 000 元。

（3）应交税费的组成：本期增值税进项税额 51 424 元，增值税销项税额 234 600 元，已交增值税 100 000 元；应交所得税期末余额为 20 097 元，应交所得税期初余额为 0。应交税费期末数中应由在建工程负担的部分为 100 000 元。

（4）应付职工薪酬的期初数无应付在建工程人员的部分，本期支付在建工程人员职工薪酬 240 000 元。 应付职工薪酬的期末数中应付在建工程人员的部分为 28 000 元。

（5）应付利息均为短期借款利息，其中本期计提利息 11 500 元，支付利息 13 700 元。

（6）本期用现金购买固定资产 121 900 元，购买工程物资 180 900 元。

（7）本期用现金偿还短期借款 316 000 元，偿还 1 年内到期的长期借款 1 600 000 元；借入长期借款 450 000 元。

（8）存货的期初余额为 1 785 630 元，期末存货余额为 1 543 900 元。

（9）货币资金期初余额为 5 697 000 元，期末货币资金余额为 6 349 000 元。

根据以上资料，采用分析填列的方法，编制金顶织造有限公司 2023 年度的现金流量表。

（1）金顶织造有限公司 2023 年度现金流量表各项目金额，分析确定如下：

①销售商品、提供劳务收到的现金

＝主营业务收入＋应交税费（应交增值税——销项税额）＋（应收账款年初余额－应收账款期末余额）＋（应收票据年初余额－应收票据期末余额）－当期计提的坏账准备－票据贴现的利息

＝2 560 000＋234 600－42 000－22 000

＝2 730 600（元）

②购买商品、接受劳务支付的现金

＝主营业务成本＋应交税费（应交增值税——进项税额）－（存货年初余额－存货期末余额）＋（应付账款年初余额－应付账款期末余额）＋（应付票据年初余额－应付票据期末余额）＋（预付账款期末余额－预付账款年初余额）－当期列入生产成本、制造费用的职工薪酬－当期列入生产成本、制造费用的折旧费和固定资产修理费

＝1 459 000＋51 424－（1 785 630－1 543 900）＝1 268 694（元）

③支付给职工以及为职工支付的现金

＝生产成本、制造费用、管理费用中职工薪酬＋（应付职工薪酬年初余额－应付职工薪酬期末余额）－［应付职工薪酬（在建工程）年初余额－应付职工薪酬（在建工程）期末余额］

＝426 800＋23 900＋28 000

＝478 700（元）

④支付的各项税费

＝当期所得税费用＋税金及附加＋应交税费（增值税——已交税金）－（应交所得税

期末余额－应交所得税期初余额）

＝172 920＋100 000－20 097＝252 823(元)

⑤支付其他与经营活动有关的现金

＝销售费用＋其他管理费用

＝54 700(元)

⑥收回投资收到的现金＝交易性金融资产贷方发生额＋与交易性金融资产一起收回的投资收益＝105 000＋1 160＋56 780＝162 940(元)

⑦取得投资收益所收到的现金＝收到的股息收入＝42 000(元)

⑧处置固定资产收回的现金净额＝142 300－19 400＝122 900(元)

⑨购建固定资产支付的现金

＝用现金购买的固定资产、工程物资＋支付给在建工程人员的薪酬

＝121 900＋180 900＋240 000

＝542 800(元)

⑩取得借款所收到的现金＝450 000(元)

⑪偿还债务支付的现金＝316 000＋1 600 000＝1 916 000(元)

⑫偿还利息支付的现金＝13 700(元)

金顶织造有限公司编制现金流量表，见表16-21。

表16-21 现金流量表

编制单位：金顶织造有限公司	2023 年	金额单位：人民币元

项　　目	金　　额
一、经营活动产生的现金流量	
销售商品、提供劳务收到的现金	2 730 600
收到的税费返还	—
收到的其他与经营活动有关的现金	—
现金流入小计	2 730 600
购买商品、接受劳务支付的现金	1 268 694
支付给职工以及为职工支付的现金	478 700
支付的各项税费	252 823
支付的其他与经营活动有关的现金	54 700
现金流出小计	2 054 917
经营活动产生的现金流量净额	675 683
二、投资活动产生的现金流量	
收回投资所收到的现金	162 940
取得投资收益所收到的现金	42 000
处置固定资产、无形资产和其他长期资产而收回的现金净额	122 900

项　目	金　额
收到的其他与投资活动有关的现金	—
现金流入小计	327 840
购建固定资产、无形资产和其他长期资产所支付的现金	542 800
投资所支付的现金	—
支付的其他与投资活动有关的现金	—
现金流出小计	542 800
投资活动产生的现金流量净额	−214 960
三、筹资活动产生的现金流量	
吸收投资所收到的现金	—
借款所收到的现金	450 000
收到的其他与筹资活动有关的现金	—
现金流入小计	450 000
偿还债务所支付的现金	1 916 000
分配股利、利润或偿付利息所支付的现金	13 700
支付的其他与筹资活动有关的现金	—
现金流出小计	1 929 700
筹资活动产生的现金流量净额	−1 479 700
四、汇率变动对现金的影响	
五、现金及现金等价物净增加额	652 000
加：期初现金及现金等价物余额	5 697 000
六、期末现金及现金等价物余额	6 349 000

16.4.4　现金流量表附表的编制方法

　　现金流量表的附表编制就是对现金流量表的补充资料进行编制。其补充资料由三大项组成，即将净利润调节为经营活动现金流量，不涉及现金收支的投资和融资活动，现金及现金等价物净增加情况。

　　附表的各项目金额是相应会计账户的当期发生额或期末与期初余额的差额。它是现金流量表中不可或缺的一部分，其项目可以直接取相应会计账户的发生额或余额，具体内容见表 16-22 所述。

表 16-22　现金流量附表填列方法

项　目	填　列　方　法
净利润	取利润分配表"净利润"项目
计提的资产减值准备	取"资产减值损失"账户所属"计提的坏账准备"及"计提的存货跌价准备""计提的固定资产减值准备""计提的在建工程减值准备""计提的无形资产减值准备"金融资产类账户"计提的××投资跌价准备""计提的长期股权投资减值准备"等明细账户的借方发生额 计提的资产减值准备＝本期计提的各项资产减值准备发生额累计数

340

项　目	填　列　方　法
固定资产折旧	取"制造费用""管理费用""销售费用"等账户所属的"折旧费"明细账户借方发生额 固定资产折旧＝制造费用中折旧＋管理费用中折旧 或：＝累计折旧期末数－累计折旧期初数
无形资产摊销	取"管理费用"等账户所属"无形资产摊销"明细账户借方发生额 无形资产摊销 ＝无形资产(期初数－期末数) 或＝无形资产贷方发生额累计数
长期待摊费用摊销	取"制造费用""销售费用""管理费用"等账户所属"长期待摊费用摊销"明细账户借方发生额 ＝长期待摊费用(期初数－期末数) 或＝长期待摊费用贷方发生额累计数
处置固定资产、无形资产和其他长期资产的损失	取"营业外收入""营业外支出""其他业务收入"等账户所属"处置固定资产净收益""处置固定资产净损失""出售无形资产收益""出售无形资产损失"等明细账户的借方发生额与贷方发生额的差额
固定资产报废损失	取"营业外支出"账户所属"固定资产盘亏"明细账户借方发生额与"营业外收入"账户所属"固定资产盘盈"贷方发生额的差额
财务费用	取"财务费用"账户所属"利息支出"明细账户借方发生额，不包括"利息收入"等其他明细账户发生额 ＝利息支出－应收票据的贴现利息
投资损失(减：收益)	取得"投资收益"账户借方发生额，但不包括"计提的短期投资跌价准备""计提的长期投资减值准备"明细账户发生额
递延税款贷项(减：借项)	取得"递延税款"账户期末、期初余额的差额 递延税款贷项(减：借项)＝递延税款(期末数－期初数)
存货的减少(减：增加)	取得与经营活动有关的"原材料""库存商品""生产成本"等所有存货账户的期初、期末余额的差额 ＝存货(期初数－期末数)
经营性应收项目的减少(减：增加)	取得与经营活动有关的"应收账款""其他应收款""预付账款"等账户的期初、期末余额的差额 ＝应收账款(期初数－期末数)＋应收票据(期初数－期末数)＋预付账款(期初数－期末数)＋其他应收款(期初数－期末数)＋待摊费用(期初数－期末数)－坏账准备期末余额
经营性应付项目的增加(减：减少)	取得与经营活动有关的"应付账款""预收账款""应付职工薪酬""应交税费""其他应交款""其他应付款"等账户的期末、期初余额的差额 ＝应付账款(期末数－期初数)＋预收账款(期末数－期初数)＋应付票据(期末数－期初数)＋应付职工薪酬(期末数－期初数)＋应交税费(期末数－期初数)＋其他应交款(期末数－期初数)
债务转为资本、1年内到期的可转换公司债券、融资租入固定资产	直接根据"实收资本""应付债券——可转换公司债券""长期应付款——应付融资租赁款"等账户分析填列
现金的期末余额情况	现金的期末余额＝资产负债表"货币资金"期末余额 现金的期初余额＝资产负债表"货币资金"期初余额 现金及现金等价物的净增加额＝现金的期末余额－现金的期初余额

【例 16-5】 承【例 16-4】将净利润调节为经营活动现金流量各项目计算分析如下：

① 资产减值准备＝42 000＋39 000＝81 000（元）

② 固定资产折旧＝20 000＋80 000＝100 000（元）

③ 无形资产摊销＝68 300（元）

④ 处置固定资产、无形资产和其他长期资产的损失（减：收益）＝－142 300（元）

⑤ 固定资产报废损失＝19 400（元）

⑥ 财务费用＝利息支出－应收票据的贴现利息＝13 700－22 000＝－8 300（元）

⑦ 投资损失（减：收益）＝－(42 000＋1 160＋1 300)＝－44 460（元）

⑧ 递延所得税资产减少＝0－12 300＝－12 300（元）

⑨ 存货的减少＝1 785 630－1 543 900＝241 730（元）

根据以上分析，编制现金流量表附表，见表 16-23。

表 16-23 现金流量附表 　　　　单位：元

补 充 资 料	本期金额	上期金额（略）
1. 将净利润调节为经营活动现金流量：		
净利润	752 640	
加：计提的资产减值准备	81 000	
固定资产折旧	100 000	
无形资产摊销		
长期待摊费用摊销		
待摊费用减少（减：增加）		
预提费用增加（减：减少）		
处置固定资产、无形资产和其他长期资产的损失（减：收益）	－142 300	
固定资产报废损失	19 400	
财务费用	－8 300	
投资损失（减：收益）	－44 460	
递延税款贷项（减：借项）	－12 300	
存货的减少（减：增加）	241 730	
经营性应收项目的减少（减：增加）		
经营性应收项目的增加（减：减少）		
其他		
经营活动产生的现金流量净额	987 410	
2. 不涉及现金收支的投资和融资活动：		
债务转为资本		
一年内到期的可转换公司债券		
融资租入固定资产		
3. 现金及现金等价物净增加情况：		
现金的期末余额	6 349 000	

补 充 资 料	本期金额	上期金额(略)
减：现金的期初余额	5 697 000	
加：现金等价物的期末余额		
减：现金等价物的期初余额		
现金及现金等价物净增加额	652 000	

16.5 所有者权益变动表

股东权益亦称产权、资本，是指上市公司投资者对公司净资产的所有权。它表明公司的资产总额在抵偿了一切现存债务后的差额部分，包括公司所有者投入资金以及尚存收益等。从上市公司 2007 年开始，股东权益部分从原来的资产负债表中脱离出来，作为一张单独的报表——股东权益变动表，成为必须与资产负债表、利润表和现金流量表并列披露的第四张财务报表。

16.5.1 所有者权益变动表项目

所有者权益变动表内容包括"所有者权益组成项目"及"所有者权益及其组成项目变动情况"的信息。

1. 所有者权益组成项目

一般而言，所有者权益的组成项目包括实收资本(或股本)、资本公积，盈余公积、未分配利润。

(1)所有者权益组成项目。

一般而言，所有者权益的组成项目包括实收资本(或股本)、资本公积，盈余公积、未分配利润。如图 16-7 所示。

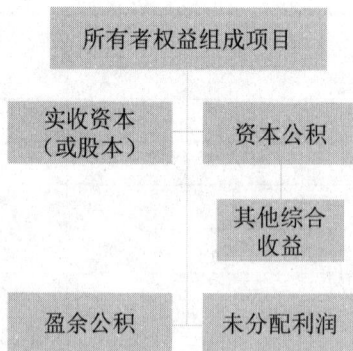

图 16-7 所有者权益组成项目

①实收资本(或股本)。

实收资本是指企业所有者，即投资者按照企业章程或合同、协议的约定，实际投入到企业的资本。所有者向企业投入的资本，在一般情况下无须偿还，并可以长期周转使用。实收资本的构成比例即投资者的出资比例或股东的股份比例，是企业据以进行利润或股利分配的主要依据。

②资本公积。

资本公积是企业收到投资者出资额超出其在注册资本(或股本)中所占份额的部分，以及其他资本公积。

形成资本溢价(或股本溢价)的原因有溢价发行股票、投资者超额缴入资本等。

其他资本公积是指除净损益、其他综合收益和利润分配以外所有者权益的其他变动。如企业的长期股权投资采用权益法核算时，因被投资单位除净损益、其他综合收益和利润分配以外所有者权益的其他变动，投资企业按应享有份额而增加或减少的资本公积。

此外，企业根据国家有关规定实行股权激励的，如果在等待期内取消授予的权益工具，企业应在进行权益工具加速行权处理时，将剩余等待期内应确认的金额立即计入当期损益，并同时确认资本公积。

③盈余公积。

盈余公积是指企业按照规定从净利润中提取的各种资金的积累。按其用途分为一般盈余公积和公益金两类。一般盈余公积分为两种：法定盈余公积和任意盈余公积。法定盈余公积和任意盈余公积的主要目的是用于弥补亏损、转增资本、发放现金股利或利润，因为盈余公积从本质上由收益形成，属于资本增值部分。

盈余公积转增资本时，转增后留存的盈余公积的数额不得少于注册资本的 25%。

④未分配利润。

未分配利润是指企业实现的净利润经过弥补亏损、提取盈余公积和向投资者分配利润后留存于企业的、历年结存的利润。

(2)所有者权益及其组成项目变动情况。

为了表达所有者权益及其组成项目的变动情况，必须分项列明"上年年末余额""本年年初余额"、本年增减变动金额(减少以"一"号填列)及"本年年末余额"等资料。

2. 所有者权益变动表作用

所有者权益变动表的作用主要表现在以下三个方面：

(1)反映企业抵御财务风险的能力；

(2)揭示所有者权益变动的原因；

(3)反映企业股利分配政策及现金支付能力。

16.5.2 所有者权益变动表编制

所有者权益变动表中涉及的是所有者权益类的各个账户，反映企业所有者权益各项目的增减变化。财务报表中的各项目应根据"实收资本""资本公积""盈余公积""库存股""利润分配"各明细账户的上年末余额、本年年初余额、本年增减变动金额和本年年末余额填列，增加金额用正号填列，减少金额用负号填列。下面为所有者权益变动表各项目的具体编制方法。

所有者权益变动表各项目均需填列"本年金额"和"上年金额"两栏。

1. 填写说明

所有者权益变动表各项目的列报说明,见表 16-24。

表 16-24　所有者权益变动表各项目的列报说明

项　目		说　明
"上年年末余额"项目		反映企业上年资产负债表中实收资本(或股本)、资本公积、盈余公积、未分配利润的年末余额
"会计政策变更"和"前期差错更正"项目		
"本年增减变动额"项目	"净利润"项目	反映企业当年实现的净利润(或净亏损)金额,并对应列在"未分配利润"栏
	"其他综合收益"项目	反映企业当年直接计入所有者权益的利得和损失金额
	"所有者投入和减少资本"项目	反映企业当年所有者投入的资本和减少的资本。其中:"所有者投入资本"项目,反映企业接受投资者投入形成的实收资本(或股本)和资本溢价(或股本溢价),并对应列在"实收资本"和"资本公积"栏
	"利润分配"下各项目	反映当年对所有者(或股东)分配的利润(或股利)金额和按照规定提取的盈余公积金额,并对应列在"未分配利润"和"盈余公积"栏。 其中:① "提取盈余公积"项目,反映企业按规定提取的盈余公积。 ② "对所有者(或股东)的分配"项目,反映对所有者(或股东)分配的利润(或股利)金额
	"所有者权益内部结转"下各项目	反映不影响当年所有者权益总额的所有者权益各组成部分之间当年的增减变动,包括资本公积转增资本(或股本)、盈余公积转增资本(或股本)、盈余公积弥补亏损等项目的金额。 其中:① "资本公积转增资本(或股本)"项目,反映企业以资本公积转增资本或股本的金额。 ② "盈余公积转增资本(或股本)"项目,反映企业以盈余公积转增资本或股本的金额。 ③ "盈余公积弥补亏损"项目,反映企业以盈余公积弥补亏损的金额

2. 所有者权益变动表的编制

【例 16-6】金顶织造有限公司 2023 年有关所有者权益账户年初余额基本年增减变动情况及原因见表 16-25。

表 16-25　有关所有者权益账户 2023 年内变动情况及原因

单位:人民币元

账　户	年初余额	本年增加及原因	本年减少及原因	年末余额
实收资本	78 450 000	盈余公积转入 386 000		78 836 000
资本公积	789 400	接受投资 160 320		949 720
盈余公积	840 000	从净利润中提取 276 000	转增资本 386 000	730 000
未分配利润	360 000	实现净利润 6 293 500	提取盈余公积 276 000,分派股利 4 442 600	1 934 900
合　计	80 439 400	—	—	82 450 620

编制金顶织造有限公司所有者权益变动表，见表16-26。

表16-26 所有者权益变动表

编制单位：金顶织造有限公司　　　　　　年度：2023　　　　　　单位：元

项　目	本年金额							上年金额（略）						
	实收资本（或股本）	其他权益工具	资本公积	盈余公积	未分配利润	库存股（减项）	所有者权益合计	实收资本（或股本）	其他权益工具	资本公积	盈余公积	未分配利润	库存股（减项）	所有者权益合计
一、上年年末余额	78 450 000		789 400	840 000	360 000	—	80 439 400							
加：会计政策变更	—	—	—	—	—	—	—							
前期差错更正	—	—	—	—	—	—	—							
二、本年年初余额	78 450 000		789 400	840 000	360 000		80 439 400							
三、本年增减变动金额（减少以"—"号填列）	386 000		160 320	−110 000	1 576 370		2 012 690							
（一）综合收益总额	—	—	—	—	—		—							
（二）所有者投入和减少资本	386 000	—	—	—	—	—	386 000							
1. 所有者投入的普通股	—	—	—	—	—	—	—							
2. 其他权益工具持有者投入资本	—	—	—	—	—	—	—							
3. 股份支付计入所有者权益的份额	—	—	—	—	—	—	—							
4. 其他		—	160 320	—	—	—	160 320							
（三）利润分配	—	—	—	—	—	—	—							
1. 提取盈余公积	—	—	—	276 000	276 000	—	0							
2. 对股东的分配	—	—	—	—	−4 442 600	—	−4 442 600							
3. 其他	—	—	—	—	—	—	—							
（四）股东权益内部结转	—	—	—	—	—	—	—							

项目	本年金额							上年金额(略)						
	实收资本(或股本)	其他权益工具	资本公积	盈余公积	未分配利润	库存股(减项)	所有者权益合计	实收资本(或股本)	其他权益工具	资本公积	盈余公积	未分配利润	库存股(减项)	所有者权益合计
1. 资本公积转增股本	—	—	—	—	—	—	—							
2. 盈余公积转增股本	386 000	—	—	−386 000	—	—	0							
3. 盈余公积弥补亏损	—	—	—	—	—	—	—							
4. 其他	—	—	—	—	—	—	—							
四、本年年末余额	78 836 000		949 720	730 000	1 934 900		82 450 620							

16.6 编制会计报表附注

16.6.1 会计报表附注披露内容

附注是财务报表的重要组成部分。企业应当按照如下顺序披露附注的内容：

(1)企业的基本情况；

(2)财务报表的编制基础；

(3)遵循企业会计准则的声明；

(4)重要会计政策和会计估计；

根据财务报表列报准则的规定，企业应当披露采用的重要会计政策和会计估计，不重要的会计政策和会计估计可以不披露。

(5)会计政策和会计估计变更以及差错更正的说明；

(6)报表重要项目的说明；

企业应当以文字和数字描述相结合的方式披露报表重要项目的构成或当期增减变动情况，并且报表重要项目的明细金额合计应当与报表项目金额相衔接。在披露顺序上，一般应当按照资产负债表、利润表、现金流量表、所有者权益变动表的顺序及其项目列示的顺序。

(7)其他综合收益。企业应当披露下列信息：

①其他综合收益各项目及其所得税影响；

②其他综合收益各项目原计入其他综合收益，当期转出计入当期损益的金额；

③其他综合收益各项目的期初和期末余额及其调节情况；

④或有和承诺事项。

16.6.2 会计报表附注的编制

1. 会计报表附注的编制形式

会计报表附注的编制形式灵活多样，常见的有以下五种，见表16-27。

表 16-27　会计报表附注编制形式

项目	说明
尾注说明	一般适用于说明内容较多的项目
括号说明	此种形式常用于为会计报表主体内提供补充信息，因为它把补充信息直接纳入会计报表主体，所以比起其他形式来，显得更直观，不易被人忽视，缺点是它包含内容过短
备抵账户与附加账户	设立备抵与附加账户，在会计报表中单独列示，能够为会计报表使用者提供更多有意义的信息，这种形式目前主要是指坏账准备等账户的设置
脚注说明	指在报表下端进行的说明，例如，说明已贴现的商业承兑汇票和已包括在固定资产原价内的融资租人的固定资产原价等
补充说明	有些无法列入会计报表主体中的详细数据、分析资料，可用单独的补充报表进行说明，比如，可利用补充报表的形式来揭示关联方的关系和交易等内容

2. 重要会计政策和会计估计的披露

重要会计政策和会计估计的披露内容，见表 16-28。

表 16-28　重要会计政策和会计估计的披露事项

编号	项目	项目
1	执行的会计制度	应收款项的核算包括坏账的核算方法、坏账确认的标准
2	会计期间	存货的核算，包括存货分类、存货的计价、存货的盘存制度、存货的清查制度
3	记账本位币	长期投资的核算，包括长期投资的初始成本的确定、后续计量方法、减值准备的确认标准和计提方法等
4	记账基础和计价原则（计量属性），例如某单位会计核算以权责发生制为记账基础，以历史成本为计价原则。资产如果发生减值，则按照相关规定计提相应的减值准备	固定资产的核算，包括固定资产确认的标准、计价、分类及折旧方法、分类固定资产的折旧率及固定资产的清查等
5	外币业务的核算方法及折算方法	在建工程的计价方法以及减值准备的计提方法等
6	现金及现金等价物的确定标准	无形资产的计价方法、摊销政策、减值准备的计提方法等
7	短期投资	预计负债的确认原则
8	收入的确认原则	缴税情况
9	利润分配政策	报表的编制方法

第17章 财务报表分析

财务分析不仅是一门科学，而且是一门艺术。利用会计报表中相关的数据，就可以算出一个比率。计算比率所用数字必须保持一致性，公司可能会改变披露财务数据的方式以及修改财务报表中个别项目的定义，但是按规定，公司的财务报表附注中会提供这些变化的详细信息，分析人员必须学会在分析之前认真阅读有关附注及情况说明书。

17.1 资产负债表财务分析

资产负债表包含丰富的企业财务状况信息，是反映企业全部资产、负债和所有者权益状况的"第一会计报表"。

17.1.1 短期偿债能力分析

短期偿债能力是反映企业在不用变卖或处置固定资产的情况下能够偿还短期债务的能力。短期债务是指流动负债，具体包括短期借款，应付、应交及预收款项等不长于一年或一个经营周期的债务。

评估企业的短期偿债能力可通过分析流动比率、速动比率、现金比率来进行。见表17-1。

表17-1 短期偿债能力分析

项 目		公 式	说 明
短期偿债能力分析	营运资金(绝对数)	＝流动资产－流动负债	
	速动比率(相对数)	＝速动资产÷流动负债	
	现金比率(相对数)	＝(货币资金＋交易性金融资产)÷流动负债	(1)反映企业的直接支付能力； (2)比率高说明企业有较好的支付能力；比率太高也并非好现象，可能影响获利能力
	现金流量比率	＝经营活动现金流量净额/流动负债	流动负债额采用期末数而非平均数，因为实际需要偿还的是期末金额，而非平均金额。用经营活动现金流量净额代替可偿债资产存量，与短期债务进行比较以反应偿债能力，更具说服力

短期偿债能力中的"债"是指"流动负债"，企业偿还流动负债，一般是使用变现性较好的资产，因此，该类指标通常涉及的是"流动资产"和"流动负债"。

一般情况下：流动比率＜速动比率＜现金比率

影响偿债能力的其他因素包括：

(1)可动用的银行贷款指标或授信额度，可以提高企业偿债能力。

(2)资产质量。资产的账面价值与实际价值可能存在差异，如资产可能被高估或低估，一些资产无法进入到财务报表等。此外，资产的变现能力也会影响偿债能力。如果企业存在很快变现的长期资产，会增加企业的短期偿债能力。

（3）或有事项和承诺事项，也会加大企业偿债义务。

（4）经营租赁。经营租赁作为一种表外融资方式，会影响企业的偿债能力，特别是经营租赁期限较长、金额较大的情况。

1. 营运资金

数据可直接取自资产负债表。当流动资产大于流动负债时，营运资金为正，说明企业财务状况稳定，反之，则相反。计算公式如下：

$$营运资金＝流动资产－流动负债$$

为便于说明，本章各项财务指标的计算，将主要采用中佳联合有限公司作为例子，该公司的资产负债表、利润表见表 17-2、表 17-3。

表 17-2　资产负债表

编制单位：中佳联合有限公司　　　　　　　2023 年　　　　　　　　　单位：万元

资　产	年末余额	年初余额	负债和所有者权益	年末余额	年初余额
流动资产：			流动负债：		
货币资金	340	235	短期借款	365	272
交易性金融资产	30	40	交易性金融负债	0	0
应收票据	68	55	应付票据	40	45
应收账款	2 090	1 105	应付账款	590	542
预付账款	85	40	预收款项	80	60
应收利息	0	0	其他应付款	220	180
应收股利	0	0	应付职工薪酬	95	125
其他应收款	230	230	应交税费	74	89
存　货	720	1 440	应付股利	0	0
一年内到期的非流动资产	152	0	应付利息	64	58
其他流动资产	120	50	一年内到期的长期负债	379	0
流动资产合计	3 835	3 195	其他流动负债	36	48
非流动资产：			流动负债合计	1 943	1 419
可供出售金融资产	0	0	非流动负债：		
持有至到期投资	0	0	长期借款	2 485	1 490
长期应收款	0	0	应付债券	1 320	1 460
长期股权投资	170	205	其他非流动负债	320	380
固定资产	4 490	3 758.5	非流动负债合计	4 125	3 330
在建工程	559	633.5	负债合计	6 068	4 749
无形资产	260	240	所有者权益：		
递延所得税资产	45	51	实收资本	1 400	1 400
其他非流动资产	34	0	资本公积	100	100
非流动资产合计	5 558	4 888	盈余公积	440	396
其他长期资产：			未分配利润	1 385	1 438
			所有者权益合计	3 325	3 334
资产总计	9 393	8 083	负债和所有者权益合计	9 393	8 083

表 17-3　利润表

编制单位：中佳联合有限公司　　　　　　　　2023 年　　　　　　　　　　单位：万元

项　　目	本年金额（2023）	上年金额（2022）
一、营业收入	7 548	8 126
减：营业成本	3 980	3 985
税金及附加	145	168
销售费用	90	110
管理费用	190	220
财务费用	350	290
加：公允价值变动净收益	104	158
投资净收益	175	110
二、营业利润	3 072	3 621
加：营业外收入	130	140
减：营业外支出	110	60
三、利润总额	3 092	3 701
减：所得税	773	925.25
四、净利润	2 319	2 775.75

【例 17-1】根据中佳联合有限公司的财务报表数据：

2023 年度营运资金＝流动资产－流动负债＝3 835－1 943＝1 892（元）

2022 年度营运资金＝流动资产－流动负债＝3 195－1 419＝1 776（元）

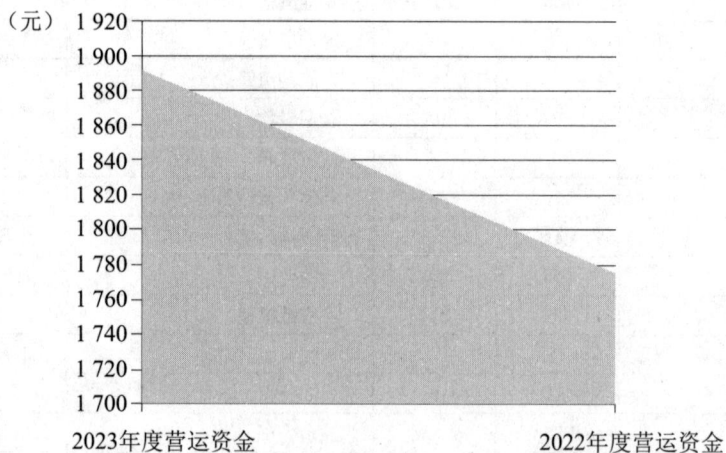

2. 流动比率

流动比率是流动资产与流动负债进行比较的结果，它是分析短期偿债能力的指标。流动比率表明每 1 元流动负债有多少流动资产作为保障，流动比率越大，通常短期偿期能力越强。一般认为，生产企业合理的最低流动比率是 2。需要说明的是，流动比率高不意味着短期偿债能力一定很强；只有和同行业平均流动比率、本企业历史流动比率进行比较，才能知道这个比率是高还是低。

计算公式如下：

$$流动比率（相对数）＝流动资产÷流动负债$$

【例 17-2】 根据表 17-2 的资料，则中佳联合有限公司流动比率为：

$$年初流动比率＝3\ 195÷1\ 419＝2.25$$

$$年末流动比率＝3\ 835÷1\ 943＝1.97$$

(1)比率越高，说明企业偿还流动负债的能力越强，流动负债得到保障越大。

(2)过高的流动比率也并非好现象，因为流动比率过高，可能是企业滞留在流动资产上的资金过多，可能会影响企业的获利能力。

3. 速动比率

速动比率是衡量企业流动资产中可以立即变现用于偿还流动负债的能力。与流动比率的差异，就是在流动资产与流动负债比较时，将流动资产中的存货(库存材料、库存商品)进行扣除。由于存货质量和周转情况的影响，一般情况下变现能力或得到补偿能力较其他流动资产差，将其从流动资产中扣除后，其他的流动资产显得变现速度更快，称为速动资产。因此，分析速动比率，更可以进一步判断企业的偿债能力或支付能力。其计算公式为：

$$速动比率＝速动资产÷流动负债$$

速动资产，是指可以在较短时期内变现的资产，包括货币资金、交易性金融资产和各种应收款项等。

流动比率和速动比率都是衡量公司的短期偿债能力的，数值越大表示短期偿债能力越好，但并不是越大对公司越好，太大的话，则表明该公司没有很好地利用财务杠杠的作用，减小了资金的使用效率。应该使流动比率和速动比率维持在不使货币资金闲置的水平。另外，速动比率要比流动比率更能表现一个公司的短期偿债能力。因为，存货，待摊费用之类的非速动资产并不能保证在短期能很快兑现。变现速度慢，部分存货可能已毁损报废、尚未处理；存货估价可能与变现金额相距甚远。金额有偶然性，不代表正常的变现能力。

$$速动资产＝货币资金＋交易性金融资产＋应收账款＋应收票据$$

$$＝流动资产－存货－预付账款－待处理流动资产损失$$

【例 17-3】 根据表 17-2 的资料，中佳联合有限公司年初速动资产为 1 665 万元 (235＋40＋55＋1 105＋230)，年末速动资产为 2 758 万元(340＋30＋68＋2 090＋230)。则中佳联合有限公司流动比率为：

$$年初速动比率＝1\ 665÷1\ 419＝1.17$$

$$年末速动比率＝2\ 758÷1\ 943＝1.42$$

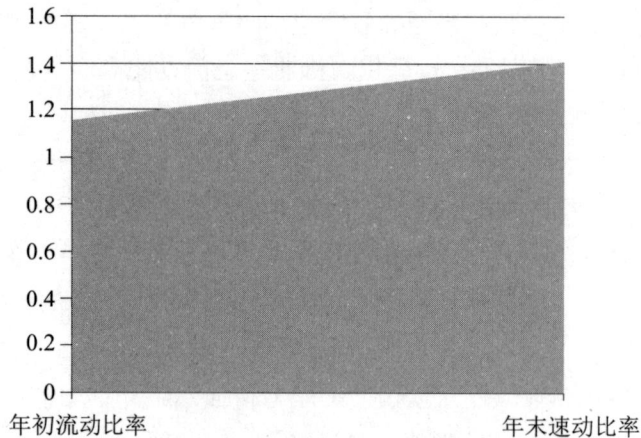

年初流动比率　　　　　　　　　年末速动比率

4. 现金比率

现金资产包括货币资金和交易性金融资产等，现金资产与流动负债的比值称为现金比率。计算公式为：

现金比率＝(货币资金＋交易性金融资产)÷流动负债

现金比率是速动资产扣除应收账款后的余额。速动资产扣除应收账款后计算出来的金额，最能反映企业直接偿付流动负债的能力。现金比率一般认为 20% 以上为好。但这一比率过高，就意味着企业流动负债未能得到合理运用，而现金类资产获利能力低，这类资产金额太高会导致企业机会成本增加。

【例 17-4】根据表 17-2 资料，中佳联合有限公司的现金比率为：

年初现金比率＝(235＋40)÷1 419＝0.194

年末现金比率＝(340＋30)÷1 943＝0.190

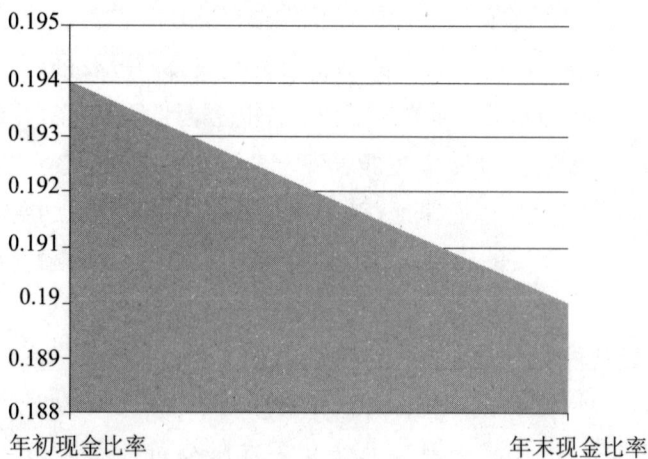

年初现金比率　　　　　　　　　年末现金比率

中佳联合有限公司虽然流动比率和速动比率都比较高，但现金比率偏低，说明该公司短期偿债能力还是有一定风险，应缩短应收账款，加大应收账款催账力度，以加速应收账款资金的周转。

17. 1. 2　长期偿债能力分析

长期偿债能力是指企业偿还长期负债的能力。 企业的长期负债主要包括长期借款、应付长期债券、长期应付款等偿还期在一年以上的债务。

对于企业的长期债权人和投资者来说，不仅关注短期债务偿还能力，更关心长期债务的偿还能力。

分析和评价企业长期偿债能力的指标有：资产负债率、产权比率、权益乘数等。 见表 17-4。

表 17-4　长期偿债能力分析

	项目	公式	说明
长期偿债能力分析	资产负债率	＝负债总额÷资产总额×100%	还本能力
	产权比率	＝负债总额÷股东权益总额×100%	
	权益乘数	＝资产总额÷股东权益总额	

1. 资产负债率

资产负债率是企业负债总额与资产总额的比率，也称负债率。 它反映企业的资产总额中有多少是通过举债获得的资产。

从积极的角度来看，资产负债率普遍偏低表明公司的财务成本较低，风险较小，偿债能力强，经营较为稳健，对于投资行为的态度比较慎重。 但是，也有专业人士认为，资产负债率的普遍偏低说明企业的经营趋于谨慎。 从会计的角度来看，资产负债率过低或过高均属不太正常，如果过低则表明企业的经营非常保守或对于自己的行业看淡。 一般情况下，欧美国家的资产负债率是 55% 左右，日本、韩国则为 75%。

【例 17-5】 根据表 17-2 的资料，中佳联合有限公司的资产负债率为：

年初资产负债率＝4 749÷8 083×100%＝58. 75%

年末资产负债率＝6 068÷9 393×100%＝64. 60%

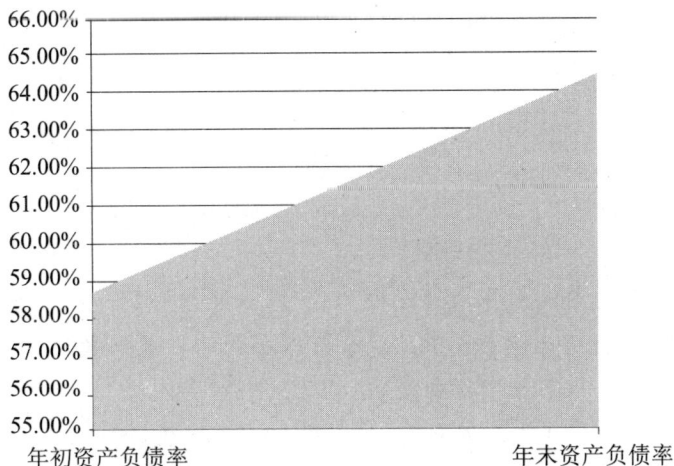

2. 产权比率

产权比率是负债总额与所有者权益总额的比率，是为评估资金结构合理性的一种指标。一般来说，产权比率可反映股东所持股权是否过多，或者是尚不够充分等情况，从另一个侧面表明企业借款经营的程度。

产权比率不仅反映了由债务人提供的资本与所有者提供的资本的相对关系，而且反映了企业自有资金偿还全部债务的能力，因此它又是衡量企业负债经营是否安全有利的重要指标。一般来说，这一比率越低，表明企业长期偿债能力越强，债权人权益保障程度越高，承担的风险越小，一般认为这一比率为 $1:1$，即 100% 以下时，应该是有偿债能力的，但还应该结合企业的具体情况加以分析。当企业的资产收益率大于负债成本率时，负债经营有利于提高资金收益率，获得额外的利润，这时的产权比率可适当高些。产权比率高，是高风险、高报酬的财务结构；产权比率低，是低风险、低报酬的财务结构。

【例 17-6】 根据表 17-2 资料，中佳联合有限公司的产权比率为：

$$年初产权比率 = 4\ 749 \div 3\ 334 \times 100\% = 142.44\%$$

$$年末产权比率 = 6\ 068 \div 3\ 325 \times 100\% = 182.50\%$$

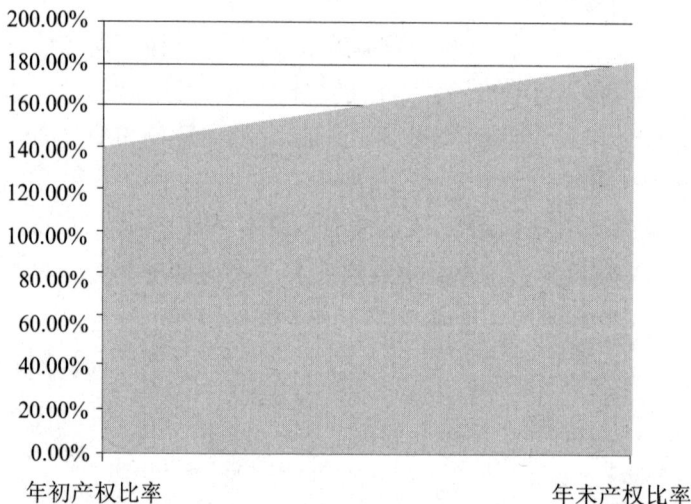

3. 权益乘数

权益乘数又称股本乘数，是指资产总额相当于股东权益的倍数。表示企业的负债程度，权益乘数越大，企业负债程度越高。

$$权益乘数 = 资产总额 \div 股东权益总额 = 1 + 产权比率 = 1 \div (1 - 资产负债率)$$

【例 17-7】 根据表 17-1 资料，中佳联合有限公司的权益乘数为：

$$年初权益乘数 = 8\ 083 \div 3\ 334 = 2.42$$

$$年末权益乘数 = 9\ 393 \div 3\ 325 = 2.82$$

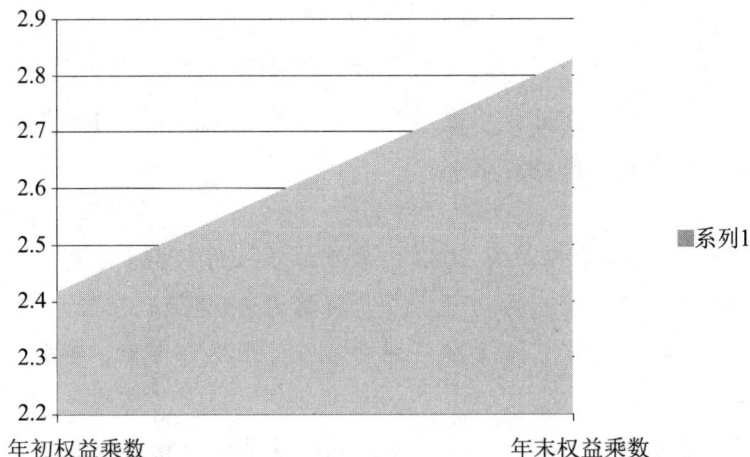

17.1.3　营运能力分析

营运能力主要指资产运用、循环的效率高低。营运能力指标是通过投入与产出(主要指收入)之间的关系反映。企业营运能力分析主要包括：流动资产营运能力分析、固定资产营运能力分析和总资产营运能力分析三个方面。

反映流动资产营运能力的指标主要有应收账款周转率、存货周转率和流动资产周转率。

资产营运能力分析是对企业资金周转情况进行分析。资金周转的越快，说明资金使用效率越高，企业的经营管理水平越好。

1. 应收账款周转率

公司的应收账款在流动资产中具有举足轻重的地位。公司的应收账款如能及时收回，公司的资金使用效率便能大幅提高。应收账款周转率就是反映公司应收账款周转速度的比率。它说明一定期间内公司应收账款转为现金的平均次数。用时间表示的应收账款周转速度为应收账款周转天数，也称平均应收账款回收期或平均收现期。它表示公司从获得应收账款的权利到收回款项、变成现金所需要的时间。

应收账款周转率公式如下：

应收账款周转率(次)＝销售收入净额÷应收账款平均余额

＝销售收入净额÷[(期初应收账款＋期末应收账款)÷2]

应收账款周转天数指应收账款周转一次(从销售开始到收回现金)所需要的时间，计算公式为：

应收账款周转次数＝计算期天数×应收账款平均余额÷销售收入净额

一般来说，应收账款周转率越高越好，表明公司收账速度快，平均收账期短，坏账损失少，资产流动快，偿债能力强。与之相对应，应收账款周转天数则是越短越好。如果公司实际收回账款的天数超过公司规定的应收账款天数，则说明债务人拖欠时间长，资信度低，增大了发生坏账损失的风险；同时也说明公司催收账款不力，使资产形成了呆账甚至坏账，造成了流动资产不流动，这对公司正常的生产经营是很不利的。但从另一方面说，如果公司的应收账款周转天数太短，则表明公司奉行较紧的信用政策，付款条件过于苛刻，这样会限制企业销售量的扩大，特别是当这种限制的代价(机会收益)大于赊销成本时，会影响企业的盈利水平。

通常，应收账款周转率越高、周转天数越短，表明应收账款管理效率越高。

【例 17-8】中佳联合有限公司 2023 年度销售收入为 7 548 万元，资产负债表中显示，2023 年年末应收账款为 2 090 万元、应收票据为 68 万元，2023 年年初应收账款为 1 105 万元，应收票据为 55 万元。补充资料中显示，2023 年年初、年末坏账准备余额分别为 50 万元和 80 万元。

$$应收账款周转率(次)=销售收入净额 \div 应收账款平均余额=销售收入净额 \div [(期初$$
$$应收账款+期末应收账款) \div 2]$$
$$=7548 \div [(2\,090+68+50+1\,105+55+80) \div 2]=7\,548 \div 1\,724$$
$$=4.38(次)$$

在计算应收账款周转次数时应注意，其中的应收账款包括会计报表中"应收账款"和"应收票据"等全部赊销账款在内，因为应收票据是销售形成的应收款项的另一种形式。另外，应收账款应为未扣除坏账准备的金额。因为，如果按照扣除坏账准备的金额计算，其结果是，计提坏账准备越多，应收账款周转率越高、周转天数越少，对应收账款实际管理欠佳的企业反而会得出应收账款周转情况更好的错误结论。还要注意的是，应收账款在财务报表上按净额列示。

2. 存货周转率

存货周转率也叫存货周转天数，它是反映企业在一个年度内销售及消耗转出的存货成本与存货平均余额的比率。存货周转率指标可以用于判断企业存货质量、变现速度，还可以衡量存货的储备是否经济合理。

在流动资产中，存货所占比重较大，存货的流动性将直接影响企业的流动比率。因此，必须特别重视对存货的分析。存货流动性的分析一般通过存货周转率来进行。

其计算公式为：

$$存货周转率(次数)=销售成本 \div 存货平均余额$$
其中：
$$平均存货余额=(期初存货+期末存货) \div 2$$
$$存货周转天数=计算期天数 \div 存货周转率(次数)$$
$$=计算期天数 \times 存货平均余额 \div 销售成本$$

【例 17-9】根据表 17-2、17-3 资料，中佳联合有限公司 2023 年度销售成本为 3 980 万元，期初存货为 1 440 万元，期末存货为 720 万元，该公司存货周转率指标为：

$$存货周转次数=3\,980 \div [(1\,440+720) \div 2]=3.69(次)$$
$$存货平均余额=(期初存货+期末存货) \div 2$$
$$存货周转天数=计算期天数 \div 存货周转次数=360 \div 3.69=97.56(天)$$

一般来讲，存货周转速度越快（即存货周转率或存货周转次数越大、存货周转天数越短），存货占用水平越低，流动性越强，存货转化为现金或应收账款的速度就越快，这样会增强企业的短期偿债能力及获利能力。通过存货周转速度分析，有利于找出存货管理中存在的问题，尽可能降低资金占用水平。

3. 流动资产周转率

流动资产周转率又叫流动资产周转次数，是营业收入与全部流动资产的比率。它反映的是全部流动资产的营运效率，用时间表示流动资产周转速度的指标称为流动资产周转天数，表示流动资产平均周转一次所需的时间。

其计算公式如下：

$$流动资产周转率（次）＝销售收入净额÷流动资产平均余额×100\%$$

$$流动资产周转天数＝计算期天数÷流动资产周转次数$$

$$＝计算期天数×流动资产平均余额÷销售收入净额$$

式中：　流动资产平均余额＝（流动资产年初数＋流动资产年末数）÷2

流动资产周转率反映了企业流动资产的周转速度，是从企业全部资产中流动性最强的流动资产角度对企业资产的利用效率进行分析，以进一步揭示影响企业资产质量的主要因素。要实现该指标的良性变动，应以主营业务收入增幅高于流动资产增幅作保证。

通过该指标的对比分析，可以促进企业加强内部管理，充分有效地利用流动资产，如降低成本、调动暂时闲置的货币资金用于短期投资创造收益等，还可以促进企业采取措施扩大销售，提高流动资产的综合使用效率。

一般情况下，该指标越高，表明企业流动资产周转速度越快，利用越好。在较快的周转速度下，流动资产会相对节约，相当于流动资产投入的增加，在一定程度上增强了企业的盈利能力；而周转速度慢，则需要补充流动资金参加周转，会形成资金浪费，降低企业盈利能力。

流动资产周转率用周转天数表示时，周转一次所需要的天数越少，表明流动资产在经历生产和销售各阶段时占用的时间越短，周转越快。生产经营任何一个环节上的工作得到改善，都会反映到周转天数的缩短上来。按天数表示的流动资产周转率能更直接地反映生产经营状况的改善。便于比较不同时期的流动资产周转率，应用较为普遍。

【例 17-10】根据表 17-2、17-3 资料，中佳联合有限公司 2023 年销售收入净额 7 548 万元，2023 年流动资产期初数为 3 195 万元，期末数为 3 835 万元，则该公司流动资产周转指标计算如下：

$$流动资产平均余额＝（流动资产年初数＋流动资产年末数）÷2$$

$$＝（3\ 835＋3\ 195）÷2＝3\ 515（万元）$$

$$流动资产周转率（次）＝主营业务收入净额÷平均流动资产总额$$

$$＝7\ 548÷3\ 515＝2.15$$

$$流动资产周转次数＝360÷2.15＝167.44（天）$$

17.1.4 固定资产营运能力分析

反映固定资产营运能力的指标为固定资产周转率。

1. 固定资产周转率

固定资产周转率是指企业年销售收入净额与固定资产平均净额的比率。它反映企业固定资产周转情况,从而衡量固定资产利用效率的一项指标。

固定资产周转率是企业实现的年营业收入与平均固定资产净值的比率。主要用于分析对厂房、设备等固定资产的利用效率,比率越高,说明利用率越高,管理水平越好。如果固定资产周转率与同行业平均水平相比偏低,则说明企业对固定资产的利用率较低,可能会影响企业的获利能力。它反映企业资产的利用程度。其计算公式为:

$$固定资产周转率=销售收入净额÷固定资产平均净值$$

固定资产周转率高,说明企业固定资产投资得当,结构合理,利用效率高;反之,如果固定资产周转率不高,则表明固定资产利用效率不高,提供的生产成果不多,企业的营运能力不强。

【例 17-11】 根据表 17-2、17-3 资料,中佳联合有限公司 2022、2023 年的销售收入净额分别为 8 126 万元、7 548 万元,2023 年年初固定资产净值 3 758.5 万元,2018 年年末为 4 490 万元。假设 2017 年年初固定资产净值为 4 320 万元,则固定资产周转率计算如下:

$$2017 年固定资产周转率=8\ 126÷[(4\ 320+3\ 758.5)÷2]=2.01(次)$$
$$2018 年固定资产周转率=7\ 548÷[(3\ 758.5+4\ 490)÷2]=1.83(次)$$

固定资产周转率

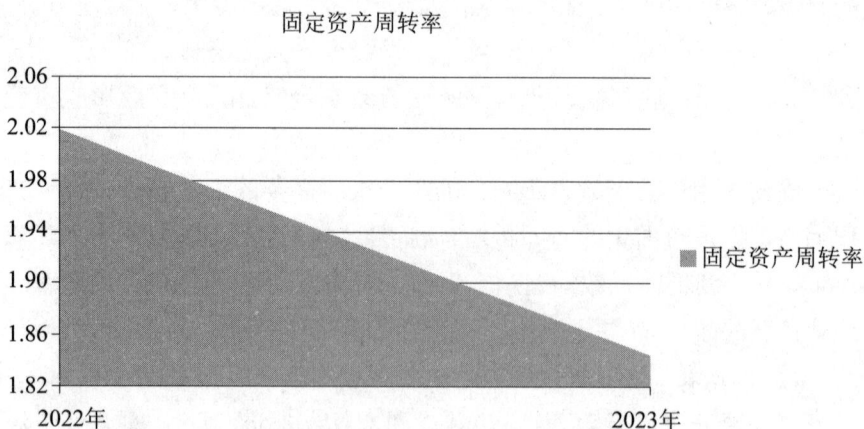

2. 总资产周转率

反映总资产营运能力的指标是总资产周转率,资产周转率是衡量企业资产管理效率的重要财务比率,在财务分析指标体系中具有重要地位。这一指标通常被定义为销售收入与平均资产总额之比:

$$总资产周转次数=销售收入÷平均资产总额$$

其中:

$$平均资产总额=(期初总资产+期末总资产)÷2$$

由于年度报告中只包括资产负债表的年初数和年末数，外部报表使用者可直接用资产负债表的年初数来代替上年平均数进行比率分析。这一代替方法也适用于其他的利用资产负债表数据计算的比率。

如果企业的总资产周转率突然上升，而企业的销售收入却无多大变化，则可能是企业本期报废了大量固定资产造成的，而不是企业的资产利用效率提高。

如果企业的总资产周转率较低，且长期处于较低的状态，企业应采取措施提高各项资产的利用效率，处置多余，闲置不用的资产，提高销售收入，从而提高总资产周转率。

如果企业资金占用的波动性较大，总资产平均余额应采用更详细的资料进行计算，如按照月份计算。

通过该指标的对比分析，可以反映企业本年度以及以前年度总资产的运营效率和变化，发现企业与同类企业在资产利用上的差距，促进企业挖掘潜力、积极创收、提高产品市场占有率、提高资产利用效率。一般情况下，该数值越高，表明企业总资产周转速度越快。销售能力越强，资产利用效率越高。

【例 17-12】根据表 17-2、17-3 资料，中佳联合有限公司 2022 年的销售收入净额为 8 126 万元，2023 年为 7 548 万元，2023 年年初资产总额为 8 083 万元，2023 年年末资产总额为 9 393 万元。假设 2022 年年初资产总额为 7 900 万元，则中佳联合有限公司 2022、2023 年总资产周转率计算如下：

2022 年总资产周转率＝8 126÷[(7 900＋8 083)÷2]＝8 126÷7 991.5＝1.02

2023 年总资产周转率＝7 548÷(8 083＋9 393)÷2＝7 548÷8 738＝0.86

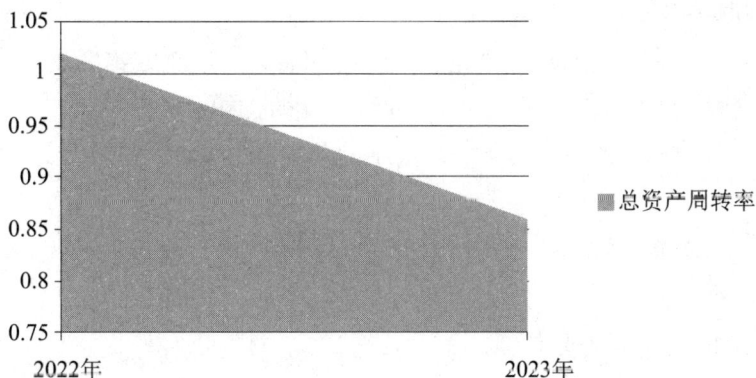

从以上计算可知，中佳联合有限公司 2018 年总资产周转率比上年减慢，公司应扩大销售额，处理闲置资产，以提高资产使用效率。

3. 股东权益比率

股东权益比率是股东权益占企业资产总额的比例，该指标反映企业资产总额中有多少是所有者投入的资金。其计算公式为：

$$股东权益比率＝所有者权益总额÷资产总额$$

【例 17-13】 根据表 17-2、17-3 资料，中佳联合有限公司 2022 年、2023 年所有者权益总额为 3 334 万元、3 325 万元，中佳联合有限公司 2022 年、2023 年资产总额为 8 083 万元、9 393 万元。

$$2022 \text{ 年股东权益比率} = 3\ 334 \div 8\ 083 = 0.41$$
$$2023 \text{ 年股东权益比率} = 3\ 325 \div 9\ 393 = 0.35$$

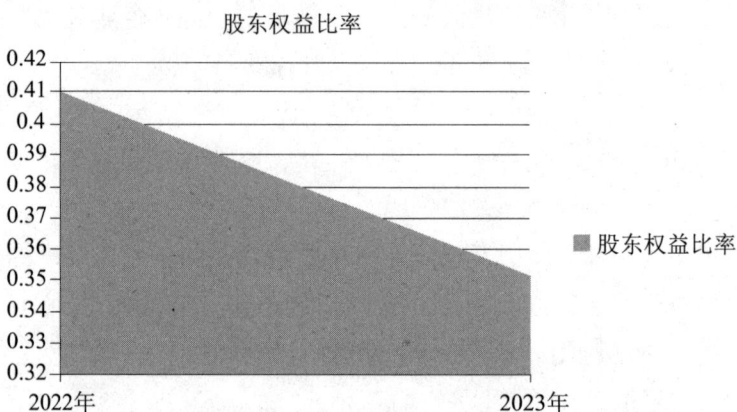

股东权益比率应当适中。如果权益比率过小，表明企业过度负债，容易削弱公司抵御外部冲击的能力。而权益比率过大，意味着企业没有积极地利用财务杠杆作用来扩大经营规模。

值得一提的是，有时一些公司不是由于股东权益比率过低而导致亏损，而是由于行业不景气导致亏损。这样的公司较容易实现扭亏。

17.2 利润表财务分析

利润表财务分析最重要的是分析企业如何组织收入、控制成本费用支出实现盈利的能力，评价企业的经营成果。同时还可以通过收支结构和业务结构分析，分析与评价各专业业绩成长对公司总体效益的贡献，以及不同分公司经营成果对公司总体盈利水平的贡献。

对企业盈利能力的分析主要从销售盈利能力、经营盈利能力、投资收益能力和股本盈利能力四方面进行。

17.2.1 销售盈利能力分析

盈利能力是指企业通过经营活动获取利润的能力。企业的盈利能力增强，带来的现金流入量越多，则给予股东的回报越高，偿债能力越强，企业价值越大。

盈利能力指标主要通过收入与利润之间的关系、资产与利润之间的关系反映。反映企业盈利能力的指标主要有销售毛利率、销售净利率、资产净利率和净资产收益率。

1. 销售毛利率

销售毛利率是销售毛利与销售收入之比，计算公式如下：

$$\text{销售毛利率} = \text{销售毛利} \div \text{销售收入}$$

其中，　　　　　　　　销售毛利＝销售收入－销售成本

销售毛利率反映产品每销售 1 元所包含的毛利润是多少，即销售收入扣除销售成本后还有多少剩余可用于各期费用和形成利润。销售毛利率越高，表明产品的盈利能力越强。

【例 17-14】 根据表 17-3 资料，中佳联合有限公司销售毛利率如下：

2022 年销售毛利率＝(8 126－3 985)÷8 126＝50.96％

2023 年销售毛利率＝(7 548－3 980)÷7 548＝47.27％

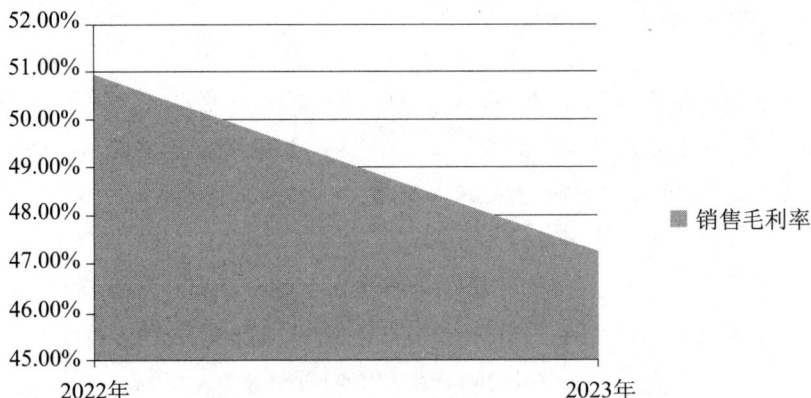

销售毛利率越高，表明产品的盈利能力越强。

2. 销售净利率

销售净利率是净利润与销售收入之比，计算公式为：

销售净利率＝净利润÷销售收入

销售净利率反映每 1 元销售收入最终赚取了多少利润，用于反映产品最终的盈利能力。在利润表上，从销售收入到净利润需要扣除销售成本、期间费用、税金等项目。因此，将销售净利率按利润的扣除项目进行分解可以识别影响销售净利率的主要因素。

【例 17-15】 根据表 17-3 资料，计算销售净利率如下：

2022 年销售净利率＝2 775.75÷8 126＝34.16％

2023 年销售净利率＝2 319÷7 548＝30.72％

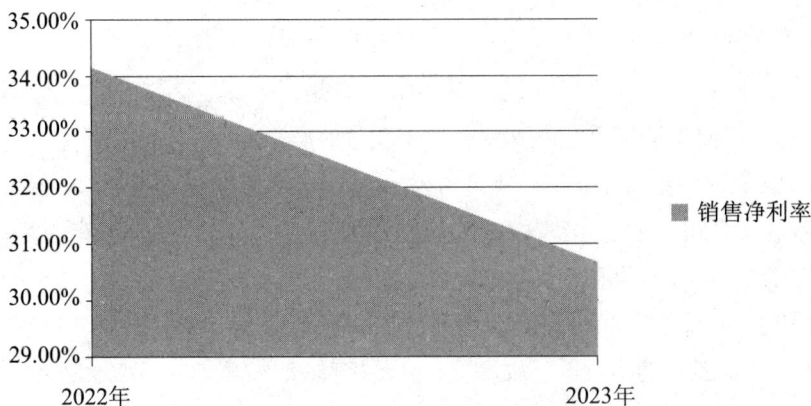

3. 总资产净利率

总资产净利率是指利润与平均总资产的比率,反映每1元资产创造的净利润。 计算公式为:

$$总资产净利率 = (净利润 \div 平均总资产) \times 100\%$$
$$= (净利润 \div 销售收入) \times (销售收入 \div 平均总资产)$$
$$= 销售净利率 \times 总资产周转率$$

总资产净利率衡量的是企业的盈利能力。 总资产净利率越高,表明企业资产的利用效果越好。 因此,企业可以通过提高销售净利率、加速资产周转,提高总资产净利率。

【例17-16】 根据表17-2、表17-3资料,中佳联合有限公司2022年净利润为2 775.75万元,年末总资产为8 083万元;2023年净利润2 319万元,年末总资产为9 393万元,假设2022年年初总资产7 700万元。

$$2022年总资产净利率 = 2\ 775.75 \div [(7\ 700 + 8\ 083) \div 2] \times 100\%$$
$$= (2\ 775.75 \div 7\ 891.5) \times 100\% = 35.17\%$$
$$2023年总资产净利率 = 2\ 319 \div [(8\ 083 + 9\ 393) \div 2] \times 100\%$$
$$= 2\ 319 \div 8\ 738 \times 100\% = 26.54\%$$

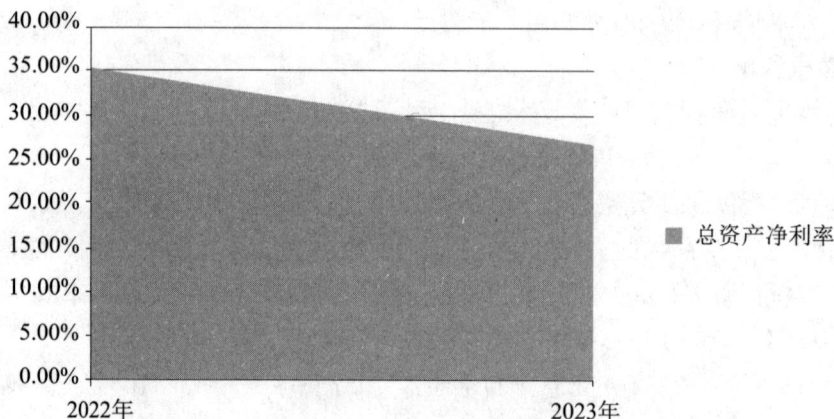

总资产净利率越低,表明企业资产的利用效果不好。

4. 净资产收益率

净资产收益率又叫权益净利率或权益报酬率,是净利润与平均所有者权益的比值,表示每1元股东资本赚取的净利润,反映资本经营的盈利能力。 计算公式为:

$$净资产收益率 = (净利润 \div 平均所有者权益) \times 100\% = 资产净利率 \times 权益乘数$$

净资产收益率越高,股东和债权人的利益保障程度越高。 但净资产收益率不是一个越高越好的概念,分析时要注意企业的财务风险。

【例17-17】 辰正公司为一家上市公司,已公布的公司2023年财务报告显示,该公司2023年净资产收益率为8.8%,较2022年大幅降低。 辰正公司2022年和2023年有关财务指标,见表17-5。

表 17-5　相关财务指标

项目	2022 年	2023 年
销售净利率	10%	8%
总资产周转率(次数)	0.5	0.4
权益乘数	1.5	2

$$2022 年净资产权益率 = 10\% \times 0.5 \times 1.5 = 7.5\%$$
$$2023 年净资产权益率 = 8\% \times 0.4 \times 2 = 6.4\%$$

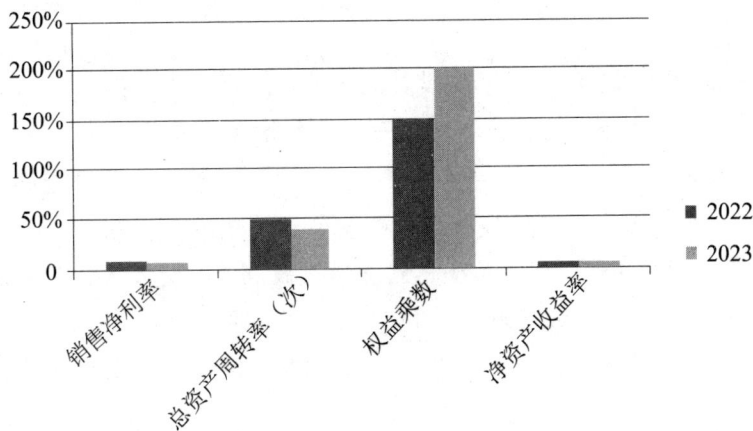

净资产收益率指标越高,说明投资带来的收益越高;净资产收益率越低,说明企业所有者权益的获利能力越弱。该指标体现了自有资本获得净收益的能力。一般来说,负债增加会导致净资产收益率的上升。

企业资产包括了两部分,一部分是股东的投资,即所有者权益(它是股东投入的股本,企业公积金和留存收益等的总和),另一部分是企业借入和暂时占用的资金。企业适当地运用财务杠杆可以提高资金的使用效率,借入的资金过多会增大企业的财务风险,但一般可以提高盈利,借入的资金过少会降低资金的使用效率。净资产收益率是衡量股东资金使用效率的重要财务指标。

17.2.2 股本盈利能力分析

与股本有关的盈利能力指标有每股收益、每股股利、股利支付率、每股净资产和市盈率等。

1. 每股收益

每股收益即每股盈利(EPS),又称每股税后利润、每股盈余,指税后利润与股本总数的比率。每股收益计算公式为:

基本每股收益 = 归属于普通股股东的净利润 ÷ 当期发行在外普通股的加权平均数

其中:发行在外普通股的加权平均数 = 期初发行在外普通股股数 + 当期新发普通股股数 × 已发行时间 ÷ 报告期时间 - 当期回购普通股股数 × 已回购时间 ÷ 报告期时间

该比率反映普通股的盈利水平,是衡量上市公司盈利能力的重要财务指标,对于公司股票市价、股利支付能力等均有重要影响。该指标越高,说明公司的盈利能力越强。

【例 17-18】辰正公司 2023 年度归属于普通股东的净利润为 48 000 万元,2022 年年末的股本为 10 000 万股,2023 年 4 月 7 日,经公司 2022 年度股东大会决议,以截止 2022 年末公司总股本为基础,向全体股东每 10 股送红股 10 股,工商注册登记变更完成后公司总股本变为 20 000 万股。2023 年 11 月 29 日发行新股本 8 400 万股。

$$基本每股收益 = 48\,000 \div \left(10\,000 + 10\,000 + 8\,400 \times \frac{1}{12}\right) = 2.32(股)$$

2. 每股股利

每股股利是企业股利总额与普通股股数的比值,计算公式为:

$$每股股利 = 现金股利总额 \div 期末发行在外普通股股数$$

该指标反映普通股每股获得现金股利的多少,该指标越高,不仅能够体现公司具有较强的盈利能力,而且体现公司的股利政策和现金是否充足。

【例 17-19】某上市公司 2023 年度发放普通股股利 6 800 万元,年末发行在外的普通股股数为 10 000 万股。每股股利计算如下:

$$每股股利 = 68\,000\,000 \div 100\,000\,000 = 0.68(元)$$

3. 市盈率

市盈率是股票每股市价与每股收益的比率,反映普通股股东为获得 1 元净利润所愿意支付的股票价格。计算公式为:

$$市盈率 = 每股市价 \div 每股收益$$

该指标是市场对公司的共同期望指标,可以用来评估股票投资的报酬与风险。市盈率越高,表明市场对公司的未来发展前景看好。

【例 17-20】按【例 17-19】,假设 2023 年年末每股市价 8.08 元。则该公司 2023 年年末市盈率计算如下:

$$市盈率 = 8.08 \div 0.68 = 11.88(倍)$$

很显然,股票的市盈率与股价成正比,与每股净收益成反比。股票的价格越高,则市盈率越高;而每股净收益越高,市盈率则越低。

4. 每股净资产

每股净资产,又称每股账面价值,是指企业期末净资产与期末发行在外的普通股股数之间的比率。计算公式为:

$$每股净资产 = 期末净资产 \div 期末发行在外的普通股股数$$

该指标表明发行在外的每股股票所代表的净资产的账面价值,在公司性质相同、股票市价相近的条件下,股票每股净资产越高,则该公司发展潜力与股票的投资价值越大,投资者所承受风险越小。

【例 17-21】辰正有限公司 2023 年年末股东权益为 47 620 万元，全部为普通股，年末发行在外的普通股股数为 12 000 万股。则每股净资产计算公式：

$$每股净资产＝47\ 620÷12\ 000＝3.97(元)$$

每股净资产指标反映了在会计期末每一股份在企业账面上到底值多少钱，它与股票面值、发行价值、市场价值有较大的差距。

17.2.3 投资收益能力分析

投资收益能力是企业投入资金的增值能力，一般用实现利润和占用投入资金的比率来说明投资收益能力的大小。

1. 总资产报酬率

总资产报酬率又称资产所得率，是指企业一定时期内获得的报酬总额与资产平均总额的比率。它表示企业包括净资产和负债在内的全部资产的总体获利能力，用以评价企业运用全部资产的总体获利能力，是评价企业资产运营效益的重要指标。

总资产报酬率计算公式：

$$总资产报酬率＝(利润总额＋利息支出)÷平均资产总额×100\%$$

利润总额指企业实现的全部利润，包括企业当年营业利润、投资收益、补贴收入、营业外收支净额等项内容，如为亏损，则用"－"号表示。

利息支出是指企业在生产经营过程中实际支出的借款利息、债权利息等。

利润总额与利息支出之和为息税前利润，是指企业当年实现的全部利润与利息支出的合计数。

平均资产总额是指企业资产总额年初数与年末数的平均值，数据取自企业资产负债表。

$$平均资产总额＝(资产总额年初数＋资产总额年末数)÷2$$

【例 17-22】根据表 17-2、17-3，中佳联合有限公司 2022 利息支出 119 万元，则：平均资产总额＝(9 393＋8 083)÷2＝8 738(万元)

$$总资产报酬率＝(利润总额＋利息支出)÷平均资产总额×100\%$$
$$＝(3\ 092＋119)÷8\ 738×100\%－36.75\%$$

总资产报酬率指标说明如下：

(1)表示企业全部资产获取收益的水平，全面反映了企业的获利能力和投入产出状况。通讨对该指标的深入分析，可以增强各方面对企业资产经营的关注，促进企业提高单位资产的收益水平。

(2)一般情况下，企业可据此指标与市场资本利率进行比较，如果该指标大于市场利率，则表明企业可以充分利用财务杠杆，进行负债经营，获取尽可能多的收益。

(3)该指标越高，表明企业投入产出的水平越好，企业的资产运营越有效。

2. 净资产报酬率

净资产报酬率是从所有者权益角度考核其盈利能力的，该指标与资产报酬率的差异仅在于两者分母涵盖的范围不同。资产报酬率分母使用的是全部平均资本(资产平均总

额),而净资产报酬率则使用权益资本。 计算公式如下:

$$净资产报酬率 = \frac{利润总额 + 利息支出}{所有者权益平均值} \times 100\%$$

【例 17-23】 根据【例 17-22】,中佳联合有限公司净资产报酬率计算公式如下:

$$净资产报酬率 = \frac{利润总额 + 利息支出}{所有者权益平均值} \times 100\% = (3\,092 + 119) \div [(3\,325 + 3\,334) \div 2] \times$$
$$100\% = 3\,211 \div 3\,329.50 \times 100\% = 96.44\%$$

净资产报酬率,是衡量上市公司盈利能力的重要指标。 是指利润额与平均股东权益的比值,该指标越高,说明投资带来的收益越高。

3. 资本金收益率

资本金收益率指标是站在投资者立场来衡量企业盈利能力的,它直接反映了投资者投资的好坏,是投资者考核企业的资本保值增值程度的基本方式。 该指标越大,说明投资人投入资本的获利能力越强,对投资者越具吸引力。 反之,则收益水平不高,获利能力不强。

$$资本金收益率 = \frac{净利润}{平均实收资本} \times 100\%$$

【例 17-24】 根据表 17-2、17-3,中佳联合有限公司 2023 年平均实收资本为 1 400 万元。 则:

$$资本金收益率 = \frac{净利润}{平均实收资本} \times 100\% = 2\,319 \div 1\,400 \times 100\% = 165.64\%$$

17.3　现金流量表分析

现金流量表提供的信息揭示了企业一定时期内现金流入、流出以及净流量等信息,是信息使用者进行有关决策的重要依据。 在现金流量表提供的信息中,经营活动产生的现金净流量的信息最值得关注,将企业经营活动产生的现金净流量与其他报表项目的有关信息进行比较,可以分析企业的偿债能力、获现能力、支付能力和收益质量情况。 本节主要介绍现金指数。

现金营运指数是指经营现金净流量与经营所得现金的比率。 该比率一方面可用来评价净收益的质量,查明账面利润的真实性,即净收益中是否有足够的现金保障,是否存在多计收入、少计费用的现象;另一方面也可作为评价企业生产经营资金周转是否正常、能否持续经营的参考,在已实现的经营收益中,有多少未能及时收回现金,反映出资产管理效率的高低。 其计算公式为:

现金营运指数反映企业经营活动现金流量净额与企业经营所得现金的比值,计算公式为:

现金营运指数 = 经营活动现金流量净额 ÷ 经营所得现金

经营所得现金 = 经营活动净收益 + 非付现费用

其中,　　　　经营活动净收益 = 净利润 - 非经营收益

【例 17-25】 中佳联合有限公司 2023 年度经营现金净流量为 25 680 000 元，经营净收益为 12 417 900，非付现费用为 9 863 000 元，该公司现金营运指数可以计算如下：

现金营运指数＝25 680 000÷(12 417 900＋9 863 000)＝1.15

计算结果表明，中佳联合有限公司现金营运指数为 1.15，说明该公司净收益的质量好，净收益中有足够的现金作保障，且生产经营资金周转正常。 如果现金营运指数小于 1，说明收益质量不够好，已实现的经营收益未能收取现金，即使延迟一段时间后收现，其收益质量也会低于及时收现的收益。

无论是净收益营运指数还是现金营运指数的分析，通常都需要使用连续若干年的数据，仅仅靠一年的数据未必能说明问题。

17.4 所有者权益变动表分析

所有者权益变动表各项目分析，是将组成所有者权益的主要项目进行具体剖析对比，分析其变动成因、合理合法性、有否人为操控的迹象等事项的过程。

17.4.1 所有者权益变动表投资报酬分析

投资报酬是指企业投入资本后的回报。 从经济学的观点来看，投资是消费的延迟，目的是为了增加未来的财富。 衡量投资者获得回报的主要财务指标有 3 种：资本收益率、资本保值增值率、资本积累率。

所有者权益变动表的主要项目，可以从以下公式具体理解：

本期所有者权益变动额＝净利润＋直接计入所有者权益的利得－直接计入所有者权益的损失＋会计政策和会计差错更正的累积影响＋股东投入资本－向股东分配利润－提取盈余公积

【例 17-26】 天文公司 2023 年实现净利润 580 万元，分配股利 120 万元，增发新股 360 万元，向甲公司投资，股权占甲公司的 40%，天文公司本年亏损 60 万元，试确定所有者权益变动额，见表 17-6。

根据净利润与所有者权益变动额的关系公式，该公司所有者权益变动额为：

580－24－120＋360＝796(万元)

表 17-6　所有者权益变动额

项目	人民币(万元)
税后利润	580
加：直接计入所有者权益的利得与损失	－24(60×40%)
减：股利	120
加：新增股本	360
所有者权益净增加额	796
期初所有者权益	4 120
期末所有者权益	4 916

17.4.2 资本保值增长率

资本保值增长率是企业扣除客观因素后的本年年末所有者权益总额与年初所有者权益总额的比率，反映企业资本的运营效果和状况，是企业当年资本在企业自身努力下的实际增减变动的情况。其计算公式为：

资本保值增值率＝扣除客观因素的年末所有者权益总额÷年初所有者权益总额×100%

资本保值增值结果的分析指标有 3 个，具体内容如图 17-1 所示：

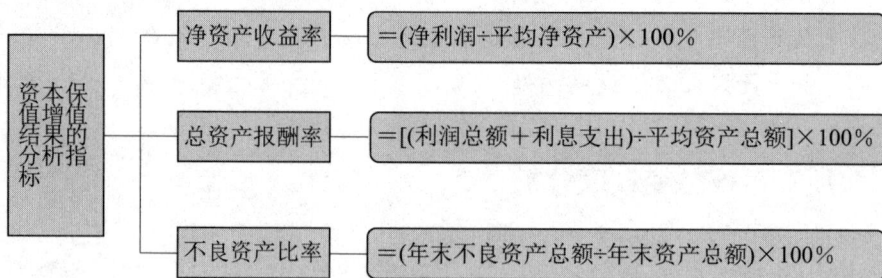

图 17-1 资本保值增值结果的分析指标

一般认为，资本保值增值率越高，表明企业的资本保全状况越好，所有者权益增长越快，债权人的债务越有保障。该指标通常应当大于 100%。

资本保值增值率是指所有者权益的期末总额与期初总额之比，计算公式为：

资本保值增值率＝期末所有者权益÷期初所有者权益×100%

＝扣除客观因素后的年末所有者权益总额÷年初所有者权益总额

【例 17-27】根据表 17-2、表 17-3，中佳联合有限公司 2023 年财务报表有关资料见表 17-7。

表 17-7 2023 年财务报表有关资料

单位：万元

资产负债表项目	年初数	年末数
资产	8 083	9 393
负债	4 749	6 068
所有者权益	3 334	3 325
利润表项目	上年数	本年数
销售收入净额	（略）	7 548
净利润	（略）	2 319

2023 年资本保值增值率＝3 325÷3 334×100%＝99.73%

17.5 会计报表综合分析

会计报表综合分析的方法很多，主要有杜邦财务分析体系和沃尔比重评分法等。

杜邦财务比率分析，又称杜邦分析法，是一个以净资产收益率（所有者权益净利率）为龙头，以总资产报酬率和权益乘数为核心，重点揭示企业获利能力的完整的财务指标分析体系。因其最初由美国杜邦公司成功应用而得名。杜邦分析法的特点在于：它通过几种主要的财务比率之间的相互关系，全面、系统、直观地反映出企业的财务状况，从而大大节省了财务报表使用者的时间。

杜邦分析法的原理，如图 17-2 所示。

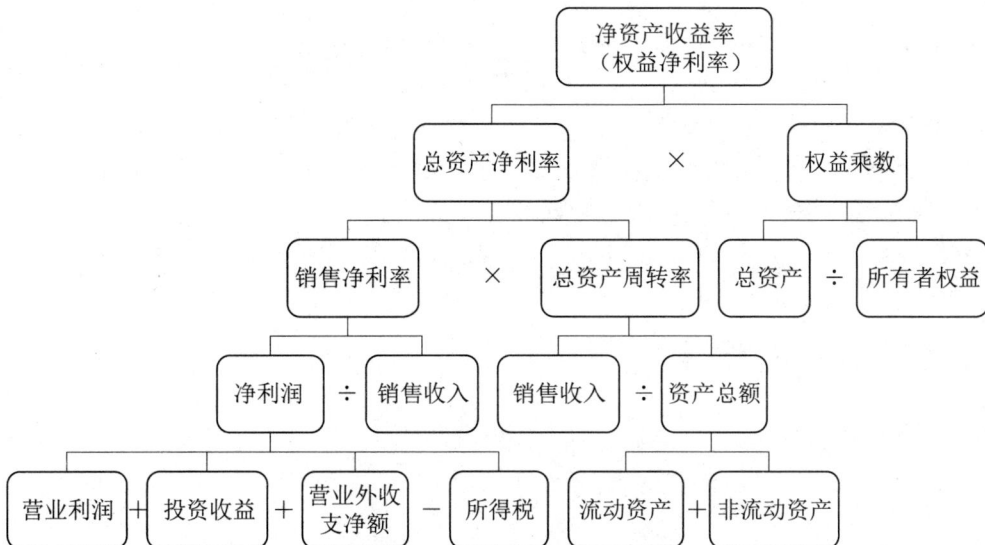

图 17-2　杜邦分析法原理图

在杜邦分析指标体系中，包含以下几种主要的指标关系：

$$所有者权益净利率＝总资产净利率×权益乘数$$
$$其中：总资产净利率＝销售净利率×总资产周转率$$

所以，可以得出公式：

$$所有者权益净利率＝销售净利率×总资产周转率×权益乘数$$

其中：

销售净利率＝净利润÷销售收入，是企业的销售收入对净利润的贡献程度；

总资产周转率＝销售收入÷总资产，是反映运用资产以产生销售收入能力的指标；

权益乘数＝总资产÷所有者权益，它表示企业的负债程度，权益乘数越大，企业的负债程度越高，能给企业带来较大的杠杆利益，同时也给企业带来较大的风险。

"所有者权益净利率＝销售净利率×总资产周转率×权益乘数"这一关系式被称为杜邦财务比率分析体系的核心。因为，企业生产经营的主要目标是为了获取最大的利润，对此可用所有者权益净利率来表达，它是所有比率中综合性最强、最具代表性的一个指标。

从核心公式中可以看出，决定所有者权益净利率高低的因素有三个方面：销售净利率、总资产周转率和权益乘数。它们分别代表了企业的盈利能力、营运能力和偿债能力。通过对这三个因素的进一步分解，可以把所有者权益净利率这样一项综合性指标发生升、降变动的原因再具体化，分别考察和评价企业的盈利能力、营运能力和偿债能力，以及它们对企业目标利润影响程度。

参考文献

[1] 中国注册会计师协会. 会计 [M]. 北京：中国财政经济出版社，2023.

[2] 中国注册会计师协会. 税法 [M]. 北京：中国财政经济出版社，2023.

[3] 中国注册会计师协会. 经济法 [M]. 北京：中国财政经济出版社，2023.

[4] 中国注册会计师协会. 财务成本管理 [M]. 北京：中国财政经济出版社，2023.

[5] 中华人民共和国财政部. 企业会计准则（2023版）. [M]. 上海：立信出版社，2022.

[6] 法律出版社法规中心.《中华人民共和国企业所得税法》注释本 [M]. 北京：法律出版社，2022.